Hannah Arendt e Martin Heidegger:
História de um Amor

COLEÇÃO PERSPECTIVAS
dirigida por J. Guinsburg

Agradecimento especial ao
Centro de Estudos da Alemanha e da Europa – CDAE
da Universidade Federal do Rio Grande do Sul
pelo apoio à edição

Coordenaçãao textual: Luiz Henrique Soares e Elen Durando
Edição de texto: Marcio Honorio de Godoy
Revisão: Luiz Henrique Soares, Elen Durando e Marcio Honorio de Godoy
Capa e projeto gráfico: Sergio Kon
Produção: Ricardo W. Neves e Sergio Kon

ANTONIA GRUNENBERG

Hannah Arendt
e Martin Heidegger

História de um Amor

Tradução
LUÍS MARCOS SANDER

Revisão de tradução
RAINER C. PATRIOTA

Título do original em alemão
Hannah Arendt und Martin Heidegger, Geschichte einer Liebe

Copyright © Piper Verlag GmbH, 2006, München/Berlin

Nota da edição alemã: Nem sempre foi possível identificar com certeza os detentores dos direitos sobre as imagens. As fotos de Hannah Arendt, Günther Stern, Kurt Blumenfeld, Mary McCarthy e Anne Weil são cortesia de Hannah Arendt Bluecher Literary Trust; as fotos de Edmund Husserl e Heinrich Rickert, são cortesia de Ullstein Bild.

Dados Internacionais de Catalogação na Publicação (CIP)
(Câmara Brasileira do Livro, SP, Brasil)

Grunenberg, Antonia
    Hannah Arendt e Martin Heidegger : história de um amor / Antonia Grunenberg ; tradução Luís Marcos Sander ; revisão de tradução Rainer C. Patriota. – São Paulo : Perspectiva, 2019. – (Coleção Perspectivas / coordenação J. Guinsburg)

    Título original: Hannah Arendt und Martin Heidegger, Geschichte einer Liebe
    Bibliografia.
    ISBN 973-85-273-1159-5

    1. Amizade 2. Amor 3. Arendt, Hannah, 1906-1975 – Amigos e companheiros 4. Filósofos alemães – Biografia 5. Heidegger, Martin, 1889-1976 – Amigos e companheiros I. Guinsburg, J., 1921-2018. II. Título. III. Série.

19-28301   CDD-193

Índices para catálogo sistemático:
1. Filósofos alemães : Relacionamento : Biografia 193
Maria Paula C. Riyuzo – Bibliotecária – CRB-8/7639

1ª edição
Direitos reservados em língua portuguesa à

EDITORA PERSPECTIVA LTDA.
Av. Brigadeiro Luís Antônio, 3025
01401-000 São Paulo SP Brasil
Telefax: (11) 3885-8388
www.editoraperspectiva.com.br

2019

Sumário

NOTA PRÉVIA 9

1. **O Mundo Fora dos Eixos**
   ou Como Teve Início a Revolução na Filosofia 15

2. **As Vicissitudes da Vida**
   ou A Chegada Repentina do Amor. 83

3. **O Fracasso da Integração Entre Alemães e Judeus nos Anos 1920**
   ou Amigos se Tornam Inimigos. 137

4. **Heidegger** *Absconditus*
   ou O Descobrimento da América 209

5. **Ruptura e Recomeço**
   ou Arendt e Heidegger em Contraponto 267

6. ***Amor Mundi***
   ou Pensar o Mundo Após a Catástrofe .329

ANEXO

Cronologia 392

Fontes. 397

Bibliografia 399

Índice Onomástico e de Títulos Citados 405

Agradecimentos 411

Sobre a Autora. 415

Nota Prévia

No final de seu livro *Origens do Totalitarismo*, Hannah Arendt escreve sobre as consequências interiormente devastadoras dos regimes totalitaristas, os quais, segundo ela, com o "cinturão de ferro do terror", produzem uma atmosfera de desolação dentro e em torno de cada pessoa. Em suas palavras, parece que "se encontrou um modo de colocar o próprio deserto em movimento, de desencadear uma tempestade de areia capaz de cobrir todas as partes habitadas da terra".

Meu livro fala dessa tempestade de areia e do que ela fez com aqueles que, imbuídos de vigor e autoconfiança, buscaram uma renovação do mundo.

No outono de 1924, a jovem Hannah Arendt, natural de Königsberg, chegou à cidade de Marburgo, situada às margens do rio Lahn, acompanhada por um grupo de amigos unidos pelas mesmas aspirações. Ela fora atraída pelo rumor de que ali havia um jovem filósofo e professor com quem se podia aprender a pensar. Hannah era uma estudante sedenta de saber, e ele, um rebelde entre os filósofos. Ela tinha dezoito anos e era um espírito livre, ele tinha 35 e era casado. O que irá uni-los é a paixão do amor e a fascinação pelo pensamento filosófico.

Juntos, se entregaram a um amor arriscado, que também foi o começo de uma jornada intelectual repleta de aventuras, ao longo da qual ora se uniam, ora se afastavam. Em 1927, Heidegger se torna mundialmente famoso com seu livro *Ser e Tempo*, cujos voos do pensamento ali contidos muito devem ao amor dos dois. Ela, por sua vez, se volta para o sionismo; quer se opor ativamente ao antissemitismo assassino. Mas a ascensão do nacional-socialismo ao poder divide os caminhos de Arendt e Heidegger. Enquanto ela e seus amigos são obrigados a fugir, ele iria esperar do nacional-socialismo o despertar da nação, bem como um papel de líder para si próprio no campo da educação. A "missão" de Heidegger irá destruir seu amor e sua amizade a muitos mestres, colegas e alunos.

Os amantes tornam-se inimigos. Entretanto, ao se reencontrarem depois de dezessete anos, sentimentos antigos tornam a se manifestar. É o reinício de uma amizade que se estenderá por mais de vinte anos, continuamente interrompida por crises.

A posteridade teria suas dificuldades com essa história. Não são poucos os contemporâneos que ainda a consideram um escândalo. Hannah Arendt e Martin Heidegger! Como uma judia foi capaz de se envolver com um homem em vias de abraçar o nazismo? Como, após a guerra, quando era evidente o abismo que havia entre os dois, ela foi capaz de procurá-lo novamente?

Quem se contenta em assumir a posição de *voyeur* não pode se dar conta de que nessa relação dois temas se cruzam repetidamente: o amor e o pensamento. O tema que transparece por entre todos os meandros da história e de seus atores é o amor em suas múltiplas nuanças: *Eros* e *ágape*, fidelidade e traição, paixão e banalidade, reconciliação, esquecimento, lembrança. Também há o *amor mundi*, o "amor ao mundo", que, no entanto, não tem nada a ver com sentimentalismo. Disso decorre a seguinte pergunta: como recomeçar das cinzas de uma Europa que se autodestruíra mediante a guerra e o genocídio? Com isso, porém, o próprio pensamento se transforma em tema. No início do relacionamento havia a pergunta: o que pretende o pensamento filosófico? Pode uma filosofia existencialista, corretamente entendida, ser transposta para o mundo da práxis?

Heidegger fracassou em sua pretensão de ser o educador da nação. Ao perceber isso, retirou-se para as profundezas da filosofia.

Hannah Arendt, que, em 1933, foi violentamente confrontada com perguntas semelhantes por seus inimigos, tirou uma consequência radicalmente distinta: o pensamento precisa sair ao

NOTA PRÉVIA

encontro do mundo, expor-se mais intensivamente às pessoas e suas experiências, rupturas, catástrofes.

Arendt e Heidegger perceberam dolorosamente, a partir de origens e experiências distintas em cada caso, que eram testemunhas de uma ruptura irremediável com a tradição. Ambos ousaram, cada um ao seu modo, recomeçar, buscando um "pensamento sem corrimão", sem apoio na tradição. Desse antagonismo político se desenvolveu um dos mais frutíferos debates filosóficos do século XX: de um lado, um pensamento enraizado no mundo da política (Arendt), de outro, um discurso filosófico da serenidade (Heidegger). Debate que é uma marca do século e que se estende até hoje sob variadas formas.

O duplo relacionamento de Hannah Arendt e Martin Heidegger, como amantes e como pensadores, é narrado levando-se em conta o pano de fundo do século passado, de suas rupturas, catástrofes e dramas pessoais. E quanto mais a história dos dois se confunde com a do século, tanto mais personagens vão aparecendo. Karl Jaspers e Martin Heidegger: um jovem médico e psiquiatra de uma província setentrional da Alemanha e um jovem filósofo da província meridional de Baden se aproximam para renovar radicalmente a filosofia e, junto com ela, a universidade. Essa amizade nasce no momento em que ambos saem em defesa de uma mesma ideia, a saber: que a filosofia não está mais à altura das questões existenciais do presente. Eles se voltam contra as estruturas habituais da filosofia universitária. Tornam-se mensageiros de um novo pensamento – a filosofia existencialista. A amizade se rompe em 1933, haja vista que Karl Jaspers desprezava os novos senhores e o antissemitismo. Depois disso, é expulso da universidade. Perto do final da guerra, ele se vê forçado a temer por sua vida e pela de sua esposa. Após a guerra, ergue-se como um crítico incisivo de Heidegger – apelando, ao mesmo tempo, à antiga proximidade. Mas a amizade continuaria interditada.

No segundo pós-guerra, Hannah Arendt encontra em seu ex-orientador Karl Jaspers o fiel companheiro que a guiará por uma Alemanha que ela quase não reconhece mais. Nessa nova fase de sua relação com Heidegger, Jaspers estará sempre presente como terceiro ausente. Embora Heidegger também sofresse com o rompimento de sua amizade com Jaspers, Arendt não conseguirá reconciliá-los.

Heinrich Blücher, o segundo marido de Arendt, cujos incentivos foram muito valiosos para o trabalho dela, será outra personagem dessa história, tal como Gertrud Jaspers, a quem seu marido devia sua "humanidade" e cuja participação nas conversas recorrentes que mantinham em casa podemos apenas tentar imaginar. E, por fim, deparamos com a figura de Elfride Heidegger, que antes de casar fora uma entusiasta da emancipação feminina, e que bem cedo sucumbiu ao fascínio do nacional-socialismo, sem nunca mais conseguir se libertar desse legado. Passa a vida lutando contra as ligações de Heidegger com seus alunos e alunas judaicos; a insistência do marido em viver sob o signo de *Eros* será sua maior fonte de amargura.

Surgem os alunos: Karl Löwith, o talentoso e precoce crítico de seu mestre; Elisabeth Blochmann, estudante notável e pedagoga por vocação; o sionista e judaísta Hans Jonas; Herbert Marcuse, que ficou fascinado por Heidegger e, mais tarde, voltou-se para outra fascinação, o marxismo; Günther Anders, altamente inteligente e primeiro marido de Arendt.

Aquilo que aos olhos da posteridade parece tão claramente dissociado (o mestre como perpetrador – os colegas e alunos como vítimas) era, naquele tempo, um mundo comum, em que tradições comunistas e messiânicas, judaicas e cristãs, sionistas, nacionalistas e racistas atuavam umas contra as outras, dentro das outras e junto com as outras, repelindo-se e influenciando-se mutuamente. Nesse sentido, nas entrelinhas também se fala aqui do quão violentamente o pensamento "alemão" foi separado do "judaico" na história intelectual da Alemanha.

E como se não bastasse essa complicação, a partir da década de 1940 a vida dos protagonistas se desenrola em dois continentes. Hannah Arendt encontrou nos Estados Unidos um novo campo de atuação e, ao lado dos amigos, um ambiente acolhedor e uma nova pátria. Participa dos debates políticos desse país em torno do futuro de Israel e se empenha na edificação de um novo pensamento político. Amigos como Mary McCarthy, Alfred Kazin, Waldemar Gurian, Hermann Broch, Dwight Macdonald, dentre muitos outros, ajudam-na a compreender o mundo estadunidense e tornam-se parceiros de discussões acaloradas sobre o futuro da Europa.

NOTA PRÉVIA

Para Martin Heidegger, os Estados Unidos corporificam a era de uma técnica funesta, ao passo que Hannah Arendt, pelo contrário, quer introduzir a "perspectiva estadunidense" no pensamento europeu. Um dos temas do debate com que permaneceu envolvida enquanto viveu foi o de saber como a vontade política de um povo pode se expressar de uma maneira que não a do Estado nacional em sua versão europeia. Nesse sentido, é perfeitamente legítimo falar aqui de um "relacionamento transatlântico".

Como estarão os protagonistas ao final desta história? Desmascarados, desfigurados, reabilitados? Se tiver conseguido desconstruir esses estereótipos, o presente livro terá cumprido sua finalidade.

1

O Mundo Fora dos Eixos
ou Como Teve Início a Revolução na Filosofia

O século XX teve início com uma revolução insidiosa na política e na cultura, na arte e na literatura, na indústria, na tecnologia e na ciência. Todo mundo falava de inovações desestabilizadoras.

Assim, esse *fin de siècle* era um mundo cheio de contrastes, em que tudo girava e se misturava caoticamente, tudo acontecia ao mesmo tempo, o Carnaval e a Quarta-Feira de Cinzas, a vigorosa ascensão do renascimento e o cansaço pessimista da decadência; o desejo imperialista de poder e a ânsia por paz a qualquer preço; era uma época de "inquietação e necessidade de estímulos", mas que também necessitava de quietude, saturada que estava de estímulos; uma época de dispersão e abandono de si mesmo no mundo exterior, bem como de ânsia por reconquistar uma interioridade e uma inteireza perdidas. E as pessoas dessa época, por um lado, eram hiper-intelectualizadas, debilitadas desde a juventude pela palidez do pensamento, e, por isso, nervosas e agitadas por estados de ânimo não verbalizados e não verbalizáveis, e, apesar disso, simultaneamente práticas, utilitaristas, cheias de vontade, ativas tanto num sentido externo quanto interno; pessimistas e esnobes, cansadas e lânguidas, por um lado e, por outro, atraídas e animadas pela vontade e alegria de viver, movendo-se energicamente para a frente, buscando ambiciosamente planos mais elevados; eram livres de preconceitos, descrentes e críticas, frias até o fundo do coração e, ao lado disso, arrebatadas por todo tipo de misticismo ou ao menos brincavam com isso artificialmente, cheias de interesse e curiosidade por tudo que fosse enigmático e misterioso, por tudo que fosse profundo e ultramundano, rebaixavam a própria ciência colocando-a a serviço da superstição ou dando-lhe pretensiosamente a forma de uma ciência ocultista.[1]

O quadro dos costumes do *fin de siècle*, pintado com traços vigorosos por Theobald Ziegler, nasceu dessa época tão rica em contradições. Em 1899, foi publicado pela primeira vez o livro *As Correntes Intelectuais e Sociais no Século XIX e XX*. Ziegler foi um observador sensível da mudança radical. Ele percebeu que um mundo antitético havia surgido, em que forças assíncronas se atritavam entre si (ciência natural *versus* ciência do espírito; marxismo *versus* racismo; Revolução Industrial *versus* tradicionalismo; modernidade *versus* mito antimoderno) e novas dominâncias ainda não podiam ser vislumbradas.

Em 1920, foi publicada a coletânea de poemas intitulada *Crepúsculo da Humanidade: Sinfonia da Mais Recente Poesia*, que reunia poemas dos anos 1910 a 1919. A coletânea se apresentou como antiantologia, sustentada por um sentimento apaixonado contra a dominância das ciências naturais e da racionalidade matemática sobre as ciências do espírito e da cultura. No prefácio, seu editor, Kurt Pinthus, escreveu o seguinte:

> As ciências do espírito do século XIX que se finda se contentaram — transferindo irresponsavelmente as leis das ciências naturais para acontecimentos intelectuais — em constatar esquematicamente na arte, segundo influências e princípios histórico-evolutivos, apenas a sucessão, a sequência; era um ponto de vista causal, vertical. Este livro pretende chegar à coletânea de outra forma: deve-se escutar a poesia de nossa época [...] escutar transversalmente, olhar ao redor, [...] não verticalmente, não sequencialmente, e sim horizontalmente; não se deve separar o que é subsequente, mas ouvir em conjunto, ao mesmo tempo, simultaneamente [...] O ser humano pura e simplesmente, não seus assuntos e sentimentos privados, e sim a humanidade é o tema infinito e genuíno. Esses poetas sentiram a tempo

1. T. Ziegler, *Die geistigen und sozialen Strömungen*, p. 457.

1. O MUNDO FORA DOS EIXOS

> como o ser humano afundava no crepúsculo [...] submergia na
> noite [...], para emergir de novo no crepúsculo do novo dia que se
> clareava [...]. Os poetas deste livro sabem tal como eu: ele encerra
> nossa juventude; a vida que começa alegremente é logo soterrada,
> acaba destruída [...].[2]

O prefácio de Kurt Pinthus, e a própria coletânea como um todo, é um manifesto contra a tradição e a favor de um recomeço. Trata-se de um grito artisticamente encenado da juventude contra a velhice, da vida contra a morte e o tédio, do futuro contra o passado, da autoconfiança contra o espírito de sujeição, do prazer anárquico contra a convenção restritiva.

As irrupções na arte, literatura, indústria, ciência e no mundo cotidiano ocorriam em palcos públicos, nos discursos públicos, no pensamento científico e na fantasia artística. Os estados de espírito revolucionários se sobrepunham, se encorajavam mutuamente, assim como ricocheteavam uns contra os outros. Todos faziam parte de um grande acontecimento que se formava pelas costas dos atores, que os surpreendia e arrastava na correnteza de suas paixões, de seu prazer com a desintegração, de sua criatividade, esperanças, temores e de sua *hybris*. E em meio a tudo isso havia a ânsia por um grande evento desestabilizador, que não apenas Georg Heym desejava ansiosamente:

> Würzburg, 30 de maio de 1907.
> Também eu posso dizer: se ao menos houvesse guerra, eu estaria
> sadio. Um dia é igual ao outro. Sem grandes alegrias, sem grandes
> dores [...]. Tudo é muito tedioso[3].

CAMINHOS TORTOS PARA A FILOSOFIA: KARL JASPERS

A questão de que se trata aqui é uma revolução na filosofia. Sua chegada foi anunciada pela consciência missionária da juventude. Seus rumores se fizeram ouvir nas

2. Prefácio a *Menschheitsdämmerung*, p. 22 e 25.
3. Tagebücher Träume und Briefe, *Dichtungen und Schriften*, v. 3, p. 89.

casas paternas, nas salas de aula de instituições de ensino pachorrentas, nos dormitórios de internatos mundanos e seminários católicos para então desembocar em universidades e na vida pública. Seus cenários foram os gabinetes de estudo dos acadêmicos, as trilhas para caminhadas, as salas de aula, os jornais, os manuscritos de livros – e as cartas. Amizades se formaram e se partiram em seu nome.

A revolução filosófica se espalhou segundo o princípio da avalanche. Um número cada vez maior de pessoas foi atingido por ela, os amigos, os inimigos e a geração seguinte, cujas cabeças mais inteligentes – incluindo mulheres! – já ansiavam por ela na escola.

Dois amigos desencadearam uma avalanche no universo acadêmico: Martin Heidegger e Karl Jaspers. Não poderiam ter sido mais diferentes um do outro. O primeiro era de baixa estatura e esportivo, sensível e desajeitado, altivo e modesto, quase desprovido de ego. O segundo era alto, de estatura nobre, autoconfiante, autocrítico e enfermiço. Ambos queriam fundar um novo pensamento, um pensamento que expressasse o que era o *ser* do ser humano na nova época. Mas só um deles se tornou mundialmente famoso, só a ele a posteridade concedeu o mérito de ter descoberto algo realmente novo: que o pensamento não vem do pensamento, mas do ser.

Os dois jovens vinham de polos opostos do universo social. Martin Heidegger nasceu em 1889, seu pai era mestre tanoeiro dos vinhedos do bispado de Messkirch, e a casa paterna era católica, conservadora e com poucos recursos.

Karl Jaspers nasceu em 1883. Seu pai foi banqueiro, mais tarde diretor da caixa econômica de Oldenburg, tornou-se deputado estadual e presidente da Câmara de Vereadores no condado e município de Oldenburg; tinha uma mentalidade nacional-liberal e tolerante[4]. Ainda bem jovem, antes mesmo de ingressar na universidade, Jaspers foi diagnosticado com uma insuficiência cardíaca secundária e uma bronquiectasia. Durante a vida inteira, ele sofreu consideravelmente com os limites impostos por essa condição. Porém, assessorado por seu médico Albert Frankel e graças a uma enorme autodisciplina, conseguiu encontrar um *modus vivendi* que lhe permitiu frequentar a universidade[5]. Seu cérebro fervilhava. No começo, ele não sabia para onde direcionar toda essa energia, tão amplos eram

4. Cf. H. Saner, *Karl Jaspers in Selbstzeugnissen und Bilddokumenten*, p. 10s.
5. Cf. W. Häubner, A. Fraenkel, em H. Maas; G. Radbruch, L. Schneider (eds.), *Den Unvergessenen*, p. 49s.; e Carta de Jaspers para Albert Fraenkel, de 1º jun. 1934, em H. Saner, op. cit., p. 57s.

1. O MUNDO FORA DOS EIXOS

"Juramento ao espírito
da ciência": Karl Jaspers
(no centro) com o fisiologista
Fano e o historiador da arte Carl
Cornelius, em agosto de 1902.

seus interesses. Não tinha qualquer simpatia pela escola e, a bem da verdade, por nenhuma autoridade, chegando mesmo a odiá-las. Optou pelo Direito, mas achou os professores medíocres demais.

Numa antiga fotografia, tirada durante um período de férias em agosto de 1902, em Sils-Maria, o vemos na companhia do fisiologista Fano, de Florença, e o historiador da arte Carl Cornelius, de Friburgo. Em pé, ao centro, está Jaspers, um jovem estudante universitário, que assume uma postura soberana e se destaca fisicamente dos outros dois; segurando um livro de tamanho considerável, sorri timidamente para o observador; os professores universitários Fano e Cornelius aparecem ajoelhados, um à sua esquerda e outro à sua direita, e ambos com a mão direita posta sobre o livro *Juramento ao Espírito da Ciência*, diz a legenda da fotografia. Tudo indica que os dois cientistas acharam engraçado se colocar de joelhos diante do estudante e deixá-lo assumir o papel de representante da ciência. O detalhe é que, àquela altura, ele ainda nem sabia ao certo que rumo tomar. Durante longas conversas, os colegas mais velhos lhe recomendaram mudar para Medicina ou ao menos para Ciências Naturais. Ele não se sentia inteiramente à vontade quanto a isso, já que precisava explicar aos pais a razão da troca. Em agosto de 1902, redigiu uma carta explicando aos pais o caminho que pretendia seguir:

> Há um mês tomei a resolução de desistir do Direito e estudar Medicina [...]. Caso fosse provido de um cérebro excepcionalmente dotado, eu começaria pelas Ciências Naturais e Filosofia para trilhar sem desvios uma trajetória acadêmica. Faria meu doutorado em Filosofia e, naturalmente, também estudaria a fundo Medicina como um dos fundamentos sobre os quais a Psicologia e a Filosofia podem se assentar [...]. No entanto, como os pressupostos não estão dados, vou estudar Medicina.[6]

Jaspers acabou não enviando a carta, mas conseguiu convencer o pai a respeito da troca numa conversa em Oldenburg. Passa a estudar Medicina em Berlim, Göttingen e Heidelberg, mas também se interessa por todas as demais ciências naturais e se debruça sobre a literatura filosófica em seu tempo livre. Em 1908, é aprovado no exame de conclusão de Heidelberg com o conceito "bom". Depois de cumprir seu estágio prático com um trabalho sobre "Saudade e Crime", obtém, com menção honrosa, seu registro oficial como médico. Em 1909, em Heidelberg, se casa[7] e se especializa em Psiquiatria. Seu intuito era compreender os doentes e as doenças, e, para isso, precisava da Psicologia e da Psiquiatria. Há tempos que essas duas áreas eram disciplinas acadêmicas reconhecidas. A revolução das ciências naturais dos anos 1860 e 1870 tinha aplainado o caminho para sua ascensão. Em 1894, Sigmund Freud empregara pela primeira vez os termos "análise hipnótica" e "análise clínico-psicológica"[8]. Inicialmente, a psicanálise exerceu

6. H. Saner, op. cit., p. 20.
7. Ibidem, p. 61.
8. Em seu ensaio "Die Abwehr-Neuropsychosen: Versuch einer psychologischen Theorie der akquirierten Hysterie, vieler Phobien und Zwangsvorstellungen und gewisser halluzinatorischer Psychosen", de janeiro de 1894, em S. Freud, *Gesammelte Werke*, v. 1, p. 61, 67, 73.

uma influência apenas marginal sobre esse desenvolvimento, mas se mostrou pioneira com o passar dos anos. Entretanto, é a psicologia, e não a psicanálise, que, para muitos, se tornará a principal referência nas ciências naturais e também nas ciências do espírito.

Jaspers trabalhou durante seis anos como assistente numa clínica psiquiátrica de Heidelberg. Suas experiências com pacientes, seu estudo dos quadros e históricos das doenças e de sua relação com a personalidade dos doentes, bem como suas leituras da bibliografia especializada, fizeram com que ele se aprofundasse cada vez mais. Para grande desgosto de seus colegas, que consideravam a medicina uma ciência natural pura, ele lhes apresentava, nas discussões de especialistas,

> postulados cada vez mais inusitados: era preciso pesquisar de modo sistemático a literatura psiquiátrica das décadas e séculos anteriores para evitar o constante retrocesso causado pelo esquecimento; era preciso tirar disso a conclusão de que as doenças mentais são simplesmente doenças mentais e doenças da alma e da personalidade; era preciso, portanto, orientar-se também pelas ciências do espírito, pela psicologia, pela antropologia; era preciso encontrar uma linguagem para descrever os sintomas de maneira clara e reconhecível; além disso, era preciso saber o que é uma teoria, o que é ciência, o que é um método, o que significa "compreender", e para isso era preciso recorrer à filosofia. Quem praticava a psicopatologia precisaria primeiro aprender a pensar[9].

Os colegas não entendiam a busca de Jaspers por um fundamento comum de compreensão para as ciências humanas e do espírito. Consideravam isso um desperdício de tempo e se incomodavam com sua presença questionadora. Ele, porém, há muito entrara num processo de reflexão filosófica que nunca mais teria fim. Decisivo para seu interesse pela psicologia compreensiva também foi o fato de ele não se sentir à altura do trabalho fisicamente fatigante na psiquiatria. Entretanto, a frustração daí resultante não durou muito:

> Pensando retrospectivamente, é curioso. O que naquela época havia sido imposto pela doença e feito com contrariedade, minha opção definitiva pela Faculdade de Filosofia, veio a ser de fato a condução para meu caminho inato. Eu filosofava desde jovem.

9. H. Saner, op. cit., p. 29s.

Escolhi a medicina e a psicopatologia por motivos filosóficos. O receio diante da magnitude da tarefa era justamente o que me impedia de fazer da filosofia a profissão da minha vida.[10]

Ainda, poder-se-ia acrescentar. O que também contribuiu para sua certeza definitiva foi que ele não tinha compromisso com a clínica, pois não era remunerado por ela. Seu pai continuava sustentando-o. Portanto, ele não precisava se orientar pelo juízo dos colegas. Podia seguir seu próprio caminho. Mas ele chegou à filosofia de um modo diferente do da maioria de seus contemporâneos; estes entendiam a filosofia como universo das certezas transcendentais, ao qual bastava se filiar. Afinal, a filosofia não é autoevidente? Bastava ler as doutrinas dos grandes filósofos e interpretá-las de acordo com as necessidades da época. Jaspers, porém, atirou-se na filosofia a partir de toda a sua existência e esperava dela respostas. Seu biógrafo Hans Saner tem a seguinte suposição:

> Esse olhar para a filosofia havia surgido da solidão durante os anos de estudo na escola secundária e na universidade, bem como da consciência da doença como uma ameaça constante. Que sentido poderia haver numa existência obrigada a se manter apartada da das outras pessoas? Qual o sentido do esforço de ser ativo, se não se podia esperar nenhum resultado objetivo diante da probabilidade da morte precoce? Nenhuma ciência respondia a isso.[11]

A resposta só podia ser encontrada pelo próprio Karl Jaspers. "Só restava um caminho: a filosofia tinha de mostrar a verdade, o sentido e o objetivo de nossa vida."[12] Jaspers sai em busca de um acesso existencial – no mais verdadeiro sentido da palavra – à filosofia. A doença pode ter contribuído para isso, mas certamente não foi a única causa. Também as experiências-limite que emergiam dos históricos de pessoas doentes que ele estudou contribuíram para isso – e o espírito inquieto dos jovens da época. A insatisfação com as filosofias acadêmicas tinha se apossado de muitos. Eles sentiam que algo havia se esgotado e precisava dar lugar ao novo. Mas o que seria o novo? Inicialmente, Jaspers sabia apenas que a existência vivida e sentida, junto com o pensamento dela proveniente, não cabiam nos moldes da filosofia acadêmica.

10. K. Jaspers, *Philosophische Autobiographie*, p. 301s.
11. H. Saner, op. cit., p. 31.
12. K. Jaspers, *Mein Weg zur Philosophie, Rechenschaft und Ausblick*, p. 383.

1. O MUNDO FORA DOS EIXOS

Jaspers era um *outsider*. Ele nunca se submeteu à disciplina da filosofia acadêmica, no entanto, leu alguns clássicos ainda bem jovem: Spinoza, Lucrécio, Schopenhauer, Nietzsche, mais tarde também Kierkegaard e Hegel. Foi uma leitura solitária, que o levou a perguntas perturbadoras: como se pensa o ser? Como ele se manifesta?

Ele nunca havia desfrutado de uma educação sistemática no âmbito do pensamento. Como médico e diletante na filosofia, procurava agora trocar de papel, coisa que alguns levaram a mal, principalmente o mais conhecido filósofo de sua época: Heinrich Rickert. Em 1916, Rickert havia assumido a cátedra principal de Filosofia na Universidade de Heidelberg. Provinha de Friburgo, onde acompanhou, como orientador, a trajetória acadêmica de Heidegger até a sua *Habilitation*[13].

Naquela época, Heidelberg era um dos grandes centros da Filosofia. Lá viveram e ensinaram Moritz Geiger, Max Scheler, Georg Simmel; lá os amigos Ernst Bloch e Georg Lukács deram o que falar. E sobre todos pairava o espírito de Max Weber. Weber, o grande sociólogo da cultura, economista, historiador da economia, pensador político e político fracassado tinha buscado respostas para perguntas da época que serviram de referência para toda uma geração. Todos o respeitavam, se é que não o temiam. Sua influência se estendeu muito além de sua morte em 1920.

Max Weber exerceu extrema influência sobre Karl Jaspers por esses anos: "Ele [Max Weber] se tornou para mim a personificação do filósofo de nossa época."[14] A classificação desconcertante – Max Weber como filósofo – é típica do jovem Jaspers. Na sua visão, filósofo era qualquer um que ele considerasse em suas reflexões ou cuja produção intelectual o fascinasse. Filósofos foram aqueles que pensaram ao longo dos séculos, que não enxergaram fronteiras entre as disciplinas e consideraram a filosofia como uma ciência do pensamento intensivo, eternamente jovem, sempre começando de novo.

Jaspers venerava Weber como personalidade, como político com responsabilidade, como historiador, economista, sociólogo. Porém, mais ainda do que suas pesquisas transdisciplinares, o mais jovem estimava no mais velho

13. Na Alemanha e em outros países europeus, a *Habilitation* corresponde à titulação máxima da formação acadêmica, obtida através de uma tese – *Habilitationsschrift* – avaliada por banca e que *habilita* o candidato aprovado à docência universitária. Tradicionalmente, o habilitado iniciava sua carreira junto a uma universidade na condição de *Privatdozent*. Diferentemente do professor catedrático, ele não é remunerado pelo governo, mas está autorizado a cobrar, em modalidade privada, pelos cursos que oferece. (N. da T.)

14. Ibidem, p. 389.

o pensador autêntico, de olhar penetrante para períodos longos, que ia além da mera descrição, tentando capturar nexos sócio-históricos e suas transformações, que podia dizer algo sobre o espírito e a tipicidade da época e não respondia a perguntas acerca do sentido com postulados normativos. Em retrospectiva, Jaspers fundamentou sua veneração da seguinte maneira:

> Só após sua morte fui me tornando cada vez mais consciente do que ele [Max Weber] significou: em meus textos filosóficos ele está presente com frequência [...] Naquela época, porém, sua influência já era visível no esboço de minha *Psicopatologia*, e mais ainda no esboço de minha *Psicologia das Visões de Mundo*, em cuja introdução ressaltei o significado de suas construções de tipos ideais na sociologia da religião para o meu trabalho.[15]

Weber tinha percebido uma força especial no jovem Jaspers e possibilitado a ele, em 1913, junto com seu empregador Franz Nissel (psicopatologia) e o filósofo Oswald Külpe, de Munique, a *Habilitation* em psicologia na Faculdade de Filosofia – não de Medicina!

Portanto, Weber é mais do que um modelo acadêmico; ele é, com toda a sua personalidade, aquele a quem Jaspers deve gratidão. Weber lhe mostrou o caminho do pensamento independente[16]. Por isso, Jaspers o designou como "filósofo", uma caracterização que não teria ocorrido aos contemporâneos e tampouco aos pósteros.

Durante uma conversa com Marianne Weber em 1916, relatada por ela ao marido em Berlim, essa veneração fica particularmente clara:

> K. Jaspers esteve anteontem à noite comigo, e, como ocorre com frequência, falamos muito de você. Ele o admira muito – como novo tipo, alguém que tem força para conter e transpor enormes tensões de si mesmo e as contradições da vida lá fora, apesar de toda a falta de ilusões, que pode até se dar ao luxo de ficar doente ou fazer má figura, vez ou outra. Tenho a impressão de que Jaspers, que considera a busca do conhecimento e da verdade o valor supremo da vida, diz: "É lastimável cada dia que esse Max Weber desperdiça com questões políticas em vez de objetivar a si mesmo."[17]

Poderia também a doença ser um elo de união entre os dois? Max Weber, um homem em quem a genialidade

15. Idem, *Philosophische Autobiographie*, p. 306.
16. Cf. Dieter Henrich, Karl Jaspers: Denken im Blick auf Max Weber, em W.J. Mommsen; W. Schwentker (Hrsg.), *Max Weber und seine Zeitgenossen*, p. 726s.
17. Marianne Weber, *Max Weber*, p. 580.

1. O MUNDO FORA DOS EIXOS

e a depressão caminhavam lado a lado – Karl Jaspers, que arrancava da própria doença seus pensamentos. Ambos solitários, mas ligados por esse aspecto? Ambos aprenderam, por meio de sua doença, a distinguir o importante do desimportante, a atividade vazia da pesquisa séria, as vaidades do *ethos* do pensamento.

Depois de concluir sua *Habilitation*, Jaspers lecionou Psicologia Social e dos Povos, Ética e Psicologia Moral, Psicologia das Religiões e Psicologia das Visões de Mundo[18]. Ele ainda via a psicologia como a ciência referencial por excelência; portanto, para ele também havia uma psicologia dos cognoscentes e do conhecimento.

Mas a trajetória na psicologia não deu certo, apesar de sua docência como professor adjunto e de seu livro *Psychologie der Weltanschauungen* (Psicologia das Visões de Mundo, 1916). Jaspers era filosófico demais para os psicólogos – e mais ainda para os médicos. Provavelmente, ele próprio se deu conta disso. Por isso, houve uma certa coerência em sua tentativa de, a partir de então, estabelecer-se na filosofia. Buscou contato com os filósofos em Heidelberg, incluindo Heinrich Rickert, que, desde 1916, era o nome de maior prestígio e reconhecimento. Rickert, porém, rejeitou decididamente a pretensão do psicólogo-médico de migrar para a filosofia. Considerava isso indecente e tinha Jaspers como um cabeça de vento que devia ser colocado em seu devido lugar. Quando Max Weber morreu em 1920, com 56 anos de idade, Jaspers, desde então, teve de se virar sem o modelo dezenove anos mais velho. Seus colegas lhe dificultaram as coisas tanto quanto possível. Heinrich Rickert, principalmente, que considerava Max Weber seu discípulo, via o fato de Jaspers elevar Weber à categoria de filósofo como puro equívoco interpretativo: como é que Jaspers, na época com 37 anos de idade e no limiar de uma carreira universitária, ousava transformar o venerado economista e sociólogo em filósofo? Para Rickert, isso era apenas mais uma prova de que o jovem não dominava seu ofício.

Olhando retrospectivamente décadas depois, Jaspers relembrou os debates com Rickert:

> "O que você pretende, afinal", disse ele [Rickert] já por ocasião de nosso primeiro encontro, "pois está em uma situação indefinida, abandonou a psiquiatria, mas não é filósofo?" Ao que respondi: "Vou obter uma cátedra de Filosofia; o que farei

18. Cf. H. Saner, op. cit., p. 35.

Heinrich Rickert (1863-1936), por volta de 1933.

com ela é uma questão que decidirei a partir da liberdade do docente frente à indefinição daquilo que na universidade é chamado de filosofia." Rickert riu efusivamente diante de tamanho descaramento.[19]

Mas o que pretendia Jaspers? Ele queria colocar em pauta, em contraposição à filosofia acadêmica, um pensamento filosófico que estivesse mais próximo da vida, mas também do ser, do que qualquer sistema científico. Por causa disso, seu conflito com Rickert se tornou duradouro:

> Isso acabou se tornando um tema de discussão recorrente entre Rickert e eu: eu atacava sua filosofia em virtude de sua pretensão científica [...]. Foi então que desenvolvi uma ideia de filosofia que a distingue bastante da ciência. Ela deveria satisfazer uma pretensão de verdade que a ciência não conhece, se basearia em uma responsabilidade que é estranha à ciência, realizaria algo que permanece inalcançável para toda ciência. Por causa disso, expliquei, contra a sua forma de pensar, que ele próprio, a rigor, não era filósofo, mas fazia filosofia como um físico. A única diferença estaria em oferecer desdobramentos lógicos sofisticados que não passam de bolhas de sabão, ao passo que o físico conhece algo de fato quando examina suas especulações de maneira realista.[20]

19. K. Jaspers, Philosophische Autobiographie, p. 307.
20. Ibidem, p. 308s.

1. O MUNDO FORA DOS EIXOS

O experiente colega, entretanto, não desistiu. Como "neokantiano", aceitou o desafio de seu tempo, contrapondo ao despedaçamento das certezas na era industrial um sistema ainda mais firme de valores e normas. Mais uma vez, queria-se erigir um baluarte contra o enorme poder de destruição da Modernidade. Sim, também "os velhos" estavam cientes de que viviam num período de transição entre duas épocas.

O que certamente despertava a ira do colega mais velho era a franqueza exibicionista com a qual aquele jovem punha em dúvida sua autoridade como pensador.

Jaspers explicou sua opção pela filosofia e sua crítica à filosofia como *cosmovisão* em seu livro *Psicologia das Visões de Mundo*, que na época chamaria a atenção de muita gente. Heinrich Rickert escreveu uma crítica devastadora, que terminava com uma conclamação condescendente: "Com alegria saudemos a este que se encontra no estágio de crisálida."[21] Isso queria dizer que Jaspers, mais jovem, ainda era uma crisálida, preso em um casulo que o detinha e impedia. Era preciso esperar com calma para ver se seria capaz de evoluir e abandonar esse estado.

Rickert fez intriga contra Jaspers quando este, em 1922, foi nomeado candidato à segunda cátedra de Filosofia em Heidelberg. Nessa época, porém, Jaspers já tinha recebido dois convites para cátedras de Filosofia, um da Universidade de Kiel e outro da de Greifswald, mas seu interesse era por Heidelberg. Por fim, contrariamente ao interesse dos representantes locais da filosofia, Jaspers foi efetivado pela faculdade e pelo ministério. Uma derrota da filosofia tradicional, uma advertência para Rickert e um sinal promissor para uma nova tendência – e um sinal político emitido pela burocracia educacional da República de Weimar. Heinrich Rickert, porém, não deixaria de criticar e ironizar até o fim de sua vida o modo como Jaspers punha a filosofia em questão.

O próprio Jaspers, ao assumir a cátedra, não se sente ainda plenamente preparado para o ofício. Retrospectivamente, ele escreveu o seguinte:

> Quando, em 1º de abril de 1922, assumi a cátedra de Filosofia em Heidelberg, de fato, não estava pronto, de acordo

21. Apud K. Jaspers, *Philosophische Autobiographie*, p. 307.

com meus próprios critérios. Então comecei a empreender o estudo de filosofia de maneira nova e mais profunda [...] A filosofia professoral me parecia não ser uma filosofia genuína, e sim, com a pretensão de ser ciência, geralmente uma discussão de assuntos que não são essenciais para as questões fundamentais de nossa existência.[22]

Essas palavras não expressam o orgulho de quem exibe seu triunfo sobre os velhos, e sim a satisfação e o sentimento de ter cumprido uma tarefa pessoal. Trata-se de um indivíduo realmente singular esse Jaspers que, em 1922, aos 39 anos, assume a segunda cátedra de Filosofia na venerável Alma Mater Heidelbergensis. Seu estado de alma nessa época pode ser assim resumido: um misto de autoconfiança e modéstia, a percepção de si como *outsider*, a coragem para o ataque, a experiência vivida da doença e a vontade de viver.

RUMO A UMA NOVA FILOSOFIA: MARTIN HEIDEGGER

O pai de Martin Heidegger era mestre tanoeiro a serviço dos vinhedos do bispado de Friburgo. Os tanoeiros eram, ao mesmo tempo, fabricantes de barris e fiscais da produção de vinho e, em algumas partes do estado, também participavam do poder executivo local. Antes de receber o vinho, tinham de verificar se o produtor havia pago todos os impostos e tributos.

A oficina do pai se localizava em uma lateral da chamada "igreja emergencial" que a direção da igreja de Friburgo havia instituído para os fiéis de Messkirch em sua luta contra os veterocatólicos na década de 1870. O pai havia transferido a oficina para lá depois de deixar a casa do sacristão. Antes disso, na esteira do conflito entre a Igreja Católica e o Estado (*Kulturkampf*), as autoridades de Baden haviam consentido que os veterocatólicos também usassem a igreja católica de São Martinho. Por causa disso, os católicos deixaram a igreja. Martin fora batizado em 1889 em sua "igreja emergencial" pintada pelos monges do convento de Beuron; durante a sua infância, a visitava quase diariamente. Como filho, ia ao

22. Ibidem, p. 313.

1. O MUNDO FORA DOS EIXOS

encontro do pai, que tinha o cargo de sacristão, e servia junto ao altar como acólito[23]. Mais tarde, quando o jovem Heidegger quis se apresentar à sua noiva, ele descreveu sua infância nos seguintes termos:

> Mas talvez tu, com tua alma sensitiva, já tenhas me visto como simples menino, junto a pessoas singelamente piedosas do campo, menino que ainda viu a campânula de vidro sob cujo clarão o avô se postava, sentado na tripeça batendo pregos nos sapatos, que ajudava seu pai no trabalho de tanoeiro e fixava os arcos em torno dos barris de modo que as batidas de martelo chegavam até as vielas pequenas e tortas; que desfrutou de toda a maravilhosa poesia de um filho de sacristão, que se recostava durante horas junto à torre da igreja e olhava as andorinhas e ia em sonhos além das escuras florestas de pinheiros, que mexia nos velhos livros empoeirados no sótão da igreja e se sentia como um rei em meio aos muitos livros, que não entendia, mas conhecia e adorava reverentemente cada um deles. E quando o menino, que ganhava do pai a chave da torre, podia decidir a qual dos outros meninos daria permissão para subir e tinha, portanto, prestígio e poder e era, assim, o líder em todos os saques e brincadeiras de soldados e o único que podia levar o sabre *de ferro*...[24]

Entre os antepassados distantes da família Heidegger se encontrava o famoso pregador e escritor Abraão de Santa Clara. Portanto, na família já havia talento linguístico, consciência de missão e uma veia bélico-educacional entre os ancestrais. Abraão de Santa Clara, cujo nome civil era Johann Ulrich Megerle, foi monge[25] e, a partir de 1677, pregador da corte a serviço do imperador Leopoldo I em Viena. Ele propagou a unidade nacional, reverenciava os alemães e detestava judeus e estrangeiros, e era um crítico da civilização de sua época. Interpretou a irrupção da peste no ano de 1679 como castigo de Deus pelo desleixo para com os costumes na corte, a crescente imoralidade e falta de religiosidade. Quando os exércitos turcos chegaram a Viena em 1683, proferiu prédicas patrióticas. Hoje em dia, Abraão de Santa Clara seria tido como um talentoso líder populista.

Esse homem nasceu em 1644 em Kreenheinstetten, perto de Messkirch. Em 1910, um monumento a Abraão

23. Cf. carta de Heinrich Heidegger à autora, de 27 jan. 2017.

24. Mesmo em 1895, quando os católicos se reapossaram da igreja de São Martinho, Martin continuou sendo acólito. Foi ele que, por ocasião da entrega das chaves da igreja, as recebeu solenemente, porque, segundo a tradição, a questão era tão constrangedora para o ministro veterocatólico que ele preferiu passar a chave ao acólito, que não tinha nada a ver com aquilo, do que ao sacristão. Cf. H. Ott, *Martin Heidegger: Unterwegs zu einer Biographie*, p. 47s.

25. Carta de Heidegger a Elfride Petri, de 15 dez. 1915, em M. Heidegger, "Mein liebes Seelchen!", p. 21.

de Santa Clara foi inaugurado na cidade. Uma parte do dinheiro veio por iniciativa do então prefeito Karl Lueger, do município de Viena, que se sentia particularmente ligado ao monge. Quando estudante universitário, Heidegger escreveu sobre isso na revista *Allgemeine Rundschau*[26].

O que merece destaque nessa participação de Heidegger na inauguração, em 1910, na idade de 21 anos, e em seu artigo sobre o descerramento do monumento para a *Allgemeine Rundschau* é apenas o seguinte: o descendente louvou a ligação do antepassado com seu local de origem. A revista era, de resto, extremamente católica, e sua redação tinha uma postura antissemita, mas não nacional-socialista, como se mostraria mais tarde.

Aparentemente, o fato de o padre Abraão ter atuado na Áustria não era um problema para Heidegger. Ele entendia como natural aquela ligação entre o sul da Alemanha e a Áustria, que, aliás, remontava a um passado distante e se estendia até o século XX. A base de sustentação dessa ligação entre o sul da Alemanha e a Áustria era o amor à pátria e à natureza, às florestas e às montanhas, algo que não podia ser afetado por um deslocamento para um lado ou outro dos marcos divisórios entre os dois Estados.

As chamadas pessoas simples dessa região viviam e pensavam segundo a fé, aceitavam seu destino e o ciclo das estações do ano. Para elas, a morte era o que encerrava a vida. Para essas pessoas, Abraão de Santa Clara não era um antepassado distante, mas um homem piedoso que tinha dado uma resposta atemporal a uma questão importante – a vida em que a morte se faz presente. Em sua história da peste em Viena, o padre Abraão havia descrito com muitos trocadilhos as fronteiras fluidas entre a vida e a morte:

> Não é por acaso que a palavra *Leben* [vida] é *Nebel* [nevoeiro] quando lida de trás para a frente. Mal nasce esse nevoeiro, esse filho desajeitado da terra pantanosa, e eis que os raios do sol já ameaçam dar cabo dele. Bem semelhante é a condição da nossa vida: *vix orimur morimur* [mal nascemos e já morremos]. Nosso primeiro fôlego de vida já é um suspiro de morte, e o primeiro instante da vida humana já está sujeito ao esquelético anjo da morte; e o primeiro alimento recebido

26. Abraão de Santa Clara (1644-1709) fazia parte da reformada Ordem dos Agostinianos Descalços.

da ama de leite já insere a criança pequena nos braços desse duro conquistador do mundo, e o berço que balança para lá e para cá já mostra a inconstância da vida.[27]

Será que aqui já se poderia presumir a presença de raízes da filosofia existencialista posterior? A insistência no "ser para a morte" não seria, então, apenas resultado de uma crítica à civilização que estivesse na moda e de uma hostilidade para com a tecnologia, mas faria referência à presença inquebrantavelmente contínua da morte, que nenhum progresso e nenhuma tecnologia conseguiram eliminar. Entretanto, quem era visto como verdadeiro descendente de Abraão de Santa Clara era Fritz, irmão de Martin Heidegger, que, em suas pregações na noite antes da Quaresma, cultivava um estilo tão semelhante ao de seu antepassado que se tornou muito famoso em Messkirch[28].

As pessoas em Messkirch e nos arredores tinham enorme desconfiança dos novos tempos e de suas reviravoltas revolucionárias. Elas rejeitavam a nova tecnologia, desprezavam a vida na cidade, e seu antissemitismo tinha um cunho conservador e antiliberal.

Também Martin Heidegger era filho da região e via o padre Abraão como pertencente ao seu mundo. Assim, chegou a escrever o seguinte: "É preciso conhecer o ambiente de Kreenheinstetten, penetrar fundo na forma de pensar e no estilo de vida dos habitantes de Heuberg para entender na sua plenitude o caráter singularmente atraente do P. Abraão..."[29] O monge agostiniano, que vociferava contra a degeneração dos costumes, foi postumamente celebrado pelo jovem estudante universitário como testemunha de uma regeneração da cultura alemã: "Pessoas como Abraão de Santa Clara precisam ser conservadas silenciosamente na alma do povo. Seus escritos deveriam se tornar, cada vez mais, moeda corrente, seu espírito [...] um fermento poderoso na conservação da saúde, e onde a aflição clama, na renovada cura da alma do povo."[30] Isso chama a atenção: "cura da alma do povo", "conservação da saúde"? De onde

27. Minha descrição se baseia em Victor Farías, *Heidegger und der Nationalsozialismus*, p. 65-81. Farías toma esse acontecimento e o envolvimento de Heidegger nele como ensejo para traçar uma linha de continuidade desde o século XVII até a ligação posterior de Heidegger com o nacional-socialismo. Para ele, Abraão de Santa Clara também foi, *cum grano salis*, um antepassado do nazismo. Como intermediário da Modernidade, lhe serve a figura de Karl Lueger, que venerava o monge suábio, era antissemita declarado e político conservador e antimonarquista na virada do século XIX para o XX. Como testemunha do vínculo genealógico de Abraão de Santa Clara com o nacional-socialismo via Lueger, Farías cita Adolf Hitler, que esteve presente no sepultamento de Lueger em 1910, em Viena, e registrou o evento em *Mein Kampf*, onde tachou Lueger de fraco no tocante à causa nacional. Cf. V. Farías, op. cit., p. 68s.

28. Abraham a Santa Clara, *Merks Wien!*, p. 18.

29. H.D. Zimmermann, *Martin und Fritz Heidegger*, p. 27s, 34s, 43s.

30. Martin Heidegger, artigo sobre Abraham a Santa Clara, apud V. Farías, op. cit., p. 73.

o jovem Heidegger sabia que o povo estava doente? As pessoas o falavam, o pároco o pregava, o arcebispo o dizia, estava escrito no jornal.

Nesse artigo, Martin Heidegger se mostra como um jovem acadêmico em busca de um espaço na esfera pública. Ao mesmo tempo, ele sabia muito bem onde pisava. Quando tinha de escrever um artigo sobre um acontecimento, inicialmente narrava tal acontecimento e as pessoas nele envolvidas de maneira neutra, polida e correta, mas depois escrevia explicitamente o que achava, como o acontecimento se inseria no universo de sua experiência e de seu pensamento e como deveria ser interpretado. Nesse caso, ele estava convicto de que os tempos, desde a época do padre Abraão, tinham piorado, que ameaçavam a pátria, as montanhas e as pessoas. Esse jovem, de eloquência singular, seguro em seu julgamento e no uso da linguagem, chamou logo a atenção no círculo de seu local de origem. A imprensa local publicou matérias sobre ele[31].

A respeito de um outro antepassado, o compositor, regente e pianista Conradin Kreutzer, nascido em Thalmühle, perto de Messkirch, deve-se relatar que uma de suas estações profissionais também foi a Viena imperial, onde, dentre outras coisas, foi diretor musical do teatro de Josefstadt. Lev Tolstói o homenageou em sua novela *A Sonata a Kreutzer*. Não se sabe se Heidegger conhecia essa novela, mas decerto estava familiarizado com a música de Kreutzer.

O jovem Heidegger, por vontade própria e dos pais, se encaminharia para o sacerdócio. Havia também uma razão bem mundana para a busca dessa carreira de sacerdote: os Heidegger não tinham recursos próprios suficientes para enviar os filhos à universidade. Assim, a bolsa de estudos oferecida pela igreja era a única esperança para possibilitar ao filho uma formação escolar e um estudo universitário. Ao lado disso, havia decerto outra razão: a busca por reconhecimento social. Nesse caso, é provável que os pais tenham pensado também em si mesmos.

Foi o pároco da cidade de Messkirch, Camillo Brandhuber, que se interessou pelo jovem Martin[32]. Em 1903, ele possibilitou sua transferência para a turma do oitavo ano da escola secundária humanística em Constança, onde o jovem Heidegger se tornou aluno do seminário do arcebispado. Os custos da escola e do alojamento foram assumidos pela Fundação Weiss[33].

31. Ibidem, p. 74.
32. Ibidem, p. 76s.
33. Cf. H. Ott, op. cit., p. 51.

1. O MUNDO FORA DOS EIXOS

A escola era católica e o internato pertencia ao estado. Uma parte dos professores, porém, era protestante e humanista. Numa carta à noiva Elfride Petri, Heidegger escreveu o seguinte sobre os seus anos de colégio:

> O pequeno cismador precisava "estudar" e teve a oportunidade de ir para o Lago de Constança frequentar a escola secundária; no oitavo ano, ele ganhou as obras completas de Schiller como prêmio de melhor aluno, e foi matéria de um pequeno jornal por esse feito; desde aquela época, como as pessoas dizem até hoje, ele nunca mais foi visto sem um livro nas férias. E ele sondou e procurou e se tornou cada vez mais quieto e já tinha um ideal obscuro – o acadêmico – na alma – e a mãe singela e piedosa tinha a esperança de que ele se tornasse "padre" – e foi uma luta até que ele conquistasse o direito de viver unicamente para o conhecimento, até que a mãe acreditasse que também o filósofo pode fazer coisas grandiosas pelas pessoas e por sua felicidade eterna – muitas vezes ela perguntava ao filho: "O que é a filosofia? Diga-me", e ele próprio não sabia a resposta.[34]

Mentores eclesiásticos ou teológicos velavam pelo jovem Heidegger. O padre Brandhuber cuidava dele em Messkirch. Conrad Gröber, reitor do convento em Constança e parente distante da família, apoiou o aluno[35] e providenciou outra bolsa quando da sua transferência para a escola secundária Berthold, em Friburgo, no outono de 1906. Também aí Heidegger morou num internato católico[36]. No verão de 1909, se saiu brilhantemente no exame de conclusão do ensino secundário e optou por entrar na Companhia de Jesus, em Tisis, perto de Feldkirch (Vorarlberg). Em setembro de 1909, havia ingressado no noviciado, mas teve de deixar a instituição em 13 de outubro do mesmo ano[37]: sua condição física o obrigou a isso. As regras da ordem jesuíta exigiam candidatos saudáveis[38].

Havia outras razões por trás de sua saída? Podemos supor que algo mais drástico, como sua exclusão ou expulsão, teria sido encoberto por motivos diplomáticos com o manto da inegável facticidade de problemas de saúde? Ou teria o próprio Heidegger admitido, diante da suspeita dos superiores da ordem, que ele não seria capaz de prestar seu serviço com o empenho necessário?

34. V. Farías, op. cit., p. 53.
35. Carta de Heidegger para Elfride Petri, de 15 dez. 1915, em M. Heidegger, *"Mein liebes Seelchen!"*, p. 21s.
36. Cf. H. Ott, op. cit., p. 52.
37. Ibidem, p. 57.
38. Ibidem, p. 59.

Havia algo nele que apontava em outra direção. E ele provavelmente se deu conta de que o sacerdócio não era a única – ou mesmo a verdadeira – vocação para alguém interessado em ganhar a vida como pensador. Os pais e todos aqueles que o haviam apoiado ficaram naturalmente decepcionados com a sua saída da instituição. Talvez ele tenha se sentido culpado por isso. Teria fracassado como promessa para o futuro?

Apesar disso, a teologia e seus benfeitores teológicos não desistiram dele. No semestre de inverno do mesmo ano de 1909, Heidegger começou a estudar Teologia na Universidade de Friburgo e se tornou membro do seminário teológico Collegium Borromaeum da cidade[39]. Ele se abasteceu de preleções e seminários sobre história da igreja e teoria da religião, exegese bíblica e filosofia. E também aqui um professor o apoiou de modo especial: Carl Braig, filósofo da Faculdade de Teologia. Marcante nele era "principalmente a forma penetrante de pensar". No semestre de inverno de 1910-1911, Heidegger frequentou sua disciplina de Introdução à Dogmática Católica; Braig também o introduziria na "tensão entre ontologia e teologia especulativa", chamando sua atenção para Aristóteles, para a etimologia dos conceitos fundamentais.

Naquela época, Heidegger começou a ler textos de Edmund Husserl, mas avançava com dificuldades, o que era frustrante. Ao mesmo tempo, foi ficando cada vez mais claro para ele que seu caminho o afastava da teologia. Por muitos anos, o pensamento husserliano continuou sendo um desafio ao qual ele se submeteria diligentemente. A relação com Heinrich Rickert, sobretudo seu texto *O Objeto do Conhecimento: Introdução à Filosofia Transcendental* – uma tese de *Habilitation* redigida originalmente em 1890-1891 –, foi o que o ajudou a superar a distância em relação ao pensamento de Husserl. O estudo de *A Lógica da Filosofia e a Teoria das Categorias* (1911) e *A Teoria do Juízo* (1912), de Emil Lask, discípulo de Rickert, o introduziu nos mistérios do filosofar contemporâneo.

Heidegger ficara fascinado com o fato de que Husserl havia corrigido a psicologia e sua onipresente pretensão de validade, cujos representantes tinham conseguido, por volta do final do século XIX, suplantar completamente a filosofia. Todos os recém-chegados na filosofia tinham de

---

39. Johannes Baptist Lotz, Im Gespräch, em G. Neske (Hrsg.), *Erinnerung an Martin Heidegger*, p. 155; Lotz observa com razão que a informação veiculada pela tradição de que Heidegger teria deixado o convento por razões de saúde "parece um tanto estranha". Mas isso só se aplica caso se desconsidere o aspecto psicossomático da doença.

1. O MUNDO FORA DOS EIXOS

pagar tributo a isso. A tese de *Habilitation*, *O Conceito de Número* (1887), de Husserl, é classificada no subtítulo como "análises psicológicas". Paul Natorp, de quem ele herdou a pergunta acerca do ser, publicou sua *Psicologia Geral* em 1912. Heidegger, por sua vez, escreveu sua tese sobre *A Teoria do Juízo no Psicologismo* (1913). Em 1919, Jaspers publicou sua *Psicologia das Visões de Mundo*. A ciência do funcionamento da psique questionava a epistemologia filosófica, reivindicando ser a máxima referência científica. Por trás disso havia uma disputa substancial entre as ciências da natureza, por um lado, e as ciências do espírito, por outro, em torno da validade da facticidade ou da supremacia da consciência. No terreno da psicologia, que era entendida como ciência do conhecimento de atividades mentais, representantes de ambos os lados se encontravam para disputar sobre os métodos da aquisição do conhecimento. Portanto, todos os filósofos que dominavam seu ofício tinham de trabalhar e publicar a respeito dos efeitos da psicologia sobre a epistemologia.

Husserl, porém, rejeitou incisivamente a pretensão de validade da psicologia como ciência referencial. Ele demonstrou que "a teoria do pensamento e do conhecimento não pode se fundar sobre a psicologia"[40]. Heidegger lutava para abrir caminho na fenomenologia. Só o ensaio programático de Husserl intitulado *Ideias Sobre uma Fenomenologia e Filosofia Fenomenológica Pura* permitiu que o jovem universitário Martin Heidegger começasse a se sentir mais à vontade[41].

Por que era tão importante entender a nova corrente fenomenológica na filosofia? Porque Heidegger queria dar sua contribuição a esse novo pensamento. Mas ele ainda não sabia qual seria sua própria quota nisso; antes de tudo, tinha de se colocar a par do estado da arte. Edmund Husserl já era uma celebridade em sua área na Universidade de Göttingen quando Heidegger quebrava a cabeça com a leitura de seus escritos. O jovem Heidegger se impressionava com o fato de Husserl não ser um mero intérprete da história da filosofia, mas antes filosofar com toda a sua existência.

Ele aprendeu que o pensamento de Husserl era o fim de um percurso que deixava para trás o idealismo e, com ele, o neokantismo. Porém, sabia que ainda não havia nada para substituí-los além do próprio pensamento, do processo do pensamento e suas categorias.

40. Cf. H. Ott, op. cit., p. 60.
41. Cf. M. Heidegger, *Mein Weg in die Phänomenologie*, apud W. Biemel, *Martin Heidegger in Selbstzeugnissen und Bilddokumenten*, p. 23.

Edmund Husserl (1859-1938).

Naquela época, os expoentes da filosofia transcendental pós-kantiana faziam das cátedras de filosofia uma trincheira. Em Baden, eles até haviam se reunido em uma escola e naturalmente também exerciam uma política de ocupação de vagas. Queriam se proteger contra os ataques das ciências naturais, do positivismo e da psicologia, dando, assim, desdobramentos à filosofia transcendental.

A leitura de Natorp leva Heidegger a descobrir a tensão entre pensamento, conhecimento e ser, ou "vida", segundo o jargão da Lebensphilosophie, bastante difundido na época. Para ele, era decisivo que o pensamento se expusesse a essa tensão com o ser ou a vida.

Durante todo esse tempo, Heidegger continuaria sob a égide dos teólogos. E, ao menos retrospectivamente, era consciente de sua proveniência: "Sem a proveniência da teologia, jamais eu teria chegado ao caminho do pensamento. Ora, proveniência é sempre porvir"[42], avaliou *a posteriori*. Começou a publicar poemas. A revista *Der Akademiker* (O Acadêmico) oferecia possibilidades de publicação[43]. Lá, Heidegger se encontrava em boa companhia. Conheceu Romano Guardini[44] e o jesuíta Oswald von Nell-Breuning[45]. Em 1923, a estudante Hannah Arendt frequentaria as aulas do jovem docente Romano Guardini na Universidade de Berlim.

Heidegger não só provinha da teologia, como também era um cristão de devoção católica. Seus estudos, porém, o afastariam da teologia e da fé. Alguns teólogos aos quais ele era ligado também contribuiriam para isso: por meio deles, o jovem filósofo, que tinha cada vez mais interesse pela teologia especulativa, fora introduzido na filosofia. Carl Braig é um exemplo disso. "Foi por intermédio dele que ouvi falar pela primeira vez, nas poucas caminhadas em que pude acompanhá-lo, da importância de Schelling e de Hegel para a teologia especulativa, diferentemente

42. Ibidem, p. 24.
43. "Aus einem Gespräch zur Sprache. Zwischen einem Japaner und einem Fragenden", Unterwegs zur Sprache, em M. Heidegger, *Gesamtausgabe, I. Abteilung,* v. 12, p. 91.
44. Cf. H. Ott, op. cit., p. 62s. Romano Guardini (1885-1968) foi sacerdote, filósofo da religião e teólogo católico, que assumiu, em 1923, na Universidade de Berlim, a cátedra de Filosofia da Religião e Cosmovisão Cristã.
45. Oswald von Nell-Breuning (1890-1991) foi jesuíta e, em 1938, professor de Teologia Moral, Direito Canônico e Ciências Sociais na Faculdade Teológico-Filosófica de St. Georgen, em Frankfurt am Main.

1. O MUNDO FORA DOS EIXOS

do sistema doutrinal da escolástica. Assim, a tensão entre ontologia e teologia especulativa entrou no campo de visão de minha busca como a estrutura constitutiva da metafísica."[46]

Provavelmente, naquela época Heidegger não enfrentou essa questão de modo tão distanciado e definitivo quanto a apresentaria mais tarde. Novamente, uma crise estava a caminho. O choque entre filosofia e teologia, e talvez também o dever filial para com os pais, causou-lhe mal-estar físico – os achaques iam e vinham constantemente. Ele interrompeu o estudo e se retirou completamente para sua cidade natal, Messkirch, durante o semestre de verão de 1911. Em tese, por causa do ar saudável do campo, mas na verdade porque, como enfermo, ele não podia se tornar um fardo para os financiadores de sua bolsa de estudos. Foi no verão que a crise irrompeu para valer: Heidegger pensou em desistir do estudo de teologia. Seus pais caíram das nuvens com essa notícia. O irmão Fritz relatou o seguinte sobre a decepção da família: "Eles tinham depositado grandes esperanças [...] no filho Martin. Achavam que um dia ele poderia se tornar, talvez não arcebispo, mas bispo auxiliar e, assim, um homem famoso. A desistência do estudo de teologia os privou dessa perspectiva."[47]

Agora se colocava inevitavelmente a pergunta sobre quais possibilidades ainda lhe restavam. Seguir no curso de teologia com a perspectiva de se tornar pároco e, assim, talvez continuar se dedicando aos estudos filosóficos, no intuito de "amadurecer", como lhe aconselhou o amigo Laslowski? Esse caminho parecia, até então, assegurado do ponto de vista financeiro. Ou passar para a filosofia? Quem bancaria seus estudos? Por fim, ele se matriculou na Faculdade de Ciências Naturais e Matemática no semestre de inverno de 1911-1912. A essa altura, já tinha completado quatro semestres do curso de teologia. Com o mesmo zelo, aprofundou-se agora no estudo de matemática e física, mas também frequentou aulas importantes de filosofia[48].

46. M. Heidegger, Mein Weg in die Phänomenologie, apud W. Biemel, op. cit., p. 21s.

47. Johannes Baptist Lotz, Im Gespräch, em G. Neske (Hrsg.), op. cit., p. 155.

48. As informações sobre as preleções e seminários de Heidegger como estudante se referem à compilação feita por Alfred Denker com base no arquivo da Universidade de Friburgo (UAF, na sigla em alemão), da correspondência de Heidegger e de seu histórico acadêmico. Disponível em: <http://wvvvv. freewebs.com>; cf. também o apêndice documental compilado por Alfred Denker no volume por ele editado: M. Heidegger; H. Rickert, Briefe 1912 bis 1933, especialmente p. 77s.; cf. aí também o curriculum vitae de Heidegger apresentado por ocasião de seu requerimento para o doutorado.

A partir do semestre de verão de 1912, recebeu uma bolsa de quatrocentos marcos da Universidade de Friburgo[49]. Seu amigo Laslowski lhe conseguiu, mais tarde, um outro empréstimo, que assegurou sua sobrevivência[50].

Essa época assistiu ao desenrolar de um processo repleto de tensões: embora tivesse se afastado dos estudos teológicos, Heidegger tinha de continuar cultivando sua ligação com os professores e colegas da teologia: com o historiador e conselheiro privado Heinrich Finke, professor de História da Arte e Arqueologia Cristã; com o *Privatdozent*[51] de Dogmática na Faculdade de Teologia Engelbert Krebs; com o filósofo católico Arthur Schneider, com o qual se doutorou mais tarde; com Carl Braig, seu mentor; com Conrad Gröber; e com Josef Geyser, teólogo em Münster. A tensão só aumentava. A rigor, ele já se sentia firmado sobre os próprios pés, mas ainda não tinha nenhum cargo e dependia de apoiadores e mentores. Naquela época, era comum que todo aspirante a uma carreira universitária percorresse seu caminho com a assistência pessoal de um colega mais velho, e fosse informado por este a respeito de possibilidades de financiamento e outras formas de apoio. Os recursos financeiros de que Heidegger dispunha, sempre ameaçados, mal e mal lhe asseguravam a sobrevivência. Ao mesmo tempo, ele tinha a respeito de si a convicção de uma *vocação* à qual não correspondia nenhuma nomeação. Sentia-se movido por um imperativo que o elevava muito acima da média. Porém, seu entorno era feito de pessoas medianas das quais ele dependia. Esse dilema deve ter causado uma tensão existencial da qual ele dificilmente podia escapar.

Esse conflito se evidenciava também no relacionamento com seus mentores. Uma carta de 17 de maio de 1912 a seu benfeitor Josef Sauer, teólogo de Friburgo e coeditor do periódico *Literarische Rundschau für das Katholische Deutschland* (Revista Literária Para a Alemanha Católica), é um exemplo eloquente disso:

> Muito honrado, reverendíssimo senhor professor!
> Permita-me, venerável senhor professor, que eu o cumprimente com toda a sinceridade pela passagem do Dia de São José que se aproxima. Que Deus lhe dê a força e graça de continuar atuando, durante muito tempo e de modo efetivo, sem reservas, no desenvolvimento

49. H. Ott, op. cit., p. 75.
50. Ibidem, p. 77.
51. Cf. supra nota 13

1. O MUNDO FORA DOS EIXOS

> religioso e cultural de nossa igreja por meio de pesquisas científicas adequadamente encaminhadas.[52]

A essas observações preliminares se segue a exposição de um projeto de pesquisa sobre o conceito de espaço e tempo do ponto de vista da matemática e das ciências naturais que, absolutamente, não está redigido no tom de um aluno dependente e requerente. Trata-se do resumo de um estudo que ele mais tarde usaria na sua preleção para a obtenção da *Habilitation* com o título de *O Conceito de Tempo na Historiografia*.

Essa carta remonta a uma época em que ele há muito já vinha se dedicando à sua tese de doutorado, mas em que o desprendimento da teologia ainda não se efetivara e a dependência dos apoiadores teológicos não estava superada. Portanto, ele demonstrou a devida reverência, fez bons votos a seu senhor e revelou, um parágrafo adiante, que há muito estava em pé de igualdade com este.

Da mesma forma, quando se dirigiu por escrito ao famoso Heinrich Rickert, optou pelo tom polido e modesto que, na época, todos os alunos e assistentes tinham de adotar até o dia em que recebessem a nomeação de professor. Estamos no inverno de 1912. Nesse meio tempo, Heidegger se tornara assistente de Rickert e continuava adoentado. "Tenho sofrido ainda mais acentuadamente de insônia, razão pela qual o médico me proibiu de fazer qualquer esforço intelectual por períodos mais longos."[53] De modo que, infelizmente, ele não podia fazer seu relatório. "Tomo a liberdade de solicitar ao sr. Conselheiro Privado que me dispense dos exercícios até meu restabelecimento."[54] Dentro dele, as coisas andavam em plena atividade. Estava estudando em casa e adquirindo uma segurança cada vez maior a respeito de si mesmo.

Em seu primeiro trabalho científico original, sua tese de doutorado, Heidegger se confrontou com a nova ciência da psicologia sob o ponto de vista filosófico.

Ele submeteu a tese com o tema sobre *A Teoria do Juízo no Psicologismo* a Arthur Schneider, catedrático de Filosofia Católica, sendo Heinrich Rickert o coorientador. Heidegger foi aprovado no exame oral no grau *summa cum laude*, o mais elevado para teses de doutorado.

52. Ibidem, p. 73.
53. Carta de Heidegger para Rickert, de 13 dez. 1912, em M. Heidegger; H. Rickert, op. cit., p. 11.
54. Ibidem.

Dois anos mais tarde, já noivo, olhou retrospectivamente para esse período:

> E seu pai, cujo caráter taciturno e pensativo ele tinha herdado, ficou orgulhoso e está orgulhoso ainda hoje, por mais estranho e incompreensível que lhe seja todo o trabalho do filho, que até se tornou doutor *summa cum laude*. Isso apareceu no jornalzinho, e foi uma festa para a cidadezinha. Isso nunca tinha acontecido desde tempos imemoriais, e a madrinha idosa disse: "Pois é, eu sabia desde o início. O bisavô dele também era assim, sempre apegado aos livros; no vale do Danúbio, onde ficava sua propriedade entre os castelos imponentes dos senhores Von Zimmern, lá ele passava os domingos na companhia dos livros que tinha comprado na feira em Ulm." – E como chegaram até o vale do Danúbio aos Von Zimbern [Zimmern]? O rastro leva ao Tirol do Sul, de onde a linhagem acabou aparecendo na Suíça – da qual fazia parte um teólogo famoso na época [Joh. Henricus Heideggerus], cujos numerosos livros estão registrados ainda hoje no catálogo da biblioteca da Universidade de Friburgo, e logo abaixo, e perto deles, está a desajeitada tese de doutorado de seu descendente.[55]

Ele se considerava capaz de ocupar uma cátedra universitária, e passou a procurar uma vaga. Mais uma vez, a carta para sua noiva narra como isso aconteceu:

> Como foi que ele [...] continuou subindo e conseguiu entrar na universidade, mesmo faltando-lhe toda a riqueza e plenitude de uma educação intelectual refinada e o recurso tão poderoso e frequentemente empregado de um protetor, como isso aconteceu – é para ele um milagre e uma razão de profunda gratidão e humildade infantil; talvez ele vivencie esse sacerdócio em sua profundidade justamente porque esteve tanto tempo latente na alma como um ideal distante, ao qual durante muito tempo não sabia como chegar, porque para ele representa muito, muito mais do que um cargo, uma posição social, uma carreira – porque para ele é um sacerdócio por cuja entrada só passam os "consagrados" e essa consagração só surge de uma luta – da entrega torturante e abnegada, total a seu ideal – e para quem essa consagração se tornou real – ele nunca pode ficar orgulhoso, relaciona todas as coisas de sua vida unicamente à sua mais íntima missão – tudo que está voltado para fora não passa de parábola para ele.[56]

55. Carta de Heidegger para Elfride Petri, de 15 dez. 1915, em M. Heidegger, *"Mein liebes Seelchen!"*, p. 22.

56. Ibidem, p. 22s.

1. O MUNDO FORA DOS EIXOS 41

Martin Heidegger, na primavera de 1912.

A consciência de sua missão – seu "sacerdócio" – e a vontade de cumpri-la não o libertaram de preocupações e tensões terrenas. Assim, em 1913, se viu sem querer competindo com seu amigo Engelbert Krebs, quando se candidatou à vaga de professor substituto na cátedra de Filosofia Cristã[57]. Krebs, que era oito anos mais velho, já tinha adquirido a *Habilitation*, enquanto Heidegger acabara de se doutorar. Krebs ficou com a vaga de substituto na cátedra.

A situação exigia um novo plano de ação. Heidegger continuou assistindo às aulas, principalmente as de Filosofia ministradas por Heinrich Finke e Heinrich Rickert. Sua atitude agora era cada vez mais a de um pensador independente. Numa carta a Rickert, ele escreveu:

> Veneradíssimo senhor conselheiro privado!
>
> Perdoe-me se apenas hoje venho expressar meu mais cordial agradecimento pelo grande estímulo e aprendizado filosófico que me proporcionaram suas preleções e principalmente o seminário. Embora minhas ideias filosóficas básicas sejam outras, eu seria a última pessoa a aderir ao conhecido método mesquinho de enxergar na filosofia moderna apenas um encadeamento de "equívocos", um produto monstruoso da "falta de religiosidade" e coisas semelhantes. Estou, antes, convicto de que se deve encontrar, de alguma forma, um campo comum, nem que seja abandonando ideias dogmáticas há muito arraigadas.[58]

O agradecimento se referia à aula expositiva e ao seminário de Rickert intitulados "Exercícios Sobre a Teoria do Sujeito". Em seguida, ele adotou um tom mais decidido e inseriu o "muito venerado senhor conselheiro privado" em um "nós" comum: "De nossa parte seria preciso um esforço no sentido de, antes de proceder a uma crítica apressada, buscar a elaboração – que muitas vezes é difícil e custa quase uma vida inteira – de uma compreensão aprofundada."[59] Com isso, ele ultrapassava as fronteiras da relação entre mestre e aluno e se posicionava. Sim, era grato a Rickert, mas deixou claro que não compartia de sua opinião. Desafiou seu professor. Ora, no verão do mesmo ano ele tinha passado em seu exame oral de doutorado no grau *summa cum laude*, e Rickert tinha aprovado esse grau como coorientador.

---

57. H. Ott, op. cit., p. 77.
58. Carta de Heidegger para Rickert, de 12 out.1913, em M. Heidegger; H. Rickert, op. cit., p. 11s.
59. Ibidem, p. 12.

1. O MUNDO FORA DOS EIXOS

Seu "exame final", escreveu Heidegger, minimizando-o, havia sido apenas o começo de sua investigação; ele ainda pedia um "lugarzinho" no seminário de Rickert. A essa altura, ele já tinha há muito averiguado, sem sucesso, se Josef Geyser, professor de Teologia em Münster, não tinha um "lugarzinho" disponível para ele.

Ele elogiou Rickert de uma maneira que, a rigor, só era permitido entre pessoas de igual posição. Disse que tinha lido a 2ª edição do livro de Rickert intitulado *Os Limites da Formação de Conceitos das Ciências Naturais* e admirava, além do conteúdo, principalmente "a forma incisiva e convincente com que *aspecto lógico* se destaca em toda parte em comparação com a 1ª edição"[60]. São palavras que beiram a soberba. Portanto, não devemos nos deixar enganar pelas formas de polidez e modéstia próprias da época. Heidegger estava exigindo reconhecimento e respeito para si. Nessa ocasião, ele mal tinha 24 anos e Rickert já tinha cinquenta.

Rickert, porém, se fez de rogado. De modo cético e incentivador, resguardou sua posição como mestre acadêmico frente a um jovem doutor que queria ir muito além disso. Então, em 1915, Heidegger submeteu a Rickert sua tese de *Habilitation* intitulada *Sobre a Teoria das Categorias e dos Significados de Duns Escoto*. O parecer de Rickert foi crítico, censurando a insuficiente fundamentação histórica da pesquisa, mas endossou a aprovação e, com isso, também a concessão de licença docente[61]. No mesmo ano, Heidegger teve, pela primeira vez, permissão de dar preleções e seminários por conta própria.

Naquela época, era costume nos círculos acadêmicos que catedráticos abrissem as portas de suas casas e promovessem noitadas de discussões, para as quais convidavam colegas, suas esposas e estudantes. Os alunos universitários também faziam visitas de cortesia à casa dos professores e se faziam anunciar previamente por carta. Também Heidegger se ateve a todos esses hábitos. Seu estilo enfático, que hoje parece servil, induziu uma parte dos biógrafos a atribuir oportunismo ao jovem Heidegger. Embora isso pareça plausível, diz pouco sobre as forças motrizes de Heidegger, pois é preciso, primeiro, perceber a tensão do conflito interior, e só se consegue isso levando-se

60. Ibidem, p. 13.

61. Cf. parecer de Rickert sobre a tese de livre-docência de Heidegger de 19 jul. 1915, UAF, B 3 Nr. 522.

em conta as formas de tratamento da época. Heidegger provinha de um entorno social com uma estrutura hierárquica fixa. As hierarquias exigem submissão justamente também das pessoas que querem ascender bem mais alto do que predetermina sua origem social. As cartas nos informam sobre isso.

Em 1914, o tom de Heidegger nas cartas que destinava a Rickert ficou mais inequívoco. Ele relatou a respeito de seus estudos sobre Duns Escoto e lhe enviou a estrutura da tese de *Habilitation*. Queria ter certeza de que a crítica que nela fazia a Rickert seria percebida como científica, e não pessoal. A autoconfiança de Heidegger também era respaldada agora pela circunstância de que ele estava prestando serviço militar. Foi convocado logo em 1914, no início da guerra. Dispensado do serviço no *front* em virtude de "neurastenia e doença cardíaca", foi enviado primeiro para uma função na censura da correspondência e, por fim, para observatórios meteorológicos em diversos locais, por último em Friburgo. Lá, serviu até a desmobilização em novembro de 1918.

Os revolucionários do espírito foram para essa guerra de bom grado. Esperavam dela o necessário impulso para uma renovação intelectual da Alemanha e da Europa pela qual ansiavam ardorosamente. Em 1915, Max Scheler publicou *O Gênio da Guerra e a Guerra Alemã*. Paul Natorp apresentou, no mesmo ano, *O Dia dos Alemães* e, em 1918, publicou uma obra em dois volumes sob o título *A Vocação Alemã no Mundo: Diretrizes Filosófico-Históricas* (volume 1: *As Eras do Espírito*; volume 2: *A Alma dos Alemães*). Também para Martin Heidegger, assim como para a maioria dos outros, a guerra era um acontecimento natural. Ainda que dispensado do serviço armado ativo, ele participara, de modo que ninguém poderia chamá-lo de fracote.

Como muitos artistas, poetas e pensadores daquela época, também ele esperava uma reviravolta profunda de toda a situação após a guerra. A própria filosofia não haveria de ficar incólume. "Se é verdade que a gente, junto com toda a filosofia, se sentia inútil quando a guerra eclodiu, também é certo que ela haverá de ser profundamente significativa no futuro, em primeiro lugar e antes de mais nada, como filosofia da cultura e sistema de valores", escreveu ele

1. O MUNDO FORA DOS EIXOS

a seu professor Rickert[62]. Transferido por sorte a Friburgo, ele pôde continuar seus estudos de Filosofia. A partir do semestre de inverno de 1915-1916, voltou a dar seminários e preleções.

É um fato que todas as pessoas mencionadas acima, incluindo Heidegger, por um lado separavam de modo incisivo a vida real do universo das ideias, abstendo-se de manifestar interesse pela esfera política, mas, por outro lado, e justamente por isso, queriam submeter a vida real e o âmbito político ao universo das ideias. A guerra foi aceita de início como um acontecimento abstrato, até mesmo como obra de Deus. Para que ela pudesse se tornar um objeto de sua ciência, os intelectuais tiveram de exaltá-la, transformando-a na fonte criadora do espírito alemão. Entretanto, os intelectuais foram alcançados pela realidade cruel da guerra de materiais: um havia perdido um filho, o outro havia morrido, feliz, como se dizia, no campo de batalha, o professor se queixava de que só mulheres (e não os verdadeiros destinatários) ainda frequentavam suas aulas e de que, de modo geral, as salas de aulas estavam ficando vazias. Onde é que isso iria parar?!

Para os pósteros e descendentes de duas guerras mundiais, a teoria filosoficamente dissimulada e ideologizada da compreensão da guerra é um fenômeno intrigante. O que fica claro para eles é que muitos filósofos não foram capazes de resistir à propaganda nacionalista, rendendo-se sem defesas a seus encantos. Como não haviam desenvolvido a capacidade de julgar por conta própria, entendiam como vocação o que não passava de mera repetição mecânica, e acreditavam seriamente que a guerra era um instrumento educativo e eles, os educadores. E, assim, impuseram suas construções filosóficas, encerradas em grandes coordenadas, à realidade vivida. Com isso, a "grande guerra" se tornou uma emanação dos movimentos da consciência suprema – "consciência esquizofrênica", é-se tentado a dizer. No entanto, essa era a atitude normal de praticamente duas gerações de pensadores cuja inteligência profissional distorcia sua percepção dos fatos.

Heidegger, por seu turno, não pôde evitar que a realidade da guerra, vivenciada por ele numa posição

62. Carta de Heidegger para Rickert, de 5 nov. 1914, em M. Heidegger; H. Rickert, op. cit., p. 20.

protegida, o desiludisse. Em 17 de outubro de 1918, um mês antes de ser mandado de volta para casa, Martin, então com 29 anos, escreveu do "campo de guerra" o seguinte à sua jovem esposa:

Só a juventude irá nos salvar – e fazer com que um espírito novo tome criativamente forma no mundo. Seja lá o que vier, a crença no espírito tem de estar viva dentro de nós de um modo tão seguro e confiante que sejamos capazes de lançar novas bases e edificações – talvez numa situação de extrema penúria e carência – enfrentando alguns obstáculos – ora, mas foi sempre em períodos assim que o espírito encontrou ocasião para nascer – nós nos aferramos a uma cultura assustadoramente equivocada e de vitalidade apenas aparente – todos os elos de ligação com as fontes básicas da verdadeira vida se quebraram na maioria das pessoas – a existência superficial está predominando, porém tanto mais atrevida, insistente, exigente – falta-nos, afinal, o grande entusiasmo da alma e do espírito pela vida verdadeira e pela vivência dos mundos valiosos – por isso [falta] às pessoas do front toda consciência de metas que verdadeiramente mexa com elas – tendo em vista os sofrimentos de quatro anos, faz-se necessária aí uma maturidade bem grande do espírito – e um despertar radical que arrebate e conduza ao sacrifício pelo que verdadeiramente tem valor. Em vez disso, as pessoas foram sistematicamente nauseadas por delírios pangermânicos, e, uma vez que agora os instrumentos de poder para isso estão em falta, elas se defrontam com uma ausência escancarada de metas – o que repousa sobre elas não é a consciência da pertença ao povo do verdadeiro amor e solicitude – e sim a ideia de terem sido enganadas e abusadas para fins egoístas de grupos de poder intelectualmente extraviados ou, então, grupos de poder inteiramente desprovidos de intelecto e atrasados. Nas últimas décadas ou até durante todo o século passado, nos preocupamos muito pouco ou até nem um pouco com o ser humano interior próprio *e do outro*. Não havia valores como alma e espírito, e seu conteúdo significativo não podia mais ser vivenciado – quando muito, [tornava-se] objeto destinado à completa destruição mediante as análises exatas das ciências (tanto das naturais quanto das "históricas") – toda a ausência de metas e vacuidade e alheamento a valores dominavam a vida do Estado e a concepção de Estado de modo geral. Nesse caso, a única coisa que ajuda são pessoas novas que sejam portadoras de uma afinidade originária com o espírito e suas exigências, e eu mesmo percebo com urgência cada vez maior a necessidade de líderes [*Führer*] – só o indivíduo é criativo (também na liderança), e nunca a massa [...]63

63. Carta de Heidegger para Elfride Petri, de 17 out. 1918, em M. Heidegger, *"Mein liebes Seelchen!"*, p. 85s.

1. O MUNDO FORA DOS EIXOS

Temos aí, sentado dentro de uma barraca do serviço meteorológico situada atrás do *front*, um homem, não mais tão jovem, que se entedia, que sabe que a guerra se aproxima do fim. Ele havia percebido o sentido dos *slogans* que conclamavam à resistência, talvez estivesse sentindo um medo difuso e refletindo sobre o início, após o fim. Quer impressionar a jovem esposa. Nessa carta se encontram todos os tópicos de um jovem intelectual acadêmico daquela época: crítica da cultura, cosmovisão, preconceitos, experiência pessoal, senso de uma missão a cumprir, capacidade de avaliação política. Heidegger pensava em termos nacionais, mas não se portava de modo tacanhamente nacionalista. As metáforas linguísticas e teóricas brotavam com naturalidade de sua pena: fontes básicas e juventude, nascimento do Novo Espírito, cultura equivocada e vitalidade aparente, existência superficial, entusiasmo da alma e do espírito, despertar radical, ausência escancarada de metas, pertencimento ao povo, o ser humano interior, alheamento a valores, necessidade de líderes, parvoíce das massas... Os ingredientes para uma crítica conservadora-revolucionária da Modernidade estavam todos reunidos. Nas cabeças criativas se misturavam, de uma forma típica da época, os valores do Movimento da juventude, a crítica vanguardista da cultura e da sociedade, a consciência *völkisch*[64] e o ideal do *Führer*. Na retaguarda, no *front*, nos gabinetes de estudo e nas cartas trocadas entre amigos, a ideia do *Führer* adquiriu o caráter metafísico que depois, em 1933, foi transferido para o nacional-socialismo e seu "Führer Hitler". De fato, a guerra produziu uma cesura na vida dos jovens soldados, ainda que uma cesura diferente daquela que esperavam. Dali em diante não era mais possível retornar ao ponto de onde tinham partido. Isso se aplicava também à filosofia. Hans-Georg Gadamer, aluno e posteriormente amigo de Heidegger, recordou-se, a uma distância de quase sessenta anos, da disposição de ânimo daquela geração:

> Também no âmbito da filosofia, entretanto, uma mera continuação daquilo que a geração mais velha tinha criado não era mais possível para nós, os jovens. O neokantismo, que tinha até então uma validade mundial genuína, ainda que controvertida, perecera nas batalhas de artilharia da guerra de trincheiras, assim como a orgulhosa consciência

64. *Völkisch*, derivado de *Volk* (povo), é o termo que designa o étnico, o folclórico, o tradicional, e que, na época do nazismo, adquiriu conotações políticas, ideológicas, raciológicas e míticas. Tornou-se, por isso, intraduzível, remetendo diretamente ao ideário do movimento nacional-socialista, mais especificamente à "autenticidade" dos valores "germânicos", pré-modernos, antissemitas, anticapitalistas e comunais. (N. da T.)

cultural da era liberal e sua crença no progresso baseada na ciência. Nós, que na época éramos jovens, buscávamos uma nova orientação em um mundo desorientado.[65]

Graças à sua doença pulmonar, Karl Jaspers foi poupado da participação ativa na guerra. Em sua autobiografia filosófica, ele descreveu, a uma distância de quase quarenta anos, o que mudou para ele com a eclosão da Primeira Guerra Mundial. Até então, ele havia vivido despreocupadamente. Integrante da elite intelectual, olhava para os métodos reais da política com escárnio e, de resto, dedicava-se a suas tarefas:

> Em 1914, entretanto, com a eclosão da guerra (eu tinha 31 anos), a situação mudou. A terra histórica tremeu. Tudo o que, durante muito tempo, parecia seguro ficou ameaçado de uma hora para outra. Sentimos como se tivéssemos entrado em um processo inexorável, incompreensível. Foi só então que nossas gerações se sentiram como que jogadas dentro de uma torrente de acontecimentos catastróficos. Desde 1914, isso não parou mais. Continua em ritmo acelerado. A partir daí, procurei compreender esse destino da humanidade que nos coube, não como a necessidade cognoscível de um processo histórico obscuro e de ordem superior, e sim como uma situação cujos resultados são determinados de forma decisiva, com base em cognoscibilidades genuínas, por nossa liberdade humana.
>
> O que pensei em termos políticos desde a eclosão da guerra em 1914 se encontrava sob a influência de Max Weber. Até então, a ideia da nacionalidade me era estranha. Por meio de Max Weber, aprendi a ideia da nacionalidade e a acolhi em meu coração.[66]

Entenda-se bem: Jaspers começou a pensar em termos nacionais, mas não nacionalistas. Diferentemente de Heidegger, Jaspers se interessava, graças à intermediação de Weber, pela política, a tal ponto que, ainda que *a posteriori*, assumiu o papel de Weber, que via o futuro da Alemanha como mediação entre Oriente e Ocidente: "Nossa tarefa e oportunidade consistem em salvar o terceiro elemento entre os dois, o espírito da liberalidade, da liberdade e multiplicidade da vida pessoal, a grandeza da tradição ocidental. Essa era a convicção de Max Weber, da qual passei a compartilhar."[67]

65. H.-G. Gadamer, Selbstdarstellung, *Gesammelte Werke*, v. 2, p. 479s.
66. K. Jaspers, *Philosophische Autobiographie*, p. 343s.
67. Ibidem, p. 344.

1. O MUNDO FORA DOS EIXOS

Portanto, Jaspers se colocou do lado da nacionalidade. Heidegger também pensava em termos nacionais. Ambos se viram confirmados pela guerra em seu mal-estar e crescente distanciamento da filosofia transcendental. A pergunta a respeito do sentido da vida teve na guerra seu ponto de partida e exigia novas respostas. A sensação de descolamento do discurso filosófico em relação aos problemas existenciais da humanidade já tinha se formado antes da guerra em ambos, mas a importância do tema fora enormemente confirmada pelo conflito bélico. Em seguida, tanto Jaspers quanto Heidegger travaram em suas áreas uma guerra dentro da guerra: a luta da filosofia da vida ou filosofia existencialista contra o neokantismo e a filosofia transcendental. Em última análise, eles se voltaram contra toda metafísica tradicional, da qual a teologia, naturalmente, fazia parte.

Em 1915, Heidegger conheceu a estudante de economia Elfride Petri. Ela provinha de uma família de oficiais evangélicos luteranos, e seu pai tinha estado a serviço do exército saxão. Era uma jovem inteligente e autônoma, falava francês e viajou sozinha pela Inglaterra, ocasião em que aprendeu a língua do país. Em 1914, tinha passado no exame para o exercício do magistério. Na guerra, trabalhou no Serviço Feminino Nacional e era discípula de Gertrud Bäumer. Prestou vestibular em Kassel e começou a estudar Economia no inverno de 1915-1916 na Universidade de Friburgo. Elfride era ligada à natureza, entusiasta do esqui e trazia consigo elementos que contribuiriam para o vínculo entre ambos[68].

Após se casar com Martin Heidegger, ela abandonou o estudo de Economia. No entanto, de modo algum era apenas esposa ao estilo antigo: tinha capacidade de julgamento, cultivava a ligação com um amigo da juventude. Como se mostrará por mais de uma vez, Heidegger aprecia mulheres com intelecto e feminilidade. Ele confiou sua "missão" a Elfride nos seguintes termos:

> E essa missão elevada, solene, supratemporal está agora colocada nas mãos angelicais dos "santos", e toda a

68. Cf. Gertrud Heidegger, comentário para estabelecer uma conexão entre as cartas de Heidegger de 13 dez. 1915 e de 16 dez. 1915, em M. Heidegger, "Mein liebes Seelchen!", p. 24 e 383.

torrente da mais profunda vivência flui em torno da árdua luta –
as rosas são espalhadas pela pequena alma na íngreme senda montanhosa na direção da neve gelada do puro conhecimento e da mais bendita vivência nesses dois seres humanos cujos caminhos Deus conduziu para que, subitamente estremecidos pelo impulso sagrado, encontrassem um ao outro; esses dois vão construir para si uma felicidade em que o espírito, a pureza e a bondade confluem rumorejando e se derramam transbordando nas almas anelantes dos que têm sede – alma minha, dobre suas mãos puras e as coloque entre as minhas – tome minha alma, pois ela é sua – você, santa – e as chamas e brasas hão de se juntar e ardendo se consumir na ânsia [...] pelo próprio Divino em sua imutável beleza.[69]

Em função da ligação com Elfride, o relacionamento problemático de Heidegger com a Igreja Católica se tornou virulento outra vez. O filho não podia fazer aos próprios pais a desfeita de não casar na Igreja Católica. Eles já estavam, de todo modo, magoados pelo fato de o filho ter escolhido uma esposa protestante. Assim, os dois se casaram pelo rito católico na capela universitária da catedral de Friburgo, celebrado por Engelbert Krebs, amigo de Heidegger, e cinco dias depois na igreja evangélica de Wiesbaden, local de moradia dos pais dela[70].

As tensões com a Igreja Católica tinham se aprofundado depois que a candidatura de Heidegger a uma cátedra vacante de Teologia Católica fora rejeitada em 1916. Durante o processo da candidatura tinha ficado humilhantemente claro para Heidegger a enorme discrepância entre o conceito que ele fazia de si mesmo e o modo como os colegas mais velhos o viam. Seu mentor Rickert não moveu um dedo por ele, e também Edmund Husserl, recém-convocado, não tomou nenhuma atitude nesse sentido. Ao longo do processo, ele foi considerado apto a ser aceito como *Privatdozent* na Teologia apenas se o único teólogo classificado, Geyser, de Münster, declinasse[71].

Mas ficou bem claro que, na opinião dos avaliadores, ele não tinha ainda a estatura necessária para assumir uma cátedra. Expressa dessa forma, a recusa equivalia a uma reprimenda e possivelmente despertou uma raiva corrosiva no jovem, ambicioso e aplicado pesquisador.

---

69. Carta de Heidegger para Elfride Petri, de 15 dez. 1915, ibidem, p. 23.

70. Cf. Gertrud Heidegger, comentário para estabelecer uma conexão, ibidem, p. 56.

71. Cf. H. Ott, op. cit., p. 93.

1. O MUNDO FORA DOS EIXOS

Elfride Heidegger, nascida Petri, no jardim, por volta de 1915.

Em consequência disso, Heidegger confirmou, em uma carta programática a Engelbert Krebs, amigo e sacerdote, no início do ano de 1919, seu adeus à teologia católica. Primeiramente, ele relatou com o que tinha se ocupado nos dois anos passados, e então assumiu posição: "Percepções epistemológicas, estendendo-se à teoria do conhecimento histórico, tornaram o *sistema* católico problemático e inaceitável para mim – não, porém, o cristianismo e a metafísica, só que esta última em um novo sentido."[72]

Entretanto, asseverou ao amigo "que, ao modificar meu posicionamento fundamental, não fui levado a pôr de lado o generoso juízo objetivo e a alta estima do universo católico em favor de uma zangada e torpe polêmica de um apóstata"[73].

Sua rejeição se voltava contra "o *sistema* do catolicismo", o que, ao que tudo indica, referia-se às redes católicas que se estendiam até a vida universitária e privada, um conjunto constituído de doutrina dogmática, de ligações em rede e intrigas que tinha aniquilado os desejos e sonhos de muita gente.

Mas, afinal, por que ele tinha contado com a possibilidade de uma nomeação, se por várias vezes havia manifestado o quanto a filosofia escolástica era suspeita a seus olhos? Ele se considerava, de fato, maduro para preencher uma cátedra de Teologia, inclusive como adversário do "sistema católico". Essa postura não precisa ser necessariamente considerada como arrogante, também se pode compreendê-la como expressão de um olhar radicalmente objetivo. Ele praticava o pensamento filosófico de modo tão coerente que acabou por descobrir as inconsistências lógicas da filosofia católica. Não obstante, não rejeitava a escolástica por completo. Porém, a seu ver, a política de nomeações devia se basear em méritos filosóficos reais, e não em duvidosas pretensões de validade e tampouco na opinião da maioria (e do poder). Apesar disso, mais tarde ele iria agir de modo semelhante, ou seja, intervir de modo mais ou menos decidido na política de preenchimento de vagas em seu entorno.

Ao menos tão humilhante quanto sua derrota no duelo com a rede católica, deve ter sido a falta de apoio

72. Ibidem, p. 106.
73. Ibidem, p. 106s.

1. O MUNDO FORA DOS EIXOS

de Rickert. Embora esse mentor aceitasse todas as demonstrações de respeito, dava pouco em troca.

Contudo, o tom das cartas de Heidegger a Rickert não mudou. Heidegger continuou a expressar gratidão, manifestar ao mentor mais velho respeito por suas realizações como filósofo e a se apresentar como um parceiro filosófico digno de respeito. Mas seu rancor tinha aumentado consideravelmente, e até se convertido numa paixão fria, negativa, como ficaria evidenciado poucos anos mais tarde na sua correspondência com Jaspers. Rickert não fazia qualquer ideia disso, tinha entrementes se habituado à estima de Heidegger e estava começando a levá-lo a sério como adversário filosófico. O fato de Rickert ter se voltado para a filosofia da vida pode ser visto como sinal dessa estima. O livro que escreveu a respeito desse tema, porém, faria com que Heidegger (e Jaspers) rompessem interiormente com Rickert. No entanto, continuaram a se corresponder até 1933.

Nesse ínterim, a relação com Husserl melhorou. Depois de ter conseguido evitar que a cátedra de Teologia fosse ocupada por algum eventual e importante concorrente seu, Husserl pôde se voltar para o jovem ambicioso e talentoso chamado Heidegger, que lhe tinha sido deixado como assistente por seu predecessor, Rickert. Em 1917, o nome de Heidegger foi novamente cogitado, dessa vez para uma cátedra de História da Filosofia Medieval em Marburgo. Paul Natorp, o número 1 da filosofia de Marburgo, que naquela época havia concluído sua *Habilitation* e se tornado *Privatdozent*, pediu o conselho de Edmund Husserl: perguntou se Heidegger era um professor eficiente e particularmente também – que ironia da história! – "se no caso dele realmente se podia ter certeza da ausência de estreiteza religiosa"[74].

Husserl respondeu que Heidegger tinha vínculo confessional, mas se casara com uma protestante que permanecera fiel a sua igreja. Disse que, como docente, sua experiência era relativamente pouca e o eco a seu desempenho em sala de aula se mostrava dividido. E acrescentou ainda que, como ex-discípulo de Rickert, Heidegger estaria agora tentando se confrontar com a fenomenologia[75]. Com base nisso, Heidegger foi colocado na terceira posição da lista em

74. Carta de Natorp para Husserl, de 7 out. 1917, em E. Husserl, *Briefwechsel*, v. V, *Die Neukantianer*, p. 130.

75. Cf. carta de Husserl para Natorp, de 8 out. 1917, ibidem, p. 131s.

Marburgo. Cerca de dois anos e meio mais tarde, a vaga precisava ser novamente preenchida, e agora Husserl se apressaria em intervir incisivamente a favor de Heidegger, pois a essa altura havia se afeiçoado a ele. Antes, ele havia se expressado de maneira um pouco ambivalente, até porque ainda não conhecia Heidegger tão bem. Agora, porém, era capaz de assegurar que o candidato de modo algum podia ser considerado um filósofo católico:

> Nos últimos dois anos ele tem sido meu mais valioso colaborador filosófico; tenho, como professor universitário e pensador filosófico, as melhores impressões dele e deposito nele grandes esperanças. Seus seminários são tão frequentados quanto os meus, e ele consegue cativar, ao mesmo tempo, alunos iniciantes e adiantados. Também suas preleções muito elogiadas, primorosas em sua forma e ainda assim profundas, têm uma boa frequência (cerca de cem ouvintes). Ele se familiarizou com a fenomenologia com a maior energia e busca, de maneira geral, a mais segura fundamentação para seu pensamento filosófico. Sua erudição é ampla. Trata-se de uma personalidade genuína.[76]

Todas as objeções e ambivalências de 1917 foram retiradas aqui. Não se pode conceber uma recomendação melhor. A mudança de opinião de Husserl é total, e suas palavras deixam transparecer até uma ponta de admiração. Recomendado de maneira mais incisiva do que em 1917, Heidegger ficou na terceira posição da lista. Nicolai Hartmann ficou na primeira.

Essa constelação se repetiu quando, em 1922, Natorp procurou um fenomenólogo para ocupar sua vaga em Marburgo, que ficou livre com sua aposentadoria. Objeções antigas contra Heidegger se manifestaram. Natorp temia, particularmente, que Heidegger fosse mais um epígono do que um filósofo autônomo, um pensador mais "receptivo de modo adaptativo e compreensivo e então [...] se doando na direção dos estímulos recebidos do que criando a partir de uma produtividade própria e originária"[77]; juízo que causa certa estranheza, levando-se em conta o elogio feito por Husserl em 1919.

Também é elucidativo, entretanto, o fato de que também não se podia ignorar Heidegger. A razão disso era banal e diz muito sobre a situação das universidades na República de Weimar: a rigor, Natorp teria gostado de colocar Nicolau Hartmann, Moritz Geiger e Richard Kroner na lista:

76. Carta de Husserl para Natorp, de 11 fev. 1920, ibidem, p. 140.
77. Carta de Natorp para Husserl, de 29 jan. 1922, ibidem, p. 145.

1. O MUNDO FORA DOS EIXOS

> Mas a faculdade certamente se oporia à presença de *três* judeus na lista; e quem se esforça para alcançar a mais rigorosa objetividade pode ficar em dúvida se, mediante a *aparência* — por mais errada que seja — de uma parcialidade para com o outro lado, não está fortalecendo a resistência contra o mais proficiente dos judeus (ou descendente de judeus) e com isso prejudicando a causa à qual gostaria de servir.[78]

E como se estava numa busca frenética por um bom não judeu, Heidegger tornou-se uma opção.

Husserl se voltou energicamente contra a suspeita de Natorp de que Heidegger era um epígono. Não, disse ele, Heidegger era uma "personalidade original", independente, tanto como professor quanto como pensador filosófico. Para o desenvolvimento de Heidegger seria importante ir para Marburgo, assim como "sua nomeação para Marburgo significaria muito *também para a própria Marburgo!*"[79] E se Hartmann se tornasse o sucessor de Natorp na cátedra, Heidegger poderia ser *Privatdozent* no lugar dele. E acrescentou que, a seu ver, a eventual saída de Heidegger seria "uma perda insubstituível"[80]. E assim também se procedeu: Nicolai Hartmann se tornou catedrático e sua posição de *Privatdozent* coube a Heidegger, que então teve de redigir às pressas um manuscrito, o chamado "Manuscrito Sobre Aristóteles", a partir dos registros de suas preleções, enviando-o a Marburgo. Hartmann ficou entusiasmado, sobretudo com a "incomum originalidade, profundidade e rigor, que se diferencia de modo tão benéfico de tanta coisa que é, no máximo, de segunda qualidade"[81]. Heidegger encontraria em Marburgo, segundo ele, "a mais calorosa recepção".

HEIDEGGER E JASPERS:
O ENCONTRO

Karl Jaspers e Martin Heidegger se encontraram pela primeira vez em 8 de abril de 1920 por ocasião do aniversário de 61 anos de Edmund Husserl. Jaspers recorda que naquele dia sentiu "uma solidariedade dos dois mais

78. Ibidem.
79. Carta de Husserl para Natorp, de 1º fev. 1922, ibidem, p. 150.
80. Ibidem, p. 151.
81. Carta de Natorp para Husserl, de 30 out. 1922, ibidem, p. 161.

jovens contra a autoridade de ordenações abstratas"[82]. Eles começaram a trocar cartas imediatamente após o encontro. Jaspers visitou seu colega na "cabana" deste, uma casa de madeira nova construída acima de Todtnauberg, na Floresta Negra, que sua esposa Elfride tinha lhe dado de presente, para lhe possibilitar que trabalhasse com tranquilidade nas férias entre os semestres. Era uma casa modesta: sala, cozinha, dormitório, sem quartos separados para crianças. A primeira visita de Heidegger à casa de Jaspers em Heidelberg deve ter ocorrido logo depois.

Àquela altura, Jaspers já era um homem conhecido. No ano de 1919 tinha sido publicada sua *Psicologia das Visões de Mundo*. Olhando em retrospecto, o título sugere uma falsa proximidade com a literatura cosmovisiva daqueles anos; basta pensar no primeiro volume da obra principal de Oswald Spengler, *A Decadência do Ocidente*, publicada em 1918. No caso de Jaspers, porém, não se trata de uma doutrina de cosmovisões políticas, e sim de *visões* do mundo na mais literal acepção da palavra, das condições, das possibilidades e das diversas formas de apreender o mundo pelo pensamento, e apreender o mundo em sua "totalidade", como diziam os hegelianos. Em termos de conteúdo, esse livro marcava a passagem de Jaspers da psicologia para a filosofia, mais exatamente sua busca por um terceiro situado entre a psicologia e a filosofia. Ele chamou seu acesso à visão do mundo de "psicologia compreensiva". Essa lhe parecia ser "como um espaço amplo, ricamente preenchido de conteúdo"[83]. Ele a distanciou de uma psicologia que se fazia passar por sucedâneo à filosofia e que correspondia a tudo aquilo que hoje em dia é constituído pela teoria psicanalítica: Sigmund Freud, Alfred Adler, Carl Gustav Jung e outros.

O que lhe interessava em sua *Psicologia das Visões de Mundo* não era tanto identificar "as cosmovisões disponíveis, e sim, nelas, o direcionamento para a totalidade do ser-verdadeiro na humanidade que não se pode apreender em lugar algum"[84]. Nessa obra, Jaspers tentou formular uma sistematização de atitudes mentais, imagens de mundo e estágios de desenvolvimento intelectual. Do ponto de vista de hoje, chama a atenção no livro, sobretudo, o quão experimentalmente Jaspers lidava com a formação de categorias situadas na

82. K. Jaspers, *Philosophische Autobiographie*, p. 92s.
83. Idem, *Psychologie der Weltanschauungen*, p. XI.

1. O MUNDO FORA DOS EIXOS

fronteira entre a psicologia e a filosofia. Com isso, entretanto, ele não granjeou amigos entre os sistemáticos que pediam respostas claras. Olhando retrospectivamente, o livro de Jaspers marca, à sua maneira, o início da filosofia existencialista, assim como *Ser e Tempo* oito anos mais tarde. Contudo, os dois autores pensam a partir de polos opostos: o primeiro a partir da psicologia filosofante da época, e o segundo a partir de uma minuciosa perquirição sobre a origem e o desdobramento das categorias filosóficas fundamentais. Também os estilos argumentativos de ambos eram fundamentalmente distintos: Jaspers argumentava sopesando as coisas, indo para a frente e para trás, quase em ziguezague, enquanto Heidegger procedia como um lenhador, abrindo seu caminho pela floresta a golpes firmes e vagarosos. Hoje em dia se pergunta por que esses dois homens confluíram um para o outro desse modo. Seria pela pressão vinda de fora, pela falta de reconhecimento e pela crítica veemente a que ambos estavam expostos? Partilhavam um sentimento de proximidade, um esperando impacientemente a primeira cátedra, o outro lutando por reconhecimento na corporação dos filósofos. Ambos se debruçavam sobre a nova relação entre o pensar e o ser.

Desenvolveu-se a partir de então uma relação quase simbiótica entre eles, especialmente por parte de Jaspers. Ambos rejeitavam com ardor a filosofia acadêmica alemã e seus protagonistas (sobretudo Heinrich Rickert e o neokantismo de Marburgo, que se encontrava em pleno declínio). Estavam ambos motivados pela ideia de renovação da universidade.

Em 27 de junho de 1922, Martin Heidegger, então com 32 anos, escreveu o seguinte a seu colega Karl Jaspers, seis anos mais velho: "Seu trabalho deixou ainda mais claro para mim que, na crítica da psicologia das cosmovisões, suas investigações adotam a tendência correta para a abordagem do problema. E isso fortalece em mim a consciência de uma camaradagem de armas rara e independente que – hoje – não encontro em nenhuma outra parte."[85]

Jaspers ficou tocado: "Agradeço-lhe especialmente por sua atitude amistosa e por sua consciência de uma 'camaradagem de armas' – não obstante seus cuidadosos ataques e estocadas, que me fizeram bem."[86]

84. Ibidem, p. XII.

85. Carta de Heidegger para Jaspers, de 27 jun. 1922, em M. Heidegger; K. Jaspers, *Briefwechsel 1920 bis 1963*, p. 29.

86. Carta de Jaspers para Heidegger, de 2 jul. 1922, ibidem, p. 30.

Heidegger e Jaspers se sentiam como almas gêmeas em sua paixão pela renovação do pensamento filosófico na Alemanha. Estavam de acordo quanto ao fato de que as universidades alemãs deveriam ser radicalmente reformadas. Em suas cartas, faziam troça das velhas igrejinhas que se limitavam a ruminar o mesmo neokantismo – como se fosse uma confusa religião da razão –, que não ousavam pensar e, ainda por cima, impediam os jovens de avançar no pensamento. "Nem mesmo os negros possuem esse tipo de concepção sobre a existência que circula na atual filosofia científica", exclamou Heidegger – pretendendo desespero – para Jaspers, em 27 de junho de 1922. Na mesma carta, ele exigia que a filosofia devia ser radical, e o verdadeiro filósofo devia "se engajar com seus textos e lutar com unhas e dentes nessa confrontação fundamental". Quem não fizesse se colocaria fora da ciência. Era preciso "infernizar" a vida dos velhos[87]. Ele disse isso depois de finalmente ser nomeado professor em Marburgo. Levou de Friburgo dezesseis alunos consigo, entre eles Karl Löwith e seu amigo Walther Marseille, bem como Walter Bröcker[88]; pretendia usá-los "como tropa de choque" do novo pensamento. Na sua despedida de Friburgo, no final do verão, ele deu uma festa na montanha de Stübenwasen, perto de sua cabana. Como narra seu aluno Hans-Georg Gadamer, amontoou-se uma grande pilha de lenha, fez-se fogo, "e Heidegger fez um discurso que nos impressionou a todos, começando com as palavras 'ficar desperto junto ao fogo da noite' e continuou com 'os gregos...' Certamente isso também refletia o romantismo do movimento da juventude. Mas era mais do que isso. Era a resolução de um pensador que via a unidade do presente e do passado, do futuro e da filosofia grega"[89].

Gadamer formulou o que o próprio Heidegger via como sua missão, ou o que lhe parecia ser a retomada de uma tarefa que ficara inacabada desde a época de Platão. Ele se via incumbido de refundar filosoficamente o pensamento. Pretendia fazer isso no marco de uma reforma universitária radical, em cujo centro deveria estar a educação dos jovens estudantes[90].

---

87. Carta de Heidegger para Jaspers, de 27 jun. 1922, ibidem, p. 28s.
88. Cf. H.-G. Gadamer, *Philosophische Lehrjahre*, p. 35.
89. H.-G. Gadamer, op. cit., p. 214
90. É espantoso o quanto Heidegger se mostrou um verdadeiro sucessor de Platão; isso pelo modo como ele concebeu a relação entre o pensamento filosófico e o político, bem como pela sua concepção do sentido da universidade e dos objetivos da educação. (Cf. também E.-W. Böckenförde, *Geschichte der Rechts- und Staatsphilosophie*, p. 70s.)

1. O MUNDO FORA DOS EIXOS

Meio século depois, Hannah Arendt iria designar seu amigo Karl Jaspers como o verdadeiro educador na sucessão de Goethe, e Heidegger, por sua vez, como mestre[91].

Nas cartas que trocavam entre si, o tom às vezes era marcial. Sentimentos efusivos de paixão e rejeição, de determinação e vanglória fluíam de ambos os lados. Nesse sentido, porém, Heidegger era o mais ativo dos dois. Sua retórica de combate lembra-nos hoje a terminologia *völkisch* e estava, naquela época, na boca de todos os poetas, desde Stefan George até os futuristas. Jaspers aquiescia à prontidão para o combate, desempenhando um papel mais passivo.

As demonstrações de cumplicidade, em alguns momentos, podiam soar bem dramáticas. Escreve Heidegger a Jaspers em 17 de abril de 1924: "Desde o dia 23 de setembro convivo com você a partir do pressuposto de que você é meu amigo. Essa é a crença que a tudo sustenta no amor."[92] Isso não era mais um tom de conversa, e sim expressão de um forte sentimento de irmandade cuja origem também podia ser buscada no movimento da juventude da época. É provável que desse sentimento também provenha aquela frase, transmitida por Paul Hühnerfeld, que Heidegger teria dito em conversa com um de seus alunos: "Jaspers trilha seu caminho com uma beleza toda própria."[93]

Jaspers retribuía esses sentimentos. Ele os demonstrava abertamente por ocasião das suas visitas de Heidegger, quando então o pensamento compartilhado resultava numa intimidade preciosa para eles. As conversas ocorridas na casa de Jaspers, em Heidelberg, se tornaram mundialmente famosas. Sua particularidade consistia em que os participantes tinham de evitar todo tipo de cordialidade formal e de frases feitas. Quem descumpria essa regra era repreendido num tom mais ou menos categórico.

91. "Heidegger é um professor", H. Arendt, *Denktagebuch, 1950 bis 1973*, v. 1, jul. 1950, p. 13.

92. Carta de Heidegger para Jaspers, de 17 abr. 1914, em M. Heidegger; K. Jaspers, op. cit., p. 46.

93. Apud P. Hühnerfeld, *In Sachen Heidegger*, p. 57.

DOIS CASAIS

Um aspecto especial das conversas era também que Gertrud Jaspers participava delas em pé de igualdade, assim como na troca de cartas, em que ela sempre fazia acréscimos pessoais ao final das palavras do marido. Em junho de 1923, foi ela que se dispôs a emprestar a Heidegger 1 milhão de marcos [Reichsmark, moeda alemã de 1924 a 1948]. Ele tinha se queixado de que lhe faltava dinheiro para se deslocar até Berlim e lá conduzir as negociações a respeito de sua nomeação em Marburgo. No auge da inflação galopante, esse milhão daria para cobrir somente os custos da passagem e da estadia em Berlim. Tudo indica que a relação entre Karl Jaspers, Gertrud Jaspers e Martin Heidegger era regida por uma grande abertura e familiaridade. Por outro lado, nessa correspondência Elfride Heidegger aparece sempre na posição de esposa e mãe, e de vez em quando também acrescentava algumas linhas amistosas às cartas do marido. Mas Heidegger nunca tentou incluí-la no diálogo na condição de parceira.

Gertrud Jaspers, nascida Mayer, foi desde o início mais uma companheira do que a esposa "dedicada e fiel" que permanece em segundo plano. Jaspers a tinha conhecido porque ela era irmã de seu colega de universidade Ernst Mayer. Ela e o irmão provinham de uma família judaica ortodoxa. Eram pessoas autoconfiantes, instruídas e desprovidas de preconceitos. Naquela época, a jovem mulher estava se preparando para o exame de conclusão do ensino secundário; lia muito e dominava grego e latim. Embora muito nova, já tinha passado por sofrimento intenso: perdera uma de suas irmãs e um amigo muito próximo se suicidara. Ernst Mayer era formado em Medicina, assim como Jaspers. Um relacionamento intenso se desenvolveu entre os dois rapazes. "Essa comunhão na atividade filosófica chegou a tal ponto que não consigo conceber minha obra principal (*Philosophie*, em 3 v.) sem Ernst Mayer. Ele foi um colaborador. Algumas ideias são dele. Devo a ele a formatação, o prazer de escrever melhor, expressar as coisas com mais precisão, de modo literariamente impecável. Nesse livro [...] estávamos numa sintonia da qual jamais me esquecerei."[94]

94. K. Jaspers, Selbstporträt, *Schicksal und Wille*, p. 31.

1. O MUNDO FORA DOS EIXOS

Jaspers buscava relacionamentos simbióticos, e não cultivava apenas a relação com Heidegger. O termo "simbiótico" significa, nesse caso, uma união no trabalho em torno de questões compartilhadas e que envolvia perfeitamente disputa e discordância.

O relacionamento com Gertrud deve ter se estruturado de maneira semelhante. Jaspers relata com uma franqueza digna de nota a mudança que Gertrud Jaspers provocou nele: "Até então, eu era – a despeito de insuficiências e anseios – um homem que almejava saber, em busca da verdade, mas um homem frio. Agora me tornei uma pessoa que é lembrada diariamente de que é um ser humano. Isso não ocorreu através de palavras, mas da realidade da companheira de vida que exige silenciosamente: você não deve achar que já fez o suficiente em relação às questões intelectuais!"[95]

Possivelmente, o segredo dessa harmonia também se devia ao fato de que ela expressava mais a amizade de duas almas afins do que um casamento civil normal, como Hans Saner, o biógrafo de Jaspers, também indica discretamente[96]. Portanto, Gertrud Jaspers era muito mais do que uma mulher de professor universitário que "cuidava da retaguarda" para o marido. Era uma companheira e parceira intelectual reconhecida. Numa fotografia do casal do ano de 1911, ele aparece sentado, enquanto ela está de pé ao seu lado, com as mãos cruzadas às costas, uma pose que expressa autoridade natural. Desconcertante é a semelhança fisionômica de Gertrud em relação à mulher que Jaspers iria venerar carinhosamente nos anos tardios de sua vida: Hannah Arendt.

Entre Jaspers e Heidegger falava-se, portanto, de "camaradagem de armas", de afinidade de almas e do objetivo único de produzir uma "revolução" na universidade alemã. Pretendia-se que dessa revolução surgisse um renascimento da Academia platônica. Ela deveria ser uma "universidade aristocrática", uma autêntica "universidade imperial", na qual só os melhores deveriam estudar. De forma bem eloquente, as cartas que trocaram entre si dão informações sobre dois jovens pensadores ambiciosos que buscavam seu lugar e o encontraram na contestação e na concepção de uma outra filosofia e de uma outra formação acadêmica. Numa

95. Ibidem, p. 32.
96. H. Saner, op. cit., p. 26.

carta de 1922 em que agradece a Heidegger por aquela primeira visita, Jaspers caracterizou a situação de ambos como paradoxal: "E nós mesmos não sabemos o que queremos; isto é, somos ambos sustentados por um saber que ainda não existe explicitamente."[97]

Nesse caso, Jaspers transferiu para o amigo seus próprios sentimentos de insuficiência e de estar sempre ainda aprendendo. Heidegger teria compartilhado dessa modéstia em termos pessoais, mas não em relação à questão, não em relação à filosofia, terreno em que ele se movia de modo muito mais autoconfiante do que Jaspers. Mas Jaspers estava de acordo com Heidegger de que ambos tinham uma vocação.

Amigos improváveis que se encontraram como que por um acidente de percurso. A uma distância de décadas, Arnold von Buggenhagen, um dos alunos de Heidegger, descreveu a aparição de Jaspers e Heidegger na paisagem universitária do início dos anos 1920, em que a filosofia existencialista lutava por reconhecimento. "Decerto, ela [a filosofia existencialista] já existia como matéria do currículo universitário, mas Jaspers e Heidegger eram *homines novi* (= recém-chegados, professores novos de Filosofia)."[98]

O efeito exterior provocado pelos dois revolucionários da filosofia deve ter sido considerável:

> Quem tinha olhos para ver e ouvidos para ouvir era obrigado a descobrir que duas pessoas começaram a governar não em função do cargo assumido, e sim em consequência de sua humanidade, não com base em quaisquer títulos da razão, e sim porque *eram*. Mas quem, na década de 1920, tinha olhos para ver e ouvidos para perceber que no filosofar o cetro e a coroa foram arrancados da razão e que o comando dos pensamentos passou para a instância de um fundamento irracional, que a questão da filosofia, a partir de então, tinha suas raízes plantadas no solo da violência e de sua força normatizadora! Quase ninguém se deu conta de que o amistoso e enfermiço Jaspers, que precisava tanto do leito de seu sofá, de modo algum era um pombo manso e bicador de milho, mas pertencia, antes, à estirpe dos falcões. Mesmo que na avaliação de Heidegger já houvesse, naquela época, várias pessoas que viam nele uma águia que planava magnificamente no alto do céu, certamente o alcance e a extensão das violentas energias desse ser humano raivoso em si mesmo lhes ficaram ocultos. Qual era o fundamento jurídico da filosofia existencialista? Era o direito do *fait accompli* oriundo da conquista.[99]

97. Carta de Jaspers para Heidegger, de 24 nov. 1922, em M. Heidegger; K. Jaspers, op. cit., p. 35.

98. A. von Buggenhagen, *Philosophische Autobiographie*, p. 102.

99. Ibidem, p. 108.

1. O MUNDO FORA DOS EIXOS

*Gertrud Mayer e Karl Jaspers,
por volta de 1911.*

As observações críticas de Arnold von Buggenhagen foram redigidas cinco décadas mais tarde, e nelas a fascinação é sobreposta pela experiência da catástrofe. Ele inseriu o que percebeu em retrospectiva no fluxo da narrativa sobre o que ocorreu. Ainda assim, fica claro que, no tocante à causa de seu projeto de pensamento, Karl Jaspers e Martin Heidegger eram de um rigor sem igual.

Assim que foi nomeado *Privatdozent* em Marburgo, Heidegger alugou um quarto nessa cidade. A troca de moradia com Friburgo, na qual ele tinha depositado esperanças, malogrou. Comunicou ao amigo que já nem acreditava mais em uma nomeação. Quem falava então era alguém que pretendia sugerir que os rancores ligados ao provimento de vagas não lhe diziam respeito. Mas a profundidade das humilhações pode ser depreendida de uma carta de 14 de julho de 1923: ele escreveu ao amigo dizendo que também preferiria estar em Heidelberg, mas não havia o que fazer quanto a isso. Então, expôs programaticamente qual era a sua grande questão:

> a transformação fundamental do filosofar nas universidades, isto é, nas e com as ciências, jamais será alcançada meramente escrevendo--se livros. Quem ainda não percebe isso e leva uma existência ilusória em meio ao descaso que impera atualmente, não sabe a quantas anda. E quanto mais orgânica, concreta e discretamente a revolução ocorrer, tanto mais duradoura e segura ela será. Para isso é necessária uma *comunidade* invisível – a rigor, isto já é demais e lembra os termos "liga", "círculo" e "corrente". É preciso extinguir muita idolatria – isto é, é preciso denunciar o ofício horrível e lamentável dos diversos xamãs da filosofia atual – e isso enquanto viverem, para que não achem que com eles o reino de Deus tenha aparecido hoje[100].

Nas entrelinhas transparece sempre o reconhecimento da própria vocação. "Sou grato", diz ele em carta de 16 de dezembro de 1925 a Jaspers, "pelo fato de que o destino me preservou de corromper Kant e Hegel, lendo-os através de qualquer um desses óculos que se podem comprar hoje em dia. Creio sentir o espírito do universo na proximidade dos dois"[101].

Com sua forma de pensar, que consistia não em falar sobre as coisas, mas em levar o próprio ser-aí (*Dasein*) para dentro da filosofia, Martin Heidegger e Karl Jaspers queriam forçar a declaração de falência de todas as filosofias existentes e então dar início à sua reconstrução. Eles encaravam isso como uma tarefa verdadeiramente nacional.

Nesse sentido, Jaspers não recorria à linguagem marcial da guerra e da nacionalidade em que Heidegger às

100. Carta de Heidegger para Jaspers, de 14 set. 1923, em M. Heidegger; K. Jaspers, op. cit., p. 42.
101. Carta de Heidegger para Jaspers, de 16 dez. 1925, ibidem, p. 59.

1. O MUNDO FORA DOS EIXOS

vezes se movia. Mas também ele se via em uma luta intransigente contra o que era raso, falso e mentiroso na vida intelectual e cultural da Alemanha. Ele admirava o fato de seu amigo levar a crítica às suas últimas consequências.

Quanto ao estado de espírito de Heidegger no início da década de 1920, é bastante reveladora uma carta escrita por ele para Karl Löwith, um de seus alunos à época. Ainda nos tempos em que era estudante universitário, Löwith dava mostras de possuir uma natureza independente. Ele não se constrangia em utilizar a capacidade de pensar que aprendera com Heidegger também para criticar o próprio mestre. Heidegger deve ter se sentido provocado por algum comentário crítico de Löwith para que, em 19 de agosto de 1921, tenha dado as seguintes informações a respeito de si mesmo:

> Agora preciso falar de mim mesmo. Primeiramente, a discussão está presa no erro fundamental de que você e Becker[102] me medem (hipoteticamente ou não) por critérios como Nietzsche, Kierkegaard, Scheler e quaisquer filósofos criativos e profundos. Vocês têm a liberdade de fazer isso – só que então é preciso dizer que não sou filósofo. Não tenho a presunção de fazer algo sequer parecido com isso; minha intenção de modo algum é essa. Faço meramente o que preciso e o que considero necessário, e o faço da maneira como posso. Não pauto meu trabalho filosófico pelas tarefas culturais direcionadas a um genérico "hoje". Tampouco tenho a tendência de Kierkegaard. Trabalho concretamente *de facto* a partir de meu "eu sou" – a partir de minha origem – ambiente – contexto de vida intelectual e fático em geral, a partir do que posso obter disso em termos de experiência viva, em que vivo. Essa facticidade não é, como facticidade existencial, um mero "ser-aí cego"; ela se encontra junto da existência, ou seja, eu a vivo – "eu preciso" dela; e dela não se fala. Com essa *facticidade-do-ser-assim*, com o histórico, desencadeia-se o existir; ou seja, eu vivo os compromissos interiores de minha facticidade e o faço de modo tão radical quanto a entendo. – Dessa minha facticidade faz parte – o que menciono de maneira breve – o fato de eu ser "teólogo cristão": nisso se encontra certa autopreocupação radical, certa cientificidade radical – *na facticidade* de uma objetualidade rigorosa; nisso se encontra a consciência histórica da "história do espírito" – e sou isso no contexto vital da *universidade*. O "filosofar" só está *de facto* existencialmente atrelado à universidade, mas com isso não estou afirmando que só haveria filosofia *aí*, antes que

102. Oskar Becker (1889-1964) foi assistente de Heidegger em Friburgo e professor extraordinário de Filosofia na mesma universidade a partir de 1928, tendo sido nomeado catedrático em Bonn em 1931.

A família Heidegger com os dois filhos Jörg (nascido em 1919) e Hermann (nascido em 1920), em Marburgo, no verão de 1924.

103. Carta de Heidegger para Löwith, de 19 ago. 1921, em Drei Briefe Martin Heideggers an Karl Löwith, Hrsg. Hartmut Tietjen, em D. Papenfuss; O. Pöggeler (Hrsg.), Zur philosophischen Aktualität Heideggers, v. 2, p. 28s.

o filosofar, justamente por causa de seu sentido básico existencial, tem na universidade a facticidade de sua própria efetivação, e, com isso, seus limites e restrições. Isso não exclui a possibilidade de que um "grande filósofo" saia das universidades, um filósofo criativo, e não exclui que o filosofar na universidade não passe de uma *pseudociência*, aquém da filosofia e da ciência. O que é, então, a filosofia universitária, isso só se pode demonstrar por meio da própria vida.[103]

Com essa consciência de ser diferente, da necessidade sentida de associar a pessoa existencialmente com

1. O MUNDO FORA DOS EIXOS

a vocação, de vivenciar a incumbência de pensar, é que Heidegger iniciou suas atividades como docente. Sua atitude característica no que diz respeito às pessoas com quem se relacionava era forçá-las a viver a tensão entre as convenções sociais e seu projeto de vida existencial, bem como em seu dissenso existencial para com a filosofia; isso explica o fato de muita gente ter desfeito a amizade com ele, afastando-se dele ou até tornando-se hostil a ele.

Mesmo a uma distância de décadas ainda é possível sentir o *furor teutonicus* que impulsionava Heidegger. Nesse intervalo, ele estava escrevendo a primeira parte de *Ser e Tempo*, livro a respeito do qual já se falava amplamente antes de ser publicado em 1927.

Em abril de 1924, a raiva já tinha passado para o segundo plano, dando lugar à solidão:

> Minhas palavras sobre a "camaradagem de armas" foram escritas a partir de minha solidão. Elas continham também a ideia do enfrentamento com o presente. Porém, justamente desde aqueles dias, me tornei cada vez "menos polêmico"; não no sentido de uma aceitação das coisas, mas a partir da compreensão crescente de que o trabalho positivo feito corretamente é o decisivo. E foi você que despertou isso em mim.[104]

É elucidativo que Jaspers escreva sobre a superação da solidão pelo diálogo, enquanto Heidegger, em virtude do diálogo, se instala em sua solidão. Esse é um tema que haveria de retornar na correspondência dos dois após 1945.

Uma fonte inesgotável de dissabores era o constante antagonismo da parte de Heinrich Rickert. Em 1920, Rickert lança seu livro *A Filosofia da Vida*, revelando-se um crítico polêmico da nova filosofia existencialista. Ele usou sua afiada retórica contra os expoentes dessa nova vertente, que, entrementes, recebera as bênçãos ministeriais de Berlim. Fez chacota com ela, chamou de "moda" e previu sua breve derrocada[105]. No prefácio à 2ª edição, deu a conhecer que ele próprio pretendia fundar uma filosofia da vida – que postulasse um sentido e evitasse o vazio niilista – bem como combater aquelas filosofias que glorificavam ou

104. Carta de Heidegger para Jaspers, de 17 abr. 1924, em M. Heidegger; K. Jaspers, op. cit., p. 46.
105. H. Rickert, *Die Philosophie des Lebens*, p. VIII.

negavam a vida: "Considero a vida em abstrato como desprovida de sentido."[106] Dever-se-ia, isto sim, temer a morte da filosofia como ciência caso a "filosofia da vida misológica que virou moda" chegasse a predominar[107].

Sem muitos detalhes, pintou um painel das correntes da filosofia da vida que, em sua opinião, descambavam para o irracional: o jovem Goethe e Schelling como seus precursores, Friedrich Nietzsche como seu arauto, Henri Bergson como seu popularizador, William James, o fundador do pragmatismo, como seu parente americano, Georg Simmel, Wilhelm Dilthey, Max Scheler, e quase toda a filosofia mais recente dos anos 1920. Edmund Husserl não escapou e foi apresentado como um pensador de tendências convergentes com a filosofia da vida. Oswald Spengler, naturalmente, aparece como o expoente da filosofia da vida obcecado pela ideia de decadência[108].

Rickert não poupou o livro de seu concorrente mais jovem, a *Psicologia das Visões de Mundo*, de Jaspers, criticando-o como assistemático; também disparou contra seu autor, taxando-o de biologista[109]. O próprio Jaspers relatou que, certa vez, Rickert o acusou de "desencaminhar a juventude"[110]. Rickert também questionou sarcasticamente a percepção heideggeriana do ser como temporal e sua completa rejeição da metafísica tradicional[111].

Rickert tinha uma visão aguçada para perceber a fragilidade de alguns fenômenos da nova filosofia da vida. Ele viu suas tendências no sentido do irracionalismo político; percebeu o aspecto anti-iluminista e atávico dela. Mas será que Heidegger e Jaspers podiam ser associados a alguém como Gertrud Bäumer, versada na linguagem nacionalizante, que também se apresentava como representante da vida contra a filosofia[112], conforme sugeriu Rickert?

A reação de Heidegger ao ataque de Rickert oscilou entre o desprezo elegante e a fúria contida[113]. Independentemente disso, Heidegger continuou a assegurar a Rickert que o estimava, mas ia ficando cada vez mais claro que fazia isso do ponto de vista de um adversário[114]. Agradeceu a Rickert, por exemplo, pelo fato de este lhe ter possibilitado desligar-se da filosofia acadêmica – um elogio mais do que ambíguo!

106. Ibidem, p. XI.
107. Ibidem, p. XIV.
108. Ibidem, p. 19s.
109. Ibidem, p. 155.
110. K. Jaspers, *Philosophische Autobiographie*, p. 315.
111. Cf. H. Rickert, op. cit., p. 143.
112. Ibidem, p. 184.
113. Cf. carta de Heidegger para Jaspers, de 26 dez. 1926, em M. Heidegger; K. Jaspers, op. cit., p. 71s.
114. Cf. carta de Heidegger para Rickert, de 15 fev. 1928, em M. Heidegger; H. Rickert, op. cit., p. 58s.

1. O MUNDO FORA DOS EIXOS

No pós-escrito de uma carta a Jaspers em 1931, contudo, ele se manifestou de modo bem diferente sobre Rickert: "Com sua despudorada 'tradição de Heidelberg'[115] (que é lamentável), Rickert quer se engajar publicamente em função da política de nomeações vindoura."[116] Mas, a essa altura, o próprio Heidegger já havia ascendido bastante no mundo acadêmico, de tal maneira que Rickert lhe solicitara uma visita, um tanto aborrecido, após o debate de Davos em 1929, em que Heidegger destilou seu sarcasmo também contra ele[117].

Os atritos e hostilidades que Heidegger e Jaspers tiveram de suportar ajudaram a uni-los. Entretanto, o primeiro teste de resistência da amizade mostrou que a simbiose – desejada por Jaspers – tinha suas fragilidades. Jaspers nutria a esperança de que o amigo reconhecesse sua busca por um novo modo de filosofar e resenhasse positivamente seu livro *Psicologia das Visões de Mundo*. Afinal, ele já manifestara aprovação[118]. Em junho de 1921, Heidegger lhe anunciou a resenha, e em agosto se seguiu o comentário decepcionado de Jaspers. Ele atestou que, de todos os resenhistas, Heidegger era o mais profundo: "Entretanto, ainda sinto falta [...] do método positivo."[119] Ele havia alimentado grandes expectativas, "mas então fiquei decepcionado e achei que também já tinha chegado a esse ponto"[120]. Considerava injustos alguns juízos. Consolava-se com a ideia de uma próxima conversa entre os dois, a qual, porém, não ocorreria de imediato.

De alguma maneira, Heidegger achava constrangedor que o amigo não aceitasse a crítica[121]. Ainda assim, ele tinha certeza da crítica que fazia a Jaspers. No ano anterior, resumira, em carta a Heinrich Rickert, suas objeções ao enfoque de Jaspers: os conceitos e instrumentos metodológicos de Jaspers seriam vagos demais. "E talvez qualquer julgamento filosófico do livro de Jaspers lhe faça injustiça, pois ele nem chega a entrar nessa dimensão."[122]

Ele também teria deixado há muito para trás a distinção entre pensamento e intuição. Pode-se ler essa carta

---

115. Isso se refere a Heinrich Rickert, *Die Heidelberger Tradition in der deutschen Philosophie*.

116. Carta de Heidegger para Jaspers, de 24 jul. 1931, em M. Heidegger; K. Jaspers, op. cit., p. 140.

117. Cf. infra, p. 124s.*

118. Carta de Heidegger para Jaspers, de 22 jan.1921, ibidem, p. 19 e nota 8, e carta de Jaspers para Heidegger, de 24 jan. 1921, ibidem, p. 20 e nota 1.

119. Carta de Jaspers para Heidegger, de 1º ago. 1921, ibidem, p. 23.

120. Ibidem.

121. "Husserl também disse que eu sou muitas vezes injusto com você; para mim, isso é apenas a prova de que pelo menos *tentei* pôr a mão na massa. A finalidade estará cumprida se você obtiver um estímulo qualquer disso, talvez um estímulo que eu nem visasse. Julgando pelo critério que emprego em meu trabalho, trata-se de uma coisa ridícula e fraca de um iniciante, e não imagino estar mais adiantado do que você, principalmente porque me propus a fazer alguns desvios. Não sei se também chegarei ao espaço livre; basta-me que eu chegue a *andar* e me mantenha *andando*." (Carta de Heidegger para Jaspers, de 5 ago. 1921, ibidem, p. 24s.)

122. Carta de Heidegger para Rickert, de 27 ago. 1920, em M. Heidegger; H. Rickert, op. cit., p. 51.

como expressão de uma traição ao amigo; afinal, tanto Jaspers quanto Heidegger viam em Rickert seu adversário comum. Mas também se pode lê-la como uma dedicação sem reservas ao ato de filosofar que rompia os limites da consideração interpessoal[123]. Ou será que tudo isso era apenas parte das rixas acadêmicas habituais?

Heidegger tentou repetidamente amortecer o choque de Jaspers[124], mas a decepção – a primeira de muitas – calou fundo. Em outubro ou novembro de 1922 ocorreu, então, a ansiada conversa de vários dias em Heidelberg, pela qual Heidegger se mostrou tocado:

> Os oito dias que passei aí com você me acompanham constantemente. O caráter repentino desses dias, a total ausência de eventos externos, a segurança do "estilo", em que um dia se estendia para dentro do seguinte com naturalidade, o ritmo não sentimental e austero com que a amizade se consolidou entre nós, a certeza crescente de uma camaradagem de armas segura de si de ambos os "lados" – tudo isso é assombroso para mim no sentido em que o mundo e a vida são assombrosos para o filósofo. Agradeço-lhe mais uma vez cordialmente por esses dias.[125]

Heidegger não publicou a resenha.

No relacionamento dos dois desempenharam-se certos papéis. Jaspers era quem buscava a amizade, queria ter o amigo por perto, e quem se decepcionaria repetidamente. Ansiava por maiores esclarecimentos em termos de conteúdo e vinha se sentindo cada vez mais despachado com as respostas de Heidegger. O clima entre os dois no final da década de 1920 é descrito numa carta redigida por Jaspers em 4 de janeiro de 1928 após a visita de Heidegger em outubro de 1927:

Ainda tive muito prazer em recordar os dias que passamos juntos. A completa solidão a que se é condenado no "pensar" filosófico fica então suspensa por um instante. O fato de alguém ainda considerar importante esse esforço intelectual – ou talvez até mais importante do que eu mesmo – não é só gratificante, mas constitui um forte impulso em si mesmo. Ele recobre a leve dor que resta do fato de sentir que você às vezes fica devendo a "resposta" em algum sentido – sem que eu saiba a que resposta me refiro e de que resposta gostaria.[126]

123. De resto, Rickert já defendera durante anos o argumento de que Jaspers não entendia nada do ofício do filósofo. Heidegger estava ciente disso. E para completar a confusão: é perfeitamente possível que Rickert tenha percebido que a observação de Heidegger, segundo a qual alguns fenomenólogos lidavam com evidências de modo excessivamente "generoso", também podia estar dirigida a ele. (Cf. M. Heidegger; H. Rickert, op. cit., p. 52.)

124. Cf. também carta de Heidegger para Jaspers, de 27 jun. 1922, em M. Heidegger; K. Jaspers, op. cit., p. 29.

125. Carta de Heidegger para Jaspers, de 19 nov. 1922, ibidem, p. 33.

126. Carta de Jaspers para Heidegger, de 4 jan.1928, ibidem, p. 84.

1. O MUNDO FORA DOS EIXOS

O tom de resignação se devia ao sentimento de que o amigo não se abria sem reservas, mas guardava algo para si. E realmente não se pode afirmar que Heidegger se mostrasse aberto com o amigo em todas as coisas.

A CAMINHO DA FILOSOFIA:
HANNAH ARENDT

É que um verdadeiro terremoto havia abalado completamente a vida de Heidegger. Tratava-se do amor. Seu nome era Hannah Arendt. Nascida em 14 de outubro de 1906, ela era a única filha do engenheiro Paul Arendt e de sua esposa Martha, nascida Cohn, em Hannover, na Lindener Markt, número 2. Em 1909, por causa da sífilis que acometera o pai, a família se mudou para Königsberg, na Prússia Oriental. Antes da descoberta da penicilina, a sífilis costumava lançar as famílias em gravíssima situação financeira, degradando-as e marginalizando-as socialmente. Martha Arendt, junto com sua família, buscou abrigo no círculo da parentela de ambos os ramos da família. Em Königsberg, ela encontrou apoio e segurança para si e sua filha. O pai logo precisou ser internado em um lar para doentes crônicos. Embora a mãe procurasse proteger sua filha, a criança certamente percebeu a decadência física do pai.

Os avós do lado paterno eram abastados. Max Arendt era atacadista no comércio de chá, presidente da Câmara Municipal de Königsberg, membro do Partido do Progresso e de postura liberal. De 1910 até sua morte em 1913, ele presidiu a assembleia de representantes da Comunidade Judaica e a Comissão central de assistência aos pobres do local[127]. Foi ele quem iniciou a pequena Arendt na arte da contação de histórias, algo que haveria de ter um papel muito significativo tanto em sua vida quanto em sua obra. Para a jovem Hannah Arendt, cuja infância fora marcada pela doença do pai e pela morte do avô – ambos faleceram em 1913 –, os amigos viriam a se tornar um substituto da família.

127. Cf. Y.K. Jacoby, *Jüdisches Leben in Königsberg/Pr. im 20*, p. 32.

Eles formavam uma rede de relacionamentos pessoais que partilhavam a vida e, em caso de necessidade, também asseguravam a sobrevivência. Nos tempos de Königsberg, esse círculo fora constituído principalmente por Anne Mendelssohn, bem como por Ernst Grumach, Victor Grajev, Heinz Lichtenstein, Hans Litten e os filhos e filhas das famílias Fürst e Jacoby.

Os anos de escola em Königsberg se estenderam de 1913 a 1924 — um tempo que ela própria considerava longo demais. Os biógrafos falam de autonomia precoce, amor pela literatura e filosofia grega, curiosidade e tédio na escola. A jovem lia fluentemente latim e grego, tinha interesse pela poesia e filosofia da Antiguidade. Participava de um grupo de leitura de literatura grega. Alguns anos antes, a coleção de itens da Antiguidade do Museu de Königsberg tinha sido ampliada com peças significativas. Aos quatorze anos de idade, ela já lia trabalhos do filósofo de Königsberg Immanuel Kant, cuja obra haveria de desempenhar um papel importante em seu pensamento. Também ficou impressionada com Kierkegaard, que, de resto, foi o companheiro de muitos adolescentes provenientes das camadas instruídas da sociedade[128].

Inicialmente, ela frequentou por sete anos uma escola secundária incompleta (que ia até o 10º ano), o antigo Liceu de Szittnick, e, de 1919 a 1922, "o ginásio preparatório para o estudo universitário da instituição de ensino da Escola Rainha Luísa da cidade de Königsberg"[129].

Ao que tudo indica, a talentosa aluna se entediava e se rebelava obstinadamente contra o absurdo da disciplina escolar. A repreensão da escola se seguiu prontamente, deixando bem claro que a indisciplina não seria aceita ali. No final do 10º ano, Hannah Arendt deixou a Escola Rainha Luísa. Em seu *curriculum vitae* foi registrado simplesmente que "então continuei minha formação privadamente e passei no exame de conclusão do ensino médio em 30 de abril de 1923 no Ginásio Estatal de Hufen, em Königsberg". Ela conseguira transformar a humilhante repreensão escolar em um salto para a liberdade. Em seguida, graças à ajuda de parentes e amigos, foi para Berlim, onde, no semestre de inverno de 1923-1924, frequentou como ouvinte seminários e

128. Cf. E. Young-Bruehl, *Hannah Arendt: Leben und Werk*, p. 82.
129. Hannah Arendt, Lebenslauf bei den Promotionsakten, UAH, H-IV-757124.

1. O MUNDO FORA DOS EIXOS

preleções de filosofia na Universidade Frederico Guilherme. Dentre os professores que conheceu, estava o jovem filósofo da religião Romano Guardini. De volta a Königsberg, na primavera de 1924, teve aulas particulares e se preparou para o exame de conclusão do curso secundário. Prestar esse exame sem estar frequentando uma escola significava prestá-lo sob condições mais difíceis. Mas, como uma boa nadadora, ela passou à frente de todos. Em setembro de 1924, obteve o certificado de conclusão do curso secundário no Ginásio Estatal Guilherme e recebeu uma medalha de ouro por seu excelente desempenho.

A infância e a juventude de Hannah Arendt foram marcadas por aquele ódio cotidiano aos judeus[130] que, em "tempos normais", costuma se expressar de forma discreta, mas que nos períodos de crises e revoluções adquire as proporções de uma histeria coletiva. No começo, os cidadãos externavam sua aversão aos judeus à boca pequena, como uma espécie de convenção social, nunca declarada oficialmente. As tensões entre judeus e não judeus acarretavam hostilidades ocultas e explícitas; reforçavam o sentimento de união dentro das famílias e círculos de amigos judeus. Podia-se depreender a hostilidade efetiva dessa sociedade a partir do comportamento das crianças. Nas poucas informações autobiográficas de Arendt, ela fala do antissemitismo entre crianças, que produzia experiências de solidão e singularidade.

> Minha mãe insistia sempre no ponto de vista [...] de que a gente não deve baixar a cabeça! É preciso se defender! Quando, p. ex., professores meus faziam comentários antissemitas [...] eu tinha ordens de me levantar imediatamente, sair da sala de aula, ir para casa e fazer um registro exato de tudo. Então minha mãe escrevia uma de suas muitas cartas registradas; e, para mim, a questão estava, é claro, totalmente resolvida. Eu não tinha aula naquele dia, e isso era ótimo. Mas quando os comentários partiam de crianças, eu não podia falar sobre isso em casa. Não funcionava assim. Era preciso resolver a situação por conta própria. E, por isso, essas coisas nunca se

130. "A palavra 'judeu' nunca foi usada entre nós quando eu era pequena. Eu me deparei com ela pela primeira vez em observações antissemitas [...] feitas por crianças na rua. Depois disso fui, por assim dizer, 'esclarecida'. [...] Eu pensava comigo mesma: pois é, assim são as coisas [...] Eu sabia, por exemplo, quando criança, que eu tinha uma aparência de judia. Isso quer dizer que tenho uma aparência diferente. Eu estava muito consciente disso. Mas não na forma de inferioridade, e sim de que a situação era assim mesmo." (Hannah Arendt, conversa em programa de televisão com Günter Gaus, em H. Arendt, *Ich will verstehen*, p. 50s.)

Hannah Arendt nos braços do avô Max Arendt em 1907.

Hannah Arendt aos oito anos de idade com sua mãe, Martha Arendt, outubro de 1914.

tornaram um problema para mim. Havia regras de comportamento nas quais, por assim dizer, eu mantinha minha dignidade e estava protegida, inteiramente protegida em casa.[131]

Muitos anos mais tarde, em 1947, Arendt escreveria a Jaspers o seguinte sobre sua mãe: "Eu devo muito a ela, principalmente uma educação sem quaisquer preconceitos e com todas as possibilidades."[132] A proteção materna atenuava as sempre recorrentes experiências de estranhamento, embora não conseguisse desfazê-las.

Ocorre que, ao contrário das expectativas, o antissemitismo não diminuía com a crescente e bem-sucedida integração da classe média judaica. E a cultura política da cidade era, de qualquer modo, frágil. Não obstante, Königsberg tinha, desde o século XVIII, uma comunidade de cidadãos prósperos em que os judeus estavam fortemente representados. Johann Jacoby, Eduard von Simson e Fanny Lewald, para mencionar apenas três – os dois homens eram democratas burgueses de postura republicana e batalhadores intrépidos pela liberdade da cidade e de seus cidadãos. Simson foi um dos "pais" da Constituição de 1848 e porta-voz da burguesia frente aos nobres e ao rei. Johann Jacoby foi membro da primeira Assembleia Nacional alemã e, mais tarde, membro do legislativo estadual da Prússia. Ele aderiu aos social-democratas quando os liberais, dos quais fazia parte, passaram a ficar cada vez mais embriagados com o poder. Fanny Lewald, embora não tenha demorado para transferir suas atividades para Berlim, atuava, como observadora intrépida de sua época, ao lado dos democratas[133].

O FIM DA CULTURA DE ASSIMILAÇÃO

131. Ibidem, p. 52s.
132. Carta de Arendt para Jaspers, de 23 e 25 mar. 1947, em H. Arendt; K. Jaspers, *Briefwechsel 1926-1969*, p. 116.
133. Cf. J. Manthey, *Königsberg*, p. 442s., 486s., 493s.

No início do século XX, os judeus de Königsberg eram os sustentáculos da cidade, presentes no comércio, no sistema bancário e, em pequena escala, também na classe média culta: estavam representados em quase todos os ramos da indústria, mas de maneira desproporcional nas

1. O MUNDO FORA DOS EIXOS

profissões liberais, uma vez que, via de regra, o acesso ao serviço público lhes era vedado.

Grande parte do comércio com a Rússia passava pelas empresas comerciais judaicas de Königsberg. No comércio de chá, que era o ramo de atuação de Max Arendt, o avô de Hannah, Königsberg era o maior entreposto da Europa. Nos meses de verão, os turistas russos invadiam a cidade, além de comerciantes, acadêmicos, pais levando seus filhos universitários para Königsberg ou indo visitá-los, também pessoas de todo tipo em busca de trabalho, muitas delas judeus fugindo dos *pogroms* na Rússia e na Ucrânia[134].

A Comunidade Judaica tinha o direito de cobrar impostos de seus membros, o que ela fazia independentemente de verbas estatais e de doações ocasionais. Os judeus de Königsberg eram leais ao Estado, em conformidade com a República e, em grande parte, liberais. Nessas famílias judias liberais, a religião era uma questão privada, assim como – ao menos oficialmente – também era entre os católicos e protestantes. Os filhos e filhas eram mandados ao ensino religioso judaico, e nas datas festivas frequentava-se a sinagoga; havia cinco delas em Königsberg. Só uma minoria tinha sido batizada durante a onda de conversões no século XIX. Ainda assim, os judeus ortodoxos – dos quais havia mais entre aqueles que tinham migrado do Leste do que entre os judeus "ocidentais" tradicionais – não estavam de acordo com essa laicização e deploravam a perda da identidade judaica. Por isso, havia várias subdivisões religiosas na comunidade judaica.

Na vida política, os judeus de Königsberg estavam representados em todos os níveis. Eram deputados da Dieta Imperial (Hugo Haase) e membros da Câmara Municipal. Max Arendt foi, durante muitos anos, presidente desta última[135].

A social-democracia estava firmemente ancorada nas classes dos trabalhadores e dos intelectuais da cidade, incluindo os judeus. No distrito eleitoral de Königsberg, antes mesmo da Primeira Guerra Mundial, se elegia "quase sempre um social-democrata" para a Dieta Imperial[136].

Contudo, sob o verniz de uma cultura teuto-judaica comum havia – como quase em toda parte na Europa – atritos profundamente arraigados entre a parte judaica e a

134. Cf. Y.K. Jacoby, op. cit., p. 9.
135. Ibidem, p. 13.
136. Ibidem, p. 8.

cristã da população alemã, ou melhor, entre a burguesia e pequena burguesia judaica e a cristã. Por um lado, a sociedade citadina se beneficiava com a riqueza das empresas comerciais judaicas e com a cultura das famílias judaicas, e, por outro, a burguesia culta cristã olhava com desprezo os judeus, assim como, inversamente, os judeus instruídos menosprezavam a plebe alemã. Em alguns lugares se podia ler a afirmação de que os judeus tomavam liberdades em excesso. Isso era, entre outras coisas, uma alusão ao grande número deles entre a intelectualidade, à sua autoconfiança e à sua crítica ao permanente tratamento desigual de judeus e não judeus. E, naturalmente, também à opinião pública crítica daquela época, em que os judeus estavam bem representados.

Na maioria das famílias judaicas tinha-se a esperança de que esses atritos fossem atenuados quanto mais artistas e cientistas, pedagogos e políticos judaicos contribuíssem para o bem-estar da sociedade alemã e do Estado alemão. Além disso, em Königsberg também se confiava que a cultura política estável da cidade pudesse refrear as paixões políticas que abalavam constantemente a capital Berlim: lá tinha surgido um antissemitismo racista que negava a participação dos judeus no bem-estar do Estado e da sociedade e os estigmatizava como estranhos, como intrusos. Entretanto, pouco a pouco a ideologia da raça também penetrou em Königsberg. Tratava-se de um antissemitismo que degradava os judeus como grupo social e os transformava em objeto de desagrado e, por fim, de ódio. Isso foi incitado pela fuga em massa dos judeus do Leste. Para esses refugiados, Königsberg era o porto da esperança. Isso trouxe grandes problemas sociais e culturais para a cidade e também para a comunidade judaica. Na cidade, a pobreza e as doenças aumentaram, e a xenofobia se intensificou. Decretaram-se expulsões. No outono de 1900, a imprensa local noticiou a expulsão de judeus russos com a manchete "estrangeiros importunos"[137].

Assim que irrompeu a guerra em 1914, as autoridades de Königsberg não tardaram em adotar medidas severas contra grande parte dos cidadãos judeus orientais não naturalizados, declarando--os "estrangeiros hostis" e enviando-os para a prisão[138]. Durante a revolução de 1918-1919, os círculos nacionalistas exigiram mais uma vez a expulsão dos judeus, tidos como

137. Ibidem, p. 55.
138. Ibidem, p. 65.

1. O MUNDO FORA DOS EIXOS

estrangeiros[139]. Desde os tempos das leis sobre a igualdade, essa efervescência emotiva da opinião pública era um fenômeno raro; mas agora ela havia se tornado uma corrente subterrânea na sociedade.

A assimilação cultural, celebrada por muitos como uma "era dourada", começou a sofrer constantes ataques a partir dos anos 1890, inclusive por parte da sociedade judaica. Esse movimento reformista judaico que, na época, anunciou-se em toda parte, tinha muitas faces: como movimento de renovação místico-messiânico; como movimento da juventude no estilo da pedagogia reformista alemã (Gustav Wyneken); como revolta da juventude contra a acomodação da geração dos pais; como movimento politicamente revolucionário ou reformista. Muitos de seus protagonistas políticos defendiam um Estado judaico na Palestina.

Não obstante toda a diversidade, os insatisfeitos e revoltosos compartilhavam a convicção de que a assimilação teuto-judaica era uma ilusão sob a qual mal dava para se esconder as antigas injustiças e humilhações. Para a pergunta sobre o que deveria ser posto no lugar, havia muitas respostas[140].

Após a eclosão da Primeira Guerra Mundial, os exércitos tsaristas ocuparam temporariamente partes da Prússia Oriental. Em Königsberg, o medo de um cerco aumentou, e a mãe fugiu com a filha para a casa de parentes em Berlim. Depois de algumas semanas, elas retornaram. A vitória do exército alemão na "Batalha de Tannenberg" em fins de agosto de 1914 tinha detido o avanço dos russos.

O fim da guerra não fez com que a situação se acalmasse. No inverno de 1918-1919 imperava um estado de espírito estranho na cidade. O medo e as expectativas em relação à Rússia revolucionária – em outubro de 1917 os bolcheviques tinham tomado o poder – geraram uma confusão descontrolada de notícias e rumores.

Após o colapso do império alemão no inverno de 1918, o leste da Alemanha tornara-se um território ideal para oficiais dispensados e insatisfeitos, pessoas fiéis ao imperador e militaristas, trabalhadores radicalizados,

139. Ibidem, p. 65s.
140. Anson Rabinbach extrapola nada menos do que quatro correntes do messianismo naquela época: 1. A ideia da restauração ou volta a um estado original da judaidade; 2. A ideia da redenção, que se manifesta de diversas formas, religiosas e também políticas, como na obra *História e Consciência de Classe* (1923), de Georg Lukács; 3. A ideia apocalíptica do advento da era messiânica; 4. Messianismo como ausência de toda atividade e atitude ambivalente para com toda atividade que pretenda levar à chegada do Messias. (Cf. A. Rabinbach, *In the Shadow of Catastrophe*, p. 31s.)

aventureiros de toda espécie e soldados que lutavam em diversos focos de incêndio e contra os mais diferentes adversários: contra civis ou soldados, contra autoridades, contra bandos e grupos para-militares, contra democratas ou espartaquistas, contra poloneses, lituanos ou russos, contra judeus.

Também em Königsberg, na época com cerca de 250 mil habitan-tes[141], encontravam-se todos os agrupamentos do espectro político existentes em outros lugares: grupos de soldados e oficiais revolu-cionários e reacionários, trabalhadores insatisfeitos e amargurados, cidadãos atemorizados, democratas corajosos, delatores covardes e burocratas contrarrevolucionários. A vida pública da cidade era marcada por ajuntamentos espontâneos de pessoas, reuniões orga-nizadas de partidos e encontros de sociedades secretas. O contexto político-civil fora cindido em diversos campos pela guerra.

Logo após o armistício no lado oeste, foram criados conselhos de trabalhadores e soldados em Königsberg e na Prússia Oriental[142]. Após as eleições de 19 de janeiro de 1919 para a Assembleia Nacio-nal, quando ficou claro que a Prússia Oriental era, ao lado do distrito governamental de Frankfurt/Oder, o mais forte bastião do Partido Social-Democrata da Alemanha, que, junto com os social-demo-cratas independentes, representaram 51.1% dos votos[143], a situação não se acalmou de modo algum. Entre 7e 8 de fevereiro de 1919 ocorreu uma assembleia dos conselhos de trabalhadores e soldados da Prússia Oriental em Königs-berg. É possível que Martha Arendt tenha ido junto com a filha a essa reunião, que teve uma grande participação da população interessada na política. A filha, em todo caso, mencionou um evento público naquela época do qual par-ticipara com sua mãe. Nessa assembleia se resolveu que os conselhos deveriam formar um governo de transição, até que uma nova Assembleia Nacional fosse eleita e assumisse seu trabalho. Os conselhos de trabalhadores e soldados se submeteram ao Conselho Provincial da Prússia Oriental[144]; não queriam, ao que tudo indica, um enfretamento com o novo governo, e sim assegurar sua implementação.

141. Segundo o censo de 1919, o município de Königsberg tinha 245.994 habitantes; cf. GSTAPK Berlin, HA XX, Rep 2 II, Nr. 2983.

142. Uma assembleia com todos os conselhos de operários e soldados aconteceu no dia 8 de janeiro em Insterburg; cf. Protokoll der "Verhand-dlungen der vereinigten Arbeiter- und Soldatenräte Ostpreussens in Insterburg am 8. Januar 1919", GSTAPK Berlin, HA XX, Rep 2 II, Nr. 2983.

143. Cf. H.A. Winkler, *Von der Revo-lution zur Stabilisierung*, p. 139.

144. Cf. GSTAPK Berlin HA XX, Rep 2 II, Nr. 2983.

1. O MUNDO FORA DOS EIXOS

Mas os acontecimentos também permitiam outras interpretações. Em seu todo, a situação parecia – frente ao estado de penúria econômica e ao isolamento da Prússia Oriental e de Königsberg em relação ao Império – radicalizar-se ainda mais. Isso, porém, não chegava a ser fora do comum: após o armistício, Königsberg se encontrava em uma situação extremamente problemática: ainda em março ou abril de 1919, a cidade, assim como toda a Prússia Oriental, foi apartada do Império com base nas disposições do Tratado de Paz de Versalhes. Nem navios a vapor, nem trens atravessavam o recém-criado corredor polonês. Isso deixava o terreno fértil para uma opinião pública urbana agitada, dominada por boatos, notícias, difamações, ideias fantasiosas e propaganda.

Olhando retrospectivamente, é como se, durante os meses de inverno de 1918-1919, em Königsberg e em outros lugares, as diversas forças políticas e militares, entre elas, o Alto-Comando do Leste, o governo prussiano, o governo imperial, os conselhos de trabalhadores e soldados, os partidos e as reuniões espontâneas das massas, puxassem o poder para seu lado, todos ao mesmo tempo, como num cabo de guerra de muitas pontas.

Em Königsberg surgiu o primeiro campo de testes para a aliança que, mais tarde, alavancaria o nacional-socialismo ao poder: a aliança entre a ralé e a elite. Hannah Arendt a descreveria trinta anos depois em seu livro sobre *As Origens do Totalitarismo*.

A agitação constante na Alemanha culminou, em março de 1920, no chamado Golpe de Kapp-Lüttwitz. Wolfgang Kapp, chefe do governo regional da Prússia Oriental em Königsberg, decidiu, com o apoio da direção insatisfeita do exército, de seu partido e de partes do exército imperial, retirar o poder das mãos do recém-eleito governo do *Reich* em Berlim, formado por social-democratas da maioria e pelo centro, e estabelecer uma ditadura militar. O governo do *Reich* levou o golpe tão a sério, que se mudou temporariamente para Weimar. Algumas autoridades de Königsberg também estiveram envolvidas nesse golpe, como foi o caso do correio e do Judiciário. O golpe fracassou depois de poucos dias porque não encontrou apoio suficiente. O governo do *Reich* promulgou ainda no mesmo ano uma lei com base na qual os participantes foram anistiados. As investigações junto às autoridades não deram em nada. Entretanto, August Winnig, o governador social-democrata da Prússia Oriental, que tinha se juntado aos golpistas, foi demitido e, mais tarde, excluído do Partido Social-Democrata.

A adolescente Johanna – este é o prenome registrado de Arendt – foi profundamente marcada por essas confusões políticas, cujo palco principal, até então, havia sido a distante Berlim. Principalmente os agrupamentos humanos por ocasião das reuniões dos conselhos de trabalhadores e soldados formados espontaneamente devem tê-la impressionado. Ela também deve ter ficado sabendo de algumas coisas indiretamente por intermédio de sua mãe. Mais tarde, ela retomaria repetidamente a ideia dos conselhos.

2

As Vicissitudes da Vida
ou A Chegada Repentina do Amor

Uma história de amor como outra qualquer, já tantas vezes escrita pela vida. E, no entanto, há algo de diferente nesse caso. Quando Hannah Arendt, a estudante universitária de Königsberg, então com dezoito anos, se encontrou no verão de 1924 com Martin Heidegger, o professor universitário de Messkirch, então com trinta e cinco anos, algo aconteceu dentro ela.

Martin Heidegger: um erudito introvertido, não muito alto com seus 1,63m de altura, magro e de porte atlético. Hannah Arendt: uma estudante jovem, sedenta de conhecimento, esbelta, com um rosto bem proporcionado, olhos radiantes e inteligência luminosa.

Heidegger reunia em sua personalidade traços contraditórios. Era um homem ascético, mas que às vezes se via subitamente tomado por uma alegria de viver. Era um pensador por excelência, mas cultivava até mesmo nas roupas e no jeito de ser a rusticidade de um agricultor ou artesão. Vivia repleto de um furor altivo, mas também se distinguia por uma modéstia desconcertante. Em sua linguagem se mesclavam o gesto platônico e a pureza do lirismo. Ao falar, mantinha a voz baixa, num tom quase fino, mais agudo do que grave.

Hannah Arendt em meados da década de 1920.   Martin Heidegger em 1924.

Assim, talvez não surpreenda que as descrições de seu aspecto e da impressão que causava fossem diferentes e até contrárias. Karl Löwith, o ambicioso e jovem filósofo que desde cedo media forças e querelava com Heidegger, escreveu o seguinte a uma distância de décadas: "Entre nós, H[eidegger] tinha o apelido de 'o pequeno mago de Messkirch' [...] Ele era um homem de baixa estatura e pele escura que sabia realizar truques de mágica fazendo desaparecer diante dos ouvintes aquilo que pouco antes acabara de mostrar."[1]

Eis o que diz seu discípulo Paul Hühnerfeld:

Heidegger [era] robusto e tinha um estilo todo próprio de se vestir. Quando chegou a Marburgo, encomendou um terno que correspondia às aspirações do pintor Otto Ubbelohde, falecido um ano antes.

---

1. K. Löwith, *Mein Leben in Deutschland vor und nach 1933*, p. 42s.

2. AS VICISSITUDES DA VIDA

> Esse artista pós-romântico e pequeno-burguês tinha adquirido uma reputação não só por meio de quadros e ilustrações para contos de fadas, mas também se ocupara de uma reforma do vestuário masculino alemão. Era preciso reabilitar os trajes regionais. E assim Heidegger ganhou culotes e um sobretudo comprido: as duas peças eram chamadas pelos estudantes de Marburgo de "o terno existencial".[2]

Também a estudante Hannah Arendt, então com dezoito anos, exibia facetas contraditórias em sua personalidade. Era uma moça bem-educada, tímida e autoconfiante, modesta e, segundo a impressão de algumas pessoas, arrogante, crítica e ansiosa por aprender, capaz de criticar e de aceitar críticas. Sabia ser enérgica, sempre pronta para contestar. Quando algo a fascinava, seu rosto luzia.

Arendt tinha se aconselhado com suas amigas e amigos sobre o melhor lugar para estudar e quais eram os professores mais interessantes. Era alto o nível de exigência desses alunos que afluíam a Marburgo vindos de toda parte da República. Com a clarividência própria de jovens altamente talentosos, versados na filosofia da Antiguidade, eles sabiam distinguir a mera imitação do pensamento autêntico. E onde quer que a promessa *ad fontes* (de volta às fontes) emergisse, ela despertava sua atenção. Ernst Grumach, amigo de Arendt, já tinha assistido a aulas de Heidegger em 1923 e relatou que ficara impressionado com um jovem docente de Filosofia em Marburgo com o qual se podia aprender a pensar por conta própria, e não apenas a compreender a filosofia já existente.

Em retrospecto, Hannah Arendt escreveu o seguinte sobre aqueles tempos interessantes:

> Naquela época, após a Primeira Guerra Mundial, ainda que nas universidades alemãs não existissem rebeldes propriamente ditos, havia um grande mal-estar em relação à atividade acadêmica docente e discente, isso em todas as faculdades que fossem mais do que meras escolas profissionais e entre todos os estudantes para quem o estudo significava mais do que uma preparação para sua profissão. A filosofia não era um ganha-pão, e sim a disciplina dos famintos resolutos que, por isso mesmo, eram

2. P. Hühnerfeld, *In Sachen Heidegger*, p. 54s.

bastante exigentes. Não aspiravam absolutamente a uma sabedoria mundana, a uma arte de viver, ou coisa que o valha, e quem se voltava para a solução total dos enigmas tinha à sua disposição um farto sortimento de cosmovisões, com seus respectivos partidos; para escolher entre elas não havia necessidade de um estudo de filosofia. Porém, nem mesmo eles sabiam o queriam. A universidade em geral lhes oferecia as escolas – os neokantianos, os neo-hegelianos, os neoplatônicos etc. – ou as velhas disciplinas acadêmicas, em que a filosofia é convenientemente dividida em áreas, como a epistemologia, a estética, a ética, a lógica etc., que não era realmente transmitida, mas despachada por um tédio inacreditável.[3]

Sobre a juventude dessa época, Hans-Georg Gadamer recordaria mais tarde sua "busca desesperada por orientação"[4].

Por um lado, as universidades pareciam incólumes ao espírito revolucionário e reformista da época. Universidades como Marburgo, Friburgo ou Heidelberg eram biótopos acadêmicos arraigados na cultura local dessas cidades de pequeno porte, desempenhando aí um importante papel vivificador. Por outro lado, entre os estudantes percebia-se uma estranha e inarticulada fermentação. Indiretamente, ela também se referia aos acontecimentos políticos.

No entanto, um intelectual cioso de seu valor não se envolvia com as questões menores da política. Muitos cientistas jovens e inteligentes demonstravam desinteresse pelos acontecimentos do cotidiano. Para eles, os conflitos travados nesse plano eram tão tacanhos quanto repulsivos em sua violência. Tanto davam as costas para a frágil República de Weimar quanto ignoravam as correntes nacionalistas. Por desprezarem a política, se abstinham de seus pleitos. Essa era uma atitude que marcara a burguesia culta alemã do século XIX e do início do século XX, mas com a qual os jovens da década de 1920 certamente não queriam ter nenhuma afinidade. Embora a célebre adesão do até então nacionalista Thomas Mann ao campo republicano em 1922 tivesse causado alguma sensação no mundo intelectual, ela não surtiu maiores efeitos. E ainda que a universidade tenha de algum modo absorvido e refletido o clima político da época, dividido entre revolução e contrarrevolução, reviravolta radical e aspirações reformistas, o fato é que sua verdadeira fermentação ocorria num estranho reino

3. H. Arendt, Martin Heidegger ist achtzig Jahre alt, Menschen in finsteren Zeiten, p. 173.

4. H.G. Gadamer, Philosophische Lehrjahre, p. 14.

2. AS VICISSITUDES DA VIDA

intermediário. Gadamer, por exemplo, fala a respeito de uma agremiação revolucionária de debates em que ideias políticas e filosóficas eram examinadas segundo seu potencial redentor. Havia contraposições bem definidas, a exemplo daquela entre Stefan George e Rabindranath Tagore, ou entre a sociologia de Max Weber e o direito cooperativo de Otto von Gierke e a fenomenologia de Edmund Husserl[5]. A revolução política e a nova filosofia davam-se aqui as mãos em prol de uma aliança acadêmica que não tinha qualquer interesse em se comprometer com os acontecimentos políticos da época.

VIDA UNIVERSITÁRIA

Marburgo era uma cidade pequena que graças à universidade adquira enorme vitalidade. Apesar de sua importância, a Universidade de Marburgo às vezes sofria a interferência de Berlim – por exemplo, nas nomeações. Em última análise, o que todos queriam era ter algum reconhecimento na hierarquia social e acadêmica da vida universitária. Disso fazia parte, por exemplo, ser convidado para os encontros vespertinos da esposa do conselheiro privado Hitzig, no Rotenberg, 1a, contanto que já se tivesse ascendido socialmente. A sra. Von Hitzig, que, segundo a lenda, era parente de 91 catedráticos alemães, o que, na época, era tido como uma das maiores distinções sociais afora ter recebido uma condecoração ou pertencer à nobreza, era, ainda por cima, bisneta de Leopold von Ranke[6].

A chegada de Heidegger nesse ambiente acadêmico foi um verdadeiro acontecimento, sobretudo para uma juventude que buscava às cegas um caminho novo. Para muitos, o encontro com ele se tornaria uma experiência incisiva, marcante para o resto da vida. Gadamer, por exemplo, afirma que, "para mim, o encontro com Heidegger representou um abalo completo de minha autoconfiança demasiado prematura"[7]. Uma irradiação estranha e nunca vivenciada se ocultava por trás disso:

5. Cf. ibidem, p. 25.
6. Cf. ibidem, p. 27s.
7. Ibidem, p. 23.

um acontecimento elementar, não só para mim, mas também para a Marburgo daqueles dias, uma energia intelectual tão concentrada, e, não obstante, de tal força singela na expressão linguística e de tal simplicidade radical no questionamento, que me fez deixar de lado o jogo arguto com as categorias ou modalidades com o qual estava habituado e que dominava mais ou menos[8].

O comportamento de Heidegger na sala de aula era no mínimo incomum:

> Ele entrava na sala de aula, praticamente não dirigia sequer um olhar às pessoas presentes, ia até a janela e começava a falar em voz baixa. Muitas vezes não dava para entender suas primeiras palavras, e talvez nem fossem para ser entendidas, porque Heidegger queria forçar [seus alunos] a uma concentração extrema. Depois disso, sua voz ia ficando mais forte; muitas vezes, ele era de uma frieza cortante, sardônica [...] Os alunos ficam hipnotizados. Um estranho charme emana daquele professor de 34 anos, uma fascinação obscura. Não se trata apenas do magnetismo de um autêntico filósofo criativo, mas também da fascinação de um ser humano excepcional dos anos 1920.[9]

Diz seu aluno Heinrich Schlier: "Heidegger tinha uma forma de ensinar que era fascinante. Ele nos ensinava a pensar mediante e durante sua própria reflexão. Não que entendêssemos muita coisa. Pois o que ele dizia era, de início, enigmático demais para nós."[10]

Para seu aluno Hans Jonas, o impacto de Heidegger como professor era um mistério. "Ficava-se fascinado por ele antes mesmo de entendê-lo."[11]

A aparição de uma pessoa com um brilho tão incomum, naturalmente, tinha de produzir uma grande repercussão. Não demorou muito e jovens interessados afluíram de toda parte para ouvi-lo. Em um retrospecto de mais de quarenta anos, a sexagenária Hannah Arendt procurou descrever o frenesi que ela e seus amigos sentiram na época: "O rumor era simplesmente o de que o pensamento tornara a viver, que os tesouros espirituais do passado tido por mortos voltaram a falar, e eles propõem coisas bem diferentes daquilo que se supunha com alguma desconfiança. Há um mestre; talvez se possa aprender a pensar."[12]

8. Ibidem, p. 30.
9. P. Hühnerfeld, op. cit., p. 56 e 57.
10. Heinrich Schlier, Denken im Nachdenkeu, em G. Neske (Hrsg.), *Erinnerung an Martin Heidegger*, p. 218.
11. H. Jonas, *Wissenschaft als persönliches Erlebnis*, p. 14.
12. H. Arendt, *Menschen in finsteren Zeiten*, p. 174s.

2. AS VICISSITUDES DA VIDA

Esse mestre ainda jovem parecia possibilitar um confronto inusitado com as questões perenes da história do pensamento ocidental. Ele retomava tanto a experiência fenomenológica do encontro com o mundo, quanto o colapso dos fundamentos da compreensão moderna do ser, chamando atenção para seu caráter transcendente, ideal e positivista. Conseguia transformar o passado em presente e ler os gregos antigos de tal forma que eles pareciam pensadores da contemporaneidade. Com isso, ele próprio se tornou

> o rei secreto do reino do pensar, um reino tão completamente desse mundo, mas tão oculto, que nunca se pode saber com certeza se existe ou não, mas cujos habitantes são mais numerosos do que se crê. Pois como explicar de outra forma a influência única, muitas vezes subterrânea, do pensar e da leitura pensante de Heidegger, que ultrapassa tão amplamente o círculo dos alunos e o âmbito daquilo que geralmente se entende por filosofia?[13]

Os nomes dos participantes dos cursos de Heidegger parecem um *who's who?* das escolas de pensamento do século XX: Hans-Georg Gadamer, Max Horkheimer, Fritz Kaufmann, Herbert Marcuse, Hans Jonas, Karl Löwith, Leo Strauss, Benno von Wiese, Ernst Grumach, Günther Stern, que mais tarde passou a se chamar Günther Anders, Hannah Arendt, Walter Bröcker, Walther Marseille – para não falar de tantos outros cujo amadurecimento intelectual ficaria marcado pela influência de Heidegger, mas que não fariam carreira acadêmica. A maioria foi simplesmente seduzida pelo encanto e viveu como que a experiência de um despertar. Hans Jonas, um jovem filósofo judeu engajado no sionismo, com prática na arte da interpretação de textos, foi a Friburgo como estudante de primeiro ano no semestre de verão de 1921 para ter aulas com Husserl e seu assistente Heidegger, que ainda não tinha renome:

> Heidegger foi desde o início – essa foi minha primeira impressão – muito, muito mais difícil do que Husserl [...] [No caso de Heidegger], tinha-se de imediato a impressão, antes mesmo de qualquer entendimento: aqui há algo de novo, aqui novos olhares são inaugurados e novos recursos linguísticos são elaborados. Sei que, nesse semestre, sem entender muita coisa, fiquei inteiramente persuadido de que aí uma forma significativa,

13. Ibidem, p. 175.

essencial de filosofar estava se efetivando. Aí estava um homem que pensava diante dos estudantes, que não apresentava coisas já pensadas, como o fazia Husserl, mas realizava o próprio ato de pensar na presença de seus alunos. E isso causava um impacto na gente, por exemplo: acontecia com frequência que ele nem ficava parado com o rosto voltado para o auditório, mas olhava para o lado, para fora da janela, ou então olhava para dentro dele mesmo e pensava em voz alta. Tinha-se a sensação de estar assistindo aí ao ato originário de pensar, descobrir e descortinar de maneira inteiramente original, nova e própria. E, ao mesmo tempo, ele também era um ótimo pedagogo. Lembro-me ainda hoje de que tratávamos do *De anima*, de Aristóteles, o tratado aristotélico a respeito da alma. Não acredito que tenhamos ido além dos três ou quatro primeiros capítulos de todo esse livro. Mas fomos interpretando frase por frase – naturalmente, o texto era lido em grego, o que era algo óbvio na época –, aí não se deixava passar nada até que se tivesse penetrado nos mais íntimos aposentos do pensamento e da visão de Aristóteles. E acontecia repetidamente – coisa que, aliás, a partir do exemplo de Heidegger, incorporei à minha própria vida – de alguém dizer algo utilizando o jargão filosófico. Então ele dizia: "Isso é erudito demais, erudito demais; por favor, não expresse isso de maneira tão erudita." Ele queria se livrar da terminologia técnica fixa e característica do filosofar para chegar até os fenômenos originários. Ele queria que se vissem as coisas de modo simples, o que não quer dizer de modo fácil, porque para ele as percepções simples se encontravam nas profundezas e não na superfície.[14]

Mas o impacto intelectual e humano não tinha necessariamente de assumir uma expressão patética. Esse professor conseguia atingir seus alunos – e alunas – de uma maneira especial. Karl Löwith, por sua vez, descreve o modo como alguns estudantes se debatiam com o efeito causado por esse mestre carismático e nebuloso. Sua caracterização de Heidegger é do ano de 1926; ele a retomou, com pequenas alterações, em sua autobiografia redigida nos anos 1940:

> É difícil descrever o rosto de Heidegger, pois ele nunca conseguia olhar para a gente com os olhos abertos e por muito tempo. A expressão natural de seu semblante era a seguinte: a testa franzida, o rosto fechado e os olhos voltados para baixo, que só se certificavam de vez em quando, olhando para cima por uma fração de segundo, de como estava a situação. Quando, em uma conversa, a pessoa o forçava

14. H. Jonas, *Erkenntnis und Verantwortung*, p. 41s.

2. AS VICISSITUDES DA VIDA

a olhar diretamente para ela, sua expressão ficava fechada e insegura, pois a franqueza ao lidar com outras pessoas lhe era vedada. Por outro lado, era natural para ele a expressão de desconfiança cautelosa e esperta de um agricultor. Suas conferências, quando falava olhando concentradamente para seu manuscrito, eram desprovidas de gestos e palavrórios. Seu único recurso retórico era uma sobriedade refinada e o rigor da estrutura por meio de teses que visava produzir tensão ou suspense. Seu rosto se tornava, então, muito expressivo por causa do esforço óbvio da concentração e de suas assimetrias deselegantes, mas interessantes. A testa permeada por uma veia fortemente saliente e protuberante concentrava toda a vivacidade, denunciando uma atividade interior autocentrada, sem consideração pelos ouvintes, os quais, por sua vez, eram mais provocados e sacudidos que interpelados.[15]

Naturalmente, Heidegger participava, como era usual na vida acadêmica da época, de muitas atividades sociais. Ele frequentava os círculos de estudantes e professores. Praticava esportes, participava de partidas de punhobol e de bocha no alto do *Dammelsberg*. Assim que caía a primeira neve, pegava seus esquis. Esquiar era uma prática que o ligava à sua amada Floresta Negra, à sua origem. Fica, assim, claro mais uma vez, que o fascínio que Heidegger exercia sobre pessoas mais jovens se devia à singular combinação de ação e contemplação, atividade e reflexão, pensamento e existência, uma combinação que se mostrava tanto nas aulas quanto no seu jeito de ser. Isso deve ter produzido em jovens estudantes e alguns jovens doutorandos a impressão de um questionamento radical. Hans-Georg Gadamer, em todo caso, relata que só aprendeu a trabalhar de maneira verdadeiramente filosófica a partir de seu encontro com Heidegger[16]. Só se aprendia a pensar assimilando por conta própria os textos antigos – e muitas vezes contra as interpretações consagradas. Heidegger não facilitava as coisas para os estudantes; suas aulas começavam cedo, no verão, às 7h da manhã, e, com isso, forçava-os a sair da rotina[17].

Hoje em dia, chama a atenção a quantidade de estudantes judeus atraídos por Heidegger. Retrospectivamente, Hans Jonas narra o seguinte sobre o estado de ânimo dos jovens estudantes judeus que iam a Marburgo por causa de Heidegger:

15. K. Löwith, op. cit., p. 43s.
16. H.-G. Gadamer, op. cit., p. 30.
17. Ibidem, p. 35.

Eu participava ativamente do movimento sionista e, nesse sentido, tinha efetivamente uma orientação política; mas não tomava parte na política alemã, exceto pelo fato de acompanhá-la com alguma atenção. Mas Hannah Arendt e eu compartilhávamos isso com um grande número desses jovens e apaixonados estudantes de Heidegger que se reuniam lá em Marburgo. Tínhamos um certo desprezo ou repúdio esteticamente aristocrático pelo mundo da política. Predominava aí o preconceito alemão ou ao menos o preconceito muito disseminado na Alemanha de que a vida superior do espírito, a rigor, não combina com os assuntos comezinhos do dia a dia e que por isso a gente não deve se envolver com eles ou, ao menos, deve dedicar-lhes um mínimo de atenção e interesse. A vida contemplativa – em grego: *bios theoretikos*, a vida dedicada à teoria, a *vita contemplativa*, seria a forma de vida suprema. Isso estava, de algum modo, desligado de seu contexto, pois em Aristóteles se lê que o ser humano é, ainda assim, um ser político [...] Esse pressuposto era de algum modo ignorado, e Hannah Arendt vinha de uma infância em que, por causa de um pequeno círculo seleto de amigos, de jovens alunos ginasianos que se selecionavam mutuamente – que, creio eu, eram todos judeus –, havia se isolado inteiramente do entorno. Lembro-me ainda que Hannah Arendt apareceu em Marburgo com um pequeno grupo de gente de Königsberg [...] todos estavam, creio eu, tão repletos do mesmo desprezo pela participação política quanto a própria Hannah. Esse era [...] um fenômeno grupal típico.[18]

Em suas amargas recordações de *Minha Vida na Alemanha Antes e Depois de 1933*, Karl Löwith enxerga sua atitude diante da República de Weimar de modo bem semelhante: "A luta dos partidos políticos não conseguia me interessar, pois tanto a esquerda quanto a direita brigavam por coisas que não me diziam respeito pessoalmente e só me atrapalhavam em meu desenvolvimento. As *Considerações de um Apolítico* de Thomas Mann, publicadas em 1918, deram-me uma espécie de justificativa."[19]

É uma ironia da história que o livro de Thomas Mann, do qual ele próprio se distanciaria no início dos anos 1920, tenha contribuído para a fermentação nacional e para a soberba dos jovens espíritos criativos da época. A mistura de um desinteresse explícito pela política com a consciência da decadência do velho mundo, destruído pela guerra mundial, de seus ideais, de

18. H. Jonas, *Erkenntnis und Verantwortung*, p. 46s.
19. K. Löwith, op. cit., p. 18.

2. AS VICISSITUDES DA VIDA

seu patrimônio cultural e educacional, de suas formas de pensamento, levou muitos jovens intelectuais para o campo da direita *völkisch* ou da esquerda radical. E encaminhou, particularmente, estudantes judeus talentosos para um professor como Heidegger.

O PRIMEIRO ENCONTRO

No inverno de 1921, Hans Jonas passou para a "Escola Superior de Ciência do Judaísmo", indo depois, no semestre de inverno de 1924-1925, até Heidegger em Marburgo, na mesma época em que Hannah Arendt começou seus estudos por lá. Os dois se conheceram nesse semestre. Arendt assistiu à preleção de Heidegger sobre o *Sofista* e o *Filebo* de Platão. Ela era uma mulher jovem e muito bonita, que devia certamente atrair os olhares dos homens quando passava, fossem eles jovens ou de mais idade. Em suas memórias, Gadamer a descreve como "a moça que sempre vinha de vestido verde e chamava a atenção"[20]. Uma mulher de cabelo escuro, graciosa, com um rosto oval de traços claramente delineados, testa alta e olhos radiosos, cuja mente alerta e capacidade de juízo estavam sempre presentes. As disciplinas de Filosofia e Filologia Grega decerto eram óbvias para Arendt, pois na escola essas duas matérias eram justamente seus pontos fortes. Mas por que ela ainda optou por Teologia Evangélica? Ao que tudo indica, pretendia estudar teologia como parte da filosofia; também considerava os textos bíblicos parte do pensamento sobre o mundo e o ser humano. Além disso, o famoso professor Rudolf Bultmann lecionava Teologia Evangélica em Marburgo.

Provavelmente, Arendt ficou tão fascinada pelo jovem professor Heidegger quanto seus colegas. Em novembro de 1924, ela solicitou uma conversa de orientação acadêmica com ele[21]. Antes disso, na preleção, deve ter ocorrido aquela troca de olhares com a qual os amantes se reconhecem. Em todo caso, em 1950 Heidegger reencontraria aquele olhar que o atingira durante uma de suas preleções[22].

20. Hans-Georg Gadamer, Einzug in Marburg, em G. Neske (Hrsg.), op. cit., p. 111.

21. Essa inferência pode ser depreendida de um poema de Heidegger sob o título "Novembro de 1924", escrito em março de 1950, em que ele faz referência ao início, ao fim e à retomada do relacionamento amoroso.

22. Cf. carta de Heidegger para Arendt, de 4 maio 1950, em H. Arendt; M. Heidegger, *Briefe 1925-1975 und andere Zeugnisse*, p. 98.

Não é difícil imaginar o que fascinou Heidegger na jovem estudante: aquela rara combinação de beleza, inteligência, estranheza, timidez e autoconfiança. Mas o que havia em Heidegger que fascinara Arendt? Não é nada improvável que uma mulher jovem e altamente inteligente se apaixone por um professor acadêmico carismático com praticamente o dobro da sua idade. Karl Löwith, nesse sentido, propõe uma metáfora que reproduz o aspecto enigmático desse relacionamento: a do feiticeiro. Heidegger, o "pequeno feiticeiro de Messkirch"[23], deparou com a jovem estudante Hannah Arendt, que, segundo atestou seu amigo Hans Jonas, "em virtude de sua 'intensidade, determinação, sensibilidade para o peculiar, busca do essencial, profundidade, parecia possuir algo de mágico'"[24].

Dois feiticeiros, portanto? Ou uma história inteiramente comum?

Perto do fim do semestre, ela recebeu a seguinte carta:

10.2.1925
Cara senhorita Arendt!

Preciso encontrar-me ainda hoje com a senhorita e falar ao seu coração.

Tudo entre nós deve ser simples, claro e puro. Só assim seremos dignos de termos nos encontrado. O fato de a senhorita ter se tornado minha aluna e eu seu professor foi apenas a ocasião para o que nos aconteceu.

Nunca terei o direito de possuí-la, mas a senhorita fará parte de agora em diante da minha vida, e ela haverá de crescer por causa da senhorita.

Jamais estamos em condições de saber o que podemos nos tornar para os outros por meio de nosso ser. No entanto, uma reflexão atenta é certamente capaz de evidenciar em que medida produzimos um efeito destrutivo e inibidor.

Não se sabe que rumo sua jovem vida tomará, mas vamos nos curvar a isso. E minha fidelidade à senhorita deve apenas ajudá-la a permanecer fiel a si mesma.[25]

Nesse ínterim, em virtude da intimidade que surgiu entre eles, ainda que regulada por certo decoro no trato, Heidegger se tornou mais ousado. Provavelmente se encontraram várias vezes em conversas ou em outras ocasiões acadêmicas. A primeira carta[26], porém, também

---

23. Cf. K. Löwith, op. cit., p. 42.

24. Hans Jonas, em seu necrológio de Hannah Arendt para a edição de inverno de 1976 da revista *Social Research*, apud E. Young-Bruehl, *Hannah Arendt: Leben und Werk*, p. 107.

25. Carta de Heidegger para Arendt, de 10 fev. 1925, em H. Arendt; M. Heidegger, op. cit., p. 11 [p. 7]. (N. da T.: edição brasileira, *Correspondência 1925/1975*. Os números de página entre colchetes após os números de página do original indicados pela autora nas notas correspondem a essa edição em português. Nas citações diretas, ela foi reproduzida tanto quanto possível, tendo o tradutor feito modificações sempre que julgou conveniente.)

26. Da correspondência só estão conservadas, em sua maior parte, as cartas dele; existem rumores sobre as cartas de resposta dela (destruídas, ainda guardadas a sete chaves etc.), mas não há nada seguro.

2. AS VICISSITUDES DA VIDA

mostra uma pessoa em busca de autodomínio. A carta é uma espécie de avaliação dos riscos implicados naquele despertar amoroso. Ela tinha embaralhado o relacionamento professor-aluna. O marco social protetor ameaça se desfazer. Heidegger tentou compreender o relacionamento nas coordenadas de seu pensamento. Aí tinha acontecido algo que ia além do limite de sua capacidade de compreensão: ele sabia que essa jovem mulher não lhe pertencia. Ele oscilava entre sentimentos de proteção paterna e uma paixão difícil de traduzir em palavras, entre a proximidade e a distância: "Vamos guardar como um presente no mais profundo de nossa intimidade o fato de termos podido nos encontrar e não vamos desfigurá-lo em sua vitalidade pura através de nenhum autoengano; ou seja, não vamos nos deixar levar pela fantasia de uma amizade entre nossas almas – uma amizade que nunca tem lugar entre seres humanos."[27]

A última frase poderia ser lida – talvez involuntariamente – como um comentário sobre seu relacionamento com Jaspers, pois este evocava sempre a amizade entre almas afins; para Heidegger isso era muito difícil, falso mesmo, pois ocultava a distância que sempre estava presente também no relacionamento entre amigos.

Diante dessa jovem mulher, ele abordou a questão do "entre" que se mostra quando se vivencia a diferença. Mas não entendia essa diferença de modo estático, pois ela se modificava. A simbiose e a diferença, a proximidade e a distância não tinham de permanecer numa relação antitética. Elas se condicionavam mutuamente, mas não nos moldes de uma relação dialética, e sim de uma relação ontológica.

Entre esse primeiro encontro para uma conversa de orientação e essa carta, os dois devem ter feito um passeio a pé, pois ele se desculpou por ter manifestado efusivamente suas emoções durante a caminhada. Talvez ele a tenha abraçado espontaneamente. Ele encerrou essa carta inserindo a experiência em seu trabalho: "Um dia gostaria de poder lhe agradecer e, através de um beijo em sua fronte pura, fazer jus à nobreza de seu ser em meu trabalho."[28]

27. Carta de Heidegger para Arendt, de 10 fev. 1925, em H. Arendt; M. Heidegger, op. cit., p. 12 [p. 8].

28. Ibidem.

A estrutura sobre a qual se mantinha ainda não tinha rebentado completamente, ainda estava de pé. O abalo existencial ainda estava por vir. Enquanto isso, ele tentava interpretar o que tinha acontecido sob o ponto de vista da filosofia existencialista. Suas palavras parecem cerimoniosas, formais. Mas também era assim que ele falava com sua mulher. E como será que falava com seus filhos?

Quando o amor tomou Heidegger de assalto, ele se lembrou do poema de Friedrich Schiller.

A Moça do Estrangeiro

Num vale entre pobres pastores
Aparecia a cada início de ano
Com o zunir das primeiras cotovias
Uma moça bela e maravilhosa

Ela não tinha nascido no vale
Donde ela vinha, não se sabia
Mas seu rastro logo desaparecia
Assim que a moça se despedia

Sua proximidade encantava
E todos os corações se abriam
Mas sua dignidade e sublimidade
Impediam a familiaridade.[29]

Suas cartas sugerem que em fevereiro de 1925, o relacionamento entre eles passou para a fase da paixão. Ele agora a trata por "você", não fala mais na figura dupla do professor-amante, mas como amante que também é professor. O tema "proximidade e distância no amor" aparece repetidamente nas cartas.

21.2.1925
Cara Hannah!
Por que será que o amor é imensamente mais rico do que qualquer outra possibilidade humana? Por que se mostra aos que são tocados por ele como um doce fardo? Porque nos transformamos naquilo que amamos sem deixarmos de ser nós mesmos. Gostaríamos então de agradecer à pessoa amada e não encontramos nada que seja suficiente para tanto. Só podemos agradecer através de nós mesmos. O amor transforma a gratidão em fidelidade para conosco mesmos e em crença incondicional no outro. Dessa forma, o amor

29. F. Schiller, *Sämmtliche Werke in zwölf Bänden*, p. 271s.

2. AS VICISSITUDES DA VIDA

intensifica constantemente seu mistério mais próprio. A proximidade é aqui o ser na maior distância em relação ao outro – a distância que não deixa nada se dissipar –, mas coloca o "você" na simples presença transparente – e incompreensível – de uma revelação. Que a presença do outro irrompa em nossa vida é algo que mente alguma consegue apreender. Um destino humano se entrega a um destino humano, e o serviço do amor puro é preservar essa entrega tão viva como no primeiro dia.[30]

Iniciou-se, então, um relacionamento apaixonado, o qual ambos sabiam que não devia existir, mas que também não podia não existir. Eles precisavam ocultar seus sentimentos de todas as outras pessoas; ele, de seus colegas e poucos amigos (como Jaspers). Principalmente sua mulher – afinal, ele é pai de dois filhos – não deveria ficar sabendo nada desse amor. Elfride tinha dificuldades com a disponibilidade do marido para mulheres jovens. Além disso, ela já suportava sua troca de cartas com uma amiga dela, Elisabeth Blochmann, uma jovem inteligente, ainda que sem o brilho extraordinário de Hannah. Ela havia feito uma reviravolta total na sua vida, e isso o deixava inseguro. Ele se tornou sensível e agitado. Sua paixão lhe dava asas para atingir altitudes emocionais inimagináveis. Hannah, por outro lado, só tinha de tomar alguns cuidados em relação aos seus amigos e colegas. Ela podia se dedicar inteiramente a esse amor.

Agora eles se viam nas discussões vespertinas. Numa visita de Edmund Husserl a Marburgo, houve um evento à noite para homenageá-lo: "Nas noites dedicadas ao pensamento de Husserl, a coisa feia foi o empenho forçado para superar um ao outro. Tanto mais eu me alegrava com você ao vê-la sentada tranquila em seu canto."[31]

Ela nem precisava dizer nada. Provavelmente também não se sentia impelida a falar, tão fascinada estava com o *logos* acadêmico concentrado que tinha se reunido ali.

Ele, por sua vez, foi literalmente sacudido pelo amor.

> 27.2.1925
> Cara Hannah!
> O demoníaco me atingiu. A prece silenciosa de suas adoráveis mãos, assim como sua fronte luminosa o guardaram em uma transfiguração feminina.
> Algo deste gênero nunca me aconteceu antes.[32]

30. Carta de Heidegger para Arendt, de 21 fev. 1925, em H. Arendt; M. Heidegger, op. cit., p. 12s [p. 8].

31. Carta de Heidegger para Arendt, de 21 mar. 1925, ibidem, p. 16 [p. 11].

32. Carta de Heidegger para Arendt, de 27 fev. 1925, ibidem, p. 14 [p. 9-10].

O semestre estava no fim, e os estudantes foram para casa. Hannah estava prestes a partir para casa. Entrementes, sua mãe tinha se casado com um viúvo, Martin Beerwald, pai de duas filhas, Eva e Clara. Eles moravam agora na rua Busolt, n. 6, na casa de Beerwald.

Heidegger lhe enviou um "pequeno livro" como "símbolo" de seu agradecimento. Pediu a ela que, antes de partir, lhe enviasse um pequeno sinal, uma saudação, umas poucas linhas. No fim da carta estava escrito: "Alegro-me tanto por sua mãe!" Será que a mãe estava planejando visitar a filha no local em que ela estudava, talvez no início do semestre de verão? Ocorre que, entrementes, sua meia-irmã Clara também tinha se mudado para Marburgo. Heidegger se interessou pela origem de Hannah, por seu histórico familiar. Talvez ela tivesse mostrado a ele uma fotografia de sua mãe, talvez tivesse contado que Martha Arendt era uma mulher culta e curiosa. Será que também havia dito que sua mãe era uma social-democrata mais à esquerda e venerava Rosa Luxemburgo? Provavelmente, ele sabia que ela era judia. Ora, mas seus alunos mais inteligentes não eram todos judeus?

Então ambos partiram, ela para sua mãe e seus parentes em Königsberg, ele para sua "cabana" em Todtnauberg. De lá, ele escreveu o seguinte, em 25 de março de 1925:

> Quando a tempestade braveja em torno da cabana, penso em "nossa tempestade" – ou sigo o caminho tranquilo ao longo do rio Lahn – ou passo a sonhar durante uma pausa para descanso com a imagem da jovem que entrou pela primeira vez em minha sala de estudo com uma capa de chuva e com o chapéu baixado sobre os grandes olhos serenos, que dava, contida e tímida, uma resposta curta a todas as perguntas – e então transponho a imagem para o último dia do semestre – e só então sei que a vida é história.[33]

Heidegger se sentia confuso e lúcido, arrebatado e fortalecido, distraído e concentrado. Essa jovem mulher tinha desarrumado sua vida, mas também o ajudara a alcançar clareza. Ele nunca havia se deparado com um relacionamento assim. Entrementes, ele tinha recuperado o equilíbrio, e o trabalho

33. Carta de Heidegger para Arendt, de 21 mar. 1925, ibidem, p. 18 [p. 12].

2. AS VICISSITUDES DA VIDA

pôde passar de novo para o primeiro plano. Os sentimentos apaixonados se tornaram força motriz para o trabalho: "Vivo em um frenesi de trabalho e de alegria por sua chegada iminente."[34]

Em meados de abril, Arendt viajou junto com seu amigo de juventude Paul Jacoby para Kassel, onde Heidegger fez várias palestras. Ele escreveu a ela sobre o que pretendia abordar em suas palestras. Ainda estava às voltas com o que o fazia discordar tanto de Jaspers:

> Para mim é importante deixar clara justamente a diferença entre a formação de visões de mundo e a investigação científico-filosófica, e isso a partir da pergunta concreta pela essência e o sentido da história. Entretanto, esse próprio esclarecimento só é possível pela via científico-conceitual. Minhas análises sempre chegam, assim, à conclusão de que as conferências se tornam um contrassenso diante de um público "geral". Mas me comprometi e só me resta tentar sair-me bem.[35]

Ele não a estimava apenas como ouvinte silenciosa e radiante, mas conversava com ela e partilhava suas próprias aflições. Uma dessas aflições consistia no fato de que, mesmo em palestras diante de um público instruído, ele exigia irremediavelmente demais dos ouvintes. Mas não havia alternativa, a filosofia requer esforço e não pode ser traduzida para um público preguiçoso. Por outro lado, as pessoas tinham muita curiosidade por esse novo filósofo e iam ouvi-lo mesmo que não o entendessem.

Os encontros secretos depois das palestras foram planejados minuciosamente: "Diariamente, sempre me despeço dos conhecidos e dos anfitriões depois da preleção e tomo o trem elétrico n. 1 em direção a Wilhelmshöhe, estação final — talvez você pudesse tomar discretamente o próximo trem. Depois eu a traria de volta."[36]

Antes disso, entre março e início de abril, ela havia lhe enviado um texto com o título *As Sombras*, dedicado a ele. O título se refere à alegoria da caverna de Platão e à preleção de Heidegger sobre o *Sofista* e o *Filebo* do semestre de inverno de 1924-1925. Trata-se de uma autoanálise da jovem estudante com base nos exercícios de pensamento de Heidegger, formulada depois de um semestre de aulas com ele. É um texto tocante, que vai e vem entre a imediatez dos

34. Carta de Heidegger para Arendt, de 12 abr. 1925, ibidem, p. 19 [p. 13].

35. Carta de Heidegger para Arendt, de 21 mar. 1925, ibidem, p. 17s. [p. 12].

36. Carta de Heidegger para Arendt, de 17 abr. [1925], ibidem, p. 21 [p. 14].

sentimentos e tentativas de abstração intelectual feitas com esforço. A dificuldade em lidar com os próprios sentimentos fica clara na transformação do eu narrativo em "ela". No centro se encontra uma angústia intensa: "Por não querer e tampouco poder se proteger, uma angústia animalesca ante o abrigar-se, uma angústia ligada a uma expectativa quase objetivamente calculada de algum evento brutal, tornou as coisas mais simples e óbvias da vida cada vez mais impossíveis para ela." A angústia aparece em muitas passagens desse texto: "angústia diante da realidade"; "ela caiu nas garras da angústia"; "angústia diante da existência em geral". A oposição à angústia é a "entrega rígida a algo único", é vício e paixão[37]. Nesse texto, Arendt descreve sua cisão interior diante "do aqui e agora, do ali e depois"[38]. Ela fala de sua "verdadeira paixão pelo inusitado" e se espanta com as banalidades cotidianas. *As Sombras* é um documento autobiográfico. Sua autora tenta interpretar sua situação oscilante com a terminologia do pensamento heideggeriano. A imagem que podemos depreender disso é a de uma jovem mulher que, face à sua primeira paixão, se confessava perplexa consigo mesma, sofria a angústia da separação e se viu arrancada do trilho da cotidianidade. A posição marginal da autora como mulher e judia só é abordada implicitamente: na consciência da própria particularidade, na percepção de não pertencer "a nada em parte alguma", na angústia diante da falta de proteção, na sensação da estranheza. O texto é irrestritamente franco. A jovem mulher se via em uma situação periclitante e compartilhou isso com o outro. Ela queria que ele se desse conta dessa quase queda e correu o risco de que o amado se assustasse. Ela percebia que a saída de sua situação limítrofe estava em aberto – talvez caísse, talvez encontrasse uma nova identidade:

> É possível que sua juventude se livre do encanto [da angústia] e sua alma experimente sob um outro céu as possibilidades da expressão e da resolução, superando com isso a doença e a desorientação; é possível que ela aprenda a paciência, a simplicidade e a liberdade do crescimento orgânico. É mais provável, contudo, que ela prossiga sua vida em experimentos insustentáveis e em uma curiosidade destituída de direito e fundamento; até que então, derradeiramente, o fim longa e fervorosamente esperado a surpreenda e estabeleça uma meta arbitrária ao mecanismo inútil.[39]

37. Hannah Arendt, Die Schatten, ms., fl. 4, Archiv des HAZ, Cont. Nr. 79.16 [p. 16-17].
38. Ibidem, fl. 1 [p. 15].
39. Ibidem, fl. 6s. [p. 18].

2. AS VICISSITUDES DA VIDA

Ela não andava bem e pensava muito na morte. Ele ficou tocado e a consolou paternalmente. Em 24 de abril, quando já estava de volta a Marburgo, ele a animou dizendo o seguinte:

> *As Sombras* foram projetadas por seu meio, pelo tempo, pela maturidade forçada de uma vida jovem. Eu não a amaria se não acreditasse que *você* não é assim, que esta imagem não passa de uma desfiguração e uma ilusão criadas por um autodilaceramento infundado e introduzido de fora. Sua confissão perturbadora não abalará minha crença nos impulsos autênticos e ricos de sua existência. Ao contrário, ela é para mim uma prova de que você alcançou a liberdade; e isso por mais que seu caminho para fora dessas distorções da alma, que não são propriamente suas, venha a ser um caminho longo.[40]

Em seu primeiro semestre, ela entrou no elemento dele, e esse contato intensivo com o novo pensamento filosófico, somado ao amor que nutria pelo professor, devem tê-la abalado. Em Königsberg, ela ainda era a filha e seus amigos eram pessoas jovens e despreocupadas. O contraste entre o cotidiano – tudo aquilo que, nesse meio tempo, provavelmente havia se tornado inteiramente secundário para ela, mas lá estava em primeiro plano – e a lembrança do universo filosófico de Marburgo a atormentava. Ele, porém, exaltava a força dela. Achava que "uma certeza e uma segurança inquebrantáveis governam sua vida"[41].

Enquanto isso, de sua cabana, ele lhe escrevia falando sobre o magnífico inverno, que gostaria de tê-la ao seu lado, mas que não tinha como trazê-la. Até começou a se reconciliar com Marburgo, essa acanhada cidade de acadêmicos.

> Desde esse inverno, Marburgo tornou-se mais amistosa para mim e alegro-me pela primeira vez com o retorno. As montanhas, as florestas e os velhos jardins já estarão enfeitados de uma maneira especialmente bela até a sua volta. Talvez o espírito paralisante também seja exorcizado: esse espírito que para mim se tornou indissociável deste lugar desde o início.[42]

Mas isso não durou muito. Marburgo só passou a ser suportável por pouco tempo. Três anos mais tarde, escreveria o seguinte a Jaspers: "Não posso lhe indicar nada

40. Carta de Heidegger para Arendt, de 24 abr. 1925, em H. Arendt; M. Heidegger, op. cit., p. 27 [p. 19].

41. Carta de Heidegger para Arendt, de 1 maio 1925, ibidem, p. 28 [p. 20].

42. Carta de Heidegger para Arendt, de 21 mar. 1925, ibidem, p. 17 [p. 11-12].

que deponha a favor de Marburgo. Não me senti à vontade aqui sequer por uma hora."[43]

Nesse ínterim, Hannah se separa dele e então a vida em Marburgo nunca mais seria remediada pelo encanto de sua presença.

Na sequência, as cartas foram trocadas em um intervalo de poucos dias. Como só temos as cartas de Heidegger, pode-se dizer alguma coisa sobre o estado de espírito dele, mas pouco sobre o dela.

Ao retornar a Marburgo para o semestre de verão, Hannah foi, radiante, ao encontro de Heidegger, como ele observou. Entrementes, tinha se formado uma profunda familiaridade, uma franqueza quase dolorosa entre eles. Ele a presenteou com um manuscrito e ficou contente com a alegria dela por causa da prova de sua confiança. Ela lhe deu seu texto *As Sombras* – provavelmente o primeiro de sua autoria – para ler, e ele ficou emocionado[44]. Encontrou-a por acaso no concerto e não aguentou vê-la sem tocá-la[45].

Entrementes, ele a aconselhou que, em sua preleção de quatro horas semanais com o título *História do Conceito de Tempo: Prolegômenos Para a Fenomenologia da História e da Natureza*, ela não fizesse anotações, mas procurasse ouvir e acompanhar o raciocínio[46]. Os dois trocavam poemas. Ele pediu que ela trouxesse os poemas de George sobre os quais tinha falado[47]. Heidegger gostava muito dos poemas de Stefan George, mesmo não sendo adepto da pessoa pública do mestre. Seu pensamento se contrapunha diametralmente à ênfase na empatia de George.

Ele ficou tão emocionado com um encontro com ela, que chorou. Leu *De gratia et libero arbítrio*, de Agostinho, para se acalmar[48]. Mais tarde, ela haveria de escrever sua tese de doutorado sobre o conceito de amor no pensamento de Agostinho. O padre da igreja era mais do que um consolador espiritual; foi escolhido para ser a ponte entre a Antiguidade e a Era Moderna e testemunha do amor deles.

À parte sua aventura amorosa, Arendt tinha uma vida normal. Fazia caminhada com amigos pelas redondezas, participava de círculos acadêmicos e debates estudantis. Enquanto isso, ele a seguia desejoso em pensamentos[49].

43. Carta de Heidegger para Jaspers, de 13 maio 1928, em M. Heidegger; K. Jaspers, *Briefwechsel 1920 bis 1963*, p. 96.
44. Carta de Heidegger para Arendt, de 24 abr. 1925, em H. Arendt; M. Heidegger, op. cit., p. 26.
45. Carta de Heidegger para Arendt, de 8 maio 1925, ibidem, p. 29.
46. Ibidem, p. 30.
47. Ibidem.
48. Carta de Heidegger para Arendt, de 13 maio 1925, ibidem, p. 30s.
49. Carta de Heidegger para Arendt, de 20 maio 1925, ibidem, p. 32.

2. AS VICISSITUDES DA VIDA

Os encontros secretos exigiam muita habilidade organizacional e eram prejudicados pelos deveres dele como professor universitário[50]. O relacionamento se tornou mais estável e deixou de ser tão eruptivo. Nesse ínterim, ela recuperou a autoconfiança, conforme ele percebeu. "Você ganhou uma outra expressão em seu rosto: eu já o havia notado na sala de aula e fiquei estarrecido."[51] Ela tinha saído com amigos durante o Pentecostes, e já não estava mais tensa.

O amor como fenômeno estimulava a reflexão de Heidegger ao menos tanto quanto os encontros físicos, e várias vezes ele escreveu sobre "o amor"[52]. Nesse sentido, sabia, naturalmente, que o mistério do amor reside no encontro em que o outro ultrapassa e, ao mesmo tempo, redefine os limites da alteridade. Quer se encontrasse com ela inesperadamente sozinha ou em companhia de amigos ou amigas, isso lhe dava o que pensar e tinha de comunicá-lo a ela. Também eles desfrutavam de todos aqueles pequenos sinais com base nos quais os amantes se reconhecem. Foi, portanto, um semestre de verão gratificante, pelo qual ele agradeceu no final. Depois, ele partiu novamente para a "cabana" em Todtnauberg e ela para Königsberg.

O ar puro dos campos e das montanhas, as altitudes da Floresta Negra lhe faziam bem. Ele se recuperava do semestre e fazia caminhadas sozinho. Essa era a atmosfera em que podia trabalhar.

> o contato com os abetos se transforma em uma meditação maravilhosa [...] Todos os atalhos da floresta e todas as pequenas fontes me são conhecidas, exatamente como os lugares por onde passam as corças e os galos silvestres. Em tal ambiente, o trabalho tem uma consistência diversa daquela que se encontra em meio a professores brigões e propensos a intrigas[53].

Para o próximo seminário dela com Bultmann, ele fez várias recomendações bibliográficas. Rudolf Bultmann faria uma preleção sobre o apóstolo Paulo. O *Hyperion* de Hölderlin sobre sua escrivaninha na cabana era, para ele, um signo de que "você e seu amor fazem parte de meu trabalho e

50. Cf. H. Arendt; M. Heidegger, op. cit., p. 32, 33, 37, 38.
51. Carta de Heidegger para Arendt, de 14 jun. 1925, ibidem, p. 35 [p. 25].
52. Cf. carta de Heidegger para Arendt, de 22 jun. 1925, ibidem, p. 36.
53. Carta de Heidegger para Arendt, de 23 ago. 1925, ibidem, p. 44s [p. 32].

de minha existência"[54]. A mãe dela deveria lhe dar um equipamento de esqui para o inverno. Ele gostaria de esquiar com ela nas proximidades de Marburgo e imaginava que Clara Beerwald, a meia-irmã de Hannah e pianista principiante, pudesse tocar algo ao piano para ele. No outono, desceu da montanha e foi até Friburgo, onde passou dois dias com Husserl. Na sequência, visitou seus pais idosos em Messkirch. Depois foi visitar Jaspers em Heidelberg. Admoestou sua Hannah mais uma vez para que ela se preparasse para os seminários seus e os de Bultmann. No início do semestre, os dois se encontraram de novo secretamente. A carta seguinte de Heidegger, de 10 de janeiro de 1926, deve ter sido precedida por pelos menos duas cartas dela. Ali, ela deve ter lhe comunicado sua decisão de ir embora de Marburgo, possivelmente por ter a impressão de que ele havia se esquecido dela. Nessa carta transparece um traço perturbador de Heidegger. Trata-se de sua capacidade de afastar-se rigorosamente de todas as relações humanas quando trabalhava. O que parece ser uma confissão é apenas a descrição de um estado que significava felicidade extática para ele, mas que podia ter como consequência sofrimento para as pessoas com quem convivia:

> Não me esqueci de você por indiferença, e tampouco porque circunstâncias extrínsecas se intrometeram entre nós, mas porque precisei e sempre precisarei esquecer-me de você ao atingir o caminho da última concentração do trabalho. Isso não é coisa de horas nem dias, mas um processo que se prepara por semanas e meses e então se extingue uma vez mais. Em relação à criação, esse afastamento de tudo o que é humano e essa ruptura com todas as ligações é o mais grandioso que conheço nas experiências humanas. Em relação às situações concretas, é a coisa mais infame que pode suceder a alguém. Em plena consciência, o coração é aqui arrancado do corpo. E o que é mais difícil: esse isolamento não pode ser justificado por uma referência ao que se empreende aí, pois faltam critérios para tanto, haja vista que não se pode simplesmente compensar isso pela renúncia aos laços humanos. Ao contrário, tudo isso tem de ser suportado de tal modo que se fale o mínimo possível sobre isso, mesmo às pessoas mais íntimas.[55]

54. Ibidem, p. 46 [p. 34].
55. Carta de Heidegger para Arendt, de 10 jan. 1926, ibidem, p. 54 [p. 55].

Essas palavras podem ser lidas como expressão de crueldade para com a pessoa amada. Mas também se pode

2. AS VICISSITUDES DA VIDA

ver nisso um comportamento coerente, sustentado apenas pela própria vocação. Então, de fato, o trabalho concentrado na escrita de *Ser e Tempo* – a respeito da qual só se sabe há pouco tempo que ocorreu no ano de 1926 – só teria sido possível pagando o preço do total isolamento, mantendo-se longe das pessoas[56].

Mas também se pode perceber nessa postura uma espécie de estratégia psicológica. Heidegger se entregava àquele estado voltado ao pensar em que se separava violentamente de tudo e de todos. Ele sofria com isso, mas, ao mesmo tempo, obtinha daí uma força imensa. Extintos os estados de êxtase do pensamento, entretanto, ele precisava voltar ao convívio, à proximidade humana, permanecendo nessa órbita até o momento seguinte da mais alta concentração. Ao escrever, na mesma carta, a respeito de seus "tempos de violência", ele próprio abordou o fato de que esse processo tinha algo de chocante[57]. O vaivém de rupturas e retomadas, calor e frieza, simbiose e separação gélida não só expunha a pessoa amada a altos e baixos que ocorriam repetida e subitamente, mas também produzia seus efeitos sobre ele mesmo.

Nessa carta, Heidegger tentou evitar a ruptura do relacionamento, interpretando a partida dela como uma mudança de nível. Ele se recusou a sentir a despedida dela como dor, mas previu uma nova fase de dedicação, de cuidado. Ela deveria ir embora tranquilamente, pois aqueles que ficariam eram, de qualquer modo, pessoas entediantes que se contentavam com o que tinham alcançado. Com isso, naturalmente, ele não se referia a si mesmo. A decisão dela o ajudaria a "tornar o ar mais livre. Se isso produzir algo de bom, é apenas porque exige um sacrifício de nós dois"[58]. O sacrifício dele consistia em deixá-la ir, e seu ganho em desfrutar de um ar puro. O sacrifício dela consistia em se soltar, mas em troca ganharia "um novo mundo", novas experiências, novas pessoas, novos esforços intelectuais.

No final do semestre de inverno de 1925-1926, Arendt arrumou as malas. Iniciou-se uma época de incerteza. A julgar pelas cartas, ela se calou, pretendendo, ao que tudo indica, produzir aquela distância que ele tinha

56. Cf. Hans Ulrich Gumbrecht, Stichwort: Tod im Kontext: Heideggers Umgang mit einer Faszination der 1920er Jahre, em D. Thomä (Hrsg.), *Heidegger Handbuch*, p. 98.

57. Carta de Heidegger para Arendt, de 10 jan. 1926, em H. Arendt; M. Heidegger, op. cit., p. 56 [p. 41].

58. Ibidem.

mostrado em relação a ela. Meio ano mais tarde, Arendt enviou saudações a Heidegger, provavelmente por intermédio de seu amigo Hans Jonas. Ele respondeu gratificado e aliviado, admitindo que tinha saudades. Queria vê-la. Esse encontro provavelmente não aconteceu. Entretanto, ele acompanhou o rastro dela e seguiu suas pegadas por ocasião de uma visita a Heidelberg em outubro de 1927, sem encontrá-la. Perguntou a Jaspers a respeito dela, calando acerca do relacionamento entre eles, e Jaspers contou que Hannah Arendt teria noivado. Ele imediatamente transformou também esse choque em um presente de renúncia:

> Cara Hannah, tudo se deu como se eu tivesse recebido a graça de presentear algo derradeiro, grandioso, para recebê-lo novamente, o presente e o ato de presentear, como uma nova posse. Ainda não consigo dominar, muito menos enunciar, o que vi de insuspeitado nessas horas em nossa existência. Comecei a buscar-te incessantemente ainda mais, para alegrar-me contigo, até que me excedi em alegria e fui embora.[59]

Ele deu um passo para trás, perguntou quase humildemente se poderia ganhar uma fotografia dela mais uma vez, talvez das férias passadas no Mar Báltico[60]. Porém, ao contrário do que supunha Jaspers, Arendt de modo algum tinha noivado com Benno von Wiese, o talentoso filho do famoso Leopold von Wiese. Mas ela queria se libertar da supremacia de Heidegger, e por isso se juntou temporariamente com Von Wiese. Ao que tudo indica, Jaspers tinha de formalizar essa ligação de modo a poder aceitá-la.

1927 foi um ano de acontecimentos importantes. É o ano em que Heidegger publica *Ser e Tempo* e é nomeado sucessor de Nicolai Hartmann na cátedra ordinária de Filosofia em Marburgo, para a qual já tinha sido sugerido em 1925 – satisfação tardia. O Ministério da Ciência prussiano insistia que o catedrático tinha de ter publicado coisas importantes. Por isso, Nicolai Hartmann e outros o haviam instado a apressar a publicação de *Ser e Tempo*. Então, rapidamente, o manuscrito em que vinha trabalhando há anos ficou pronto para publicação. Ele lançaria as bases da fama mundial de Heidegger.

59. Carta de Heidegger para Arendt, de 7 dez. 1927, ibidem, p. 60 [p. 43-44].
60. Carta de Heidegger para Arendt, de 8 fev. 1928, ibidem, p. 61.

SER E TEMPO

Ser e Tempo fora planejado para ser publicado em dois volumes. Na primeira parte, Heidegger pretendia tratar da dimensão temporal de sua ontologia fundamental. Na segunda parte, a tensão entre ontologia e temporalidade seria exposta com base em diversos pensadores (Descartes, Aristóteles e Kant). Só a primeira parte – e essa ainda incompleta – ficou pronta. A última seção da primeira parte e a segunda parte nunca foram escritas. Contudo, existe um trabalho sobre Kant, surgido a partir do programa da segunda parte, *Kant e o Problema da Metafísica*, publicado em 1929 no contexto do famoso debate de Davos entre Heidegger e Ernst Cassirer.

Ser e Tempo se tornou uma sensação. Muitos colegas o encararam como uma provocação; outros pressentiram que o livro assinalava um ponto de mutação na história da filosofia. "O título é um manifesto. Tradicionalmente, o *Sein* [ser] é atemporal. Na metafísica depois de Platão, a investigação do ser, da essência no interior ou por trás da aparência, é precisamente uma busca daquilo que é constante, que permanece atemporal em face do fluxo do tempo e da mudança. O título de Heidegger proclama algo diferente: *Sein und Zeit*. O próprio ser é temporal."[61]

Aqui, Heidegger via o neokantismo menos como uma escola do que como uma última expressão do idealismo. Ele "conecta à terra" tanto o sujeito cognoscente quanto o sujeito racional, minando, assim, o rígido dualismo do neokantismo.

Ser e Tempo era tanto uma radicalização quanto uma ruptura com a fenomenologia, pois nele Heidegger apresentou um suposto *método fenomenológico* que ia muito além de Husserl. Decisivo, em ambos os casos, era o fato de o sujeito heideggeriano estar situado de modo inteiramente distinto do que seria possível na teoria transcendental do sujeito. Ele não era mais um sujeito autônomo no sentido clássico, mas antes um *ser-aí*. Não era senhor da situação, mas antes um ser exposto. O que contribuiu para esse passo teórico foi o fato de Heidegger poder colocar a questão da verdade de maneira inteiramente distinta porque não normativa. A revolução copernicana de Heidegger consistiu em tomar o ser

61. G. Steiner, *Martin Heidegger*, p. 132.

humano em sua proveniência ontológica, e não em derivá-lo de um conjunto de ideias. Como um lenhador, ele abriu seu caminho pela mata da história da filosofia a fim de poder liberar a pergunta sobre a relação entre o homem e o ser de seus encapsulamentos e distorções realizados pela história, de modo a colocá-la no centro como questão filosófica básica por excelência desde a Antiguidade. Não contente com isso, porém, ele não contrapôs simplesmente seu pensamento à filosofia moderna, mas expôs a temporalidade do ser, e isso significa também a historicidade do pensamento filosófico acerca da questão do ser, questionando, com isso, a pretensão clássica de verdade. Assim, também virou de cabeça para baixo a fundamentação e produção metafísica do sentido do ser. Por conseguinte, o sujeito transcendental e os valores transcendentais – p. ex., a razão ou as ideias aprioarísticas – eram meras tentações que levavam ao erro. A verdade e os critérios da ação deveriam ser obtidos de outra maneira. A surpresa e o susto provocados pela radicalidade dessas reivindicações fizeram com que muitos contemporâneos se sentissem como testemunhas da ação de um revolucionário. Após 1945, algumas pessoas quiseram identificar em *Ser e Tempo* elementos de um pensamento desumano.

O passo surpreendente dado por Heidegger em *Ser e Tempo* consistiu em inaugurar um acesso completamente novo à questão do sujeito, fazendo dele um sujeito (*Wesen*) exposto, lançado ao ser (*Sein*). Esse sujeito só poderia chegar a si mesmo se se entendesse como ser-aí (*Dasein*) e se inquirisse a respeito de sua relação com o ser[62]. O sujeito, portanto, é aí o homem comum.

Nesse ponto já fica claro que Heidegger definia a relação entre sujeito e mundo de maneira fundamentalmente distinta. Isso não acontecia por meio de uma transformação ou eliminação, e sim pelo desvelamento quase brutal do fato de que o sujeito está no mundo, que, aliás, é sempre mundo circundante, sem a rede protetora das produções tradicionais de sentido.

As teses principais na primeira parte de *Ser e Tempo* eram as seguintes: o ser do ser humano é um ser-aí. O cerne do ser-aí é a cotidianidade[63]. O ser-aí se define a partir da existência do ser humano entre angústia e morte, não de ideias ou outras produções transcendentais de sentido.

62. Cf. W. Biemel, *Martin Heidegger in Selbstzeugnissen und Bilddokumenten*, p. 44s.

63. Cf. G. Steiner, op. cit., p. 137.

2. AS VICISSITUDES DA VIDA

O ser-aí está disposto em nós como possibilidade. Um ser-aí autêntico é um ser-no-mundo; é cuidado e preocupação ou solicitude. Para crescer e chegar à possibilidade de seu ser-aí, o ser humano precisa se perguntar a respeito do ser; ele só pode possibilitar um ser-aí autêntico por meio desse ato de perguntar[64].

Em uma carta a seu aluno e crítico precoce Karl Löwith, a quem escreveu de Todtnauberg em 20 de agosto de 1927, Heidegger procurou resumidamente apresentar *Ser e Tempo* contra a crítica movida à sua ontologia fundamental por Löwith. Este havia externado essa crítica em sua tese de *Habilitation* − um empreendimento corajoso, provocativamente ávido de reconhecimento: "Ora, a 'natureza' do ser humano não é algo para si e colado ao 'espírito'. A pergunta é: existe uma possibilidade de obter a partir da natureza um fundamento e um guia para a interpretação conceitual do ser-aí, ou a partir do espírito − ou de nenhum dos dois, e sim originariamente a partir da "totalidade" da constituição do ser?"[65]

Visava-se "superar" a antiga dualidade entre espírito e natureza que a teologia e a metafísica tinham transformado em fundamento de seu modo de pensar.

Se, portanto, não havia dualismo entre natureza e intelecto, corpo e espírito, essência e existência, então tampouco havia dualismo entre o conhecer como atividade puramente intelectual e o ser como facticidade neutra. Então o conhecer tinha de ser um modo de ser-aí e, como tal, parte do ser como ser-no-mundo. "Conhecer algo é uma forma concreta de ser-no-mundo."[66] Portanto, Heidegger inverteu a imagem de mundo cartesiana. Não se tratava de *penso, logo sou*, mas de *sou-aí (ich bin Da-sein), logo penso*.

Um segundo elemento desconcertante no pensamento de Heidegger consiste no fato de apresentar o que era considerado classicamente sujeito como um ser peculiarmente híbrido. Por um lado, o sujeito enquanto indivíduo estava lançado no mundo, ou seja, de nenhum modo era o senhor das coisas; por outro lado, o ser-aí (*Da-sein*) sempre já era ser-com (*Mit-sein*). Ser-com significava ser-no-mundo (*In-der-Welt-sein*), ou seja, era ser com outros.

Disso resultavam possibilidades ambíguas. Assim, esse ser-com está associado ao perigo do perder-se (*Sich-verlieren*).

64. Ibidem, p. 136.
65. Drei Briefe Martin Heideggers an Karl Löwith, em D. Papenfuss; O. Pöggeler (Hrsg.), *Zur philosophischen Aktualität Heideggers*, p. 36.
66. G. Steiner, op. cit., p. 141.

Ele se corporifica na impessoalidade do "a gente" (*das Man*) e na mundanidade compartilhada (*Mit-Weltlichkeit*) dos muitos "a gente". O "a gente" tem algo de ameaçador.

> O "a gente" encontra-se em *toda parte*, mas no *modo de sempre ter escapulido* quando o ser-aí exige uma decisão. Porque prescreve todo julgamento e decisão, o "a gente" retira a responsabilidade de cada ser-aí. O "a gente" pode, por assim dizer, permitir-se que se apoie impessoalmente nele. Pode assumir tudo com a maior facilidade e responder por tudo, já que não há ninguém que precise responsabilizar-se por alguma coisa. O "a gente" sempre "foi" quem... e, no entanto, pode-se dizer que não foi "ninguém". Na cotidianidade do ser-aí, a maioria das coisas é feita por alguém de quem se deve dizer que não é ninguém.[67]

A existência não autêntica sempre já está dada junto com o ser--com, ou seja, não há como evitá-la. Percebem-se aqui de longe os contornos de uma crítica à cultura e forma de vida urbana, à sociedade de massas, à esfera pública na sociedade de massas e, naturalmente, aqui se articula também a crítica – disseminada desde a Antiguidade – à democracia e ao princípio da igualdade. George Steiner vê nisso uma crítica impiedosa do "a gente" na sociedade totalitária[68]. Entretanto, também se pode relacionar a crítica à sociedade de massas democrática. É grande a tentação de encontrar contextos concretos para a figura conceitual do "a gente" de Heidegger. Ele próprio, como se sabe, sempre rejeitou isso[69].

Também a "queda" (*Verfallenheit*) do "a gente" (*das Man*) no mundo compartilhado (*Mitwelt*) não é inequívoca. Ela está dada junto com o próprio ser-aí, mas também é qualificada como "possibilidade positiva" por Heidegger. É positiva no sentido de ser a condição de possibilidade da "luta" pelo verdadeiro ser-aí. Um conceito intermediário nessa luta pela aproximação do ser-aí à sua forma de existência autêntica é a angústia diante do afundamento pela queda e a possibilidade de cuidado daí resultante[70]. "Sob a pressão do inquietante (*Unheimlich*), o ser-aí passa a se dar conta de que, para além do ser-aí-com (*Dasein--mit*) e do ser-aí-em (*Dasein-in*) – os quais são os modos

---

67. M. Heidegger, *Sein und Zeit*, p. 127. (*Ser e Tempo*, v. 1, p. 180; na presente versão, optou-se por traduzir *Dasein* por "ser-aí" e o *Man* por "a gente".)

68. G. Steiner, op. cit., p. 149.

69. Ele via seu pensamento rigorosamente restrito à analítica do ser-aí (*Dasein*), e não à "aplicação", como explicou a partir do conceito de ser--aí: "A *neutralidade* peculiar do título 'o *Dasein*' é essencial porque a interpretação desse ente deve ser levada a cabo antes de qualquer concreção fática. [...] Essa neutralidade não é a nulidade de uma abstração, e sim justamente a potência da *origem*, que carrega consigo a possibilidade intrínseca de toda humanidade fática concreta." Cf. M. Heidegger, *Metaphysische Anfangsgründe der Logik*, 1928, p. 172, apud J. Weiss, Einleitung, em J. Weiss (Hrsg.), *Die Jemeinigkeit des Mitseins*, p. 24, nota 16.

70. Cf. M. Heidegger, *Sein und Zeit*, 6º capítulo da 1ª parte.

inelutáveis do cotidiano –, ele precisa se tornar ser-aí-para (*Dasein-für*). O cuidado é o meio desse transcender."[71]

A partir disso se desenvolve uma espécie de "ética da preocupação", que Steiner formula nos termos de mais uma variante da máxima de Descartes. Esta, então, não seria *penso, logo sou* e tampouco *sou, logo penso*, e sim *cuido, logo sou*[72]. O cuidado seria, então, a possibilidade constitutiva do ser-aí de mover-se no mundo.

O segundo bloco de *Ser e Tempo* trata da inserção do ser-aí na temporalidade do ser. Isso quer dizer que só um ser-aí que ouse vivenciar sua finitude não obstrui seu acesso ao ser. O conceito de tempo de Heidegger, paradoxal aos nossos olhos, se nos defronta como uma pergunta: somente através do ser-aí, o que foi e o que será pode "ser".

As relações com o tempo são marcadas pela "derrelição, pelo "estar-lançado" no mundo e na morte. Será que não está voltando aqui por trás das costas a temática cujas possíveis consequências niilistas a teologia procura superar constantemente?

O tema da morte era, em todo caso, um tema onipresente naquela época. A vida e a morte se entrechocam frontalmente no expressionismo. No contexto da Primeira Guerra Mundial, a explosividade da força vital e a destrutividade da morte se interpenetram.

Naqueles anos, Sigmund Freud abrira uma nova perspectiva para a compreensão da relação da humanidade com a morte. Freud havia sido atraído para o campo do conflito da vida com a morte. Embora Heidegger (e Jaspers) rejeitassem Freud porque o equiparavam ao psicologismo, é de se perguntar de onde vinha, então, essa simultaneidade do motivo da morte no pensamento de Heidegger e de Freud? Heidegger, em todo caso, juntou a facticidade da morte com a produção de sentido da vida.

O interesse heideggeriano pela morte como problema teórico e existencial tinha raízes no romantismo, na poesia romântica, de cuja sensibilidade Heidegger se sentia próximo. Mas ela também provinha da tradição católica. Ora, a temática da morte já estivera presente no pensamento de Abraão de Santa Clara e Heidegger não deixaria de perceber essa afinidade.

Mal e mal um nevoeiro como esse filho desajeitado da
terra pantanosa nasce, os raios do sol já ameaçam pôr fim

71. G. Steiner, op. cit., p. 156.
72. Ibidem, p. 157.

a ele; bem semelhante é a condição da nossa vida: *vix orimur morimur* [mal nascemos e já morremos]. Nosso primeiro fôlego de vida já é um suspiro para a morte, e o primeiro instante da vida humana já fica sob a sujeição do ossudo anjo da morte; também a primeira gota recebida da ama de leite já leva a criança pequena para esse macilento conquistador do mundo, e o berço que balança para cá e para lá já mostra a inconstância da vida.[73]

O antepassado tirou disso a consequência de que só a vida temente a Deus, repleta de renúncia, e a graça que apenas Deus pode conceder poderiam mitigar o medo diante dessa inevitabilidade da vida. O descendente, contudo, foi na direção oposta: a morte precisava ser aceita, mas não como destino cego, e sim como certeza que possibilita sentido. Diferentemente de Abraão a Santa Clara, neste caso, o fato da morte não implicava a falta de sentido da vida sem Deus, mas a impossibilidade do ser-aí na morte deveria consistir na condição prévia da possibilidade de uma produção de sentido. "Um verdadeiro ser-para-o-fim (*Sein-zu-Ende*) é um ser que labora conscientemente rumo à consumação e recusa a inércia; é um ser que busca uma apreensão ontológica de sua própria finitude em vez de se refugiar na convencionalidade banal da extinção biológica geral."[74]

Perguntemos mais uma vez o que constitui o elemento revolucionário, capaz de provocar admiração ou espanto, dessa obra incompleta e fragmentária. Ele reside no retorno a categorias como ser, ser-aí, morte, tempo, dispostas como eixos voltados para dimensões novas, não meramente intelectuais, do pensamento; reside, além disso, na intramundanidade radicalmente não teológica da produção de sentido, que descortina uma esfera do pensamento inacessível à teologia; e reside – por último, mas não menos importante – na crítica da vida inautêntica, a partir da qual é possível abrir caminho tanto em direção à crítica marxista da vida alienada (reificada), quanto à crítica *völkisch* e conservadora da tecnologia e da vida urbana. No entanto, se o marxismo partia da determinação material da existência e a crítica völkisch, do passado idealizado, Heidegger identificava como fenômeno causal a tentação de uma inautenticidade produzida pelas distrações da práxis cotidiana. A isso somava-se a introdução da categoria da possibilidade do ser-aí.

73. Abraham a Santa Clara, *Merks Wien!*, p. 18.
74. G. Steiner, op. cit., p. 162.

2. AS VICISSITUDES DA VIDA

De acordo com ela, a vida não transcorre segundo um plano e tampouco segundo determinantes, mas precisa ser projetada e realizada como possibilidade. Com a suspensão do conceito linear de tempo e a introdução de um fluxo temporal, minou-se a presencialidade homogênea do ser físico-biológico de coisas passadas e futuras. Elevada em sua facticidade, a morte se tornou uma possível fonte de sentido em lugar da destruição do sentido do ser-aí pela morte e da obtenção exclusiva de sentido pela promessa salvífica da fé – ou de outras produções de sentido transcendental.

AS PRIMEIRAS REAÇÕES DOS LEITORES

"A comoção" suscitada por *Ser e Tempo* nos primeiros leitores, "quando o livro foi publicado, quase acidentalmente, no *phänomenologische Jahrbuch fur Philosophie und Forschung* (Anuário Fenomenológico) de 1927 editado por Husserl"[75], foi atestada por muitas pessoas. Em todo caso, os efeitos da obra e de seu autor alcançaram círculos amplos.

> Dentro de meio ano após a publicação, a reputação de Heidegger em círculos filosóficos e teológicos estava assegurada. Por volta de 1930, a bibliografia secundária já era extensa. A repetida afirmação de Heidegger de que o manuscrito fora como que arrancado à força de suas mãos (em razão da promoção acadêmica) e de que a obra, assim como estava, era um fragmento, acentuou o sentimento geral de estranheza e revelação.[76]

Mesmo retrospectivamente, seus alunos ainda falavam com reverência. O teórico-social marxista Herbert Marcuse escreveu o seguinte: "A obra de Heidegger causou sobre mim e meus amigos a sensação de um recomeço: seu livro (e suas preleções, das quais possuíamos transcrições) nos proporcionou a experiência tão esperada de uma filosofia *concreta*: nela se falava da existência, de nossa existência, de angústia e preocupação ou cuidado e tédio etc."[77]

75. Ibidem, p. 130.
76. Ibidem.
77. Herbert Marcuse, Enttäuschung, em G. Neske (Hrsg.), op. cit., p. 162.

O historiador Hermann Heimpel se lembra de que "*Ser e Tempo* caiu como uma pedra, formou ondulações na água, ou atraiu partículas como um ímã"[78]. Para o filósofo Otto Friedrich Bollnow, a leitura foi uma experiência existencial:

> Após passar da física para a filosofia e pedagogia, em uma época de busca inicial às apalpadelas, a publicação de *Ser e Tempo* significou para mim um evento verdadeiramente demolidor. Tudo que eu tinha tentado até então me pareceu provisório e descomprometido, pois aqui senti algo como um fenômeno elementar da natureza, como um temporal, p. ex., um filosofar genuíno, apaixonado, vindo das profundezas, que punha em questão tudo o que até então eu havia entendido por filosofia.[79]

Edmund Husserl, contudo, deve ter ficado decepcionado. Ele tinha achado que Heidegger daria continuidade à sua obra, e, em vez disso, seu ex-assistente partiu para uma direção completamente distinta. Heidegger estava, é claro, consciente disso. Como que para apaziguar o amigo paternal, *Ser e Tempo* foi dedicado ao mestre e benfeitor por seu 65º aniversário.

> A Edmund Husserl
> em testemunho de admiração e amizade
> Todtnauberg i. Bad. Schwarzwald
> 8 de abril de 1926.

Como o texto foi publicado como volume VIII do *Jahrbuch für Philosophie und phänomenologische Forschung* (Anuário de Filosofia e Pesquisa Fenomenológica) na primavera de 1927, essa dedicatória não chegava a surpreender. Mas o teor simbólico era alto: um presente de aniversário significativo. Heidegger tinha colocado sua obra sobre o leito de morte da mãe, mas a dedicara a Husserl. Tratava-se, portanto, de um gesto de reconhecimento que também denotava o desejo de ser reconhecido. Já a primeira nota de rodapé na seção sobre o "método fenomenológico da investigação" (§ 7) deixa isso claro:

78. Hermann Heimpel, Der gute Zuhörer, ibidem, p. 115.
79. Otto Friedrich Bollnow, Gespräche in Davos, ibidem, p. 25.

> Caso a investigação que haverá de seguir avance no sentido de abrir as "coisas elas mesmas", o autor o deve, em primeiro lugar, a Edmund Husserl. Durante os anos de ensino em Friburgo, Husserl familiarizou

2. AS VICISSITUDES DA VIDA

> o autor com as mais diferentes áreas da pesquisa fenomenológica, por meio de uma orientação profunda e pessoal, dando-lhe acesso, com o maior despojamento, a investigações suas ainda não publicadas.[80]

Aqui se manifesta o Heidegger que precisava de amizade e apoio, mas os exigia em pé de igualdade. Nessa reciprocidade, ele esperava algo que nem todas as pessoas estavam dispostas a lhe dar: ser reconhecido como alguém numa posição mais à frente delas. Husserl reagiu de maneira ambígua ao presente de seu ex-assistente. A colaboração, principalmente o trabalho com os textos de Husserl, entretanto, teve continuidade em um primeiro momento.

Hannah Arendt também foi testemunha do surgimento desse livro. Mais de uma vez, Heidegger admitiu a ela o quanto seu amor o havia animado na confecção dessa obra dificultosa. Por outro lado, também lhe tinha mostrado que aquele que ousa entrar a esse ponto no mundo do pensamento se afasta do mundo dos vivos, embora o convívio – do qual ele, não obstante, participava – sempre estivesse presente nele, conforme acentuava. A estudante Arendt, porém, defendeu-se contra o papel atribuído a ela. Mesmo que o homem que ela amava sugerisse isso, ela não queria se acomodar a um papel passivo. Por isso, foi embora, deixando-o, não obstante o tenha levado junto consigo. Procurava constantemente transformar suas mágoas em esforços intelectuais – na tese de doutorado! Ele lhe facilitou esse caminho na medida em que também relacionou a afeição dela por ele à sua obra. Portanto, o fato de ela ter lido *Ser e Tempo* era, para ele, um gesto de amor. Na verdade, era a prova de que ela conseguira conciliar o amor por ele com sua nova felicidade[81]. O quanto ela se esforçava para fazer constantemente esse trabalho de transferência é algo que fica muito perceptível em uma carta que escreveu ao amante por ocasião de um reencontro – mais de dois anos após sua partida de Marburgo – em fins de abril de 1928[82]. "O que eu gostaria de lhe dizer agora não é mais do que uma descrição *au fond* extremamente sóbria da situação. Meu amor por você permanece como no primeiro dia: você bem o sabe e eu sempre o soube, mesmo antes desse reencontro. O caminho

80. M. Heidegger, *Sein und Zeit*, nota de rodapé 1 da seção C do § 7, p. 38. (*Ser e Tempo*, v. 1, p. 3 [dedicatória] e p. 70 [citação da nota de rodapé].)

81. Cf. carta de Heidegger para Arendt, de 7 dez. 1927, em H. Arendt; M. Heidegger, op. cit., p. 61.

82. Essa é a primeira carta dela que foi conservada da correspondência, desconsiderando-se "As Sombras".

que você me indicou é mais longo e difícil do que eu pensava. Ele exige toda uma extensa vida."[83]

Na mesma carta, ela retomou o motivo da angústia contido em *As Sombras*. Temia a solidão; tinha protegido o relacionamento com Heidegger contra o abandono. Mas também via essa solidão como "tarefa" diante da qual o relacionamento com Heidegger a colocara.

> Eu teria perdido meu direito à vida, se tivesse perdido meu amor por você. No entanto, perderia esse amor e sua *realidade*, se me esquivasse da tarefa a que ele me impele.
> "E se existe Deus,
> Te amarei melhor depois da morte."[84]

Era a magia do amor agindo novamente entre os dois, uma magia que não emanava de nenhum deles individualmente, mas da relação em si mesma, e que haveria de mantê-los juntos para além de toda distância e da separação física. O abandono absoluto, do qual esse relacionamento deveria protegê-la, parecia estar próximo. Daí a referência à morte. Por que o motivo da morte — não na acepção filosófica em que Heidegger o introduzira com *Ser e Tempo*, e sim no sentido imediato que ela entrevira em *As Sombras* como sua própria possibilidade — voltou aqui? A tensão interna deve ter atingido o limite máximo.

Pouco tempo depois, Hannah se juntou a Günther Stern, primo de Walter Benjamin, de quem também haveria de se tornar amiga. Ela tinha conhecido Stern em atividades promovidas por Heidegger e o reencontrado por acaso depois em um baile de máscaras em Berlim[85]. Stern havia se doutorado em 1924, com 21 anos, sob orientação de Edmund Husserl, com uma tese intitulada *O Papel da Categoria da Situação nas Proposições Lógicas*. O orientador achou o trabalho estimulante, mas formulado de maneira descuidada demais; assim, Stern só recebeu o título de doutor sob a condição de revisar o texto[86]. Justamente Günther Stern, de quem Heidegger tinha feito troça em uma carta anterior! Da cabana, ele escrevera a ela, em 18 de outubro de 1925, o seguinte:

---

83. Carta de Arendt para Heidegger, de 22 abr. 1928, em H. Arendt; M. Heidegger, op. cit., p. 65 [p. 47-48].

84. Ibidem, p. 66 [p. 48]. A citação que encerra a carta provém de um poema de Elisabeth Barrett Browning (1806-1861), que Arendt deve ter apreciado na tradução de Rainer Maria Rilke (cf. Elizabeth Barrett Browning, *How Do I Love Thee?*, p. 43); Sonnett aus dern Portugiesischen, übertragen von Rainer Maria Rilke, Englisch und Deutsch, mit einem Nachwort von Elisabeth Kiderlen; Leipzig, 1991, p. 90s.)

85. Cf. E. Young-Bruehl, *Hannah Arendt: Leben und Werk*, p. 128s.

86. Cf. o parecer de Husserl sobre a tese de Stern, *Die Rolle der Situationskategorie bei den logischen Sätzen*, de 12 jul. 1924, em E. Husserl, *Briefwechsel*, v. III, p. 501s.

2. AS VICISSITUDES DA VIDA

Hannah Arendt e Günther Stern, que mais tarde passou a se chamar Günther Anders, por volta de 1929.

Pouco antes de minha descida[87], recebi uma carta do sr. dr. Stern, dizendo-me estar em uma situação embaraçosa. A saber, ele redigiu no verão um trabalho (sobre mundo circundante – situação – resistência) e, no decorrer da elaboração, não pôde diferenciar quais eram os *meus* "pensamentos" e quais eram os dele. Jonas leu para ele minha preleção de verão, e ele acha que nós dois concordamos totalmente. Ele me ofereceu, contudo, sua obra para leitura antes da publicação, para que esteja antecipadamente certo de não me ter interpretado de forma errônea. Algo assim só pode ser levado a cabo pelo senhor Stern, que há anos vem arranjando para si tudo o que digo em exercícios e seminários. Respondi-lhe brevemente que, "em um caso em que não posso decidir quais são meus próprios pensamentos e quais são os pensamentos de um outro, não penso em publicação. Saudações cordiais". É provável que o senhor Stern seja realmente um dos casos mais extremos, mas em tais experiências acabamos pensando se vale a pena despender esforços demasiados com a atividade docente, em detrimento da pesquisa. No entanto, o possível efeito positivo permanece por fim oculto e é bom que seja assim.[88]

Heidegger deve ter ficado extremamente irritado com a falta de modéstia de Stern. Não obstante, ele conhecia bem os pais de Stern, pois ambos eram psicólogos pioneiros no campo da psicologia infantil. E agora sua amada tinha se unido justamente ao próprio! Para se referir a esse relacionamento, ela utilizou as palavras "pátria" e "pertencimento", e não a palavra "amor".

Por ocasião de um encontro com Heidegger em setembro de 1930, ocorreu uma cena que a abalou até o âmago e que depois ela relatou ao amado sem o invólucro atenuante do linguajar e da conceitualidade da filosofia:

> Eu já me encontrava [...] há alguns segundos diante de você, que com certeza já tinha me visto. Você tinha levantado rapidamente os olhos, de maneira mecânica, e não me reconheceu. Quando era criança, minha mãe me assustou certa vez da mesma forma, brincando de maneira tola. Tinha lido o conto de fadas do anão e seu nariz, no qual se conta a história de um anão cujo nariz crescia tanto que ninguém mais o reconhecia. Minha mãe fez de conta que isso tivesse acontecido comigo. Ainda me lembro do pavor que me fazia gritar sem parar: mas eu sou sua filha, eu sou a Hannah! Algo similar seu deu hoje.

87. Heidegger se refere à descida da montanha em que se situava sua cabana em Todtnauberg no fim do verão de 1925, com o objetivo de visitar Husserl em Freiburg..

88. Carta de Heidegger para Arendt, de 18 out. 1925, em H. Arendt; M. Heidegger, op. cit., p. 50s [p. 37].

2. AS VICISSITUDES DA VIDA

A mesma cena se repetiu na despedida na mesma estação ferroviária:

> E então, quando o trem já estava quase partindo, como sempre não restou alternativa para mim senão deixar acontecer, senão esperar, esperar, esperar. Tudo se deu exatamente como eu também havia imaginado e, portanto, provavelmente desejado: vocês dois aí em cima e eu sozinha e totalmente impotente diante disso.[89]

Seu trauma, a respeito do qual tinha relatado várias vezes desde "As Sombras", aparecera de repente em forma dupla. Será que essas duas cenas ilustram uma irreflexão por parte de Heidegger? Ou o estar-voltado-para-dentro-de-si no ato de pensar já tinha se tornado um hábito tão arraigado nele que o olhar para dentro sequer permitia o olhar para fora também no cotidiano? Ou será que ele até queria puni-la? Não chegou até nós a resposta dele a essa carta.

APÓS A SEPARAÇÃO

Após a separação dos dois, Hannah foi inicialmente, no semestre de verão de 1926, para Heidelberg, onde estava Karl Jaspers, amigo de Heidegger, e não, como este lhe tinha aconselhado, para Friburgo, onde estava Husserl. Assim, ela estudou Filosofia com Jaspers, Filologia Clássica com Otto Regenbogen e Teologia com Martin Dibelius. Com Friedrich Gundolf, teve aulas sobre Klopstock e a literatura alemã dos séculos XVII e XVIII. Assistiu a um curso de Sociologia com Karl Mannheim, a estrela em ascensão no céu universitário. Obteve permissão para escolher História do Cristianismo Primitivo como disciplina secundária para fins de doutoramento. No semestre de inverno de 1926-1927, mudou-se para Friburgo, a fim de ter aulas com Edmund Husserl, mas depois de um semestre retornou para Heidelberg. Obteve de Jaspers permissão para fazer o doutorado. O tema da tese era ousado e sugestivo: *O Conceito de Amor em Sto. Agostinho: Ensaio de Interpretação Filosófica*. No semestre de inverno de

89. Carta de Arendt para Heidegger, de set. 1930, ibidem, p. 67s [p. 49].

1927-1928, pediu uma licença para redigir sua tese de doutorado em Königsberg. Aprontou o trabalho no semestre de verão de 1928. Em seu currículo, que faz parte da documentação de doutoramento, consta, no fim: "Gostaria de expressar aqui meu agradecimento a meus professores, sr. prof. Jaspers e sr. prof. Heidegger."[90] A essa altura, Hannah Arendt tinha exatamente 22 anos.

Em 26 de novembro de 1928, teve lugar o exame oral, em que ela obteve o conceito *satisfatório* em todas as três disciplinas. Porém, uma vez que, em seu parecer, Jaspers tinha avaliado o trabalho escrito entre "muito bom" e "bom", ela obteve a nota geral "bom" – um resultado apreciável.

Sua tese foi publicada como volume 9 da série *Philosophische Forschungen* (Pesquisas Filosóficas) editada por Jaspers na editora Springer, de Berlim.

No caso dela, o tema científico se entrecruzava com o tema de sua própria vida. Os textos de Agostinho, decerto, já tinham desempenhado um papel significativo na formação filosófica de Heidegger. Havia uma curiosa coincidência no fato de ela agora também tratar de forma filosófica do tema que tinha escolhido como o motivo de sua própria vida. Nesse sentido, esse trabalho também poderia ser visto como uma tentativa de perscrutar filosoficamente o pungente amor terreno. De resto, é digno de nota que não só Arendt, mas também Hans Jonas, tenha se ocupado de Agostinho. Em 1930, ele publicou uma investigação sobre *Agostinho e o Princípio Paulino da Liberdade*.

Em sua introdução, ela descreve como pretendia destacar as complexas facetas presentes no pensamento de Agostinho. Tencionava, principalmente, mostrar – com base no conceito de amor – o enraizamento dele no pensamento grego e na cultura de sua época, que, ao longo da tradição, passara para segundo plano, ficando encoberto por suas realizações dogmáticas aparentemente atemporais. Assim, o Agostinho que emergia de seu texto era uma figura dupla, um pensador não apenas da Antiguidade tardia, mas também e ao mesmo tempo, da patrística incipiente, cuja compreensão da filosofia antiga lhe havia possibilitado uma

90. Hannah Arendt, Lebenslauf, em UAH H-IV-757/24.

2. AS VICISSITUDES DA VIDA

fundamentação do amor em que este, embora transcendente, não deixa de se fazer presente no mundo. O percurso de seu raciocínio na tese foi descrito por Arendt da seguinte maneira na introdução:

> O trabalho oferece três análises. A primeira começa com o *amor* entendido como *appetitus* (apetite ou desejo), que é a única definição que Agostinho deu do *amor*. No final da análise, na exposição da *ordinata dilectio* (amor ordenado), vemos a que incongruências essa definição leva nos termos do próprio Agostinho e somos, assim, forçados a avançar para um marco conceitual bem diferente que já entra em jogo – em um sentido peculiarmente periférico e incompreensível a partir da primeira análise – na tentativa de derivar o amor ao próximo do *amor qua appetitus* (amor enquanto apetite). A segunda análise esclarece apenas de que maneira o próximo é amado na *dilectio proximi* (no amor ao próximo), e só a terceira análise lança luz sobre a incongruência da segunda, que culmina na questão de como o ser humano *coram deo* (diante de Deus), isolado de tudo quanto é mundano, pode, afinal, ter ainda um interesse pelo ser humano. Faz isso demonstrando a relevância do próximo a partir de um marco bem diferente.[91]

Em termos de resultado, ela procurou demonstrar que Agostinho dispunha de um conceito inteiramente secular ou mundano da vida.

Olhando em retrospecto esse que é seu primeiro texto publicado, vemos transparecer já alguns pontos nodais de seu pensamento posterior, como, por exemplo, a confrontação por vezes polêmica com o cristianismo, contra cujos dogmáticos ela lança a acusação de terem lutado contra a abertura da vida para o mundo. Também fica clara em seus traços iniciais a forma pessoal com que Arendt abordou as categorias de "mundo compartilhado" (Mit-Welt) e de "ser-com" (Mit-Sein).

A acolhida do livro por parte dos críticos que o resenharam foi divergente. Também Karl Jaspers tinha lá suas críticas ao trabalho, mas o via, por outro lado, como uma tentativa séria de aplicar a abordagem de Heidegger à filosofia agostiniana. Sem nada saber da realidade do amor entre Arendt e Heidegger, Jaspers pediu a seu amigo um parecer positivo para uma proposta de pesquisa que Arendt pretendia apresentar:

91. H. Arendt, *Der Liebesbegriff bei Augustin*, p. 5s. (Edição de 1929, da série Philosophische Forschungen, 9, organizada por Karl Jaspers.)

"Em geral, o trabalho não ficou tão brilhante quanto esperávamos após a primeira parte, mas ficou bom do ponto de vista filosófico [...] O trabalho é primoroso como pretensão efetiva daquilo que ela aprendeu metodologicamente com você, e não há por que duvidar da autenticidade do interesse dela por esses problemas."[92]

Jaspers via em Arendt um talento em vias de maturação que, em sua opinião, merecia ser fomentado por ele. Deu um parecer favorável ao pedido de bolsa de doutorado feito por ela à Fundação de Amparo Emergencial à Pesquisa na Alemanha e, depois, recomendou outra bolsa para o seu projeto sobre a história da cultura do judaísmo alemão no século XIX com base no exemplo da vida de Rahel Varnhagen. Heidegger também apoiou o novo projeto com um parecer.

HEIDEGGER E CASSIRER EM DAVOS

Seus caminhos agora haviam se dividido: Arendt seguia rumo a novas terras; Heidegger, porém, festejava triunfos. O grande salto finalmente fora dado com *Ser e Tempo*. Agora não lhe faltava mais reconhecimento. De 17 de março a 6 de abril de 1929, tiveram lugar, na estação climática suíça de Davos – elevada à fama imortal por Thomas Mann em *A Montanha Mágica* –, as Semanas Universitárias de Davos, inauguradas no ano anterior. Em uma atmosfera de convívio social, professores e estudantes se reuniam para trabalhar juntos, trocar ideias e descansar. O encontro tinha sido criado em 1928 pelo dentista suíço dr. Müller, que queria despertar dentro da Europa o "espírito de Locarno". Em Locarno, as potências europeias haviam esclarecido, em 1925, de comum acordo com a Alemanha, as questões que tinham ficado em aberto no Tratado de Paz de Versalhes. Locarno se tornou, a partir de então, uma metáfora para um novo espírito de paz na Europa.

Os encontros em Davos eram concebidos como fórum para a jovem *intelligentsia* europeia de França, Alemanha, Suíça, Itália, Holanda e outros países europeus. Visava-se

92. Carta de Jaspers para Heidegger, de 20 jun. 1929, em M. Heidegger; K. Jaspers, op. cit., p. 12s.

2. AS VICISSITUDES DA VIDA

reunir aí professores acadêmicos e estudantes alemães e franceses[93]. Aos jovens era dada a oportunidade de ouvir, num ambiente de total tranquilidade e isolamento, palestras de pesquisadores importantes, bem como trabalhar em conjunto, instruir-se e entabular debates e parcerias além das fronteiras nacionais. Os períodos entre os seminários, palestras e eventos eram preenchidos pelo convívio social e esporte. O empreendimento era dirigido pelo sociólogo Gottfried Salomon, de Frankfurt[94].

A segunda edição das Semanas Universitárias, de 1929, tinha sido esperada com grande interesse, pois lá se encontrariam duas vertentes filosóficas rivais tidas como as principais correntes intelectuais da época: o campo da filosofia transcendental neokantiana, representada por Ernst Cassirer, de Hamburgo, e o da ontologia fundamental, também chamada de filosofia existencialista, apresentada por Martin Heidegger, de Friburgo. O tema geral do evento era "Ser Humano e Geração".

Ernst Cassirer fazia parte dos fundadores de Davos; um empreendimento desses correspondia a suas convicções políticas e a seu cosmopolitismo. Para Heidegger, esse tipo de envolvimento com a cultura política da época era estranho. Sua autocompreensão profissional, sua "vocação", estabelecia limites estreitos para a sua vida. Não atuava socialmente, e menos ainda politicamente. Sempre seguira o lema de não fazer concessões como pensador. Estava tão convicto da correção de sua crítica, que era da opinião de que se deveria desconstruir radicalmente essa corrente filosófica. Seu *opus magnum*, *Ser e Tempo*, publicado em 1927, não só o tornara conhecido do público especializado; desde então, também era tido como um iconoclasta, um inovador, um inimigo da tradição. Em fevereiro de 1928, recebera finalmente a nomeação para Friburgo, longamente esperada. Na verdade, sempre quisera ter sucesso lá, mas só o desvio por Marburgo lhe permitiu o retorno triunfal para Friburgo. Heidegger tinha vencido seus adversários, e até mesmo Rickert, tão cético em relação a ele, teve de se render. Quem se alegrou com isso foi seu mentor Edmund Husserl, que havia sugerido Heidegger como seu sucessor e impusera

93. Cf. H. Paetzold, *Ernst Cassirer – von Marburg nach New York*, p. 86.
94. Ibidem.

seu nome com a ajuda de Rickert. "Por causa de sua originalidade filosófica", escrevera ele a Rickert,

> por causa de sua capacidade singular para o ensino, ele [Heidegger] era o homem certo. Não há ninguém na Alemanha que arrebate tanto os corações dos jovens. E, não obstante, é uma personalidade pura, inteiramente desprendida, completamente dedicada às coisas grandes. Estou ansioso para ver como ele continuará se desenvolvendo, mas espero e desejo que mantenha o grande estilo da ascensão[95].

O grande fenomenólogo não havia percebido o outro lado de Heidegger, aquele lado duro que ele demonstrava na relação com as pessoas ao seu redor, com seus colegas, alunos, amigos ou adversários.

Nesse meio tempo, Heidegger havia se tornado conhecido no país inteiro. Ernst Cassirer, por sua vez, desfrutava então de uma fama provavelmente até mais indiscutível. Era considerado o pensador que realmente desenvolvera o legado da filosofia transcendental. Em 1923 e 1925, ele havia publicado os dois primeiros volumes de uma *Filosofia das Formas Simbólicas*. O terceiro volume saiu no mesmo ano do famoso debate de Davos. Em 1928, Heidegger publicara uma resenha do segundo volume da *Filosofia das Formas Simbólicas* (1925) de Cassirer. Em 1931, Cassirer haveria de resenhar *Ser e Tempo* de Heidegger[96]. Os dois debatedores também se conheciam de uma discussão ocorrida em Hamburgo, onde Heidegger tinha feito uma palestra em 1923.

Portanto, as Semanas Universitárias ofereciam um evento de grande porte, esperado com interesse. Três meses antes, Heidegger tinha avisado casualmente a Jaspers: "Irei aceitar, inclusive por conta dos passeios de esqui [...] Vá também."[97]

A fascinação despertada pela aparição – conjunta – de Cassirer e Heidegger pode ser percebida quase diretamente nos relatos dos contemporâneos. A personalização do confronto se destaca aqui ainda mais claramente do que nas salas de aula das respectivas universidades.

95. Carta de Husserl para Rickert, em E. Husserl, *Briefwechsel*, v. v, p. 187. Excerto do relatório da Comissão de Nomeação para a Cátedra de Filosofia de 28 de janeiro de 1928, subscrito pelo decano Honecker: "A Comissão encarregada do preenchimento da Cátedra de Husserl sugere, com base em resolução unânime, unicamente Martin Heidegger, em Marburgo." A Comissão argumentou, além disso, que "a posição privilegiada que Friburgo tem ocupado há décadas como um dos principais locais de estudos de Filosofia precisa continuar sendo mantida". Atestou-se que Heidegger, seguindo Dilthey e a fenomenologia, estava empreendendo uma "reorientação filosófico-intelectual da totalidade da filosofia" (UAF B 3/788).

96. Cf. M. Friedman, *Carnap, Cassirer, Heidegger*, p. 22.

97. Carta de Heidegger para Jaspers, de 21 dez. 1928, em M. Heidegger; K. Jaspers, op. cit., p. 118.

2. AS VICISSITUDES DA VIDA

> Esse pequeno homem de pele escura, esse bom esquiador e esportista, com sua cara enérgica e inalterável, essa pessoa acerba e pouco amável, às vezes até rude [...], que vive e serve em imponente isolamento, com a mais profunda seriedade moral, ao problema por ele colocado, por um lado, e aquele outro com seus cabelos brancos, um homem majestoso não só no exterior, mas também interiormente, com amplitude intelectual, com propostas de problemas abrangentes, com sua cara jovial, com sua amabilidade bondosa, sua vitalidade e elasticidade e – por último, mas não menos importante – com sua elegância aristocrática, por outro.[98]

Isso foi escrito em retrospecto por um dos estudantes presentes.

Ernst Cassirer era uma pessoa distinta: de estatura alta, esbelto, de testa larga, olhar franco e expressivo, lábios cheios e cabelos densos, brancos, ondulados. Ele se vestia com elegância, era hábil no trato com as pessoas, ainda que resoluto em relação ao assunto em pauta. Heidegger, por sua vez, era de estatura pequena, rija, praticamente desaparecia atrás de seus alunos – como, por exemplo, Karl Löwith ou Hans-Georg Gadamer. Seu olhar era percebido por algumas pessoas como penetrante, e, por outras, como altamente concentrado. Sua linguagem corporal ao falar era pouco amável, sua aparição dava a impressão de um certo acanhamento, parecia a algumas pessoas até rude, e a outras, por sua vez, extremamente modesta. Isso era sublinhado por sua roupa, o já mencionado traje "alemão antigo", uma referência à sua veia antiacadêmica. Ele sabia o que era apropriado em sociedade e também usou ternos bem normais em Davos, mas não tinha grande estima pelas formas do trato social em círculos acadêmicos. Exibia abertamente sua aversão ao "a gente", aos costumes e às convenções da sociedade. No debate, deixava toda amabilidade de lado. Sua fala adquiria uma intensidade que, às vezes, parecia ofensiva. Já nos deparamos com essa caraterística no relacionamento amoroso com Hannah Arendt.

Nos períodos de lazer entre as palestras, ia-se esquiar. Um estudante de Matemática de Leipzig, num estilo de escrita típico dos relatos acadêmicos da época, fez o seguinte comentário: "Ficávamos especialmente contentes ao ver os

98. Englert, Davoser Hochschulkurse, apud G. Schneeberger, *Nachlese zu Heidegger*, p. 4s.

docentes saírem para andar de esqui, e nos parecia ter uma importância simbólica para Heidegger o fato de ele citar justamente as palavras de Nietzsche segundo as quais um filósofo deveria ser um bom montanhista."[99]

A participação de Heidegger e Cassirer foi emoldurada por um programa de palestras. Assim, falaram, entre outros, o jesuíta Erich Przywara (Munique), o filósofo Karl Joël (Basileia), o filósofo Kurt Riezler (Frankfurt), o famoso médico Ferdinand Sauerbruch e o historiador da arte Wilhelm Pinder[100]. A lista dos estudantes que participaram do evento é impressionante. Os mais famosos entre os franceses eram Emmanuel Lévinas, Léon Brunschvicg e Jean Cavaillès; do lado alemão, alguns dos alunos de Heidegger tinham vindo de Marburgo e Friburgo, entre eles Otto Friedrich Bollnow, Joachim Ritter, mas também Alfred Sohn-Rethel, Eugen Fink, Herbert Marcuse, Leo Strauss[101]. Os estudantes se reuniam por conta própria e organizavam cursos próprios. Mas também discutiam sobre temas políticos, como marxismo e nacionalismo[102].

Antes da disputa, Cassirer e Heidegger fizeram, cada um, preleções próprias. Cassirer fez três conferências sobre problemas fundamentais da antropologia filosófica e uma preleção avulsa sobre "Espírito e Vida na Filosofia de Scheler". Ele lecionava de manhã. Heidegger lecionava nas mesmas tardes sobre "A Crítica da Razão Pura de Kant e a Tarefa de Fundamentação da Metafísica". Nessa preleção, atacou uma compreensão amplamente difundida sobre Kant que o reduzia, por um lado, à teoria e crítica do conhecimento e, por outro, ao idealismo da razão prática.

Heidegger começou com uma retrospectiva crítica da marcha triunfal das ciências naturais e do espírito no século XIX, que teriam "ocupado a totalidade do cognoscível". Na esteira desse desenvolvimento, a filosofia teria sido reduzida ao conhecimento da ciência, e não do ente[103]. Diante desse pano de fundo, construíra-se a imagem de Kant como crítico do que já tinha sido pensado, enquanto Heidegger queria mostrá-lo (particularmente na *Crítica da Razão Pura*) de novo como fundador de uma metafísica modificada, de uma metafísica que não encontra sua fonte na transcendência, mas sim na capacidade de utilizá-la nos limites da finitude.

99. Ibidem, p. 4.
100. H. Paetzold, op. cit., p. 87.
101. Ibidem.
102. Ibidem.
103. Cf. Davoser Disputation zwischen Ernst Cassirer und Martin Heidegger, em M. Heidegger, *Gesamtausgabe*, 1.*Abteilung*, v. 3, Apêndice, p. 274.

2. AS VICISSITUDES DA VIDA

Isso correspondia ao caminho do pensamento que ele havia traçado em *Ser e Tempo*. Cassirer, por sua vez, assumia a "razão prática" kantiana com suas referências à "dimensão do espírito" e pretendia, por outro lado, em sua *Filosofia das Formas Simbólicas*, desenvolver a faculdade imaginativa kantiana e transformá-la em uma antropologia cultural.

As preleções pavimentavam o caminho para o debate entre os dois homens, esperado com grande interesse.

Esse debate ocupou toda a manhã de uma terça-feira. A coordenação foi assumida pelo filósofo H.J. Pos, de Amsterdã. Os estudantes responsáveis pelas atas foram Otto Friedrich Bollnow (para Heidegger) e Joachim Ritter (para Cassirer)[104].

A discussão teve como centro, novamente, as duas interpretações distintas de Kant. Cassirer reafirmou o caráter autônomo e criativo do conceito kantiano de razão. Ele o correlacionou com o âmbito simbólico-cultural. Nesse âmbito, deveria ter lugar a produção de sentido. Com isso, ele traçou uma primeira linha de separação entre si e Heidegger, pois, para este, o que se encontrava no centro era justamente o abandono da dualidade entre a referência normativa ao espírito e a teoria antropológica da cultura.

Uma outra divergência se verificou, por fim, na problemática da morte. Cassirer interpretava a morte numa perspectiva de transcendência, como oportunidade para a superação da angústia diante da finitude em trânsito para a infinitude. "O ser humano é o ser finito que *sabe* de sua finitude – e que, nesse conhecimento, supera sua finitude e adquire certeza de sua infinitude."[105]

Heidegger, por sua vez, insistia na inevitável condição de criatura e finitude do ser-aí, na singela facticidade da morte. Só a partir da finitude surgiria a possibilidade de o ser-aí crescer, encontrar a si mesmo.

Cassirer criticou em Heidegger a presença disfarçada de uma compreensão teológica do mundo e deplorou a ausência de toda e qualquer transcendência simbólica. Heidegger fez troça da dubiedade da categoria de transcendência simbólica de Cassirer. Por trás da polêmica, porém, ficou claro que ambos tinham um conceito de

104. Cf. Dieter Sturma, Die Davoser Disputation zwischen Ernst Cassirer und Martin Heidegger: Kontroverse Transzendenz, em D. Thomä (Hrsg.), op. cit., p. 111.

105. Apud H. Paetzold, op. cit., p. 90s., que extraiu a citação do espólio literário de Cassirer na Universidade de Yale, em New Haven.

transcendência, mas que esses conceitos eram fundamentalmente distintos. No pensamento de Heidegger, o ato de transcender ocorre na historicidade do ser-aí. Esse ir-além se mostra no crescimento do ser humano a partir, e no sentido, de suas próprias possibilidades. Mas é algo sempre relacionado ao ser humano, partindo dele e retornando a ele, e não instaura nenhuma esfera simbólica à parte.

Naturalmente, Heidegger e Cassirer também tinham uma concepção basicamente distinta no tocante ao próprio sujeito. Heidegger via o ser-aí como um fato, não como mero objeto da atividade criativa do sujeito. Ele objetou contra a concepção neokantiana da razão como produtora do ente afirmando que o ser humano nunca poderia ser ilimitado e absoluto. A ontologia seria a teoria do caráter citerior (referente a este mundo, e não ao além) e limitado do ser. Cassirer via o sujeito ao mesmo tempo como imperfeito e capaz de aperfeiçoamento. Ele insistiu que à filosofia caberia uma tarefa maior do que apenas comentar o ser-aí em sua angústia existencial; seu primeiro objetivo deveria ser a liberdade humana[106]. Isso também significava liberdade da angústia. Heidegger considerava isso impossível. Seu conceito de liberdade, por sua vez, baseava-se na tese do "tornar-se livre para a finitude do ser-aí"[107].

Para uma parte da posteridade, esse encontro consistiu no choque de duas filosofias desiguais: a filosofia pós-idealista, fraca, de Cassirer, e a filosofia forte da vida corporificada por Heidegger[108]. Por conseguinte, Heidegger seria apontado como vencedor radioso e Cassirer estigmatizado como guerreiro derrotado.

Heidegger, por seu turno, não saiu com essa impressão: nas descrições que fez a Elisabeth Blochmann, prepondera o olhar objetivo:

Em termos de conteúdo filosófico, não ganhei muita coisa, mas, em termos pessoais, sim, pelo relacionamento com Riezler, o curador da Universidade de Frankfurt, com Karl Reinhardt e Cassirer. Pelo fato de este ter concentrado suas preleções em meu livro e de outros também terem se orientado por ele, passei mais para o centro do que me agradaria por causa da presença pessoal. Por sorte, eu tinha escolhido *Kant* como meu próprio tema e pude, assim, passando pela história, desviar a atenção de mim mesmo e, ainda assim, expor os

---

106. Cf. P.E. Gordon, *Rosenzweig and Heidegger*, p. 286.

107. Cf. Davoser Disputation zwischen Ernst Cassirer und Martin Heidegger, em M. Heidegger, *Gesamtausgabe*, 1. Abteilung, v. 3, Apêndice, p. 275.

108. Cf. Jürgen Habermas, Der deutsche Idealismus der jüdischen Philosophen, *Philosophisch-politische Profile* (1987), p. 52s.; cf. Karlfried Gründer, Cassirer und Heidegger in Davos 1929, em H.-J. Braun; H. Holzhey; E.W. Orth (Hrsg.), *Über Ernst Cassirers Philosophie der symbolischen Formen*, p. 297s.

2. AS VICISSITUDES DA VIDA

problemas objetivos centrais [...] Na discussão, Cassirer foi extremamente elegante e quase amável além do ponto. Assim, encontrei pouca resistência, o que impediu de dar aos problemas a necessária formulação incisiva. A rigor, as questões eram difíceis demais para um debate público.[109]

Também em relação a Bultmann, ele se expressou de maneira crítica e reservada, mas, ainda assim, disse que tinha aprendido alguma coisa nas discussões para a redação de seu livro *Kant e o Problema da Metafísica*[110].

Alunos e críticos, contemporâneos e pósteros, cercaram o debate de Davos retrospectivamente de lendas. Alguns participantes viram a disputa pública dos filósofos como o "encontro entre os representantes de duas eras"[111]. Emmanuel Lévinas, na época aluno de Edmund Husserl, o formulou da seguinte maneira: "Como jovem estudante se podia ter a impressão de ter sido testemunha da criação e do fim do mundo."[112]

Otto Friedrich Bollnow, psicólogo, pedagogo e filósofo, que tinha estudado com Heidegger, vivenciou o debate como um tremor radical no universo filosófico:

> E apesar disso e talvez justamente pela contraposição desequilibrada, os participantes tiveram a sensação edificante de vivenciar um momento histórico, bem semelhante ao que Goethe tinha externado na "Campanha na França": "A partir deste lugar e deste dia começa uma nova época na história universal" – neste caso, na história da filosofia – "e podeis dizer que estivestes presentes"[113].

Alguns quiseram, *a posteriori*, conferir ao encontro um sentido político. Assim, a disputa também representaria divergências ideológicas do final da República de Weimar, quando esta vivia seus estertores. Em consonância com isso, Cassirer, que tinha várias vezes tomado publicamente o partido da República – assim, por exemplo, em 1928, em uma celebração da Universidade de Hamburgo pelo décimo aniversário da República –, teria competido

109. Carta de Heidegger para Blochmann, de 12 abr. 1929, em M. Heidegger; E. Blochmann, *Briefwechsel 1918-1969*, p. 29s.

110. Cf. carta inédita de Heidegger para Bultmann de 9 maio 1929, apud Dominic Kaegi, *Davos und davor – Zur Auseinandersetzung zwischen Heidegger und Cassirer*, em R. Kaegi; E. Rudolph (Hrsg.), *Cassirer – Heidegger*, p. 67.

111. Cf. P.E. Gordon, op. cit., p. 279.

112. François Poirie, *Emmanuel Lévinas: Qui êtes-vous?*, apud P.E. Gordon, op. cit., p. 277.

113. Otto Friedrich Bollnow, *Gespräche in Davos*, em G. Neske (Hrsg.), op. cit., p. 28.

como republicano[114]. Naquela época, Heidegger não queria aderir a nenhuma corrente.

É plausível a tentação de, *a posteriori*, impor a Heidegger categorias pseudopolíticas. Será que Heidegger não "venceu" mais tarde, encantado com insígnias de honra do NSDAP, e entregou suas valiosas descobertas filosóficas ao nacional-socialismo? E Cassirer não teve de desistir e deixar o país? Mas esse tipo de classificação especulativa leva a um beco sem saída.

Cassirer era – algo um tanto incomum para os intelectuais da época – um republicano convicto. Talvez ele até fosse um republicano típico, mas Heidegger era um etnonacionalista atípico. Ele era apolítico por convicção, tinha uma postura antiestatal e simpatizava muito com o movimento da juventude alemã. Mas sua adesão a grupos elitistas não gerava uma ânsia pelo "mito". O que os dois defendem, portanto, para além da classificação em correntes filosóficas?

No debate de Cassirer e Heidegger e nas palestras destes se tratou de algo perturbadoramente atual: o lugar vago não ocupável na produção de sentido e o papel do pensamento filosófico nisso[115]. Ao que tudo indica, Cassirer preenchia o lugar vago da produção de sentido com um âmbito simbólico, em que a razão ocupa o centro. A produção de sentido ocorre, por conseguinte, na renovação desse âmbito simbólico e na vinculação do sujeito a esse âmbito. Heidegger queria dar um fim definitivo a essa discussão com sua ontologia fundamental. Em sua perspectiva, a produção de sentido surge a partir da existência, e não do lado da atribuição de valor. O que é preciso, portanto, não é abstração, e sim concreção. Nessa confrontação não podia haver vencedores porque ela não podia ser decidida. Ela se renova até os dias de hoje.

114. Cf. M. Friedman, op. cit., p. 20.

115. Cf. Martin Heidegger, *Zur Geschichte des philosophischen Lehrstuhles seit 1860*, em M. Heidegger, *Gesamtausgabe*, I. *Abteilung*, v. 3, Apêndice, p. 306s.

A disputa famosa causou tal impressão sobre os estudantes que eles a encenavam dramaticamente à noite. O jovem ,Lévinas tinha assumido o papel de Cassirer. Para ficar mais parecido com o filósofo, ele aplicara talco em seu cabelo.

2. AS VICISSITUDES DA VIDA

Otto Friedrich Bollnow assumiu o papel de seu professor Heidegger. Lévinas ensaiava o diálogo formulando frases paradoxais, como "interpretar significa colocar uma coisa de cabeça para baixo"[116].

A fama de Heidegger até tinha aumentado com esse evento; agora ele era tido como pessoa pública e como defensor de uma corrente filosófica própria e coesa. Em três semanas, transformou suas preleções de Davos em um livro: *Kant e o Problema da Metafísica*, publicado ainda em 1929. Assim, Heidegger tinha publicado um segundo livro em um período de dois anos.

Entretanto, os adeptos de Cassirer também viram nele vencedor da disputa.

A notícia do duelo dos gigantes chegou da distante Davos até Berlim. Jornais relataram sobre ele, e os presentes levaram a notícia adiante. Como será que Hannah Arendt comentou o acontecimento ao conversar com Günther Stern?

Uma percepção que, *a posteriori*, parece desconcertante foi relatada por Karl Löwith, aluno de Heidegger, após a guerra. Franz Rosenzweig, cuja obra principal *Estrela da Redenção* fora publicada em 1921, escreveu, pouco antes de sua morte, uma espécie de recensão breve do livro *Religião da Razão a Partir das Fontes do Judaísmo*, de Hermann Cohen. Este era e ainda é considerado o fundador da escola do "neokantismo" do sul da Alemanha.

Rosenzweig escreveu seu breve texto sob o efeito dos relatos que recebeu a respeito do debate em Davos. Nele, afirmou que Heidegger teria defendido em Davos o verdadeiro Hermann Cohen contra seu aluno Cassirer. Ele aludiu ao fato de que tanto no pensamento de Cohen quanto no de Heidegger o ser humano se veria colocado em sua finitude e seu valor não começaria só com o "transporte intelectual para a eternidade da cultura"[117].

Isso seria assim independentemente do fato de Cohen ter pretendido inserir o ser humano em seu "idealismo religioso" (Löwith) e dotado "o elemento vão da dimensão terrena com a glória do eterno", "ao passo que Heidegger não quer saber mais nada da eternidade e compreende o ser a partir do tempo"[118].

Por conseguinte, Heidegger seria, então, o verdadeiro sucessor de Hermann Cohen na cátedra deste em

116. Cf. P.E. Gordon, op. cit., p. 278.

117. Cf. Karl Löwith, M. Heidegger und F. Rosenzweig: Ein Nachtrag zu Sein und Zeit, em K. Löwith, Heidegger – Denker in dürftiger Zeit, em K. Löwith, *Sämtliche Schriften*, v. 8, p. 73s.

118. Ibidem, p. 74.

Friburgo; a nomeação tinha causado furor naquela época e também topara com a resistência de alguns "neokantianos".

Com isso, Löwith aponta para a existência de ligações entre os pensadores judaicos Hermann Cohen e Franz Rosenzweig, por um lado, e Heidegger, por outro – uma linha que quase desapareceu na avaliação crítica de Heidegger após a Segunda Guerra Mundial.

HANNAH ARENDT E GÜNTHER STERN

119. Os pais dele, Lewis William Stern e sua esposa Clara, foram pioneiros na área da psicologia infantil. Tinham escrito a quatro mãos, com base, entre outras coisas, nos diários de ambos sobre o desenvolvimento de seus três filhos – um dos quais era Günter –, a obra *Psicologia da Primeira Infância* (1914), até hoje considerada pioneira. Lewis W. Stern se tornou internacionalmente famoso por suas pesquisas do quociente de inteligência, principalmente entre crianças. A partir de 1915, foi professor no Hamburger Allgemeines Vorlesungswesen und Kolonialinstitut, uma instituição predecessora da Universidade de Hamburgo, da qual foi um dos cofundadores em 1919. Expulso do serviço público pelos nazistas em 1933, ele e a esposa emigraram para os Estados Unidos em 1935. Lá, Stern lecionou na Duke University e participou de um programa de pesquisa sobre a inteligência financiado pelo exército. Stern morreu em 1938, e sua esposa Clara, em 1945.

Em 26 de setembro de 1929, Hannah Arendt casou com seu namorado Günther Stern em Nowawes, que hoje faz parte de Babelsberg, na periferia de Berlim. Eles casaram na prefeitura, que parecia fazer parte de uma aldeia, em um prédio de tijolos holandeses, vermelho e neogótico, da virada do século XIX para o XX, provavelmente na pequena sala disponível para essa finalidade. Nessa época, Stern e ela moravam em Babelsberg, na Merkurstrasse 3, em uma modesta casa de uma só família em um subúrbio da cidade com pequenas granjas. Não se pode deixar de perguntar o que levou os dois a esse ermo situado às margens da cidade.

Com o casamento, Hannah cedeu a várias pressões: sua mãe queria vê-la em uma situação segura, e um casamento com um colega de estudos talentoso, proveniente de uma boa família[119], depunha em favor de um futuro assegurado. Além disso, o casamento era de "bom-tom", justamente nos anos dourados da década de 1920, para uma mulher que visava a uma carreira profissional e à esfera pública. Os códigos morais rigorosos da sociedade guilherminiana referentes à relação entre os gêneros e à posição da mulher na esfera pública ainda não tinham se desfeito realmente. É possível que também os pais de Stern esperassem que seu filho às vezes disperso talvez tomasse um rumo mais tranquilo sob os cuidados de uma jovem mulher muito inteligente e ambiciosa.

2. AS VICISSITUDES DA VIDA

Depois de encaminhar sua tese de doutorado para publicação, Hannah Arendt passou a se dedicar a seu novo projeto: a pesquisa da história de vida de Rahel Varnhagen. Ela conseguiu que o projeto fosse apoiado com uma bolsa. Sua renda assegurava a sobrevivência do jovem casal, pois de resto eles não tinham rendimentos fixos. Stern queria obter sua *Habilitation* em Frankfurt. Ambos tinham se mudado em abril de 1930 e passaram a morar no Oederweg, 128. Pretendiam se empenhar lá pela aprovação do requerimento de *Habilitation* de Stern junto à universidade. Hannah poderia, então, trabalhar por conta própria em seu projeto sobre Rahel. Seu trabalho de pesquisa não estava vinculado a um local. Mas as coisas tomaram outro rumo. Depois de várias conversas com Paul Tillich, que deveria se empenhar – principalmente junto a Theodor W. Adorno – pelo projeto de *Habilitation* de Stern, "a situação ficou inteiramente insustentável, isto é, humilhante para todas as partes envolvidas", escreveu ela a Jaspers, já de Berlim, em 2 de novembro de 1931. "Então preferimos deixar Frankfurt e procurar primeiro uma possibilidade de ganhar a vida fora da academia."[120]

Eles decidiram que estavam fartos da universidade e de suas "atividades". De alguma maneira, isso também combinava com dois alunos de Heidegger, pois, embora se aprendesse na universidade, desprezava-se suas "atividades", o palavrório oco, a burocracia, a concorrência.

Assim, não restou aos dois outra alternativa senão tentar a vida como *freelancers* no mercado de trabalho. Ainda assim, a nova existência não era fácil, ainda mais para alunos de Heidegger. Diz-se que Bertolt Brecht teria externado abertamente seus preconceitos contra o "heideggeriano" Stern[121]. Entretanto, com base em sua recomendação, Stern conseguiu, finalmente, encontrar um lugar na área jornalística. Ele trabalhou como faz-tudo para o *Berliner Börsen Curier* de Herbert Ihering[122]. A partir de então, assinou suas matérias com o nome "Günther Anders". O que ele ganhava não era suficiente para viver. Assim, foi uma sorte que Hannah tenha tido uma renda fixa por dois anos.

120. Carta de Arendt para Jaspers, de 2 nov. 1931, em H. Arendt; K. Jaspers, *Briefwechsel* 1926-1969, p. 50.
121. Cf. E. Young-Bruehl, op. cit., p. 135.
122. Ibidem, p. 135s.

HEIDEGGER E JASPERS: COMEÇA O SILÊNCIO

A amizade entre Heidegger e Jaspers parecia reavivar-se no final da década de 1920. A exposição de toda a filosofia na qual Jaspers tinha investido mais de dez anos de trabalho, só avançava lentamente. Era enorme sua necessidade de conversar. De modo geral, ele carecia muito mais de comunicação do que Heidegger. Este abria firmemente seu caminho pela "floresta" da história da filosofia. Em dezembro de 1929, Heidegger foi visitar Jaspers mais uma vez. Por ocasião de uma palestra feita para a organização dos estudantes alemães, ele visitou o velho amigo e companheiro de armas. Um breve bilhete que Jaspers lhe entregou dentro do prédio documenta sua gratidão:

> Caro Heidegger!
> Desde tempos imemoriais eu não tinha dado ouvidos a alguém como o fiz a você hoje. Como no ar, senti-me livre nesse incessante transcender. Ouvi em suas palavras o que temos em comum e é inteiramente óbvio para nós, e que às vezes me parecia estranho, mas que ouvi como algo idêntico. Ainda se filosofa!
> Boa noite!
> Cordialmente,
> Karl Jaspers.[123]

Em abril de 1930 houve, então, outra visita de Heidegger a Heidelberg. Ele tinha recebido um convite para lecionar em Berlim e queria se consultar com o amigo. Depois de uma hesitação inicial, declinou do convite e permaneceu na província. Agora Jaspers queria trazer o amigo para Heidelberg, mas se queixava do mutismo deste em suas conversas: "Quando penso na possibilidade de sua vinda, sinto um impulso que intensifica o desejo – mas quando penso em seu mutismo em nossas conversas, anseio principalmente pela radical discussão mútua que ocorria antigamente, e que há tanto tempo não se verifica entre nós. Há um ano, entretanto, a culpa disso é substancialmente minha."[124]

Ele ainda estava ocupado com sua *filosofia*.

123. Carta de Jaspers para Heidegger, de 5 dez. 1929, em M. Heidegger; K. Jaspers, op. cit., p. 129.
124. Carta de Jaspers para Heidegger, de 24 maio 1930, ibidem, p. 136.

2. AS VICISSITUDES DA VIDA

Em dezembro de 1931, os três volumes da *Filosofia* de Jaspers chegaram às mãos de Heidegger. A correspondência sobre a nova obra recomeçou no ponto em que tinha parado nos anos 1920, na troca de ideias entre eles sobre a *Filosofia das Visões de Mundo*. Heidegger manifestou o quanto estava impressionado. Mas a maneira *como* ele elogiou Jaspers deixou este inquieto. Heidegger o chamou de "vencedor": "O que permanece essencial é que, com sua obra, finalmente existe algo, na filosofia atual, que é *inelutável* e *integral*. Você fala a partir da atitude clara e decidida do vencedor e a partir da riqueza de alguém existencialmente calejado."[125]

Mas ele não se via assim:

> Por isso, não me sinto, de modo algum, "vencedor", como diz sua formulação amistosa mas perigosamente produtora de distância, e sim como alguém que está *diante* da porta, como se o extraordinário ainda estivesse por ser revelado, como se eu não tivesse condições de apreendê-lo em pensamentos [...], mas como se a união de forças pudesse sustentar algo pressentido e norteador de caminhos.[126]

Jaspers aludiu aqui mais uma vez ao trabalho conjunto, à escultura intelectual em que ambos vinham trabalhando. Era isso o que estava cobrando, embora tivesse consciência de que não podia forçar algo assim, pois cada um estava seguindo seu próprio caminho. Mas Jaspers reivindicava o impulso renovador com o qual tinham conjuntamente iniciado: queriam revolucionar a filosofia, e não se tornar autores de livros que se afagam com elogios complacentes. Ele sabia que não estaria fisicamente à altura da tarefa; nunca poderia ser mais do que um rato de biblioteca. Portanto, a verdadeira revolução teria, de qualquer modo, de ser feita por Heidegger. Mas Heidegger não estava mais ouvindo nada. Será que Jaspers ainda conseguiria chegar até ele? Ou ele estava preso no diálogo consigo mesmo? Nesses anos, comentários críticos sobre Heidegger acumularam-se nas anotações de Jaspers. Este anotava suas ideias em dezenas e até centenas de pedaços de papel enquanto lia os textos de Heidegger: "Ausência de liberdade por falta de ironia."[127]; "Ambiguidade."[128]; "A filosofia de Heidegger até agora é sem Deus e sem mundo."[129]; "Sem amor. Por isso, também carece de amabilidade no estilo."[130]

125. Carta de Heidegger para Jaspers, de 20 dez. 1931, ibidem, p. 143.
126. Carta de Jaspers para Heidegger, de 24 dez. 1931, ibidem, p. 146.
127. K. Jaspers, *Notizen zu Martin Heidegger*, p. 31.
128. Ibidem.
129. Ibidem, p. 33.
130. Ibidem, p. 34.

As divergências tinham aumentado, as questões em aberto, os sentimentos de estranheza se avolumam. Entretanto, nenhum dos dois proferia uma só palavra que aclarasse a situação. Nem Heidegger queria terminar a amizade, nem Jaspers queria pedir explicações que Heidegger não podia dar. Seria a "camaradagem de armas" um grande equívoco?

Uma carta de Heidegger, de dezembro de 1932, fala de serenidade tranquila, da volta aos gregos em vista da rejeição de seu jeito de ser por parte de seus colegas. Finalmente, escreveu ele, o tumulto em torno de *Ser e Tempo* tinha passado, e agora podia trabalhar de novo.

"Será que conseguiremos criar, para as décadas vindouras, um solo e um espaço para a filosofia, será que virão pessoas portadoras de um mandato distante?"[131]

A ideia da revolução do espírito tinha ficado distante, mas não fora esquecida. Dentro de poucos meses, haveria de voltar.

131. Carta de Heidegger para Jaspers, de 8 dez. 1932, em M. Heidegger; K. Jaspers, op. cit., p. 149.

3

O Fracasso da Integração Entre Alemães e Judeus nos Anos 1920 ou Amigos se Tornam Inimigos

Na véspera da nomeação de Hitler para o cargo de chanceler do *Reich*, Hannah Arendt e Martin Heidegger se encontravam em polos opostos dentro da sociedade alemã. Como judia, ela tinha sido forçada a uma condição de extrema marginalidade, ao passo que ele ascendera ao posto de maior filósofo alemão,

Com *Ser e Tempo*, lançado em 1927, Heidegger havia guiado a comunidade filosófica para dimensões inteiramente novas do pensamento. Se antes ele fora um homem conhecido, respeitado e, por causa de sua irredutibilidade, às vezes temido em círculos especializados, agora seu livro o tornara famoso da noite para o dia, inclusive entre aqueles que o rejeitavam ou possivelmente jamais o haviam lido. Sua crítica da filosofia neokantiana, publicada em 1929 sob o título *Kant e o Problema da Metafísica*, concebida, segundo o próprio autor, como uma espécie de introdução a *Ser e Tempo*, aprofundou ainda mais a impressão de que, nesse caso, um pensador altamente relevante estava abrindo caminho para uma forma de pensamento inteiramente nova.

Em 1928, ele seria finalmente nomeado para a Universidade de Friburgo. Na condição de *uni loco*, isto é, como o único candidato da lista, foi proposto junto ao Ministério da Educação como sucessor do famoso Edmund Husserl. Ele deve ter partido de Marburgo sem nem olhar para trás, pois não gostava do lugar nem se sentia suficientemente valorizado nele. Além disso, a paisagem não lhe agradava.

A nomeação vinha acompanhada de ganhos financeiros. Em 1930, Heidegger recebera uma proposta de Berlim, que acabou recusando após uma breve reflexão[1]. No decorrer das negociações com a Universidade de Friburgo em torno de sua permanência, ele conseguiu melhorar sua situação material: foi-lhe colocada à disposição uma datilógrafa com remuneração de 240 *reichsmark*; o *aversum* (uma espécie de dotação orçamentária) do Seminário de Filosofia foi dobrado, passando de quinhentos para mil *reichsmark*. Isso era muito dinheiro para a época e aumentou sua reputação, mas decerto também o número dos que o invejavam.

O retorno de Heidegger a Friburgo parecia selar de uma vez por todas o fim do predomínio neokantiano, ao mesmo tempo que o alçava a líder de uma nova escola. Não que essa fosse uma pretensão sua. Pelo contrário, o incomodava. Suas ambições eram outras: ele se sentia chamado a implementar o que tinha pensado e escrito. Queria buscar caminhos práticos para a "vida autêntica". Em uma carta de 20 de dezembro de 1931, felicitando Jaspers pelo lançamento da sua *Filosofia* em três volumes, Heidegger se refere ao amigo em termos que também poderiam ser os de Jaspers em relação a ele: "Desejo que o relaxamento alegre e ativo advindo da consumação *desse* passo seja a preparação para o *segundo* passo decisivo do líder e guardião 'sapiente' em direção à esfera pública *autêntica*."[2]

Na mesma carta, Heidegger se designa como "vigia em uma galeria que, entre outras coisas, deve cuidar para que as cortinas nas janelas estejam adequadamente

1. Cf. escritos de Heidegger para o decano da Faculdade de Filosofia de 29 mar. e 11 jun. 1930, UAF, Akte Heidegger, B 3, Nr. 788.
2. Carta de Heidegger para Jaspers, de 20 dez. 1931, em M. Heidegger; K. Jaspers, Briefwechsel 1920 bis 1963, p. 144s.

3. O FRACASSO DA INTEGRAÇÃO ENTRE ALEMÃES E JUDEUS NOS ANOS 1920

dispostas, de modo que as poucas grandes obras da tradição tenham uma iluminação mais ou menos adequada para os espectadores que por acaso se aproximem delas"[3].

"Líderes e guardiães sapientes" – alusões à Antiguidade grega – são metáforas autorreferentes usadas pelos dois pensadores em sua correspondência sobre o programa de renovação das universidades desde o início da década de 1920. No espaço que se abre entre um "líder" e um "guardião" se encontrava o segredo do projeto conjunto. Liderar e guardar designam as tarefas que ambos vislumbravam para si. E a *esfera pública autêntica*? Não era a esfera pública do "a gente", da confusão da democracia liberal que Heidegger sentia como cacofônica, mas sim a da *aletheia*, do desvelamento do ser. Isso não tinha nada a ver com pluralidade e debates acalorados, mas com a aparição luminosa de "líderes" espirituais destinados a guiar o povo. Graças a eles, o povo encontraria sua identidade. Tal era o discurso que circulava em muitos ambientes por essa época.

Heidegger tinha em mente um programa educacional com uma dupla característica: por um lado, contrapor-se à linha política de massificação do estudo universitário. Por outro, era preciso depurar radicalmente a própria universidade.

Em 1931-1932 foi publicada no jornal *Frankfurter Zeitung* uma série de artigos[4] sobre a reforma das universidades e cursos técnicos superiores em que se expressavam objeções controversas. Entre os autores das contribuições se encontravam, entre outros, o cientista social Emil Lederer[5], o pedagogo e filósofo Eduard Spranger, o filósofo da religião Paul Tillich, o filósofo Karl Jaspers, o jesuíta e filósofo Erich Przywara, o sociólogo da cultura Siegfried Kracauer. Os textos eram escritos por expoentes das ciências humanas que defendiam o ideal do humanismo, mas também especialistas em formação de professores e educação de jovens. Abordou-se a relação da escola com a economia, e alguns estudantes universitários também se manifestaram. Um estudante de orientação *völkisch* criticou a universidade por meio do jargão estereotipado de uma filosofia da vida popularizada (instituição petrificada,

3. Ibidem.
4. Cf. *Frankfurter Zeitung* de outubro de 1931 até janeiro de 1932.
5. Após sua expulsão da Alemanha e sua chegada ao exílio norte-americano, Lederer (1882-1939) foi um dos cofundadores da New York School for Social Research em Nova York, que também se chamava "Universidade no Exílio".

conhecimento morto, pensamento inútil) e que, depois, tornou a aparecer na propaganda antissemita. Outros estudantes defenderam uma formação acadêmica mais orientada pelo modelo escolar.

Paul Tillich deu o pontapé inicial defendendo a exclusão da formação profissional nas universidades. Seu mote era: "A universidade se tornou uma ficção."[6] Com isso ele queria dizer que, ao se integrar à moderna sociedade de massas ao longo das últimas décadas, a universidade tinha perdido seu perfil. Ele exigia uma separação clara entre as disciplinas técnicas necessárias à formação profissional e as ciências humanísticas, de modo a, com isso, atrair as futuras gerações de eruditos.

A maioria dos autores não demonstrou entusiasmo por esse modelo radical e defendia reformas em níveis de formação específicos. Também Jaspers não se declarou mais a favor de uma separação radical. Ele e outros reformadores mais moderados recomendaram, em vez disso, que se combatesse a tendência a deixar que um corpo intermediário de docentes menos remunerados e menos qualificados assumisse o processo de formação dos alunos em lugar dos professores catedráticos.

A sugestão de Tillich, entretanto, coincidia em grande parte com o que Heidegger vinha propondo repetidamente desde a década de 1920 e ao que Jaspers nunca objetara. Tillich defendeu a separação entre educação de elite e formação de massas. Jaspers e Heidegger tinham falado da necessidade de se fazer uma limpeza na universidade, de afastá-la da mediocridade e reduzir drasticamente o número de professores – e, por conseguinte, também de estudantes.

Essa discussão prosseguiu após a tomada do poder pelos nacional-socialistas. Heidegger, que não tinha se manifestado na série de artigos para o *Frankfurter Zeitung*, tomou posição sobre ela *ex post et cathedra*. Em seu discurso de posse como reitor da Universidade de Friburgo, em maio de 1933, ele anunciou o programa de uma nova universidade: formação de elite, educação física e intelectual integrada, dissociação entre formação universitária e profissional.

Uma de suas primeiras iniciativas como reitor consistiu em participar, em 1933, de uma ação que visava destituir a direção da Associação Nacional das Instituições de Ensino Superior, pois esta encarnava, para ele e outros revolucionários

6. Paul Tillich, Gibt es noch eine Universität?, *Frankfurter Zeitung* de 22 nov. 1931.

3. O FRACASSO DA INTEGRAÇÃO ENTRE ALEMÃES E JUDEUS NOS ANOS 1920

conservadores, a tendência da massificação definitiva da universidade. Mas sobre isso se falará mais adiante[7].

Nas conversas entre Jaspers e Heidegger, o assunto em pauta, e que este agora queria levar, sem falta, a consequências práticas, era a transformação das universidades em incubadoras do espírito. Lá no fundo dessa concepção estava a ideia platônica de uma academia. Hannah Arendt retomaria essa ideia em seu plano para um manual sobre política. É claro que esse conceito de elite pressupunha um determinado perfil de aluno. Ele devia possuir uma inteligência diferenciada e visar algo mais que o interesse meramente profissional. Também não deveria trabalhar apenas com o cérebro; afinal, era disso que Heidegger e outros acusavam a *intelligentsia* judaica, ou seja, de serem criaturas puramente cerebrais, que colocavam em segundo plano o outro lado da vida: o corpo, o destino, o trabalho. Em contraposição a isso, os novos estudantes deveriam ser exortados a viver uma vida autêntica, em que a atividade física e a intelectual formassem uma unidade. Heidegger tinha diagnosticado repetidamente a alienação entre os dois polos da existência humana como sinal de autoalienação na era das massas. Há relatos de que já na década de 1920 havia um culto romântico do fogo de acampamento na cabana de Heidegger em Todtnauberg, onde se contavam mitos antigos, se cantava e praticava esporte.

O ensino universitário deveria ser completamente modificado. As queixas continuadas sobre os docentes nos anos 1920 culminavam, muitas vezes – também e justamente nas cartas entre os amigos –, na exclamação irada de que a maioria dos colegas nem deveria estar em uma universidade que merecesse esse nome. É possível que aí estivesse em jogo um pensamento focado na concorrência, além de sentimentos de inferioridade social, mas também a convicção de que na docência se faziam concessões demais. O pensamento verdadeiro, porém – coisa que Heidegger aprendera a duras penas e sob muitas privações –, não deveria fazer concessões. Só aqueles que nasceram depois da Segunda Guerra Mundial aprenderam que a ausência de concessões no pensamento nem sempre é frutífera e instrutiva, podendo, sob certas

7. Cf. infra, p. 170.*

circunstâncias, ter efeitos devastadores. Recusar qualquer tipo de radicalismo tornou-se um postulado no pós-guerra, ainda que ao preço da mediocridade. Ainda assim, continua sendo um enigma a razão por que tantas pessoas, naquela época, consideravam plausível e até necessário que o pensamento sem concessões recorresse, sob determinadas circunstâncias, a métodos violentos. Teria a Primeira Guerra Mundial tornado aceitável a aliança do pensamento com a violência? Toda uma geração em uma variedade de campos ideológicos (socialismo, comunismo, messianismo, sionismo, ideologia *völkisch*) saudaram entusiasticamente o pensamento radical. Só quem pensasse até as últimas consequências poderia chegar a algum lugar nesse mundo adoecido. Também Heidegger não se deu conta do perigo desse absolutismo intelectual. Mas ele de modo algum estava sozinho nisso.

Porém, o que é ainda mais surpreendente, a um olhar retrospectivo, é que Heidegger, como o filósofo que era, tenha considerado possível saltar do pensamento para a prática sem antes passar por aquele campo intermediário em que ambos se confrontam diretamente.

Ao que tudo indica, com *Ser e Tempo* Heidegger tinha descartado a possibilidade de pensar nesse campo intermediário, pois nessa obra ficou demonstrado extensamente que o autêntico ser-aí também passa pela rejeição do "a gente", do mundo compartilhado da história e dos acontecimentos, da esfera pública, da cultura, da tecnologia. Diante de toda essa exclusão do "inconveniente" mundo exterior, fica fácil entender porque Heidegger foi capaz de ingenuamente encarar a euforia do levante nacional-socialista − algo que hoje nos parece monstruoso − como uma concepção convincente. Mais tarde, Hannah Arendt escreveria uma parábola sobre essa situação: Heidegger como uma raposa que fica presa na sua própria armadilha[8].

Heidegger esperava que o novo tipo de pensamento em que vinha trabalhando fosse desaguar, sob os auspícios da Universidade de Friburgo, em um novo modelo de academia, com impactos vigorosos sobre o ensino e o processo de formação.

---

8. Cf. infra, p. 336-337.*

3. O FRACASSO DA INTEGRAÇÃO ENTRE ALEMÃES E JUDEUS NOS ANOS 1920

Tinha certeza de que a oportunidade de implementar seu programa acabaria por se concretizar. Estaria ele à espera da tomada de poder nacional-socialista? Certamente não deve ter visto com bons olhos as orgias banais de violência ocorridas após 1933. Entretanto, vislumbrou bem cedo no "movimento", e ao que tudo indica também em sua postura marcial, a alternativa promissora ao cotidiano dos anos 1920, aos hábitos e procedimentos monótonos da democracia: uma possibilidade, um fórum para a renovação do potencial intelectual da nação. Deve ter acreditado que uma missão legada pelos antigos estava pendente e que agora, com o nacional-socialismo, era chegado o tempo de cumpri-la. Decerto, não pensava que o movimento nacional-socialista se desincumbiria da missão espontaneamente. Pois, em sua opinião, o próprio movimento necessitava de uma educação. Na verdade, Heidegger considerava desde muito tempo que essa missão cabia a si próprio, faltava apenas ser convocado[9].

Heidegger compartilhava a ilusão do "levante" nacional-socialista com várias outras pessoas, desde Gottfried Benn até Carl Schmitt, Arnolt Bronnen e outros. O nacional-socialismo se tornara portador de grandes esperanças; muitos viram nele uma alternativa ao caos da sociedade de massa, à submissão perante a tecnologia, à autodepreciação da cultura alemã e à ruína do Estado nacional alemão. O retorno à "essência alemã" era a promessa por trás da qual se escondiam a violência e o terror, a moderna tecnologia de dominação e a implantação de um sistema de dominação total.

A utopia do socialismo russo tinha por base a antevisão de um *novo ser humano*. De maneira muito mais inequívoca do que no caso nacional-socialista, o socialismo representava uma imagem modernista do ser humano. A equação matemática de Lênin: "Comunismo = poder dos sovietes + eletrificação total do país" (1920) apresentava o socialismo como o maior projeto de modernização na história russa. O novo ser humano tinha de ser *produzido*, fosse por meio da tecnologia, fosse, se necessário, pela coerção. Muitos projetos individualistas e coletivistas, artísticos e políticos dos anos 1920 podem ser reencontrados aqui: desde a reforma da educação e da dança até o nacionalismo sionista.

9. Cf. carta de Heidegger para Jaspers, de 3 abr. 1933 (pouco tempo antes de assumir a reitoria), em M. Heidegger; K. Jaspers, op. cit., p. 151.

Ambas as utopias levavam adiante a ideia da autopurificação e da renovação. Diante dessas duas alternativas, os intelectuais alemães e europeus se agruparam em lados opostos.

Segundo o historiador francês François Furet, a atração pelas duas utopias que visavam à totalidade remontava a um ódio maior da *intelligentsia* europeia por sua própria classe, a burguesia[10]. A partir de uma outra perspectiva, também se poderia dizer que as utopias totalitárias respondiam ao ódio das *intelligentsias* europeias por si mesmas. Elas davam apoio e direção ao repúdio radical da sociedade burguesa e sua cultura, um repúdio tanto mais radical quanto mais impregnado de raiva, sentimentalismo, esteticismo e ideologização. Ofereciam respostas tanto para o homem comum quanto para o boêmio.

O acaso ou traços de personalidade e caráter protegiam muitas vezes aqueles que deparavam com semelhante tentação. Karl Jaspers, por exemplo, desde há muito fascinado pelo universo intelectual heideggeriano, foi precoce em se aperceber do potencial mortífero do antissemitismo. Sua mulher era judia e tinha sobrinhos em Berlim que desde cedo sofriam com o medo da perseguição. Mas Jaspers era uma exceção. A regra era que o intelectual jovem enxergasse em uma das duas utopias e estratégias de poder a oportunidade para se entregar ao gozo de ascender à conquista de poder e do sentimento proporcionado pela fantasia do ilimitado.

FIM DA ASSIMILAÇÃO E DA CARREIRA: HANNAH ARENDT

O conflito profundo do intelectual inserido nessa constelação se tornou o tema da vida de Hannah Arendt.

O caminho que trilhou foi como um contraponto ao do antigo amante, sofrendo uma dupla interrupção no ano de 1933, quando não apenas sua carreira acadêmica termina de forma abrupta, como a vida na Alemanha se torna impossível para ela.

10. "O ódio contra o cidadão que surgiu da democracia e continua crescendo nela só parece vir de fora. A rigor, é o ódio do cidadão contra si mesmo." (F. Furet, *Das Ende der Illusion*, p. 28.)

Além das preocupações profissionais, Arendt e o marido são levados inapelavelmente a encarar o fato de serem judeus.

Nesse meio tempo, a propaganda antijudaica na Alemanha não era mais a exceção, e sim a regra, tornando-se socialmente aceitável. A opinião pública alemã, incluindo a burguesia culta, mergulhara num turbilhão de inveja, ódio e desprezo aos judeus. Entre estudantes e docentes da maioria das universidades alemãs, a campanha de ódio aos judeus já era corriqueira desde fins do século XIX. A novidade após o fim da Primeira Guerra Mundial está no abandono por parte dos professores de qualquer decoro acadêmico. Destacavam-se por suas opiniões, preconceitos e sentimentos de inveja em relação aos judeus. Os anais das universidades falam de processos disciplinares contra grupos de estudantes judeus que se opunham com veemência a associações estudantis de vertente nacionalista. Na maioria dos casos, os grupos de jovens judeus rejeitavam a cultura das associações nacionalistas alemãs. Nelas se cultivava uma postura antijudaica que exibia sem disfarces seu caráter violento. Responsabilizavam-se os judeus pela derrota na Primeira Guerra Mundial. A expressão mais brutal do antissemitismo crescente foram os assassinatos de políticos judaicos (Kurt Eisner, Hugo Haase, Walter Rathenau e outros), os desfiles acompanhados de arruaça das associações estudantis nacionalistas e, mais tarde, os *pogroms* e assassinatos a céu aberto por parte da SA (Tropas de Assalto) predispostas à violência.

SIONISMO E FILOSOFIA EXISTENCIALISTA

Entre os jovens judeus, esse contexto de violência cada vez mais frequente, por um lado, e, por outro, o movimento sionista criado por seus pais em fins do século XIX, desencadearam uma energia que arrebatou muitos deles. Diferentemente de seus pais, seus membros e protagonistas eram impelidos por uma autoconsciência *política*.

Hannah Arendt fez parte da geração daqueles que cresceram em meio à erosão da "simbiose" teuto-judaica. Na adolescência, participou, ao lado de amigos, de um movimento que já tinha alguma história. Desde o início do novo século vinham sendo criadas e transmitidas, de uma geração a outra, importantes associações de estudantes judeus, bem como novos grupos de excursionistas e clubes de debates. Em 1901 foi fundada a Associação Sionista em Königsberg, e em 1904 o Clube de Estudantes Judeus. Seus membros provinham sobretudo de famílias de judeus da Europa oriental[11]. O objetivo e a intenção dessas e de outras associações judaicas, como, por exemplo, dos grupos de excursionistas que se formariam logo depois, eram a educação da nova geração para a aquisição de uma certa formação e autoconsciência judaicas. Para tanto, valiam-se de formas de sociabilidade completamente usuais à época, pois essas associações de estudantes seguiam o modelo das principais associações nacionalistas; vistos de fora, os clubes de excursionistas judeus não deviam se diferenciar muito de seus concorrentes com orientação *völkisch*.

O movimento de reforma pedagógica surgido durante a infância de Arendt, com protagonistas como Gustav Wyneken, Siegfried Bernfeld e o jovem Walter Benjamin, deve ter se tornado evidente para ela em sua adolescência.

Também em Königsberg havia grupos de alunos judeus. Arendt pertencia, como se depreende dos anais da comunidade judaica de Königsberg, a um círculo de jovens "que, sem negar seu judaísmo, não pertencia a nenhuma dessas organizações [sionistas]"[12]. Entre eles, havia ainda o círculo de colegiais que se reuniam em torno de Ernst Grumach[13], um talento na área de filologia antiga e o primeiro amor de juventude de Arendt. Aí reuniam-se jovens que liam Platão no original, conheciam os textos de Immanuel Kant de cor e discutiam lançamentos literários. Daí surgiu aquele "grupo de pares" com o qual Arendt se relacionaria a vida inteira.

Max Fürst, outro amigo de juventude de Arendt, fala sobre o empolgante tempo de juventude em Königsberg, quando topou com um grupo de rapazes chamado "Turba Negra":

11. Cf. Y.K. Jacoby, *Jüdisches Leben in Königsberg/Pr. im 20. Jahrhundert*, p. 42.
12. Ibidem, p. 91.
13. Ibidem.

Era um caldeirão de bruxa em que cozinhávamos, em que nos ocupávamos com tudo o que nossa época nos oferecia. Partindo de Wyneken [...] romantismo, canções, excursões, celebrações do solstício

3. O FRACASSO DA INTEGRAÇÃO ENTRE ALEMÃES E JUDEUS NOS ANOS 1920

> [...], chegamos à poesia expressionista, à confrontação com nacionalismos de toda espécie [...] com a geração dos pais e seus deuses, com o judaísmo e outras religiões e repetidamente com Marx, e nos esforçávamos para esclarecer nossa postura diante dos eventos cotidianos.[14]

Inicialmente, o movimento de jovens fora rejeitado tanto pelos judeus conservadores quanto pelos liberais. Kurt Blumenfeld, o influente sionista que frequentava a casa dos pais de Arendt como amigo, relatou que o amado avô de Hannah, Max Arendt, reagiu com as seguintes palavras à pretensão do sionismo: "Considero um assassino a pessoa que contestar minha germanidade."[15] Ainda assim, mais tarde ele apoiou os grupos sionistas de jovens em Königsberg. Hermann Vogelstein, o rabino de Königsberg, também era um adversário do sionismo naquela época: "O judaísmo é religião, e não nação", foram suas palavras[16]. Por isso, a comunidade judaica inicialmente se opôs às atividades dos jovens, porém mais tarde representantes da geração mais velha participaram efetivamente de festividades da Associação de Estudantes Universitários Judaicos[17].

Para Hannah, o sionismo era primordialmente uma cultura de disputas intelectuais.

Os textos de Theodor Herzl, de Max Nordau, os artigos de Max Goldstein, os livros de Martin Buber ou Leo Baeck, embora se distanciassem incisivamente do discurso majoritário, faziam parte do quadro geral das correntes políticas e culturais alemãs, e até europeias, daquela época. Seus protagonistas participavam das discussões científicas e intelectuais da época e se moviam nas categorias de pensamento do movimento socialista. Comungavam com as máximas da teoria racial porque elas eram tidas como cientificamente comprovadas. Os jovens sionistas de Königsberg e de outras partes do *Reich* tinham noções estéticas semelhantes às do movimento vanguardista, isso quando eles mesmos não faziam parte desse movimento. A separação entre discurso "judaico" e "alemão", que o sionismo visava alcançar, era, ainda assim, de natureza mais simbólica do que real. Os sionistas eram, em sua maioria, modernistas de primeira linha. Misturavam de modo bem peculiar uma variedade de

14. M. Fürst, *Gefilte Fisch*, p. 194.
15. K. Blumenfeld, *Erlebte Judenfrage*, p. 45.
16. Y.K. Jacoby, op. cit., p. 49.
17. S. Schüler-Springorum, *Die jüdische Minderheit in Königsberg/Preussen*, 1871-1945, p. 147s.

correntes: modernismo, messianismo, nacionalismo, tradiciona-lismo, movimento da juventude, teoria racial e socialismo. E, ainda assim, esses jovens sionistas representavam algo totalmente próprio.

O grande historiador judeu Heinrich Graetz, pioneiro da his-toriografia de perspectiva judaica, fez sua história dos judeus desembocar na tese de que só os judeus tinham um senso histórico, mas não os alemães. E isso numa época em que a historiografia nacionalista alemã orgulhosamente se arvorava em ciência suprema.

Para Buber, Baeck e outros, restabelecer a saúde do povo era a grande questão, pois, segundo eles, só os fortes estariam cotados para serem os pioneiros na construção da Palestina; homens jovens e vigorosos, loiros e de olhos azuis, são tomados como modelos do pioneiro da Palestina. A liga de jovens Azul e Branco defendia uma consciência associativa elitista; o "princípio do líder [Führer]" foi incluído em seus estatutos[18].

Além do mais, o sionismo dessa época também era um socia-lismo de cunho nacionalista. O "homem novo", de que tanto se falava no bolchevismo soviético, na poesia expressionista e messiâ-nica, bem como em redutos da ideologia *völkisch*, também haveria de surgir na Palestina. Seu ideal era o operário livre que fazia tra-balho braçal e de cujas mãos brotaria a indústria mais avançada. O sionismo político se apresentava como ideologia dessa projeção modernista. Isso o distinguia dos nacionalistas *völkisch* e dos nacio-nal-socialistas dos anos 1920.

O sionismo do leste da Alemanha também se alimentava do intercâmbio com movimentos, grupos e personalidades pré-re-volucionárias da Rússia, que procuraram Königsberg pela sua proximidade geográfica[19].

Em Königsberg, o sionismo podia se associar com êxito à cul-tura e à forma de pensar social-democrata. Os pais de Hannah Arendt faziam parte do círculo que se reunia em torno dos *Sozialis-tische Monatshefte*, periódico mensal socialista. Seu editor, Josef Bloch, tinha afinidade com a ala revisionista de Bernstein na social-de-mocracia, tinha se correspondido com Friedrich Engels e era, por causa de sua enorme cultura – ele falava e lia ídiche e hebraico –, uma espécie de elo de ligação entre socialistas e sionistas[20]. O periódico se tornou, não só

18. Ibidem, p. 276s.
19. K. Blumenfeld, op. cit., p. 46s.
20. Ibidem, p. 57.

em Berlim, um fórum dos judeus autoconfiantes, simpatizantes do sionismo, ainda que não organizados, com inclinação socialista e a intenção de se distanciar do meio judaico liberal e assimilativo.

A mãe, que nutria uma grande simpatia por Rosa Luxemburgo, hospedou por certo tempo em sua casa um grupo de discussão no qual se encontravam os intelectuais de esquerda de Königsberg, entre os quais não estavam apenas socialistas de postura reformista, mas também social-democratas independentes e radicais[21]. Mais tarde, a filha haveria de escrever um ensaio importante sobre a revolucionária judia e teuto-polonesa Rosa Luxemburgo.

Diante desse pano de fundo, não é por acaso que Arendt, depois de revisar sua tese de doutorado a pedido de Jaspers, e justamente quando o discurso público, no final dos anos 1920, se tornava mais áspero e ameaçador, passe a se ocupar da história mais recente do judaísmo. Ao que tudo indica, ela realizou seus estudos sobre a assimilação teuto-judaica a partir de um sentimento de insegurança e da necessidade de se precaver contra riscos pressentidos. Sentia que seu mundo estremecia. Possivelmente, com mais força fora do que dentro de Königsberg. Hans Jonas relata que a jovem estudante lidava de modo bastante consciente com o antissemitismo. Em Marburgo, certificou-se, em uma conversa com Rudolf Bultmann, antes de participar de um seminário de Teologia com esse professor, de que podia contar com o apoio dele, caso viesse a se deparar com hostilidades antissemitas[22]. Bultmann a tranquilizou.

A agitação nacionalista e racista também se fazia sentir em Heidelberg. Já nos anos 1920, associações estudantis e membros do corpo docente combatiam "o sistema". Estudantes sionistas procuravam se defender contra a discriminação.

Em dois casos, que repercutiram inclusive na política estadual, ficou claro até que ponto o antissemitismo tinha penetrado na cultura política.

Em Heidelberg, o caso do *Privatdozent* pacifista Emil Julius Gumbel foi motivo de acaloradas contendas por alguns

21. Cf. E. Young-Bruehl, *Hannah Arendt: Leben und Werk*, p. 66.
22. Ibidem, p. 108.

anos. Em 1932, após várias tentativas por parte de seus adversários, o direito de lecionar na universidade foi retirado de Gumbel, que era economista, matemático, estatístico, sindicalista e militante do USPD; com isso, ele fora excluído da universidade. Em livros e panfletos, Gumbel tinha denunciado as execuções e seus responsáveis dentro das ligas secretas dos anos 1920, bem como a postura antirrepublicana presente dentro do Judiciário. Uma dessas investigações sobre as ligas secretas lhe custou uma denúncia de alta traição, a qual foi arquivada porque os fatos que Gumbel tinha reunido eram indiscutíveis[23]. O que foi determinante, por último, para a abertura de um inquérito interno na universidade foi sua participação numa manifestação pública contra a guerra em 26 de julho de 1924, em Heidelberg. Durante o ato, ele havia se referido às mortes provocadas pela guerra nos seguintes termos: "eu não diria que [as pessoas] tombaram no campo da ignomínia, mas que perderam a vida de forma horrível"[24]. A partir de então, o "caso Gumbel", como era chamado o processo disciplinar, ficou cozinhando no decanato e no conselho da universidade. Como membro da comissão encarregada de analisar o caso, Jaspers se empenhou para desideologizá-lo. Quase quarenta anos mais tarde, ele escreveu o seguinte: "No primeiro instante ficou claro para mim que o que estava em jogo era a liberdade de ensino. Ela também é destruída em suas raízes quando se permite que os docentes sejam auditados devido a suas opiniões."[25]

Ao que tudo indica, o secretário social-democrata do Interior e da Educação Adam Remmele e uma parte do parlamento estadual apoiaram Gumbel durante certo tempo. A circunstância de que os fatos eram indiscutíveis só deixava os nacionalistas ainda mais furiosos.

Durante esse período, Gumbel continuou recebendo uma bolsa de *Privatdozent* paga pela universidade. Em 1932, os adversários de Gumbel conseguiram persuadir a faculdade a privá-lo do direito de lecionar. Jaspers se recusou a aprovar esse procedimento singular, mas não conseguiu impedi-lo.

O segundo caso dizia respeito ao *Privatdozent* Arnold Ruge, de postura *völkisch*. Ruge escrevia panfletos antissemitas

---

23. Cf. Renato de Rosa, Nachwort, em K. Jaspers, *Erneuerung der Universität*, p. 344.

24. Ibidem, p. 345; o próprio Jaspers cita Gumbel com as seguintes palavras: "os homens que eu não diria tombaram no campo da desonra, mas perderam a vida de maneira horrível". (Cf. K. Jaspers, *Philosophische Autobiographie*, p. 59.)

25. K. Jaspers, *Philosophische Autobiographie*, p. 59s.

3. O FRACASSO DA INTEGRAÇÃO ENTRE ALEMÃES E JUDEUS NOS ANOS 1920

malévolos, em que se apresentava como "vítima" do "terrorismo judaico"[26]. Por trás disso se encontrava sua carreira acadêmica fracassada. Em 1920 tinha ocorrido um protesto de professores contra a atuação dele em Heidelberg; entre os participantes estavam os professores Ludwig Curtius e Eberhard Gothein. Por fim, a Faculdade de Filosofia justificou a decisão de retirar seu direito de lecionar com o seguinte argumento: Ruge fora afastado da universidade não por causa de seu antissemitismo, mas por ter ofendido a corporação acadêmica[27]. Semelhante atenuação do conflito não deixava de ser típico daquela época. Ruge foi para Marburgo e lá deu continuidade à sua campanha difamatória como assistente do Seminário de Filosofia. A esse episódio seguiu-se um poslúdio. Em dezembro de 1933, Heidegger recusou uma solicitação do governador do *Reich* Robert Wagner, que estava buscando uma cátedra para seu companheiro de Partido, no caso, Arnold Ruge, com a seguinte justificativa: "Enquanto, no nacional-socialismo, o *princípio do desempenho ou do mérito* estiver em vigor para a escolha dos dirigentes e diretores responsáveis por postos, o senhor Ruge não entra absolutamente em cogitação para uma cátedra de Filosofia."[28]

Levando em conta casos como esse, dentre outros, o secretário Adam Remmele incentivou, em 1931, a Universidade de Heidelberg a "verificar, antes das tratativas para a nomeação, a questão da aprovação do Estado no caso dos candidatos cogitados". Indignada, a faculdade rejeitou essa intervenção na liberdade universitária; ela afirmou ter de se recusar a "cumprir eventuais instruções dessa espécie". Solicitou-se ao conselho da universidade que, "no interesse da universidade, assumisse esse mesmo ponto de vista e o levasse ao conhecimento do ministério"[29].

Em 1933, o novo Ministério da Educação obrigou a universidade a receber um docente com as credenciais do partido nacional-socialista. O *Privatdozent* e conselheiro de Estado dr. Paul Schmitthenner, sem passar por nenhum processo de seleção, obteve uma cátedra de Ciência da História com ênfase na disciplina "Ciência da Guerra e da Defesa". A Faculdade de Filosofia expressou, "com alegria e gratidão", seu assentimento e aprovou "o enriquecimento

26. Cf. Akten Universität Marburg betreffend Politisches, StA MR, 305 a, Acc 1959/9, Nr. 584, Rektor u. Senat, Sect. 1, Lit. T Nr. 7.

27. Ibidem.

28. Martin Heidegger, Gutachten über Herrn Arnold Ruge vom 18, dez. 1933, em M. Heidegger, Reden, *Gesamtausgabe*, 1.*Abteilung*, v. 16, p. 223.

29. Carta da Faculdade de Filosofia (decano Sölch) ao Conselho Restrito de 11 de maio de 1931, UAH, H-IV-102/153 Akten der Phil. Fak. 1930-1931, Bd. 1 a Dekan Sölch.

de seu currículo com uma disciplina tão significativa". Mas o documento trazia ainda o tímido acréscimo de que, a rigor, as nomeações eram um assunto que competia à universidade[30].

Pode-se perceber, a partir dessas ocorrências, como a inércia corporativa da universidade contribuiu tanto para protegê-la quanto para arruiná-la. As instâncias universitárias procediam, via de regra, da seguinte maneira: retardavam-se os conflitos, por exemplo, uma campanha difamatória nacional-socialista contra um docente judeu, recorrendo-se a métodos democráticos. Com isso as coisas andavam bem durante certo tempo, porque ainda era possível aparar as arestas. Entretanto, ao fazer isso, os limites iam se alargando pouco a pouco. A fim de preservar a paz da corporação, as universidades toleravam cada vez mais atitudes não democráticas, mas depois se surpreendiam quando esse comportamento era entendido como assentimento à hostilidade contra a República e acabava levando a mais discórdia. A noção de liberdade de ensino e pesquisa dominante na corporação oscilava entre nacionalista e antipolítica. Muitos defendiam a postura de que o mais importante era deixar a República do lado de fora da universidade.

Essa era também a situação reinante em Heidelberg. A jovem Hannah Arendt deve ter acompanhado atentamente e comentado de forma crítica os "casos" que vez ou outra vazavam.

Afora isso, porém, tudo parecia continuar como antes: ocorriam tratativas de nomeações, carreiras eram planejadas e fracassavam, os boatos universitários circulavam, livros e ensaios buscavam seus leitores. Paulatinamente, o clima de polarização das ruas foi invadindo a universidade, de modo que, ao final, a *alma mater* acabaria se tornando, também ela, um campo de batalha de interesses políticos.

Em Berlim, era como se Hannah pudesse tocar com a ponta dos dedos a desgraça iminente, intuindo-a com todos os seus sentidos. Na metrópole, ela não dispunha da mesma proteção que tinha na universidade. Em Marburgo, tinha Heidegger e Bultmann, em Heidelberg, Jaspers e alguns

---

30. Cf. carta da faculdade para o Ministério de 18 de maio de 1933, UAH, H-IV-102/157 Akten der Phil. Fak, Dekan Arnold von Salis, Bd. I.

3. O FRACASSO DA INTEGRAÇÃO ENTRE ALEMÃES E JUDEUS NOS ANOS 1920

docentes judeus como protetores, além de, naturalmente, seus amigos de Königsberg e de outros lugares. Alguns, como Hans Jonas, provinham do campo sionista; outros, como Benno von Wiese, eram mais apolíticos.

Na primavera de 1930, ela deu uma palestra sobre seu novo tema de pesquisa em Berlim: Rahel Varnhagen e a existência judaica na Modernidade[31]. Enviou o texto a Jaspers, que imediatamente se deu conta de uma forte intranquilidade ali presente e que não podia ter surgido de problemas acadêmicos. A leitura o perturbou. Queria lhe falar sobre isso, "para perguntar, e sentir durante a conversa, a propósito da correção de algumas passagens, o que, na verdade, você quer dizer; pois não me parece adequado lhe escrever apenas alguns *dicta*, já que percebo que nessa concepção, apesar da objetividade que você busca, há algo acontecendo"[32].

E então lhe escreveu, ainda assim, alguns *dicta*:

> Você objetiva a "existência judaica" nos termos da filosofia existencialista – e, com isso, possivelmente socave as raízes do filosofar existencial. O depender-de-si-mesmo não é mais levado inteiramente a sério se ele é *fundamentado* nos termos de uma destinação judaica, em vez de estar enraizado em si mesmo. A oposição entre flutuar livremente e estar enraizado me parece filosoficamente suspeita. As passagens de cartas maravilhosamente selecionadas por você me fazem perceber algo bem diferente: o "judaico" é uma *façon de parler* ou uma forma de manifestação de um ser-si-mesmo de atitude originalmente negativa, que não pode ser fundamentado a partir da situação histórica, mas é destino que não logrou se libertar do castelo encantado.[33]

Porém, segundo ele, isso não eram objeções. A resposta de Arendt mostra como ela se debatia com o assunto, mas, ao mesmo tempo, sentia-se segura, de alguma maneira, pois sabia se defender do que Jaspers lhe atribuía:

> Não procurei – ao menos não estou consciente disso – "fundamentar" a existência de Rahel em termos judaicos. Essa palestra é apenas um trabalho *preliminar* que visa mostrar que sobre a base do ser-judeu *pode* surgir uma

31. Jaspers menciona essa palestra em carta para Arendt de 20 mar. 1930, em H. Arendt; K. Jaspers, *Briefwechsel 1926-1969*, p. 46. A palestra não foi encontrada até hoje; ela tampouco se encontra no espólio literário de Jaspers.
32. Ibidem.
33. Ibidem, p. 46s.

determinada possibilidade de existência que foi designada por mim, com toda a provisoriedade e a título de sugestão, como fatalidade. Essa fatalidade surge justamente a partir de uma falta de chão e *só se* efetiva justamente com o desprendimento em relação ao judaísmo. A rigor, nem se visava aí oferecer uma interpretação propriamente dita desse ter-um-destino. Para ela, o judaísmo por fim também se tornaria um fato irrelevante. Há realmente uma objetivação em determinado sentido: mas não uma objetivação da existência judaica (como figura, por exemplo), e sim de um nexo vital histórico que, creio eu, entretanto, pode significar algo (mas não uma ideia objetiva ou algo semelhante). Parece que determinadas pessoas estão de tal modo expostas em sua própria vida (e só nesta, e não, por exemplo, como pessoas!) que se tornam, por assim dizer, interseções ou objetivações concretas "da" vida. No caso de Rahel, minha objetivação se baseia em uma auto-objetivação que não é reflexiva e, portanto, *a posteriori*, e sim desde o início [uma objetivação] do modo da "vivência", da experiência que lhe é peculiar. Eis o que tudo isso é, a rigor: destino, estar-exposto, algo que se expressa com a vida, algo que não posso (e percebo isso ao escrever) dizer *in abstracto*, mas, quando muito, talvez, através de exemplos. Justamente por isso também pretendo escrever uma biografia. "Interpretação" aqui tem propriamente o sentido de repetição.[34]

Décadas depois ela iria negar com veemência que tivesse escrito uma biografia e insistir que tinha recontado uma história – exatamente como a própria Rahel teria feito, em sua opinião[35]. Mas isso foi mais tarde. O que interessa aqui é que por trás do esboço da pessoa de Rahel Varnhagen não se encontrava a pretensão de oferecer apenas uma interpretação adequada à figura histórica. Arendt também pretendia narrar algo típico da história do judaísmo moderno. A personagem se tornou, para ela, objetivação de uma ruptura no próprio judaísmo: da ruptura entre o anseio de pertencimento e a consciência de que da existência de *parvenu* das pessoas assimiladas não podia surgir uma identidade. No processo de reflexão, contudo, também surgiu algo dentro dela. Não tinha certeza, mas achava que se tratava de algo bem fundamental, que não se podia pôr de lado. No exílio em Paris, ela encontraria, para isso, a figura do *pária*, do excluído, que só consegue conservar alguma dignidade negando-se a si mesmo.

34. Carta de Arendt para Jaspers, de 24 fev. 1930, ibidem, p. 47s.

35. Lá ela fez uma brincadeira com um subtítulo adequado para o livro, que seria publicado pela editora Piper: "Rahel Varnhagen. A melodia de um coração ferido assobiada com variações por Hannah Arendt. É exatamente isso que eu fiz." (Cf. Arendt, carta para Hans Rössner, 12 jan. 1959, Nachlass Piper Verlag, DLA Marbach.)

Para uma jovem filósofa existencialista da escola de Heidegger, era plausível pensar dessa maneira. O ser-aí como possibilidade estava presente, mas precisava ser vivido. Como viver? Enfrentando o que nos é irremediavelmente dado. No pensamento de Heidegger, trata-se da morte, da angústia, do "a gente", do falatório, mas também do cuidado ou da preocupação com o ser-aí. Heidegger não tinha criado suas reflexões para a "questão judaica", mas Arendt não precisava se importar com isso. Por que justamente a autorreflexão do judaísmo na figura de Rahel Varnhagen não haveria de ser uma parte da realização de uma possibilidade já existente? Por que aquilo que Heidegger apresentou – para ela, de modo convincente – como dualismo entre ser-aí que se perde e ser-aí que se encontra a si mesmo não se aplicaria à autorreflexão do judaísmo?

Heidegger certamente não foi a única fonte de inspiração. Ávida de saber, a jovem Hannah Arendt estava familiarizada com a literatura sionista contemporânea. Em palestras e discussões, ela tinha assimilado o ideário dos grandes sionistas, como Martin Buber, Leo Baeck, Theodor Herzl e seu amigo Kurt Blumenfeld. Em seus discursos e textos, esses pensadores falavam de fatalidade e do despertar para um ser-aí autêntico, de um ser-aí malogrado e de vocação; em termos atuais, dir-se-ia: de identidade e interesse verdadeiro.

Ela conheceu Kurt Blumenfeld no verão de 1926, durante seu primeiro semestre em Heidelberg, por ocasião de uma palestra proferida por ele[36]. Assim como ela, Blumenfeld vinha da Prússia Oriental, mas, tendo nascido em 1884, era uma geração mais velha do que ela. Tinha realizado seus estudos universitários em Berlim, Friburgo e Königsberg e, ao longo desse percurso, tornara-se sionista. Trabalhava incansavelmente nas comunidades judaicas, sobretudo nas associações estudantis na Alemanha desde 1909, no intuito de transformar o sionismo em uma corrente política a ser levada a sério. Em 1911, foi nomeado secretário-geral da Federação Sionista Mundial. Tornou-se o primeiro político sionista a ocupar um cargo fixo na Alemanha. Em 1924, foi eleito presidente da Associação Sionista para a Alemanha. No catálogo telefônico de Berlim de 1933, ele está registrado como comerciante.

36. Cf. E. Young-Bruehl, op. cit., p. 120.

Kurt Blumenfeld (1884-1963).

Sua forma carismática de falar deve ter soado muito convincente, especialmente para jovens judeus e judias em busca de uma vida e atuação autênticas para além da assimilação. Blumenfeld era, além disso, um organizador genial; conseguia organizar campanhas de doações em grande estilo e também impressionava pessoas famosas da época. Por anos a fio, trabalhou ao lado de Albert Einstein, que desempenhou um papel relevante na conquista de personalidades importantes e prósperas, judias ou não, para a causa do sionismo. Blumenfeld atuou em prol do sionismo na Alemanha até fugir para a Palestina em 1933.

3. O FRACASSO DA INTEGRAÇÃO ENTRE ALEMÃES E JUDEUS NOS ANOS 1920

Em sua forma de lidar com as pessoas, a jovem Hannah Arendt era um tanto tímida, mas devia haver algo em Blumenfeld que a fez se sentir à vontade já em seu primeiro encontro. Em todo caso, o dia terminou de modo bastante alegre. Relata-se que após o jantar para o qual Blumenfeld fora convidado por Jonas, provavelmente por incumbência da Associação de Estudantes Sionistas – possivelmente foi ele que convidou a ambos –, ela passeou pela cidade de braços dados com Blumenfeld e ambos cantarolaram muitas canções. Seu tímido admirador, o jovem Hans Jonas, foi trotando atrás dos dois[37]. Em breve, ela iniciaria uma amizade com Blumenfeld que, entremeada de grandes crises, haveria de durar uma vida inteira. A jovem estudante órfã de pai possivelmente o "adotou" como figura paterna.

Anos mais tarde, a própria Hannah Arendt definiu seu relacionamento com o sionismo, de antes de 1933, da seguinte maneira:

> Eu tinha uma amizade muito estreita com algumas das lideranças, principalmente com o então presidente Kurt Blumenfeld. Mas eu não era sionista. Também não houve tentativa de fazer com que eu aderisse ao sionismo. Seja como for, fui influenciada por ele, especificamente na crítica e na autocrítica que os sionistas desenvolveram acerca do povo judeu. Isso me influenciou e me impressionou, mas, politicamente, era algo que não me interessava.[38]

Em 1972, ela respondeu a uma pergunta de Hans Morgenthau a respeito de seu "pertencimento" político:

> Eu não faço parte de nenhum grupo. O único grupo do qual fiz parte eram, como você sabe, os sionistas. Mas isso, naturalmente, foi só por causa de Hitler. E durou de 1933 até 1943. Depois disso, rompi com eles. Os sionistas ofereciam a única possibilidade de alguém se defender como judeu e não como ser humano – e eu considerava esta última opção um grande erro porque, quando se é atacado como judeu, é preciso se defender como judeu.[39]

37. Ibidem.

38. Hannah Arendt, conversa em programa de televisão com Günter Gaus, em H. Arendt, *Ich will verstehen*, p. 49.

39. Arendt, discussão com amigos e colegas em Toronto (novembro de 1972), ibidem, p. 107.

O que ela compartilhava era uma espécie de autorreflexão intelectual do judaísmo – e também o trabalho prático de assistência que prestava. Entretanto, não concordava com o projeto político da Palestina nem com as sutilezas táticas que as associações judaicas empregavam para se aproximar do alvo de uma Palestina judaica[40].

Confrontada ao mesmo tempo com o pensamento heideggeriano, a filosofia existencialista de Jaspers e o sionismo, Arendt se encontrava, assim como suas amigas e amigos que também haviam passado por Heidegger e Jaspers e se aberto ao sionismo, em um estranho dilema. As duas principais fontes de que se nutria, mostravam-se agora contrárias uma à outra. Naquela época, podia-se pensar em termos sionistas através do que se aprendia com Heidegger; podia-se abraçar intelectualmente o nacionalismo judaico a partir do pensamento de Jaspers. Era possível entender o sionismo como uma espécie de filosofia existencialista judaica. Que o sionismo não fosse apenas isso, possuindo antes muitas facetas, em parte contraditórias, é uma questão que não pode ser abordada aqui.

Com a virada de ano de 1932 para 1933 veio o choque: Heidegger, Jaspers e o sionismo não eram mais facetas de um cosmo homogêneo. Alguns professores venerados se encontravam agora factualmente do outro lado. Isso deve tê-la abalado profundamente.

Georg Lukács, um intelectual jovem e judeu como Arendt, diagnosticou esse choque, quarenta anos mais tarde, como expressão de uma "negação da realidade". Em sua opinião, esse dilema era o resultado imprevisível da "mistura de uma ética de 'esquerda' com uma epistemologia de 'direita'"[41]. Esse fenômeno era típico de toda uma geração:

> Uma parte considerável da nata da inteligência alemã [...] hospedou-se no "Grande Hotel Abismo" [...] um belo hotel, provido de todo o conforto, à beira do abismo, do nada, do absurdo. E o espetáculo diário do abismo, entre refeições ou espetáculos comodamente fruídos, só faz elevar o prazer desse requintado conforto.[42]

O prazer de pensar à beira do abismo. Com esse diagnóstico, Lukács caracteriza uma época. O perigo não só era encarado como um desafio intelectual e estético, mas

---

40. Em 1920, após o colapso do Império Otomano, a Palestina foi colocada, como parte da ordem do pós-guerra, sob protetorado britânico.

41. G. Lukács, *Die Theorie des Romans*, p. 16.

42. Ibidem, p. 17; a citação na citação se refere ao livro de Lukács intitulado *Die Zerstörung der Vernunft*, Neuwied: Luchterhand, 1962, p. 219. (G. Lucáks, *A Teoria do Romance*, p. 18.)

também submetido a um processo de estilização. Conta-se, por exemplo, que a breve tentativa de improvisar uma república de conselhos comunista na Hungria foi concebida por intelectuais frequentadores de cafés de Budapeste (entre eles, o jovem Lukács), que viravam a noite engalfinhando-se em discussões acaloradas ao estilo dos heróis de Dostoiévski, sobre o sentido de bem e mal em tempos de revolução[43]. Existem histórias semelhantes da república de conselhos bávara e também de alguns círculos de intelectuais revolucionários da Rússia. Em todos eles, circulava uma ideia de redenção que depois seria secularizada com a revolução.

Muitos desses intelectuais inclinados ao pensamento radical andavam sempre com a cabeça um pouco nas nuvens e por isso não se deram conta do quão perigosas suas ideias haviam se tornado para si mesmos nesse meio tempo. Tudo foi bem enquanto o marco político, e as regras democráticas que todos desprezavam, se manteve de pé. Mas isso logo mudaria. As esperanças messiânicas de pessoas como Ernst Toller, Erich Mühsam, Eugen Leviné, Georg Lukács, Ernst Bloch e Walter Benjamin sofreram uma dura interdição quando as perseguições tiveram início.

Essa é uma explicação possível para a mistura — hoje tão intrigante — de ausência de gravidade e radicalismo intelectual entre muitos pensadores jovens dos anos 1920 e princípios da década de 1930.

O DILEMA DE RAHEL VARNHAGEN

A estada de Arendt no "Hotel Abismo" foi curta. Todos os documentos atestam que ela era uma jovem extremamente prática e sóbria. Sua autoconfiança, seu bom senso e os contatos com círculos de ativistas sionistas a impediam de se entregar a ilusões.

A situação política ia se agravando, e os campos iam se formando e consolidando. O aumento da violência, que se tornava cada vez mais ameaçadora, se refletia também, e justamente, na linguagem política. O pressentimento de que

43. Cf. A. Grunenberg, *Bürger und Revolutionär: Georg Lukács 1918-1928*, p. 63s.

algo perturbador estava a caminho talvez explique a intranquilidade que Hannah Arendt e seus amigos sentiam e diante da qual Jaspers não sabia como proceder. Ela se via encurralada entre sua convicção da necessidade de assumir o judaísmo naqueles tempos e uma natural propensão à independência. Isso ficou claro para ela a partir da personagem histórica de Rahel Varnhagen, que ou não tinha dado esse passo, ou o tinha dado apenas parcialmente, ou de uma maneira insatisfatória para Arendt.

Por que ela escolheu Rahel Varnhagen para abordar o dilema? Teria o entusiasmo de sua amiga Anne Mendelssohn por Rahel Varnhagen contribuído para que ela a escolhesse como "encarnação" do dilema teuto-judaico? Mais tarde, ela dedicaria o livro à amiga. Talvez o que a recém-apaixonada Hannah escreveu de Genebra em agosto de 1936 a seu namorado Heinrich Blücher, então em Paris, seja um tanto revelador: Rahel Varnhagen seria "realmente minha melhor amiga, só que infelizmente já faz cem anos que ela morreu"[44]. A exuberância, bom humor e familiaridade dessa passagem desaparece no momento seguinte com a paráfrase virulenta do trecho de uma carta de Rahel Varnhagen a Rebecca Friedländer: "Eis por que é tão horrível ser judia, é que a gente tem de estar sempre se legitimando."[45]

Quem lê isso percebe o quanto o antissemitismo confrontava Arendt com questões existenciais às quais ela antes havia se exposto apenas teoricamente, quando muito.

Diante desse cenário, o dilema de Hannah em relação a seu amor por Martin Heidegger ficou ainda mais claro. Esse amor era autêntico, mas tinha levado aquela jovem mulher a um beco sem saída. Ela ouvia rumores a respeito de um Heidegger cada vez mais antissemita. A carta que escreveu a ele sobre esse assunto não foi preservada. Mas devia conter perguntas do tipo: esses rumores são verdadeiros? Você simpatiza com os nacional-socialistas?

Heidegger reagiu com irritação:

Os rumores que inquietam você são calúnias plenamente sintonizadas com as outras experiências pelas quais tive de passar nos últimos anos.

---

44. Carta de Arendt para Blücher, de 12 ago. 1936, em H. Arendt; H. Blücher, *Briefe 1936-1968*, p. 45.

45. A citação a que isso se refere reza assim: "Como é ruim sempre precisar se legitimar primeiro! Por isso é tão repugnante ser judia." (Apud H. Arendt; H. Blücher, *Briefe 1936-1968*, p. 45; cf. também nota de rodapé 2 da editora Lotte Köhler sobre essa carta escrita de Genebra.)

3. O FRACASSO DA INTEGRAÇÃO ENTRE ALEMÃES E JUDEUS NOS ANOS 1920

Que eu não tenha condições de excluir judeus dos convites para seminários pode ser depreendido do fato de não ter tido nos últimos quatro semestres *absolutamente nenhum* convite para seminários. A insinuação de que não cumprimento judeus é uma difamação tão baixa que até tomarei nota disso para não esquecer.

Como esclarecimento de como me comporto em relação aos judeus, cito apenas os seguintes fatos:

Fui licenciado neste semestre de inverno e por isso mesmo já informei a tempo, no verão, que gostaria de ser deixado em paz e não assumir trabalhos e coisas do gênero.

Quem, apesar disso, me procura e precisa urgentemente e pode inclusive se doutorar é um judeu. Quem pode me procurar mensalmente para relatar sobre um grande trabalho em andamento (nem tese de doutorado, nem projeto de pós-doutorado) é uma vez mais um judeu. Quem me enviou há algumas semanas um trabalho extenso para uma leitura urgente é um judeu.

Os dois bolsistas da Associação Emergencial [da Ciência Alemã] que foram alocados por mim nos últimos três semestres são judeus. Quem conseguiu uma bolsa para Roma por meu intermédio é um judeu[46]. – Quem quiser chamar isso de "antissemitismo furioso", que o faça.

De resto, sou tão antissemita hoje em relação a questões universitárias quanto há dez anos e em Marburgo, onde cheguei mesmo a encontrar o apoio de Jacobsthal e Friedländer para esse antissemitismo.

Isso não tem nada a ver com relações pessoais com judeus (por exemplo, Husserl, Misch, Cassirer e outros).

E não pode de modo algum afetar meu relacionamento com você.

Se de modo geral estou me retraindo há um longo tempo, isso se dá, por um lado, porque me deparei em todo o meu trabalho com uma falta de compreensão aflitiva e, por outro lado, em experiências pessoais não muito boas que tive de fazer em minha atividade docente. Já perdi, aliás, há muito tempo o costume de esperar dos assim chamados alunos um agradecimento qualquer ou mesmo uma atitude decente.[47]

Heidegger escreveu de maneira objetiva, quase impaciente, e salientou sobretudo o quanto se empenhava por seus alunos judeus. Ele lembrou implicitamente a Hannah do fato de que um dos dois pareceres mencionados para a Associação Emergencial da Ciência Alemã tinha sido escrito para ela[48].

46. Karl Löwith tinha conseguido uma bolsa em Roma graças à intermediação de Heidegger.

47. Carta de Heidegger para Arendt, sem data (inverno de 1932-1933), em H. Arendt; M. Heidegger, *Briefe 1925-1975 und andere Zeugnisse*, p. 68s [p. 49-50].

48. A pedido de Jaspers, Heidegger tinha escrito um parecer em favor do projeto de Hannah Arendt de escrever um trabalho histórico-cultural sobre a assimilação teuto-judaica no século XIX a partir do exemplo de Rahel Varnhagen. (Cf. M. Heidegger; K. Jaspers, op. cit., cartas 83 e 84, p. 121 e 122.)

Naquela época, ao que tudo indica, não foi somente a distância espacial que contribuiu para o afastamento entre ambos. Hannah se tornara mais consciente em termos políticos. Em Berlim, ela vivia em uma atmosfera de atrito intelectual, de discurso público combativo. Por meio de Bertolt Brecht, Kurt Tucholsky e Carl von Ossietzky, dentre outros intelectuais de esquerda, ela se deparou com uma outra dimensão do discurso político, embora ainda sem perceber o quanto seria pessoalmente afetada por tudo aquilo.

Em Marburgo ela tinha se concentrado nos estudos. Em Heidelberg teve início, por intermédio de suas conexões com o sionismo, uma tomada de consciência de sua situação de vida como judia. Em Berlim, porém, confrontou-se com a antítese teuto-judaica.

Em 1932, ela surpreendeu a sua amiga Anne Mendelssohn ao expressar a opinião de que os judeus deviam emigrar. Fica evidente que o antissemitismo militante do início dos anos 1930 em Berlim ultrapassava tudo o que ela própria, destemida que era, tinha vivenciado em Königsberg, Marburgo ou Heidelberg.

Franqueza radical fora o imperativo de seu relacionamento com Heidegger; e não há dúvida de que ela levou isso a sério. A pergunta dirigida a Heidegger sobre a postura dele em relação aos judeus trouxe para o relacionamento de ambos algo que até então havia sido cuidadosamente evitado: o reconhecimento de um mundo exterior repleto de hostilidades e que, em termos políticos, opunha-os um ao outro.

Ela também passou por uma experiência típica nesse sentido com seu professor Karl Jaspers. Nos diálogos que mantinham, falavam não apenas sobre a questão dos judeus, mas também sobre a "essência alemã". Em 1932, Jaspers publicou um texto sobre Max Weber e o enviou à sua ex-doutoranda. Hannah Arendt lhe respondeu de maneira bastante específica:

3. O FRACASSO DA INTEGRAÇÃO ENTRE ALEMÃES E JUDEUS NOS ANOS 1920

o título e a introdução dificultam, de antemão, um posicionamento de minha parte. Não pelo fato de você enxergar em Max Weber o grande alemão, e sim pelo fato de ver nele a representação da "essência alemã" e identificá-la com "racionalidade e humanidade provenientes da paixão". Isso me causa a mesma dificuldade de posicionamento que sinto diante do enorme patriotismo de Max Weber. Você haverá de entender que, como judia, não posso dizer nem "sim" nem "não" a isso e que uma aquiescência minha seria tão inadequada quanto uma argumentação contrária. Não preciso ainda me distanciar quando o assunto em pauta é o "sentido da potência mundial alemã" e sua missão para a "cultura do futuro". Pois com essa missão alemã ainda consigo me identificar, embora não me identifique com ela sem nenhuma reserva. Para mim, a Alemanha é a língua materna, a filosofia e a literatura. Posso e devo responder por isso. Mas sou obrigada a me distanciar, me eximindo de ser a favor ou contra, quando leio a grandiosa afirmação de Max Weber de que, pela restauração da Alemanha, ele é capaz de se aliar até com o diabo. E me parece que essa afirmação mostra o que é mais decisivo nisso tudo. Queria compartilhar esse embaraço com você, embora ele se desfaça no decorrer da leitura[49].

Jaspers reagiu de uma maneira peculiarmente defensiva: a "essência alemã" à qual ela, afinal, também pertencia, não era um conceito genérico, e sim uma "intenção de totalidade histórica indefinida"[50]. Tratava-se, segundo ele, de reagrupar a juventude nacionalista em torno de uma consciência comum do que significa ser alemão. Daí que também tenha publicado o texto através de uma editora nacionalista. Em termos de conteúdo, porém, não tinha feito nenhuma concessão. No entanto, as reservas expressas por ela o haviam deixado pensativo.

Mas ela não o perdoou. Disse que não entendia sua "intenção de totalidade histórica" e a considerava idealista-nacionalista no mau sentido da palavra[51]. Que, naturalmente, ela era alemã, mas os judeus entraram nessa história tardiamente e de modo incompleto, e justamente por isso não faziam parte dela.

Destino judaico – auto-objetivação judaica – essência alemã – intenção de totalidade histórica. Qual era de fato o centro dessa discussão?

A tentativa por parte de Karl Jaspers de reconciliar o nacionalismo com a democracia e a filosofia não era

49. Carta de Arendt para Jaspers, de 1º jan. 1933, em H. Arendt; K. Jaspers, op. cit., p. 52.

50. Carta de Jaspers para Arendt, de 3 jan. 1933, ibidem, p. 53.

51. Cf. carta de Arendt para Jaspers, de 6 jan. 1933, ibidem, p. 54.

plausível para qualquer pessoa. A resposta de sua aluna deixou isso claro para ele. Não obstante, sua intenção fora apenas ligar o elemento nacional à missão democrática. Tentou fazer algo semelhante ao que Max Weber e também Thomas Mann haviam feito, aquele em 1919 e este em seu primeiro discurso republicano em 1922: dirigir-se à juventude nacionalista a fim de conquistá-la para a república. Hannah Arendt, porém, se posicionou como uma judia politicamente consciente, contrariando o representante bem-intencionado e um pouco ingênuo da germanidade.

Do ponto de vista de hoje, pode-se verificar nas cartas entre Arendt e Jaspers uma separação firme e irreversível entre o elemento judaico e o alemão. Como moradora de Königsberg, que tinha vivenciado o ódio político no microcosmo de sua cidade, ela sabia o que estava ocorrendo. Ela própria havia sofrido algo irreversível.

No momento do colapso da República de Weimar, a jovem mulher de 27 anos de idade se encontrava em uma fase de mudança radical: o grande amor que sentira havia congelado sob as circunstâncias glaciais da época, sua promissora carreira acadêmica fora interrompida, sua existência estava ameaçada. A maior parte de seus amigos não judeus se acomodou ao novo regime. Tomar consciência disso acarretou uma experiência de choque semelhante à que viveu ao se separar de Martin Heidegger. Trinta anos mais tarde Hannah Arendt pronunciou o seguinte juízo sobre as consequências do retumbante fracasso da *intelligentsia* diante do nacional-socialismo:

> Pude constatar que entre os intelectuais a *sincronização* (*Gleichschaltung*)[52] foi, por assim dizer, a regra [...]. Pessoa alguma jamais levou a mal o fato de alguém se deixar alinhar porque tinha de cuidar da esposa e dos filhos. O pior foi que eles realmente acreditaram nisso! Alguns por pouco tempo, por muito pouco tempo. Mas isso significa que eles inventaram ideias sobre Hitler [...] coisas que pairavam muito acima do nível usual! Foi isso que achei grotesco. Hoje eu diria que eles caíram na armadilha de suas próprias ideias.[53]

Nessa época irreal, quando a República de Weimar se encaminhava para o fim e ninguém sabia qual futuro teria, ela, por várias vezes, abrigou na residência em que morava

52. Durante os anos de dominação nazista, a *Gleichschaltung* foram as medidas adotadas pelo governo no sentido de uniformizar, sincronizar, alinhar e cooptar ideologicamente indivíduos, grupos e setores da sociedade alemã. (N. da T.)

53. Arendt, conversa em programa de televisão com Günter Gaus, em H. Arendt, *Ich will verstehen*, p. 56s.

3. O FRACASSO DA INTEGRAÇÃO ENTRE ALEMÃES E JUDEUS NOS ANOS 1920

com Stern, na rua Opitz, n. 6, comunistas em fuga e intelectuais perseguidos. A residência estava equipada com alguns dormitórios para hóspedes em trânsito[54].

Agora, a vida contemplativa da *intelligentsia* acadêmica tinha acabado. Ela tinha sido uma das primeiras no círculo do qual fazia parte a perceber isso, pois tinha um senso apurado de mudanças na atmosfera circundante. Sua preocupação agora não se referia à sua carreira destruída como filósofa, mas ela se viu subitamente confrontada com a percepção de que acontecera algo tão decisivo que exigia uma ruptura demonstrativa com seu modo de vida habitual. Trinta anos mais tarde ainda repercute o abalo que se abateu sobre ela em 1933. Em 1964, ela respondeu da seguinte maneira à pergunta do jornalista Günter Gaus a respeito da experiência marcante que ela tivera na passagem da República de Weimar para o nacional-socialismo:

> Eu poderia mencionar o dia 27 de fevereiro de 1933, o incêndio do *Reichstag* [prédio do Legislativo] e as prisões ilegais que ocorreram na sequência, na mesma noite. As chamadas prisões preventivas. Você sabe que as pessoas foram parar nos porões da Gestapo ou em campos de concentração. O que aconteceu então foi monstruoso [...] Isso foi para mim um choque imediato, e a partir desse momento me senti responsável. Ou seja, eu não era mais da opinião de que agora se podia simplesmente ficar assistindo. Tentei ajudar em algumas coisas [...] De qualquer modo, eu tinha a intenção de emigrar. Adotei imediatamente a opinião de que os judeus não podiam ficar. Eu não tinha a intenção de andar pela Alemanha como cidadã de segunda classe, por assim dizer, qualquer que fosse a forma.[55]

Arendt deve ter ouvido falar, por meio de seus amigos, diariamente de prisões, torturas e assassinatos. Naquela época se confirmou quase tudo que se temia: havia as listas negras, que tinham sido preparadas muito antes de 1933 e foram implementadas tão logo Hitler foi encarregado de formar o governo em 30 de janeiro de 1933. O terrorismo se voltou contra os adversários políticos do nacional-socialismo, de modo bem geral contra intelectuais, comunistas, social-democratas e os judeus[56].

54. Cf. Hannah Arendt, Lebenslauf, em Akten Blücher, Archiv des HAZ.

55. Arendt, conversa em programa de televisão com Günter Gaus, em H. Arendt, *Ich will verstehen*, p. 48.

56. Axel Eggebrecht descreve essa época de maneira plástica. (Cf. A. Eggebrecht, *Volk ans Gewehr*; idem, *Der halbe Weg*.)

PERSEGUIÇÃO E FUGA

As pessoas politicamente lúcidas pressentiram que uma perseguição sistemática dos judeus teria início em breve. Só poucas, contudo, descreveram a situação de modo tão claro quanto Kurt Blumenfeld: "No dia 28 de fevereiro [de 1933], todas as garantias da liberdade civil foram suspensas por um assim chamado decreto emergencial 'para proteção contra atos de violência comunistas'. Esse dia representou o fim da história do judaísmo."[57]

Günther Stern fugiu para Paris ainda em janeiro. Hannah Arendt foi presa em março, junto com sua mãe. Ela tinha feito, provavelmente por incumbência da Associação Sionista para a Alemanha, uma pesquisa sobre o antissemitismo cotidiano em revistas científicas e profissionais da classe média alemã. Com isso, os sionistas pretendiam persuadir a opinião pública internacional a abandonar sua atitude tolerante para com a Alemanha nazista. Pouco tempo depois, Arendt foi posta em liberdade. Ela teve sorte, porque a polícia judiciária ainda não estava totalmente cooptada. O funcionário responsável pelo seu caso, não sabia o que fazer com Arendt e lhe prometeu tirá-la de lá[58]. Ela confiou nesse homem; não recorreu a nenhum advogado e foi liberada depois de alguns dias. Entretanto, tinha de deixar a Alemanha clandestinamente. Passando por Praga, chegou até Paris, onde Günther Stern já tinha se estabelecido. Contudo, o distanciamento que tinha começado a se criar entre eles, já em Berlim, não podia ser revertido nem mesmo na situação emergencial do exílio. Em pouco tempo, viriam a se separar também fisicamente.

A fuga de 1933 virou sua vida inteiramente de cabeça para baixo. Toda continuidade estava rompida. Ela tinha caído para fora de uma rede de ligações e amizades acadêmicas e de seguranças e reagiu decididamente — mesmo após uma distância de mais de trinta anos — da maneira que lhe era própria:

---

57. K. Blumenfeld, op. cit., p. 205.

58. Arendt, conversa em programa de televisão com Günter Gaus, em H. Arendt, Ich will verstehen, p. 49s.

Eu vinha de uma atividade puramente acadêmica. E, nesse sentido, o ano de 33 causou uma impressão muito duradoura em mim [...]. Hoje em dia se pensa, muitas vezes, que o choque dos judeus alemães em 1933 se explica pelo fato de Hitler ter tomado o poder. Ora, no que diz respeito a mim e às pessoas de minha geração, posso dizer

3. O FRACASSO DA INTEGRAÇÃO ENTRE ALEMÃES E JUDEUS NOS ANOS 1920

que isso é um equívoco curioso. É claro que isso foi muito ruim. Mas era uma questão política. Não era pessoal. Que os nazistas são nossos inimigos – pelo amor de Deus, não precisávamos da ascensão de Hitler ao poder para ficar sabendo disso! Isso era inteiramente evidente há pelo menos quatro anos para qualquer pessoa que não fosse cretina. Nós também sabíamos que grande parte do povo alemão estava por trás disso. Não podíamos ficar surpresos com isso em 33 como se fosse um choque [...]. Em primeiro lugar, o destino político de modo geral se tornou um destino pessoal na medida em que se saía. Em segundo lugar, você sabe o que significa *sincronização*. E isso significava que os amigos se deixavam cooptar! O [...] problema pessoal não era, por exemplo, o que faziam nossos inimigos, mas o que faziam nossos amigos. Assim vejo o que aconteceu naquela época, na onda da *sincronização*, que foi bastante voluntária, em todo caso não sob a pressão do terror: foi como se um vazio se formasse em volta da gente. Eu vivia em um ambiente intelectual, mas também conhecia outras pessoas. E eu pude constatar que entre os intelectuais a *sincronização* foi, por assim dizer, a regra. Mas não entre as outras pessoas. E eu nunca me esqueci disso. Eu saí da Alemanha obcecada pela ideia de que – naturalmente, exagerando um pouco – nunca mais! Nunca mais vou me envolver com qualquer assunto intelectual. Não quero ter mais nada com essa sociedade. Naturalmente, não era da opinião de que os judeus alemães e os intelectuais teuto-judaicos, se tivessem estado numa situação diferente daquela em que estavam, teriam se portado de modo substancialmente diferente [...] Era da opinião de que isso tinha a ver com essa profissão, com a intelectualidade.[59]

Nos anos subsequentes ela tinha coisas mais importantes para fazer: o trabalho prático ficou inteiramente em primeiro plano, e as discussões acadêmicas, por outro lado, perderam sua importância.

Em círculos sionistas, já se discutia há mais tempo sobre os perigos que o nacional-socialismo implicava. Neles, a literatura de propaganda e provocação ideológica do nazismo era lida e estudada em suas possíveis consequências políticas[60]. Entretanto, ninguém podia prever que suas criminosas promessas seriam cumpridas tão imediatamente, e Arendt não tinha como pressentir que alguns de seus amigos seriam cooptados.

O eco de sua reação à monstruosidade dessa experiência ainda pode ser ouvido em suas palavras trinta anos depois.

59. Ibidem, p. 55s.
60. Cf. K. Blumenfeld, op. cit., p. 186.

Cheguei a uma percepção daquilo que, naquela época, sempre expressei em uma só frase [...] "Quando se é atacado como judeu, é preciso se defender como judeu." Não como alemão, ou como cidadão do mundo, ou dos direitos humanos, ou algo semelhante. E sim: o que posso fazer concretamente como judeu? A isso se acrescentou, em segundo lugar, a seguinte intenção: agora vou de fato me organizar. Pela primeira vez. E me organizar, naturalmente, entre os sionistas. Eles eram os únicos que estavam preparados. Isso não teria qualquer sentido entre os assimilacionistas [...], agora o pertencimento ao judaísmo tinha se tornado um problema meu. E esse meu problema era político. Puramente político! Eu queria assumir o trabalho prático, e queria assumir só e exclusivamente o trabalho judaico.[61]

O sionismo, que ela havia encarado até então mais como uma rede de relacionamentos, uma fonte de cultura e disputas intelectuais do que como uma esfera de pertencimento organizacional, oferecia-lhe agora o respaldo necessário. As circunstâncias da época obrigavam-na a abraçar o sionismo. No entanto, por mais paradoxal que isso pareça, sua decisão pela causa sionista foi livre.

HEIDEGGER:
FILOSOFIA DA AÇÃO

Arrancada abruptamente de seu caminho em 1933, Arendt teve de se reinventar. Quanto a Heidegger, a primavera de 1933 também foi um momento de mudança. Em março, tornou a visitar Jaspers em Heidelberg; as visitas ao amigo haviam se tornado mais raras. Jaspers escreveu sobre isso retrospectivamente na década de 1950:

Em fins de março de 1933, Heidegger esteve conosco pela última vez para uma visita mais prolongada. Apesar do nacional-socialismo e seu triunfo eleitoral em março, conversamos como antigamente. Ela havia comprado para mim um disco com música sacra gregoriana, que ouvimos juntos. Heidegger partiu mais cedo do que havia planejado a princípio. "A gente precisa se envolver", foi o que me falou em relação ao rápido desenvolvimento da realidade nacional-socialista. Fiquei surpreso e não fiz nenhuma pergunta.[62]

61. Arendt, conversa em programa de televisão com Günter Gaus, em H. Arendt, *Ich will verstehen*, p. 57s.
62. K. Jaspers, op. cit., p. 100.

3. O FRACASSO DA INTEGRAÇÃO ENTRE ALEMÃES E JUDEUS NOS ANOS 1920

No dia 3 de abril de 1933, Jaspers recebeu uma carta de Heidegger: "Por mais obscuras e questionáveis que sejam muitas coisas, sinto cada vez mais que estamos entrando em uma nova realidade e que uma época se tornou velha. Tudo depende de que preparemos o ponto certo de envolvimento para a filosofia e a ajudemos a tomar a palavra."[63]

A essa altura a perseguição violenta de oposicionistas e intelectuais já tinha começado, e no dia 27 de fevereiro o prédio do Parlamento fora incendiado. A carta ao amigo assinalava a passagem de Heidegger do reino da filosofia para o da ação. Ele ainda falava de "nós", e nesse "nós" Jaspers parecia estar incluído.

No dia 21 de abril de 1933, Heidegger foi eleito reitor da Universidade de Friburgo. Em 3 de maio, filiou-se ao Partido Nazista (NSDAP, na sigla em alemão)[64] e afirmou mais tarde que o fez "depois de ser convocado pela direção (do NSDAP) de Friburgo"[65]. De fato, a tendência geral de Heidegger no pós-guerra era atribuir suas atividades e incumbências dentro do nacional-socialismo ao estímulo de outras pessoas. Essa atitude não necessariamente deve ser entendida como própria de um oportunista ou de quem pretende se esquivar de suas responsabilidades. Após a guerra, sabemos que ele admitiu a Jaspers que "[fui parar] na máquina do cargo, das influências e lutas pelo poder e partidarismos, de modo que, mesmo se apenas por poucos meses, como diz minha mulher, me perdi e me vi intoxicado pelo poder"[66].

Em um relatório do "Comitê de Esclarecimento" que a universidade instituiu no outono de 1945, afirma-se laconicamente: "O sr. Heidegger ficou fascinado pelo poder [...] O que o atraiu foi a perspectiva de exercer uma forte influência."[67]

O fato de colegas insistirem com ele para que assumisse a reitoria pode não ter lhe parecido impróprio. Uma coerção por parte dos colegas, tal como Heidegger a descreveu após o fim do nacional-socialismo, porém, certamente não existiu[68]. Afinal, a reitoria também era

63. Carta de Heidegger para Jaspers, de 3 abr. 1933, em M. Heidegger; K. Jaspers, op. cit., p. 152.

64. Membro número 3 125 894. Segundo explicação posterior de Heidegger, a adesão ocorreu em 30 de abril ou 1º de maio de 1933. Cf. informações de Heidegger no questionário sobre a desnazificação, UAF B 133/34.

65. Cf. UAF B 133/34.

66. Carta de Heidegger para Jaspers, de 8 abr. 1950, em M. Heidegger; K. Jaspers, op. cit., p. 200.

67. Bericht über das Ergebnis der Verhandlungen im Bereinigungsausschuss vom 11 und 13 dez. 1945, Freiburg, den 19 dez. 1945 (relator Constantin von Dietze), UAF B 34/31-2, p. 13s.

68. Cf. a exposição de Hermann Heidegger em sua crítica à biografia sobre seu pai escrita por Hugo Ott, em que escreve que seu pai teria sido pressionado por Möllendorf, que morava em frente, na rua Rötebuckweg; o próprio Heidegger teria ido à reunião do conselho com a intenção de recusar, mas acabou se deixando pressionar por muitos colegas. (Cf. Herrmann Heidegger, Der Wirtschaftshistoriker und die Wahrheit: Notwendige Bemerkungen zu den Veröffentlichungen Hugo Otts über Martin Heidegger, *Heidegger Studies*, v. 13, p. 181.)

um cargo honorífico e, portanto, não seria confiada a qualquer um, estando associada a um ganho de reconhecimento. É evidente que Heidegger tinha interesse nesse tipo de reconhecimento, que estava além de seu trabalho filosófico e o capacitava a influenciar outras pessoas. Mas o Conselho da Universidade não foi obrigado a eleger Heidegger. Em 21 de abril de 1933, Martin Heidegger foi eleito reitor com dois votos contrários do Conselho da Universidade de Friburgo, e não por unanimidade, como mencionado por ele em seu relatório de 4 de novembro de 1945 à Pró-reitoria Acadêmica[69]. Seu antecessor, Wilhelm von Möllendorf, exerceu a função de reitor por pouco tempo. Por se declarar não nazista, foi afastado do cargo à força. Após a guerra, Heidegger indicou, em carta à reitoria, que a exigência inaceitável do Ministério da Educação de demitir os decanos da Faculdade de Direito e de Medicina (prof. Wolf e prof. Von Möllendorf, que tinha se tornado de novo decano após sua passagem malograda pela reitoria) seria uma razão para sua renúncia menos de um ano mais tarde[70].

No dia 27 de maio, Heidegger fez seu discurso de posse como novo reitor. Para decifrá-lo, é preciso entender que se trata de um "texto de agitação". Pois, de um lado, esse pronunciamento sobre a universidade alemã estava marcado pelo discurso de crise da República de Weimar veiculado pelo *Frankfurter Zeitung* em 1931-1932. Nele discursava o filósofo que há anos vinha criticando as universidades alemãs em razão da mediocridade dos seus docentes e da "massificação" promovida pelos cursos profissionalizantes.

O discurso tem uma estrutura engenhosa. Heidegger começa falando da tarefa que lhe cabe enquanto reitor. Ela consistia em tomar as rédeas da "liderança (*Führung*) *intelectual*". Não só ele havia sido incumbido dessa missão, mas, da mesma forma, a totalidade dos docentes e estudantes; e a sociedade também estava implicada nisso. Era dever da elite universitária difundir essa missão dentro da sociedade. "A vontade de essência da universidade alemã é a vontade de ciência enquanto vontade de missão espiritual histórica do povo alemão como um povo que sabe de si mesmo em seu Estado.

69. Carta de Heidegger para a Reitoria Acadêmica da Universidade Albert-Ludwig, de 4 nov. 1945, p. 1, UAF B 24 Nr. 1277.
70. Ibidem, p. 3, UAF B 3 Nr. 522.

3. O FRACASSO DA INTEGRAÇÃO ENTRE ALEMÃES E JUDEUS NOS ANOS 1920

A ciência e o destino alemão precisam, mediante a vontade essencial, chegarem *juntos* ao poder."[71]

Ele dirigiu a palavra à universidade como corporação e àqueles que a mantinham, os professores e estudantes, como líderes intelectuais da nação que deveriam, ao mesmo tempo, ser os verdadeiros representantes do povo. Ao final do discurso, Heidegger resume a formação universitária como uma atividade destinada ao "serviço laboral, militar e intelectual"[72].

Heidegger sucumbe aqui a uma equiparação pseudo-hegeliana entre o Estado militar prussiano e a tradição filosófica. O leitor percebe que Heidegger queria forçar algo: "vontade de essência ... vontade de ciência ... vontade de missão intelectual histórica..." E, para isso, ele precisava de uma transferência. Transferiu sua missão ao povo alemão e acabou recaindo, assim, em um pensamento que sempre tinha desprezado: interpretou a realidade alemã como dicotomia entre essência e manifestação. O texto é, assim, um documento tanto de seu triunfo quanto de seu fracasso.

Daí em diante, os pronunciamentos e decretos de Heidegger como reitor complementariam as medidas tomadas pelo Ministério da Educação e as ações dos órgãos locais do NSDAP. E assim a Universidade de Friburgo foi transformada numa instituição de educação ideológica. Isso implicou numa série de ações, como a proibição das associações de estudantes judaicos, a inclusão corporativa das organizações na autoadministração da universidade, a introdução da comprovação da ancestralidade ariana e do trabalho comunitário, a suspensão da proibição de duelos entre estudantes, uma queima de livros segundo o exemplo de Berlim, aulas obrigatórias de esportes militares e instrução ideológica para estudantes e docentes, o estabelecimento de um setor estudantil encarregado de questões raciais, o fechamento de uma república para estudantes judaicos, a introdução da saudação hitlerista, a instauração de "campos de ciência", a concepção segundo a qual a universidade devia seguir as orientações do *Führer*, uma faxina para remover das instituições de ensino superior os "elementos hostis ao Estado", a demissão de professores

71. Martin Heidegger, Die Selbstbehauptung der deutschen Universität, Rede zur Übernahme des Rektorats am 27. Mai 1933, em M. Heidegger; H. Heidegger, *Die Selbstbehauptung der Deutschen Universität*, p. 10.

72. Ibidem, p. 15.

172

por motivos raciais, a cassação da licença de ensino de docentes judaicos, a introdução da saudação alemã nas atividades letivas e as manifestações de lealdade ao Führer[73].

Em 1933, Heidegger não perdeu nenhuma oportunidade de externar publicamente suas ideias sobre a reforma do ensino superior. Por ocasião do décimo aniversário da morte do estudante nacionalista friburguense Leo Schlageter, executado pelos franceses, que havia sido elevado à condição de mártir pelos nacional-socialistas, ele falou sobre a ideia da "universidade no novo *Reich*"[74]. Por ocasião da inauguração de uma nova república estudantil, falou da introdução do trabalho comunitário, da celebração do solstício pelos estudantes, e até da décima reunião da associação estadual dos mestres marceneiros de Baden.

ACADEMIA PLATÔNICA E REFORMA NACIONAL-SOCIALISTA DO ENSINO SUPERIOR

No dia 8 de maio de 1933, o recém-eleito reitor da Universidade de Friburgo enviou um telegrama ao reitor da Universidade de Frankfurt am Main, Ernst Krieck:

Prezado sr. Krieck!
   Minha mais cordial congratulação pela sua posse como reitor. Estou certo de que teremos um salutar companheirismo de armas.
   Sieg Heil!
   Seu
   Heidegger.[75]

De agora em diante é com o influente Ernst Krieck — mais tarde seu arqui-inimigo —, e não mais com Karl Jaspers, que Heidegger pretenderá executar seu projeto de reforma da universidade. Durante muitos anos, os termos "companheirismo de armas" e "companheiro de armas" estiveram reservados a Jaspers. Mas já fazia algum tempo que Heidegger estava ciente da profunda inquietação do

73. Os exemplos são tirados da coletânea de documentos dessa época editada por Hermann Heidegger (cf. M. Heidegger, Reden, *Gesamtausgabe*, I. *Abteilung*, v. 16), e da coletânea de G. Schneeberger, Nachlese zu Heidegger.

74. Cf. Schlageterfeier der Freiburger Universität, Bericht der Zeitung *Der Alemanne, Kampfblatt der Nationalsozialisten Oberbadens*, Folge 145, 27. Mai 1933, apud G. Schneeberger, op. cit., p. 47s.; cf. também P. Hühnerfeld, In Sachen Heidegger, p. 102.

75. Heidegger, transcrição de um telegrama ao reitor da Universidade de Frankfurt, Ernst Krieck, UAF 13 24 Nr. 1277.

3. O FRACASSO DA INTEGRAÇÃO ENTRE ALEMÃES E JUDEUS NOS ANOS 1920

casal Jaspers com as lutas nas ruas e os distúrbios antissemitas, uma inquietação que remontava ao período anterior a 1933 e que se acentuara ainda mais após a tomada de poder por Hitler e pela SA. O próprio Jaspers fez menção a tais incidentes numa carta. Entretanto, até mesmo por razões físicas ele estava impossibilitado de ser um real companheiro de armas. Não podia fazer muitas viagens e seu deslocamento limitava-se a um raio de ação bastante modesto. Sua presença pública se restringia – desconsiderando algumas poucas palestras – às atividades letivas. Do ponto de vista de Heidegger, porém, todos esses argumentos eram agora supérfluos, pois Jaspers estava casado com uma judia. Desde o início da década de 1930 só aumentava o volume das coisas não ditas entre eles. Enquanto Jaspers se queixava disso, Heidegger optava pelo silêncio.

Em fins de maio de 1933, ele visitou Karl Jaspers pela última vez,

> por ocasião de uma palestra que deu, agora como reitor da Universidade de Friburgo, diante dos estudantes e professores de Heidelberg, sendo saudado como camarada Heidegger por Scheel, o presidente do diretório dos estudantes de Heidelberg. Foi uma palestra magistral em termos formais; em termos de conteúdo, foi um programa de renovação da universidade nos moldes do nacional-socialismo. Ele exigiu uma transformação total do sistema. A maior parte dos professores em atividade hoje em dia não estaria à altura da nova tarefa posta. Em dez anos se poderia formar uma nova geração de docentes capacitados. E aí entregaríamos nossos cargos a eles. Até lá viveríamos num estado de transição. Ele esbravejou contra uma série de fenômenos da universidade, inclusive contra os altos salários. Recebeu, em sinal de gratidão, um vigoroso aplauso dos estudantes e de alguns poucos professores. Eu estava sentado na parte lateral da frente com as pernas bem esticadas e as mãos nos bolsos, e não me mexi.
>
> De minha parte, as conversas que tivemos depois disso não foram muito francas. Falei que havia uma expectativa de que ele defendesse nossa universidade e sua grande tradição. Não tive resposta. Falei sobre a questão dos judeus, sobre o mal-intencionado e absurdo texto dos "Sábios de Sião"[76], ao que ele respondeu: "Mas existe uma perigosa associação internacional dos judeus." À mesa, ele disse, em tom raivoso, que o fato de haver tantos professores universitários de filosofia era uma estupidez, e que em toda a Alemanha se deveria manter apenas uns dois ou três.

76. Os *Protocolos dos Sábios de Sião* são uma fraude literária a respeito de uma suposta conspiração mundial dos judeus. Surgidos nos anos 1890 na França, redigidos em 1905, por incumbência do serviço secreto russo, e publicados em 1919 em uma editora antissemita de Berlim, serviam à disseminação do antissemitismo.

"Quais, então?", perguntei. Não tive resposta. "Como é que uma pessoa tão inculta como Hitler vai governar a Alemanha?" – "A formação é inteiramente irrelevante", me respondeu, "ele tem mãos maravilhosas e é isso o que importa!"[77]

Ao que tudo indica, Heidegger via em Hitler uma personalidade autêntica, "genuína", projetando nele aquilo que entendia como uma "verdadeira formação". A fala convulsiva, a postura anticapitalista do período inicial, sua lógica para muitos irrefutável e com a qual ele simplificava retoricamente a história universal e o destino da Alemanha a ponto de torná-las irreconhecíveis, sua visão dicotômica do mundo fascinaram o mais famoso filósofo da Alemanha. Voltemos, porém, a maio de 1933:

> O próprio Heidegger parecia ter mudado. Já em sua chegada surgiu entre nós um clima de distanciamento. O nacional-socialismo havia embriagado a população. Fui ao encontro de Heidegger para saudá-lo em seu quarto no andar de cima. "As coisas estão como em 1914…", comecei dizendo, e pretendia continuar com as palavras "de novo essa embriaguez enganosa das massas", mas elas me ficaram presas na garganta diante do assentimento radiante de Heidegger às primeiras palavras. Essa ruptura radical mexeu extraordinariamente comigo. Eu não havia tido uma experiência assim com nenhuma outra pessoa. O que era ainda mais irritante porque Heidegger pareceu não se dar conta do que estava ocorrendo ali. Ele testemunhou isso pelo fato de nunca mais ter me visitado depois de 1933 e também não ter dito uma palavra sequer quando, em 1937, fui afastado de meu cargo. Em 1935, porém, ouvi dizer que em uma aula ele falou de seu "amigo Jaspers". Duvido que tenha entendido aquela ruptura hoje.[78]

E com isso chegava ao fim uma amizade espiritual de treze anos. Ela se desfez por causa da situação e, ao mesmo tempo, por causa do que não haviam dito um ao outro ao longo dos últimos anos. Após 1933, mantiveram por algum tempo o hábito de enviarem seus textos um ao outro, porém sem nunca dar a saber se foram lidos e o que acharam. Em 1937, com o afastamento de Jaspers da docência universitária, o contato foi completamente interrompido.

Mas Heidegger continuou a se confrontar com o pensamento de Jaspers. E a crítica que não ousava expressar

77. K. Jaspers, op. cit., p. 100s.
78. Ibidem, p. 101s.

3. O FRACASSO DA INTEGRAÇÃO ENTRE ALEMÃES E JUDEUS NOS ANOS 1920

no relacionamento pessoal, ele agora tornaria pública. Na preleção sobre Nietzsche, no semestre de inverno de 1936-1937, afirmou:

> ele [Jaspers] percebe que aqui se encontra uma ideia decisiva de Nietzsche. Mas Jaspers não situa essa ideia no âmbito da questão básica da filosofia ocidental, apesar do discurso a respeito do ser, e, por conseguinte, tampouco na conexão real com a teoria da vontade de poder. A razão para essa atitude aparentemente não transparente é que, para Jaspers, para dizê-lo de modo bem incisivo, uma filosofia como tal é impossível. Em última análise, ela é uma "ilusão" que serve à iluminação moral da personalidade humana. Os conceitos filosóficos carecem de uma força de verdade própria ou mesmo *da* força de verdade genuína do saber essencial. Pelo fato de Jaspers, no fundo, não levar mais a sério o saber filosófico, não existe mais um questionamento real. A filosofia se transforma em psicologia moralizante da existência humana. Essa é uma atitude que, a despeito de todos os esforços, jamais conseguirá penetrar na filosofia de Nietzsche mediante o questionamento e a confrontação[79].

Um juízo devastador! Jaspers, por sua vez, ocupou-se ininterruptamente com Heidegger até o final dos anos 1930. Suas anotações dão a impressão de que tinha lutado contra um demônio. Em um breve texto redigido em 1938 e intitulado "Sobre a Crítica de Heidegger", lê-se o seguinte:

> No conteúdo, ele se encontra efetivamente inserido na tradição inconsciente da filosofia mais recente.
> Exteriormente: as citações em *Ser e Tempo* —.
> As dedicatórias a Rickert, Husserl, Scheler —
> Depois o tipo: começar bem do início, só agora começa a verdadeira filosofia.
> 1. Isso foi a realidade entusiástica da personalidade intensificada da filosofia do Renascimento.
> 2. Isso era estilo e sentido em Descartes
> 3. Tornou-se tragédia em Kant...
> 4. Tornou-se, na sequência, um jogo satírico em Husserl
> 5. É *hybris* niilista em Heidegger.[80]

Mas será realmente *hybris* niilista o que Heidegger manifesta? Os dois amigos permaneceram um enigma

79. Martin Heidegger, Nietzsche: Der Wille zur Macht als Kunst, *Gesamtausgabe*, II. *Abteilung*, v. 43, p. 26; provavelmente a crítica se refere ao manuscrito do livro de Jaspers sobre Nietzsche publicado em 1936. (Cf. K. Jaspers, Nietzsche.)

80. K. Jaspers, Zur Kritik Heideggers, *Notizen zu Martin Heidegger*, p. 41.

um para o outro. Nunca mais voltariam a se encontrar pessoalmente, mas permaneceriam sempre presentes um para o outro. Depois de se reconciliar com Heidegger em 1950, Hannah Arendt tentaria várias vezes reuni-los – em vão.

Em maio de 1933, a chancelaria do *Reich* convidou a diretoria da associação das universidades para uma recepção a Adolf Hitler; obviamente, novas diretrizes para a política do ensino superior seriam anunciadas na ocasião. Em consequência disso, o reitor da Universidade de Kiel, de comum acordo com reitores de outras universidades, enviou um telegrama à chancelaria do *Reich* solicitando que o encontro fosse adiado. Como justificativa, foi dito que a associação teria primeiramente de ser cooptada, e que, ademais, a atual diretoria da associação não gozava da confiança dos estudantes. Por trás disso se encontrava a velha polêmica sobre a universidade como local de formação profissional ou intelectual.

Ao que tudo indica, em apoio ao colega, Heidegger enviou, em 20 de maio de 1933, um telegrama de teor semelhante à chancelaria do *Reich*[81]. Depois da guerra, Heidegger escreveu o seguinte sobre isso:

> Minha oposição à associação das instituições de ensino superior não existiu apenas a partir da primavera de 1933. Em virtude dos conhecidos cadernos azuis, eu percebia há anos, junto com K. Jaspers, meus amigos e alunos, que por esse caminho nunca se alcançaria uma mudança interna da universidade alemã nos moldes de uma *universitas* oriunda do espírito filosófico. Há anos que as universidades vinham ficando cada vez mais sob influência das "escolas superiores", isto é, o ensino técnico e profissional ganhou cada vez mais prioridade. Questões de técnicas de ensino, técnicas administrativas e salários passaram para o primeiro plano. Questões "intelectuais" só eram "também" tratadas ocasionalmente. Além disso, percebi, desde a reunião de Frankfurt, na primavera de 1933 [...], que justamente os "antigos camaradas do Partido" entre os professores de nível superior vinham preponderantemente das escolas técnicas de nível superior, das faculdades de Medicina e Direito, e que estes insistiam bem deliberadamente nas escolas técnicas, que na época deviam estar alinhadas politicamente ao Partido e à sua visão de mundo.[82]

81. Heidegger, telegrama para a Chancelaria do *Reich* de 20 maio 1933, transcrição, UAF B 34/31 2.

82. Heidegger, carta para Dietze de 15 dez. 1945, p. 1, UAF B 24 Nr. 1277.

3. O FRACASSO DA INTEGRAÇÃO ENTRE ALEMÃES E JUDEUS NOS ANOS 1920

Foi contra essa tendência que ele, juntamente com outros colegas (o reitor Wolf, de Kiel, o reitor Neumann, de Göttingen, e o reitor de Frankfurt, Krieck), quis firmar uma oposição. Por essa óptica, ele e seus colegas teriam assumido uma posição contrária a Alfred Rosenberg e Alfred Baeumler[83]. Ele pretendia usar a posição do ministério, mais próxima da sua concepção, contra os ideólogos do partido, mas não teve êxito nisso.

> Se no telegrama se fala de *sincronização*, eu entendi essa palavra no mesmo sentido em que também entendia o termo "nacional-socialismo". Não era e nunca foi minha intenção entregar a universidade à doutrina do Partido, e sim, ao contrário, desencadear uma mudança intelectual *dentro* do nacional-socialismo e em relação a este. Não corresponde aos fatos afirmar que o nacional-socialismo e o Partido não tinham um objetivo intelectual no tocante à universidade e ao conceito de ciência. Eles só o tinham de maneira *decidida* demais e a partir de Nietzsche, cuja teoria propõe que a verdade não possui em si um fundamento e conteúdo próprios, sendo apenas um meio da vontade de poder, isto é, uma mera "ideia", ou seja, uma noção subjetiva. E o aspecto grotesco consistia e consiste em que esse "conceito político de ciência" está, em princípio, em consonância com a teoria das "ideias" e da "ideologia" do marxismo e do comunismo.[84]

Portanto, não se trataria de um enfrentamento entre a velha associação das escolas superiores e o Partido Nacional-Socialista, e sim de uma oposição entre – na terminologia atual – uma concepção de escolas técnicas superiores, atrás da qual já em seu tempo estariam muitos estrategistas nacional-socialistas, e um programa para a reforma da universidade nos moldes de uma *universitas*, uma escola superior para a educação dos melhores[85]. E, de resto, a liderança nacional-socialista teria, nos anos seguintes, fortalecido cada vez mais as escolas superiores em detrimento das universidades. Poucas pessoas, entre as quais ele próprio, teriam percebido, naquela época, "que esse reconhecimento das ciências era movido apenas pela intenção de enquadrar e aproveitar o desempenho técnico e as especialidades da ciência para o armamento"[86].

Nos anos 1930, ele teria se manifestado em seus textos contra o fato de que as ciências estavam sucumbindo paulatinamente a uma autocompreensão tecnicista.

83. Ernst Baeumler, um dos principais filósofos do nacional-socialismo, foi, a partir de 1934, diretor do Departamento de Economia no "Amt Rosenberg".
84. Martin Heidegger, carta para Dietze de 15 dez. 1945, p. 1s., UAF B 24 Nr. 1277.
85. Ibidem.
86. Ibidem.

Os ideólogos do partido teriam entendido isso com muita clareza e se voltado contra ele. O telegrama seria, então, um ato de resistência? Heidegger não quis defender a ideia da universidade, e sim primeiramente implementar *sua* ideia de universidade. E nesse ponto, ainda que *post festum*, ele se achava em inteira concordância com seu ex-amigo Jaspers – o nome não é mencionado à toa em sua carta.

A argumentação de Heidegger fortalecia de fato a tese de que seu interesse era dar continuidade a um projeto já concebido, e não começar inteiramente do zero com os nacional-socialistas. Ele queria se apoiar no novo poder para implementar uma posição há muito defendida. Já na década de 1920, essa posição implicava impor a "reforma" contra a resistência das pessoas que davam sustentação à universidade[87].

HEIDEGGER E SEUS COLEGAS

No que diz respeito ao tratamento dos professores universitários judeus, Heidegger não se opôs à Lei do Restabelecimento do Funcionalismo Profissional e, com isso, tampouco ao afastamento dessas pessoas: comportamento que compartilhava com a maioria dos docentes universitários alemães. Por outro lado, tentou várias vezes ajudar suas alunas e alunos bem como colegas estimados, como, por exemplo, Eduard Fraenkel e Georg von Hevesy[88]. Apoiou seu assistente Brock, que foi demitido em abril de 1933, com uma carta de recomendação quando este buscou emprego na Inglaterra[89]. Ajudou suas alunas Helene Weiss e Elisabeth Blochmann; esta última, amiga de sua esposa, tinha uma relação de amizade com ele desde os anos 1920[90]. Recomendou seu aluno Paul Oskar Kristeller a seu colega Paul Häberlin na Basileia como candidato à tese de *Habilitation*[91].

---

87. Quando, no que se segue, fala-se da atuação de Heidegger no nacional-socialismo, isso é feito com base nas seguintes fontes: 1. fontes originais da época do próprio nacional-socialismo; 2. fontes secundárias da época do "Comitê de Esclarecimento" de 1945 e dos anos seguintes, que deliberou sobre o caso Heidegger e como se deveria proceder com ele e em que foram tratadas algumas questões das quais não há fontes primárias, como, por exemplo, também depoimentos feitos por colegas na qualidade de testemunhas; e 3. outras fontes, como as recordações de Hermann Heidegger, de Karl Löwith e de outros estudantes.

88. Cf. M. Heidegger, Stellungnahme zur Beurlaubung der Kollegen von Hevesy und Praenkel, idem, Reden, em *Gesamtausgabe*, I. *Abteilung*, v. 16, p. 140s., e idem, Stellungnahme zu Professor Dr. Eduard Fraenkel, ibidem, p. 144s.

89. Cf. carta de Jaspers para o reitor Oehlkers, de 22 dez. 1945, UAF B 24/1277.

90. Cf. a correspondência de Heidegger com Elisabeth Blochmann de abril a outubro de 1933, em M. Heidegger; E. Blochmann, *Briefwechsel*.

91. Cf. M. Heidegger, Empfehlung für Dr. Kristeller, *Gesamtausgabe*, I. *Abteilung*, v. 16, p. 89.

3. O FRACASSO DA INTEGRAÇÃO ENTRE ALEMÃES E JUDEUS NOS ANOS 1920

Durante o domínio nacional-socialista, por insistência da editora, Heidegger retirou a dedicatória de *Ser e Tempo* ao seu paternal amigo e benfeitor Edmund Husserl, mas deixou a nota de rodapé no § 7 dedicada a Husserl[92].

Um relatório do Comitê de Esclarecimento da universidade, instituído em 1945 para avaliar o comportamento de Heidegger durante o nacional-socialismo, afirma o seguinte: "Alguns de seus passos só podem ser entendidos a partir de uma ampla preocupação. Sobretudo, seu comportamento em relação aos judeus." Ele não teria sido antissemita por princípio, teria defendido professores judeus durante seu período na reitoria e continuado a ter contato com alguns amigos judeus. "Mas manteve distância de muitos outros judeus, ao que tudo indica porque, do contrário, temia inconvenientes para si e em relação ao seu cargo."[93]

Em dezembro de 1933, Heidegger redigiu um parecer sobre o jovem cientista dr. Eduard Baumgarten, que ele conhecia bem. O parecer fora escrito a propósito de uma consulta da Liga de Docentes Nacional-Socialistas; ele tinha de avaliar a capacidade científica e a idoneidade nacional-socialista do colega mais jovem. Heidegger começa descrevendo sua impressão pessoal de Baumgarten, em que o qualifica como inapropriado tanto em termos científicos quanto de caráter para uma carreira no nacional-socialismo, razão pela qual não o teria aceito em 1932 para fazer a tese de *Habilitation* e teria interrompido o contato com ele. Depois descreveu o ambiente do qual Baumgarten provinha, a saber, o "círculo democrático liberal de Heidelberg reunido em torno de Max Weber". Mostrou-se surpreso com o fato de Baumgarten, mesmo tendo sido recusado por ele, ainda assim ter conseguido fazer a *Habilitation*, e aduziu então as possíveis razões disso:

> Depois de Baumgarten ter fracassado comigo, manteve relações muito vívidas com o judeu Fränkel, outrora atuante em Göttingen e agora demitido aqui. Suponho que Baumgarten tenha conseguido se acomodar em Göttingen por

92. Cf. supra, p. 114.*
93. Bericht über das Ergebnis der Verhandlungen im Bereinigungsausschuss vom 11. und 13 dez. .1945, Freiburg, den 19 dez. 1945 (relator Von Dietze), UAF B 34/31-2, p. 14.

Martin Heidegger,
por volta de 1933.

esse caminho [...]. De momento, considero sua aceitação como membro da SA *tão inviável* quanto sua aceitação no quadro de docentes.

Seguem-se qualificações diretas e indiretas:

no campo da filosofia, em todo caso, eu o considero um sujeito inconsistente, sem conhecimento sólido e sustentável [...]
Devido a sua estada nos Estados Unidos, durante a qual se americanizou consideravelmente, quer na atitude quer na forma de pensar, ele sem dúvida adquiriu bons conhecimentos sobre o país e as pessoas.

A avaliação política que vinha ao final dizia o seguinte: "Mas tenho razões consideráveis para duvidar da integridade de seu instinto e de sua capacidade de formar juízos no campo da política." Segue-se então um meio passo para trás: "Em tese, há sempre a possibilidade de que Baumgarten mude radicalmente e se estabilize. Mas para isso é necessário um considerável..."; neste ponto, a cópia do texto é interrompida, e a secretária que o copiou supõe que a palavra seguinte seja "período probatório". A frase final não está conservada na cópia[94].

A princípio, Eduard Baumgarten havia tido uma relação amigável com Heidegger, mas depois se desentendeu como ele por causa de seu trabalho de *Habilitation* sobre o pragmatismo estadunidense. Após a recusa de seu mentor, ele foi para Göttingen e lá obteve a *Habilitation*.

O parecer de Heidegger estava redigido de uma maneira perfeitamente usual, do ponto de vista formal, na medida em que primeiro descreve o relacionamento e os aspectos pessoais do candidato, depois introduz argumentos a favor e contra ele e, por fim, dá sugestões de como proceder. Obviamente, esse tipo de atividade fazia parte das obrigações de Heidegger no contexto da limpeza nacional-socialista das universidades.

94. Martin Heidegger, carta de 16 dez. 1933, transcrição de segunda transcrição, incluída nas negociações do Comitê de Esclarecimento, UAF B 34/31-3; cf. também H. Ott, *Martin Heidegger*, p. 183.

Além disso, chama a atenção o fato de Heidegger, nesse caso, utilizar o pertencimento ao círculo em torno de Max Weber, do qual Jaspers também havia feito parte, como critério negativo.

3. O FRACASSO DA INTEGRAÇÃO ENTRE ALEMÃES E JUDEUS NOS ANOS 1920

O parecer estava formulado de modo ambivalente e, ainda assim, tinha uma intenção claramente negativa. A sugestão do período probatório no final dá a impressão de não ser séria, pois antes Heidegger tinha mencionado os argumentos decisivos que – do ponto de vista nacional-socialista – depunham contra qualquer apoio a Baumgarten: graves "deficiências" técnicas e de caráter, apoio anterior por parte de um judeu, experiência nos Estados Unidos (ao que tudo indica, um sinônimo de inconfiabilidade política), falta de sensibilidade para com o nacional-socialismo, capacidade de mudança questionável.

Anos mais tarde, quando a Universidade de Friburgo formou um "Comitê de Esclarecimento" para aclarar o envolvimento de seus membros com o nacional-socialismo (desde os professores até os porteiros), o coordenador do comitê, Von Dietze, enviou a seu colega Gerhard Ritter, que possuía inclinações favoráveis a Heidegger, um texto que só havia sido descoberto tardiamente, como ele próprio observava: "só tomei conhecimento do presente texto na íntegra há alguns dias. Em janeiro de 1946, nosso comitê só dispunha da carta de Jaspers que continha excertos da carta de Heidegger de 16 de dezembro de 1933"[95].

A carta de Jaspers de 22 de dezembro de 1945, em que ele emitia um juízo sobre a atuação de Heidegger no nacional-socialismo, baseava-se em uma outra cópia do parecer de Heidegger e o citava com outro encerramento: "Naturalmente, o juízo sobre ele não pode estar concluído. Ele ainda poderia se desenvolver. Mas seria preciso esperar um grande período probatório antes de admiti-lo em alguma seção do Partido Nacional-Socialista."[96] A discrepância entre os dois textos motivou Heidegger a escrever, em 1946, uma descrição própria e declarar que a versão citada na carta de Jaspers era uma falsificação[97].

95. Adendo escrito à mão de Von Dietze para G. Ritter de 21 jun. 1949 na cópia da transcrição do parecer de Heidegger de 16 dez. 1933, UA F B 34/31-3.

96. Carta de Jaspers para Friedrich Oehlkers de 22 dez. 1945, transcrição, fl. 2, UAF B 24 Nr. 1277.

97. Como relata Hans Saner, Jaspers de fato nunca havia visto o original do parecer. Marianne Weber, parente de Baumgarten, tinha lhe mostrado certa vez uma cópia do parecer. Em 1945, o próprio Baumgarten lhe deu mais uma vez – ao que tudo indica, para os fins do parecer que Jaspers enviou ao "Comitê de Esclarecimento" da Universidade de Friburgo – uma reprodução do parecer feita com base em sua memória. Com isso se pode explicar facilmente que tenham surgido divergências nas reproduções do parecer. (Cf. M. Heidegger; K. Jaspers, op. cit., nota de rodapé 6 sobre a carta n. 125, não enviada, de Jaspers para Heidegger, de 1º mar. 1948, p. 274.)

O PERÍODO A REITORIA

O tom elevado que Heidegger adotou como reitor não deveria nos enganar. Seu período na reitoria não foi "feliz". Em um dos relatórios de avaliação posteriores do "Comitê de Esclarecimento" foi dito que seu período na reitoria provocou uma "época de agitação incomum" para a Universidade de Friburgo[98]. Heidegger se apossou precipitadamente da universidade e transformou as faculdades em um inimigo. Obviamente, ele levava a sério a intenção de mudar todo o sistema de relações da universidade. Contra a resistência dos professores, buscou novos aliados entre assistentes e docentes mais jovens e também entre os estudantes. Sua conclamação apaixonada aos estudantes de Friburgo na abertura do semestre de inverno de 1933-1934 trazia a mensagem de um despertar. Heidegger parecia estar no mais alto grau de agitação intelectual possível:

> Estudantes alemães
>
> A revolução nacional-socialista está promovendo uma transformação total de nossa existência alemã.
>
> Frente a esse acontecimento, cabe a vocês serem sempre insistentes e estarem sempre preparados, serem sempre tenazes e estarem sempre se desenvolvendo.
>
> Vosso desejo de conhecimento busca o essencial, o simples e o grandioso.
>
> Vocês desejam ser expostos ao que os aflige mais de perto e os compromete ao máximo. Sejam duros e genuínos em sua exigência. Permaneçam claros e seguros na recusa. Não transformem o conhecimento conquistado em possessão egoísta e vã. Guardem-no como a possessão originária e necessária do ser humano que exerce a liderança [führerisch] nas profissões étnico-nacionais do Estado. Vocês não podem continuar sendo apenas aqueles que "ouvem". Vocês têm o compromisso de participar do conhecimento e da ação na criação da futura escola superior do espírito alemão. Cada um precisa, primeiro, comprovar e justificar todo talento e privilégio. Isso acontece por meio do poder do engajamento militante na luta de todo o povo por si mesmo.
>
> Que a fidelidade da vontade de seguir a liderança seja consolidada a cada dia e a cada hora.

98. Bericht über das Ergebnis der Verhandlungen im Bereinigungsausschuss vom 11 und 13 dez. 1945, Freiburg, den 19 dez. 1945 (relator von Dietze), UAF B 34/31-2, p. 12.

3. O FRACASSO DA INTEGRAÇÃO ENTRE ALEMÃES E JUDEUS NOS ANOS 1920

> Que cresça incessantemente em vocês a coragem de se sacrificar para o salvamento da essência e para a elevação da mais íntima força de nosso povo em seu Estado.
> Que doutrinas e "ideias" não sejam as regras do ser de vocês.
> O próprio *Führer* e só ele é a realidade atual e futura da Alemanha e sua lei. Aprendam a saber de maneira cada vez mais profunda que, de agora em diante, toda e qualquer coisa exige decisão e toda ação exige responsabilidade.
> *Heil Hitler!*
> Martin Heidegger, reitor.[99]

Ninguém fala desse modo sem ter sérias dúvidas sobre si ou sobre a situação. Não obstante, é de se perguntar mais uma vez como Heidegger enxergava o nacional-socialismo. É impossível não se dar conta de que o comportamento marcial e selvagem dos líderes da SA contrasta profundamente com o tom refinado e quase neoclássico dos testemunhos escritos de Heidegger. Ele visivelmente fantasiou uma narrativa positiva do nacional-socialismo e a sobrepôs à realidade dos líderes da SA com suas botas, uniformes e gestos enfaticamente proletarizantes. Mas isso também é apenas parcialmente verdadeiro, pois Heidegger não era idealista, como a história veio a demonstrar. Daí que tenha ficado fascinado com a postura antitradicionalista dos nacional-socialistas. Ele próprio já vinha de há muito se preparando para declarar guerra às tradições transmitidas na universidade, as mesmas contra as quais se erguiam os membros do NSDAP.

Infelizmente existem poucos relatos de testemunhas oculares do período de Heidegger na reitoria. Por isso é-se obrigado a também recorrer a testemunhos redigidos *a posteriori*. Com isso, há que se levar em consideração as alterações da memória provocadas pela distância temporal. O presidente do "Comitê de Esclarecimento", Constantin von Dietze, escreveu o seguinte em 1945:

> Ele combatia, sem permitir uma discussão genuína, concepções opostas à sua, taxando-as de "reacionárias", e procurava enfrentá-las buscando o apoio de outros

99. Martin Heidegger, Aufruf des Rektors der Universität Freiburg... vom 3 nov. 1933, no apêndice 2 da carta de Adolf Lampe sobre o parecer do "Comitê de Esclarecimento" da Universidade de Friburgo sobre o caso Heidegger de 27 nov. 1945, UAF B 34/31-1.

docentes mais jovens, bem como de assistentes e estudantes. Algumas de suas manifestações davam a impressão de ser praticamente um incitamento. Repetidas lições que o sr. Heidegger dava aos professores, fosse sobre a duração de suas preleções, fosse sobre o modo de se portarem numa conversa com estudantes, foram compreensivelmente percebidas como uma petulância. Em dezembro de 1933, o reitor enviou à Faculdade de Direito e Ciência Política, com a qual as tensões eram particularmente agudas, um texto em que a admoestava com insistência para que ela assumisse uma outra atitude, e declarou que, no futuro, cada professor seria avaliado a partir do que ele – o sr. Heidegger – estabelecesse em seu julgamento pessoal. Uma manifestação dessas – o texto não existe mais – só poderia soar aos docentes mais jovens e aos candidatos a uma licença de docência como uma ameaça a seu futuro.[100]

Ele teria exercido o seu cargo à revelia dos estatutos da universidade, por exemplo, cooptando estudantes para o Conselho da Universidade. "Suas tentativas de recrutar os docentes mais jovens, os assistentes e estudantes chegaram a tal ponto que era como se ele estivesse incitando um motim contra os professores."[101]

O Comitê de Esclarecimento também repreendeu Heidegger por sua participação na mudança da Constituição da universidade nos moldes de uma Constituição baseada no princípio do *Führer*. Afinal, ele tinha defendido principalmente a nomeação dos reitores das universidades pelo secretário de Educação e o direito do reitor de nomear "professores não catedráticos como membros das faculdades"[102].

---

100. Bericht über das Ergebnis der Verhandlungen im Bereinigungsausschuss vom 11. und 13 dez. 1945, Freiburg, den 19 dez. 1945 (relator von Dietze), UAF B 34/31-2, p. 12.
101. Ibidem, p. 13.
102. Cf. M. Heidegger, Vorschläge von Ergänzungsbestimmungen zur neuen Badischen Hochschulverfassung vom 18 dez. 1933, idem, Reden, em *Gesamtausgabe*, I. Abteilung, v. 16, p. 222.

Nesse sentido, também sua desistência do cargo de reitor aparece, mais uma vez, sob uma outra luz. Não foi só a rápida desilusão com os nacional-socialistas e sua prática banal, como mais tarde Heidegger acentuou com frequência, que o levou a deliberadamente se afastar da função. Heidegger deve ter percebido que havia grupos inteiros na universidade contra ele e, de qualquer modo, não conseguiria se manter no cargo por muito tempo.

Em 1933, o jovem *Privatdozent* Karl Löwith visitou Heidegger em seu escritório na reitoria. Seu relato sobre o reitor Heidegger é de 1940:

3. O FRACASSO DA INTEGRAÇÃO ENTRE ALEMÃES E JUDEUS NOS ANOS 1920

> Quando o procurei, em 1933, em seu escritório na reitoria, vi diante de mim um sujeito perdido, ranzinza e pouco à vontade sentado na amplidão de uma sala elegante; havia um desconforto evidente em suas ordens e movimentos. Ele próprio contribuía para provocar essa distância pelo aspecto incomum de suas roupas: uma espécie de casaco de agricultor da Floresta Negra com lapelas largas e um colarinho semimilitar, além de calções até o joelho, e essas duas peças eram de um tecido marrom escuro – uma roupa "toda própria" que visava chocar o "a gente" e que naquela época ridicularizávamos, mas ainda sem identificá-la como um peculiar meio-termo entre o traje convencional e o uniforme da SA. O marrom do tecido combinava com seu cabelo negro e a cor escura do rosto.[103]

Desde a década de 1920 que Heidegger vinha mandando fazer roupas nesse estilo. Com isso, pretendia se destacar do entorno. A nova vestimenta masculina nos moldes dos trajes regionais se inseria no contexto da reforma dos valores dos anos 1920. A lembrança de Löwith exprime em tom de amargura o que deve ser considerado de modo mais sutil. Ao mesmo tempo, ela apontava para as transições fluidas entre a cultura da década de 1920 e a anticultura dos anos 1930.

Em Baden – e também em Friburgo – a reestruturação das universidades na esteira da *sincronização* esteve associada a uma destruição da autoadministração da universidade. Os colegas não convencidos pelo nacional-socialismo reagiram mal ao fato de Heidegger não ter quaisquer reservas quanto à *sincronização*. Isso tinha de magoar toda a corporação, sobretudo porque a grande maioria de seus representantes o tinha colocado na função de reitor. Isso explica também por que, após o fim do nacional-socialismo – não obstante as dificuldades factuais existentes entre as autoridades de ocupação, o Ministério da Educação e as instâncias universitárias, e apesar do tom conciliador da correspondência –, eles o fizeram passar durante seis anos por um processo de autodepuração e não queriam nem podiam poupá-lo da vergonha da exposição pública.

103. K. Löwith, *Mein Leben in Deutschland vor und nach 1933*, p. 43.

O INÍCIO DA RETIRADA

Segundo suas próprias palavras, desde o dia 1º de janeiro de 1934 Heidegger estava decidido a deixar o cargo de reitor[104]. Como razão disso, ele mencionou, em um relatório de prestação de contas de 1945, além da frustração com as expectativas não cumpridas, também a exigência de ter de demitir dois decanos (entre eles, seu antecessor no cargo, Von Möllendorf). De fato, porém, ele só saiu pouco antes do início do semestre de verão, em abril de 1934. Segundo Heidegger, porque o ministério precisava desse tempo para encontrar um sucessor apropriado.

Enquanto isso, ele fazia preleções e seminários. No semestre de inverno de 1933-1934, ofereceu uma aula prática sobre "A Essência e o Conceito de Natureza, História e Estado" e, no semestre de verão de 1934, um seminário intitulado "Hegel: Acerca do Estado".

Doravante, ele se ocuparia de temas mais atemporais: lógica; *A Crítica da Razão Pura*, de Kant (no semestre de verão de 1934); Hölderlin; Hegel e *A Fenomenologia do Espírito* (no semestre de inverno de 1934-1935); introdução à metafísica; Hegel acerca do Estado (no semestre de verão de 1935); Questões fundamentais da metafísica; o conceito de mundo de Leibniz (no semestre de inverno de 1935-1936); Schelling e *A Essência da Liberdade Humana*; introdução à metafísica; Kant e a *Crítica da Faculdade do Juízo* (no semestre de verão de 1936); Nietzsche e *A Vontade de Poder* (no semestre de inverno de 1936-1937); os escritos filosóficos de Schiller sobre a arte (no semestre de inverno de 1936-1937); a posição fundamental de Nietzsche no pensamento ocidental e, de novo, os escritos de Schiller sobre a arte (semestre de verão de 1937).

Durante a guerra, os títulos de suas atividades letivas não ficaram mais ideológicos; às vezes se tem a impressão de que ele se afastou inteiramente da Modernidade e se voltou para a Antiguidade ou para o trabalho com os conceitos fundamentais.

Entrementes – e isso também é resultado dos esforços de Heidegger e da política universitária nacional-socialista –, o estudo universitário tinha sido escolarizado, e, além das subdivisões já usuais, isto é, preleção, aula prática,

104. Heidegger, carta à Reitoria Acadêmica de 4 nov. 1945, p. 3, UAF B 24 Nr. 1277.

3. O FRACASSO DA INTEGRAÇÃO ENTRE ALEMÃES E JUDEUS NOS ANOS 1920

pré-seminário e seminário superior, fazia-se agora a divisão em nível inicial, intermediário e avançado. Durante seu estudo universitário, os estudantes tinham de ir várias vezes a acampamentos de trabalho e esporte militar, coisas que Heidegger propagou como parte integrante da formação universitária.

A lista dos alunos e alunas de Heidegger nesses anos pode ser lida como um *who's who* da próxima geração da *intelligentsia* acadêmica e política: Werner Marx, Walter Schulz, Jan Patočka, Ludwig Thoma, Jeanne Hersch, Walter Bröcker, Adolf Kolping, Hans Filbinger, Georg Picht, Ernst Schütte, Karl Rahner, Gerhard Ritter, Karl Ulmer, Friedrich Tenbruck, Hermann Heidegger, Margharita von Brentano, Walter Biemel, Ernst Nolte...[105]

Viagens oficiais de trabalho eram uma atividade especial no nacional-socialismo e não faziam parte dos direitos dos docentes universitários. As instâncias superiores observavam com rigor quem viajava, com que finalidade e se era possível tirar disso algum proveito propagandístico. Os ministérios e as instâncias do partido consideravam importante avaliar o potencial propagandístico das viagens. Afinal, o "exterior" adquiria um papel quase mágico num *Reich* cada vez mais isolado do mundo. Assim, quando um docente alemão era convidado por uma instituição estrangeira, ele viajava não apenas como representante de sua disciplina e universidade, mas também da Alemanha nacional-socialista. As viagens ganhavam um grande peso simbólico, sendo examinadas, acompanhadas e discutidas diplomaticamente acerca de sua conveniência. Aquele que porventura obtivesse a permissão do ministério e sinal verde das instâncias do partido e do ministério das Relações Exteriores, ficava dispensado de pagar as elevadas taxas então cobradas por ocasião de viagens internacionais.

Heidegger fez diversas viagens para dar palestras e, mais tarde, também recusou alguns convites. Em abril de 1936, viajou a Roma e, no Instituto Italiano para Estudos Alemães, sediado nessa cidade, deu uma palestra sobre o tema "Hölderlin e a Essência da Poesia". A estada na Itália

105. Nos primeiros anos do nacional-socialismo, alunas judias ainda podiam estudar. Os nomes são extraídos dos documentos da tesouraria da universidade de acordo com os comprovantes de pagamento, UAF B 17/923.

durou mais de duas semanas. Acompanhado de sua família, a esposa Elfride e seus filhos, ele fez passeios variados e reavivou seus conhecimentos sobre a Roma antiga. Convém destacar o encontro com Karl Löwith e sua esposa. Na época, Löwith certamente nutria a expectativa de que Heidegger assumiria um distanciamento pessoal em relação ao nacional-socialismo, e é possível que esperasse de Heidegger alguma iniciativa no sentido de ajudá-lo a retomar sua carreira e tirá-lo da situação precária em que se encontrava. Desde o semestre de verão de 1934, Löwith estava suspenso do cargo de *Privatdozent* que tinha obtido com a ajuda de Heidegger. Fora enquadrado nas leis raciais, ainda que não na "Lei do Restabelecimento do Funcionalismo Profissional", pois não era funcionário público. Com o apoio inicial da Fundação Rockefeller, foi para Roma, onde se estabeleceu com sua esposa, enfrentando uma situação de penúria e constante troca de residência. O vínculo com sua *alma mater* de Marburgo se manteve durante algum tempo. Encontrara-se um esquema jurídico que permitia à univesidade dar-lhe um apoio financeiro muito modesto. De sua correspondência com o decanato da Faculdade de Filosofia se depreende que Löwith contou com verbas da Universidade de Marburgo para se manter em Roma até 1º de março de 1936, não sem algumas interrupções, e pôde contar, para isso, com a ajuda enérgica do decano Walter Mitzka contra todas as resistências do chanceler da universidade e do ministério[106]. Mas o vínculo foi cortado abruptamente: em 14 de fevereiro de 1936, o Ministério da Educação comunicou a Löwith a cassação de seu direito de lecionar. A referência de Walter Mitzka aos ferimentos graves que Löwith sofrera na Primeira Guerra Mundial de nada serviu[107]. Heidegger devia estar ciente de tudo isso, e talvez o próprio Löwith tivesse se encarregado de informá-lo. Após a *Habilitation* universitária de Löwith, Heidegger tinha se empenhado pessoalmente pela sua contratação como *Privatdozent* remunerado.

Os encontros com Löwith e sua esposa em Roma, porém, terminaram de maneira catastrófica. Löwith amargamente se deu conta de que não havia mais possibilidade de qualquer vínculo entre ele e Heidegger, o qual, segundo sua descrição, teria perambulado por Roma ostentando

106. Akten der Universität Marburg, Priv-Doz. Dr. K. Löwith, StA MR Acc. 1966/10.

107. Löwith tinha sido dispensado do serviço militar com uma pensão por invalidez de 40% de seus proventos. Um dos lóbulos de seu pulmão havia sofrido um dano permanente; uma metade de seu tórax encolhera por causa de um ferimento sofrido no front italiano.

3. O FRACASSO DA INTEGRAÇÃO ENTRE ALEMÃES E JUDEUS NOS ANOS 1920

a insígnia do Partido sem dizer uma só palavra de distanciamento em relação ao nacional-socialismo[108].

Após esse encontro tão decepcionante para ele, Löwith pôs um ponto final no relacionamento com Martin Heidegger. Suas memórias, *Minha Vida na Alemanha Antes e Depois de 1933*, bem como seu texto crítico sobre Heidegger[109], atestam o quanto isso lhe pesou.

Aos intelectuais de valor que em 1933 haviam ido ao encontro do nacional-socialismo com muita expectativa, o destino reservava um momento especial. Momento em que o entusiasmo esmorece e a desilusão começa, em que a imagem subjetiva da realidade não consegue mais se sobrepor à própria realidade. Esse momento podia surgir quando a pessoa se dava conta de que o terror tinha fugido a qualquer controle e que amigos e conhecidos se tornavam vítimas dele. Ou quando a pessoa de repente se dava conta da banalidade da política nacional-socialista. Alguns intelectuais reagiram a esse momento se retirando.

Heidegger reagiu de duas formas: retirando-se e calando-se. Às vezes se expressava por meio de uma linguagem hermética que não possibilitava aos ouvintes saberem qual era sua verdadeira opinião.

Assim, Heinrich Schlier relata em suas memórias a seguinte ocorrência do ano de 1934:

> [Heidegger] tinha sido convidado por seu amigo Bultmann. Tínhamos passado a noite conversando sobre diversos assuntos. E é óbvio, principalmente sobre o chamado "Terceiro *Reich*". Heidegger fora muito pressionado por causa de seu comportamento em 1933. Então, ao sair, ele se virou para mim e disse de modo contido: "Senhor S., ainda não chegamos ao término dessa questão." Eu entendi o que ele queria dizer. Mas se tivesse dito claramente: "Eu me enganei...", certamente o teríamos abraçado.[110]

A insatisfação velada de Heidegger também se mostrava, nessa época, por sua correspondência com o decanato, com a reitoria e com o Ministério da Educação do *Reich*.

---

108. Cf. a esse respeito a réplica de Hermann Heidegger ao biógrafo de Heidegger, Hugo Ott, que cita essa cena: "A pedido do embaixador Von Hassell, minha mãe estava usando, sobre seu traje de lã inglesa, a insígnia do partido em Roma para não ser tida como inglesa. Naquela época, os ingleses eram tratados inamistosamente em Roma por causa do conflito na Abissínia. Não conheço nenhum retrato em que Martin Heidegger estivesse usando a insígnia do partido (preto, branco e vermelho com a suástica). Como reitor, ele usou durante certo tempo um pequeno alfinete prateado (a águia nacional alemã com suástica). Não me lembro de que ele alguma vez tenha usado a insígnia do partido em Roma em qualquer outra ocasião." (H. Heidegger, op. cit., p. 184). Portanto, no tocante à insígnia do Partido, ou Löwith confundiu, em sua memória, Heidegger com sua esposa, ou Heidegger usou "um pequeno alfinete prateado (a águia nacional alemã com suástica)" – ao mesmo tempo que sua esposa usou a insígnia do partido – que Löwith identificou erroneamente com a insígnia do partido.

109. K. Löwith, Heidegger: Denker in dürftiger Zeit, *Sämtliche Schriften*, v. 8.

110. Denken im Nachdenken, em G. Neske (Hrsg.), *Erinnerung an Martin Heidegger*, p. 221.

Em 1936, Heidegger havia recebido um convite para a comemoração do 300º aniversário de Descartes em Paris. em 1937. Não se tratava de um congresso qualquer, e sim de um evento extremamente importante na luta do nacional-socialismo por reconhecimento internacional, pois em Paris se encontrava quase todo o exílio acadêmico, cujos protagonistas só estavam esperando a oportunidade de poder criticar publicamente os representantes da Alemanha nacional-socialista. O congresso deveria ser transformado em um palco de embate entre fascismo e democracia. Heidegger previu isso e queria planejar estrategicamente a atuação da delegação da Alemanha nazista.

Entretanto, seu convite ficou pendente nos canais burocráticos ativos simultaneamente no ministério, no NSDAP e no Ministério das Relações Exteriores. Em todo caso, demorou um ano para que Heidegger ouvisse falar novamente desse assunto. Em 14 de junho de 1937, ele comunicou a seu reitor que considerava toda a questão confusa[111]. Por isso também não tinha encaminhado os convites diversas vezes recebidos. Sob tais circunstâncias, não estava disposto a integrar tardiamente e um mês e meio antes do congresso uma delegação cuja composição e liderança desconhecia. Um mês depois, em 17 de julho de 1937, o ministro comunicou ao reitor que veria com muitos bons olhos a participação de Heidegger no congresso. Ele o nomeou membro da delegação oficial e lhe prometeu uma ajuda de custo de duzentos *reichsmark* para a viagem.

Heidegger se safou do imbróglio de modo elegante e, ainda assim, emblemático. Em 24 de julho de 1937, escreveu ao ministro dizendo que considerava seu dever participar do congresso, já que o ministro assim o desejava, mas que infelizmente não poderia por motivos médicos. Um atestado fora anexado à carta. Ele ainda acrescentou que estaria "sempre à disposição para atender os desejos do sr. ministro do *Reich*"[112].

Por ocasião do jubileu de Descartes, Jaspers pôde publicar um artigo na *Revue Philosophique*. No entanto, não teve permissão para participar do congresso em Paris. Nesse

---

111. "Os preparativos para esse Congresso já estão em andamento há um ano e meio. Encaminhei, na época, um convite pessoal que me foi feito já há meio ano pelo presidente do Congresso ao Ministério da Educação do *Reich*, acrescentando a observação de que esse Congresso, organizado ao mesmo tempo como jubileu de Descartes, estaria sendo, de modo geral, preparado para ser um avanço da concepção liberal-democrática de conhecimento e que se deveria montar uma representação alemã devidamente preparada e atuante." (Heidegger, carta ao reitor da Universidade de Friburgo de 14 jun. 1937, UAF B 24/1277).

112. Todas as citações são extraídas dos documentos que estão em UAF B 24 Nr. 1277.

3. O FRACASSO DA INTEGRAÇÃO ENTRE ALEMÃES E JUDEUS NOS ANOS 1920

ano ele seria afastado da universidade. Em 25 de junho, o ministro lhe comunicou que, "de acordo com o § 6 da Lei do Restabelecimento do Funcionalismo Profissional de 7 de abril de 1933, ele estava aposentado"[113]. Dois meses mais tarde, veio a suspensão do pagamento do salário de professor catedrático. A reitoria e o próprio Jaspers tentaram transformar a demissão em uma dispensa por motivos médicos. Isso não só propiciaria uma aposentadoria mais bem remunerada, como também representaria uma despedida honrosa da universidade. Mas foi em vão. Menos de três anos antes ele tinha prestado seu juramento profissional a Adolf Hitler. Também no ano de 1937, Jaspers viajou a Genebra para dar uma palestra. Em 1941, já não lhe foi mais permitido viajar. A Universidade da Basileia o havia convidado para uma temporada de dois anos como professor, mas o convite, apoiado pelo arqui-inimigo de Heidegger, Ernst Krieck, então reitor em Heidelberg, foi rejeitado pelo ministério. Obviamente, a recusa se deu porque se esperava que Jaspers emigrasse junto com sua esposa judia.

Em 1942, Heidegger recusou uma segunda viagem planejada para Roma. Sua justificativa foi a seguinte:

> que durante o próximo semestre [de inverno], quando então receberemos novos estudantes liberados do front, não poderei interromper por muito tempo nem prejudicar minha atividade letiva [...]. Tendo em vista a duração mais longa da guerra, o estudo desses alunos liberados do front ganha uma importância maior do que o mero ensino da matéria. O que temos feito por esses estudantes até agora não é suficiente. No futuro próximo, eles precisam ser reconhecidos como o núcleo do nosso alunado, e tudo o que for além do mero aprendizado no ensino precisa ser direcionado a eles[114].

Daí que pedisse autorização para se dedicar inteiramente a essa tarefa. Posteriormente, acrescentava, estaria inteiramente disponível para dar palestras, mas, para tanto, seria necessária uma preparação adequada, pois a tradução de seus textos era extremamente difícil. Esse era mais um ato de insubordinação de sua parte, ainda que bem maquiado. Heidegger estava irritado com a dificuldade encontrada

113. UAH, Personalakten, PA 4369 Jaspers, Karl.
114. Martin Heidegger, carta ao reitor da Universidade de Friburgo de 16 out.1942, UAF B 24 Nr. 1277.

para imprimir seus textos. A referência aos "estudantes liberados do front" era clara: remetia aos serviços que vinha prestando à pátria. Em contrapartida, esperava o devido respeito ou alguma forma de reconhecimento, por exemplo, mediante a quantidade de papel destinada à sua editora.

Em 1943, ele recusou, por razões semelhantes, uma viagem planejada para a Espanha e Portugal. É óbvio que não queria aceitar viagens ao exterior como compensação pela falta de papel para a divulgação de seu pensamento. A essa altura, já tinha travado algumas lutas. Vamos falar de uma delas.

Heidegger também contabilizava inimigos nas fileiras da Liga dos Docentes Nacional-Socialistas. Ernst Krieck era um deles, e ambos comungavam de uma profunda aversão mútua. Na oitava edição do *Meyers Konversations-Lexikon*, de 1938, foi publicado um verbete sobre Heidegger cujo teor era semelhante à propaganda caluniosa dos nacional-socialistas contra pensadores judeus. Na avaliação do autor, a filosofia de Heidegger em *Ser e Tempo* seria "um retrato do que Nietzsche entende por 'niilismo' e 'decadência'; ela fascinou as pessoas antes de 1933 porque parecia oferecer a elas uma explicação intelectual e mística para sua própria desesperança no mundo e em si mesmas"[115].

Nesse caso, Heidegger se tornava alvo de uma crítica que ele próprio tinha mobilizado contra outros. Desde o início da década de 1930 ele havia lançado mão de argumentos semelhantes para se distanciar de colegas judeus ou do "pensamento judaico".

Heidegger precisou de anos para se recuperar de seu tombo. Começou a se dedicar ao pensamento poético e à linguagem poética. O que o motivou nessa direção foi a leitura de Friedrich Hölderlin. A agitação dos anos 1920 e começo dos 1930, a busca secreta pela faísca que desencadearia o salto do pensamento em direção à prática, que conduziria o pensamento contemplativo à aplicabilidade, foi substituída pelo ingresso do pensamento na morada da linguagem. "Poeticamente habita o ser humano...", essa ideia de Hölderlin é o que Heidegger

115. *Meyer's Lexikon*, v. 8, 8. ed., Leipzig, 1938, p. 994, verbete "Heidegger", apud G. Schneeberger, *Nachlese zu Heidegger*, p. 263.

irá estabelecer como o eixo fundamental de seu afastamento em relação à política focada no poder. O pensamento poético não era ativista. Na década de 1920, Heidegger fizera desse ativismo a plataforma de seu pensamento. Surgia agora uma serenidade no plano intelectual até então nunca consentida por ele.

Heidegger deu o passo para a dimensão poética em meados dos anos 1930 com base em sua crítica do potencial niilista presente na filosofia de Nietzsche. É procedente o que aduziu repetidas vezes nas réplicas a seus adversários após 1945: foi pelo ato de pensar

Fritz e Martin Heidegger, na década de 1960.

que se libertou da armadilha em que tinha caído ao transitar para o campo da ação. Mais tarde, Hannah Arendt iria empregar essa metáfora ao falar da raposa aprisionada em sua própria armadilha.

Para o Heidegger da década de 1920, a passagem da filosofia para a ação libertadora parecia a prefiguração de um destino a bem dizer inevitável. Ele compartilhava o ponto de vista de toda uma geração que tinha voltado da guerra decepcionada e frustrada e que considerava não cumprida a missão pela qual fora mobilizada. Essa "geração do *front*", como Hannah Arendt a chamou em *Origens do Totalitarismo*, sentia-se responsável pela redenção da Alemanha e da Europa diante de uma tradição falsa e uma Modernidade insípida.

Aqueles que, como Heidegger e tantos outros intelectuais, conviveram desde a infância com o diagnóstico de que a Alemanha e o Ocidente se encontravam em uma crise profunda, eram impelidos a ver as debilidades da República de Weimar quase como um fenômeno marginal de uma crise muito maior. E era natural que todos aqueles que partilhavam da opinião de que a crise poderia ser "resolvida", como era o caso de Heidegger, viessem a se interessar por aqueles que prometiam resolvê-la.

Naturalmente, também havia a possibilidade de escolher o comunismo como "solução". Muitos de sua geração deram esse salto. O filósofo húngaro Georg Lukács, apenas quatro anos mais velho que Heidegger e aluno muito estimado de Rickert e Weber em Heidelberg, responsável por empreender, na década de 1920, uma renovação da filosofia por meio de uma fundamentação metafísica do pensamento marxista, já havia se decidido pelo caminho da ação no fim da Grande Guerra[116]. Nessa época, seu amigo Ernst Bloch havia se aproximado de uma filosofia da ação partindo de um ponto de vista marxista-messiânico.

O fato de Heidegger não ter se encantado com a promessa de redenção comunista se explica pelo tradicional temor que os comunistas – em sentido amplo e estrito – inspiravam no povo de sua terra natal, bem como pela herança católica à qual ele continuava ligado. Ademais, ele sempre se mostrara propenso e simpático àquela mistura de radicalidade e patriotismo, de proximidade com o povo e crença na redenção que os líderes nacional-socialistas cultivaram nos primeiros anos. Mas isso não é suficiente para explicar seu envolvimento tão completo com o nacional-socialismo. Seu irmão Fritz provinha da mesma ligação com a pátria do catolicismo de Messkirch e, ainda assim, nunca foi enganado pelas promessas do nacional-socialismo. O pensamento filosófico, que ele conseguia acompanhar com muita propriedade, pois tinha copiado muitos manuscritos do seu irmão mais velho, não abolira seu bom senso[117].

Portanto, nem a tendência majoritária de uma geração, nem a cultura nativa, isoladamente, teriam levado Heidegger a se oferecer aos nacional-socialistas e a ver na ideologia nazista algo digno de ser cultivado. Heidegger também não se decidiu pelo nacional-socialismo porque a cúpula do novo regime eventualmente poderia lhe oferecer possibilidades concretas de atuação. Antes, acreditava – como muitos intelectuais da época – que os dirigentes nazistas necessariamente lhe ofereceriam tais possibilidades, pois reconheceriam sua estatura intelectual e seu conhecimento da situação. Uma circunstância fortuita pode ter levado Heidegger a dar o grande salto. Foi o momento em que ele sentiu que tinha de saltar do pensamento para a ação. Existem momentos na história da ação política nos quais a *virtù* e a *fortuna*, a capacidade de ação e a situação que sobrevém àquele que age, confluem, e então acontece o que se chama de evento histórico. Nicolau Machiavel tinha divisado essa

116. Cf. A. Grunenberg, *Bürger und Revolutionär: Georg Lukács 1918-1928*, capítulos II e III.

117. Cf. H.D. Zimmermann, *Martin und Fritz Heidegger*, p. 34s.

3. O FRACASSO DA INTEGRAÇÃO ENTRE ALEMÃES E JUDEUS NOS ANOS 1920

confluência no fim do século XV; ele viu surgir da fricção desses dois aspectos a faísca da ação política bem-sucedida. Mas esse momento não estava, ao que tudo indica, acima de toda e qualquer dúvida. Podia-se errar ao fazer isso, e *a posteriori* se podia mostrar que a pessoa tinha avaliado a situação erroneamente.

Não se chegará a explicações satisfatórias para o "fenômeno Heidegger" se não se levar em consideração a força do elemento casual em seu desenvolvimento.

Seu pensamento se caracterizava por uma elevada excitabilidade e pela possibilidade do imprevisível nela presente. Por meio dessa excitabilidade se chega aos elementos do pensamento que levaram Heidegger a esse momento singular do "salto", a partir do qual ele podia tomar uma decisão certa ou errada.

Voltaremos a esse tema da sua excitabilidade no relacionamento com pessoas de modo geral, com mulheres, a exemplo de sua amante Hannah. Também foi mencionado aqui seu incrível *furor teutonicus* no ato de julgar.

Em Heidegger, o pensamento se dava a partir de um estado de excitação intelectual. Em seu solilóquio filosófico, Heidegger vivia às voltas com a questão da superação da separação entre natureza e intelecto, entre corpo e espírito. A excitação surgia quando o pensamento indagador se expunha ao ser, não pensava *algo*, mas se abria à corrente do pensamento. Ao que tudo indica, Heidegger também vivenciava fisicamente esse processo de pensamento aberto. Da excitação surgiam, assim, duas coisas: o pensamento extático e uma disposição erótica. Quando as duas coisas se juntavam, ele se metia em problemas.

Ao longo dos anos 1920, ele já tinha vivenciado alguns estados de excitação, ocasionados pelos mais diversos motivos— como se depreende da sua correspondência com o amigo Jaspers: a miséria das universidades, a condução da própria carreira, a reflexão sobre a Alemanha e sobre a filosofia contemporânea — e o relacionamento com as mulheres. Em face do movimento nacional-socialista, que teve a característica de sacudir e arrastar a sociedade inteira, incluindo a juventude, as mulheres, estudantes e professores, intelectuais e integrantes da classe média, o pensamento público e privado, essa excitação se manteve numa curva ascendente por um bom tempo – até o momento em que atingiu seu pico e refluiu. Isso é sugerido pelo telegrama a Hitler e demonstrado pelo caráter atrevido e brigão da gestão de Heidegger durante seu breve período na reitoria.

Nesse sentido, *Ser e Tempo* não seria tanto um exercício preparatório para a queda no pecado quanto documento de uma reflexão a tal ponto tensionada entre a crítica cultural e o pensamento sistemático que acabaria por convencer seu autor a se julgar no dever de passar para o campo da ação. Nesse ato, o mundo imaginado por Heidegger em suas cogitações deveria emergir pelas determinações conceituais de sua existência autêntica, estendendo, com isso, um véu sobre o mundo real da experiência.

Em retrospectiva, pode-se dizer que o objetivo de Heidegger em *Ser e Tempo* era formular uma ética não teológica do ser-aí. E com isso estava efetivamente posta a possibilidade de um ingresso no domínio da ideologia. Para que essa ética se tornasse eficaz, era preciso implementá-la contra as resistências do "a gente", do mundo compartilhado, da falta de reflexão. Heidegger, portanto, vislumbrou a oportunidade de passar da possibilidade do ser-aí autêntico para a sua realidade. A transposição não se daria sem o recurso da filosofia aplicada, mais tarde duramente criticada por ele na *Carta Sobre o Humanismo*. Ao que tudo indica, Heidegger pensava que sua ontologia fundamental poderia desembocar em uma educação coletiva para o ser-aí verdadeiro. *Ser e Tempo* não propagava nenhuma ideologia fascista ou *völkisch*, antes consistia numa estranha combinação de exposição sistemática a respeito da questão do ser e tentativa de avançar nessa questão até os pressupostos de uma ética do ser-aí, sem, no entanto, abordar o problema de sua realização. A pergunta sobre *por que* se buscou, a partir desse pensamento puro, o salto para dentro do movimento, não pode ser colocada em uma simples relação de causa e efeito. Não dizem muita coisa explicações do tipo "se Heidegger escreveu *Ser e Tempo* dessa maneira e não de outra, era necessário que ele se voltasse para os nazistas" ou "o envolvimento de Heidegger com o nacional-socialismo não se deu de uma hora para outra, mas foi decorrente de uma preparação filosófica de anos". O envolvimento

3. O FRACASSO DA INTEGRAÇÃO ENTRE ALEMÃES E JUDEUS NOS ANOS 1920

de Heidegger com o nacional-socialismo se situava na esfera do possível, e não do necessário. O anseio de uma prática revolucionária pairou como uma tentação sobre toda uma geração; remeta-se mais uma vez a Georg Lukács, Ernst Bloch e uma leva de intelectuais de proveniência burguesa que passaram para o comunismo, assim como a Carl Schmitt, Gottfried Benn e outros que aderiram ao nacional-socialismo durante um breve período de intoxicação.

Certamente havia uma série de precondições "favoráveis": a propensão de Heidegger a uma crítica geral da cultura, guiada pela noção de um padecimento do Ocidente. Nisso deitava raízes também sua aversão à moderna democracia de massas e à república como forma inautêntica de existência dos alemães, a transição fluida entre cultura patriótica e ideologia *völkisch*, seu desprezo – sustentado pelo ardor teutônico – a todas as concessões no pensamento e ao liberalismo e, por fim, seu sonho do ser-aí coletivo autêntico.

Quando se deu conta do erro que cometera, era tarde demais e já havia se desmoralizado. Uma situação deveras vexaminosa para Heidegger! Durante algum tempo ele seguiu acreditando que havia pouca abertura para suas ideias entre as instâncias inferiores do regime, mas que entre as instâncias mais elevadas a abertura era maior. Não chegou a uma visão crítica a partir do bom senso. Durante muito tempo, não percebeu que o mal havia tomado o poder. Mais tarde o pressentiu.

Na verdade, nunca chegou a uma crítica política do nacional-socialismo; na verdade, estava longe disso. Heidegger ainda pensava em termos nacionalistas e supunha com naturalidade que os nacional-socialistas também fossem nacionalistas. Ele não percebeu com suficiente clareza que na verdade eram racistas. Depois de 1934, Heidegger tentou sair do beco sem saída no qual tinha se metido. Então se ocupou preferencialmente de temas que podem ser resumidos sob o termo "crítica da Modernidade". Enquadravam-se nisso a ciência e a tecnologia modernas, a indústria cultural, o esvaziamento dos mitos e o niilismo[118].

118. Cf. S. Vietta, *Heideggers Kritik am Nationalsozialismus und an der Technik*, p. 20.

A partir do semestre de inverno de 1936-1937, Heidegger se dedicou durante três anos à filosofia do poder de Nietzsche e ao seu projeto de virar pelo avesso a tradição filosófica ocidental. No total, ele preparou quatro preleções sobre Nietzsche entre 1936 e 1940[119]. É a essas preleções que devemos sua crítica detalhada de Nietzsche, a partir da qual se pode depreender, entre outras coisas, também seu crescente distanciamento do nacional-socialismo. Agora ele via o nacional-socialismo como domínio de uma técnica destituída de alma e dotada de uma irrefreável vontade de poder. Ele percebia a associação particular da técnica e do domínio absoluto como um fenômeno particular da Modernidade que teria tomado conta das pessoas. Via a *sincronização*, uniformização e burocratização praticadas pelo nazismo à luz do contexto mais amplo da tecnologia moderna[120]. Segundo o juízo de Silvio Vietta, foi com base no nacional-socialismo que Heidegger "se deu conta da dimensão agressiva da tecnologia moderna e do pensamento racional moderno"[121].

Para Heidegger, o niilismo seria o "movimento fundamental da história ocidental"[122], e ele teria sido corporificado por Nietzsche em seu super-homem e em sua vontade de potência.

Agora Heidegger percebe também no pensamento orientado à ação a autonomização do poder[123].

O ensaio de Heidegger "A Sentença Nietzschiana 'Deus Está Morto'" (1943), que surgiu das preleções sobre Nietzsche de 1936 a 1940, desemboca na seguinte percepção: "O pensamento só começa quando tivermos nos dado conta de que a razão, glorificada há séculos, é a mais obstinada adversária do pensamento."[124]

Nessa percepção se refletia a crítica da Modernidade das filosofias críticas do século XX. A partir daqui se podem estabelecer conexões com o pensamento de Theodor Adorno e de Max Horkheimer, bem como com a crítica da Modernidade de Hannah Arendt. Todos eles estavam conscientes de que o Iluminismo trouxera em seu bojo não só progresso, mas também potenciais de autodestruição.

---

119. Trata-se de: "A Vontade de Poder" de Nietzsche (semestre de inverno de 1936-1937); A Posição Fundamental de Nietzsche no Pensamento Ocidental (semestre de verão de 1937); A Teoria de Nietzsche Sobre a Vontade de Poder (semestre de verão de 1939) e Nietzsche II (segundo trimestre de 1940). Sigo neste ponto as listas de inscrição dos alunos e alunas dos anos mencionados nos registros acadêmicos da Universidade de Friburgo, UAF B 17/923.
120. Cf. S. Vietta, op. cit., p. 36.
121. Ibidem, p. 37.
122. Ibidem, p. 58.
123. Ibidem, p. 61 e 63.
124. M. Heidegger, Nietzsches Wort, Gott ist tot, *Holzwege*, p. 263.

Entretanto, a *virada* de Heidegger foi de natureza filosófica e não política. Afastando-se do poder, tinha deixado atrás de si também a vontade absoluta de mudança. E esse era o seu limite.

HANNAH ARENDT: QUANDO A FILOSOFIA É EMPURRADA PARA O CAMPO DA POLÍTICA

À medida que Heidegger se retirava da política, Hannah Arendt era violentamente arremessada para ela. Mais tarde, ela usaria a metáfora do pária para abordar a situação na qual tinha ido parar com a ascensão do nacional-socialismo ao poder. O pária é o excluído, o que luta pela própria autoconsciência e a encontra em sua condição de *outsider*. Com base na personagem de Rahel Varnhagen, ela descreveu o dilaceramento dos judeus entre o desejo de reconhecimento e a experiência de que nunca fariam parte "da sociedade". O livro, cuja maior parte fora escrita em Berlim, receberia durante o exílio parisiense o acréscimo de mais dois capítulos. Neles, Arendt fez sua personagem chegar à decisão de querer ser uma *outsider*. Essa interpretação se distanciava da figura histórica de Rahel Varnhagen, mas revelava muito das tensões interiores de sua autora. A um olhar retrospectivo, e levando em conta esse contexto pessoal de exílio, o livro de Arendt sobre Rahel Varnhagen parece traduzir os primeiros estágios do embate de sua própria existência como fugitiva, como pária que encontra em sua alteridade o fundamento de sua autoconsciência. Na década de 1940, Arendt voltaria a se ocupar desse tema frequentemente.

No primeiro dos dois capítulos finais concebidos em Paris, Arendt escreveu sobre as tensões entre o pária e o *parvenu* (arrivista) na autoconsciência de Rahel:

> Essa gratidão [que Arendt tinha descrito antes como qualidade do pária, apontando para as autoacusações de Rahel de se mostrar logo grata pelas mais inócuas amabilidades de seu entorno] seria apenas uma falta, não fosse acompanhada e orientada pelo melhor e mais

digno que o pária pode aprender e compreender em seu mundo: a "consideração demasiada por uma pessoa. Prefiro antes ferir meu próprio coração a ofender ou ver outra pessoa ferida". A sensibilidade, a compaixão em seu sentido literal de "sofrer com o outro", que mais uma vez revela falta de distanciamento, é apenas a expressão doentia, exagerada, da compreensão instintiva da dignidade de todos, dignidade que reluz na face de qualquer ser humano; um instinto que os privilegiados não conhecem, que constitui a humanidade do pária, que o separa inequivocamente do animal acuado com o qual ele muitas vezes é confundido na sociedade, instinto mediante o qual ele se ergueria muito acima de todos os privilegiados, fazendo estes parecerem meros animais – ainda que talvez de uma espécie nobre. Por isso, numa sociedade baseada em privilégios, orgulho das origens e arrogância do título, os párias sempre representam o especificamente humano, o destacado da generalidade. A dignidade humana, o respeito à pessoa que o pária descobre instintivamente, é o único estágio natural que serve de base para a edificação racional de um mundo moralmente ordenado.[125]

Nos anos 1940, Arendt se valeu dessa figura do pária no intuito de descrever a existência do refugiado. Ao escolher o ponto de vista extremo de uma pessoa excluída, ela também chamou a atenção para o fato de que o refugiado não se reduz à sua existência de refugiado. Ele não era apenas um animal acossado, objeto de comiseração. Ao sofrer junto com os outros, ele readquiria uma dignidade que era estranha ao *parvenu*, aquele que buscava se integrar a qualquer preço.

Encontramos aqui um modo de encarar a perspectiva de milhões de pessoas apátridas, perseguidas e refugiadas, que é fundamentalmente distinto da visão que todas as organizações assistenciais e políticas tinham, à época, do problema dos refugiados.

As percepções da realidade política adquiridas por Hannah nos últimos meses do ano de 1932, as experiências que teve até fugir da Alemanha sob o regime nacional-socialista a impeliram para o trabalho prático. Se estava correto que "era preciso se defender como judeu", então era coerente contribuir para a organização do trabalho prático de resistência.

125. H. Arendt, *Rahel Varnhagen*, p. 199. (Trad. bras.: *Rahel Varnhagen: A Vida de uma Judia Alemã na Época do Romantismo*, p. 176.)

Quando chegou em Paris, o contexto político francês era marcado pela presença de uma esquerda forte; o país era tido como bastião democrático da Europa. Na Guerra Civil Espanhola (1936-1939), a França se colocou do lado dos republicanos e, após a vitória do general Franco, acolheu muitos refugiados espanhóis. Essa política de abertura levou a França a se transformar num polo de atração de outros refugiados, provenientes quer da Alemanha, quer, mais tarde, do centro e do leste da Europa. No entanto, e também por causa disso, a República francesa vivia uma situação de insta- bilidade. A queda do governo da Frente Popular, liderada por Léon Blum, em 1937, deixou repentinamente clara a situação de insegu- rança dos refugiados. O antissemitismo, que desde o início do caso Dreyfus em 1894 vinha se tornando cada vez mais crônico, passou a contar com o apoio crescente de poderosos grupos sociais e polí- ticos – incluindo a Igreja Católica. Os refugiados perceberam isso drasticamente no verão de 1939, quando o governo francês declarou guerra à Alemanha nazista e, pela primeira vez, enviou grande parte dos "estrangeiros hostis" para campos de internamento.

Após a chegada de Arendt a Paris se colocaram, de início, ques- tões de caráter eminentemente prático: documentos – em 1937, ela foi expatriada da Alemanha e, naturalmente, não ganhou cidada- nia francesa –, ganhar dinheiro para poder sobreviver, moradia, comida, roupas... Hannah Arendt estava ininterruptamente em busca de alguma coisa: de amigos desaparecidos ou novos, livros, contatos vitais, perspectivas de estadia e trabalho de mais longo prazo. A dimensão psíquica e cultural do exílio se mostrava no ques- tionamento constante da própria identidade por causa da posição jurídica insegura, da língua estrangeira, da falta de um cotidiano normal, da preocupação com amigos e familiares, dos sentimentos de angústia e depressões; ela lhe custou muita força vital. Provavel- mente Arendt não mostrava seu esgotamento abertamente. Era uma pessoa enérgica, procurou imediatamente possibilidades de ganhar a vida e também ajudou outras pessoas na busca por trabalho.

Ela tomou aulas de hebraico com um amigo novo, Chanan Klenbort, um judeu e intelectual polonês que, como ela e milha- res de outros refugiados, estava sempre em busca de trabalho e dinheiro para sobreviver. À pergunta sobre por que queria apren- der a língua, ela respondeu dizendo: "Quero conhecer meu povo."[126]

126. E. Young-Bruehl, op. cit., p. 180.

Hannah Arendt em Paris, por volta de 1935.

Hannah Arendt e
Heinrich Blücher
em Nova York,
por volta de 1950.

No início, Arendt ainda viveu em Paris junto com seu marido Günther Stern, que tinha fugido da Alemanha ainda em janeiro de 1933. Desse matrimônio havia restado mais uma comunhão emergencial do que um relacionamento amoroso. Tinham se distanciado um do outro já em Berlim. Mas conseguiram transformar o relacionamento em uma amizade. A separação só se tornou pública quando Stern viajou para Nova York em 1936. Até então eles ainda apareciam juntos. Em 1937, divorciaram-se.

Arendt conseguiu seu primeiro emprego em 1934 na organização judaica Agriculture et Artisanat, que prestava assistência a judeus (especialmente alemães) interessados em emigrar para a Palestina. Ela indicara ter experiência em trabalho administrativo para ser contratada. Seu trabalho na Agriculture et Artisanat consistia em organizar roupas, educação, documentação e medicamentos para jovens judeus. Estes vinham da Alemanha e dos países da Europa central; ela tinha de prepará-los para a mudança. Na Palestina, os jovens eram recrutados para ajudar na estruturação dos assentamentos, da indústria local e da malha viária.

A assistência aos jovens fazia parte da autoajuda judaica, que teve início pouco tempo depois da "tomada do poder" em 1933 e após o começo do desmonte da burguesia judaica[127]. A "*aliá da juventude*", como se chamava a emigração dos jovens para a Palestina, fora inaugurada em 1934 por Chaim Weizmann.

> A ideia da *aliá* da juventude se deve a Recha Freier, esposa de um rabino de Berlim, que, já no ano de 1932, enviou um primeiro grupo de jovens da Alemanha para a formação escolar na Palestina [...] Em sua maior parte, porém, a realização da ideia de transplantar crianças e jovens do ambiente burguês da Europa central para Israel e formá-los para o trabalho agrícola estava nas mãos dos assentamentos coletivos da Palestina, que se declararam dispostos a alojar e formar por dois anos os jovens imigrantes da Alemanha.[128]

No período de 1934 a 1939, 4.635 rapazes e moças, procedentes em sua maior parte da Alemanha e países vizinhos, chegaram à Palestina por meio dessa ponte para jovens[129].

Em 1935, Hannah Arendt acompanhou um de seus grupos até a Palestina; ao chegar lá, viajou pelo país e se encontrou com a família de seu primo Ernst Fürst. Provavelmente, também reviu seu antigo amigo de estudos Hans Jonas, que nessa mesma época estava por lá tratando de assuntos sionistas.

Durante esses anos surgiria uma relação bastante estreita com Salomon Adler-Rüdel. Sobre Adler-Rüdel, que mais tarde mudou seu nome para Scholem Adler-Rudel, Robert Weltsch, ex-redator--chefe da *Jüdische Rundschau*, afirmou que se tratava de "um dos mais experientes e competentes veteranos da assistência social judaica na Alemanha"[130]. Assim como Arendt, Adler-Rüdel fugira primeiramente para a França, indo depois para Londres após a invasão dos alemães. Lá, ele atuou como "diplomata-chefe" da assistência aos refugiados judeus e viajou incansavelmente para encontrar países que acolhessem refugiados – como Suíça, Inglaterra, Dinamarca e Suécia e, naturalmente, Estados Unidos – e negociar quotas para eles. Ele também estava engajado no projeto de transferência de refugiados e emigrantes para a Palestina. Em Paris, Arendt conversava periodicamente com ele sobre a situação das organizações assistenciais para as quais ela atuava.

Viajar como refugiado judaico na década de 1930 e início da de 1940 em países europeus ou nos Estados

127. S. Adler-Rudel, *Jüdische Selbsthilfe unter dem Naziregime 1933-1939*, p. 15.
128. Ibidem, p. 97s.
129. Ibidem, p. 98.
130. Cf. S. Adler-Rudel, *Ostjuden in Deutschland 1880-1940*; idem, *Jüdische Selbsthilfe...*; cf. também Robert Weltsch, Vorwort, em S. Adler-Rudel, *Jüdische Selbsthilfe...*, p. XIV.

3. O FRACASSO DA INTEGRAÇÃO ENTRE ALEMÃES E JUDEUS NOS ANOS 1920

Unidos também significava lidar com as organizações políticas dos judeus nesses países e sua relação com a Palestina.

Nos anos 1930, ainda não se podia prever se o movimento sionista mundial algum dia alcançaria seu objetivo de fundar um Estado judaico na Palestina. Em 1933, Arendt ingressara na Organização Sionista Mundial. Ela participou dos debates sionistas em Paris, em Genebra e em outros lugares. Depreende-se das anotações de sua amiga Lotte Köhler que, em agosto de 1933, ela participou como secretária do 18º congresso dos sionistas em Praga[131]. Mas em pouco tempo, entrou em conflito com a política judaica[132].

Arendt queria fazer um trabalho de resistência real contra os nacional-socialistas: por exemplo, organizar um boicote contra mercadorias alemãs. Ela também se esforçou para conseguir apoio internacional para David Frankfurter, que, em 1936, tinha matado a tiros um funcionário nacional-socialista em Davos, na Suíça, e agora estava sendo julgado. Ela queria fortalecer a resistência contra a cooperação dos Estados alemães com os nacional-socialistas. Em pouco tempo, contudo, viu-se diante de obstáculos insuperáveis[133]. Assim, por exemplo, os judeus franceses tinham medo do antissemitismo e da xenofobia no próprio país, e isso levava muitos funcionários judeus a rejeitarem qualquer engajamento político. Além disso, os judeus franceses se consideravam muito mais cultos do que os refugiados judeus desenraizados que vinham da Alemanha, da Áustria ou mesmo dos países do leste europeu. Arendt estava tendo a experiência prática do dilema que descreveu em seu livro sobre Rahel Varnhagen e, mais tarde, também em *Origens do Totalitarismo*: a renúncia voluntária dos judeus ao poder.

Na primavera de 1936, Arendt conheceu Heinrich Blücher. Outra reviravolta em sua existência. Quando jovem, Blücher fora ligado ao comunismo por meio da militância espartaquista e não era judeu; também estava fugindo. Nessa época, já havia se afastado, em grande medida, de seu envolvimento com os comunistas e não fazia parte

131. Lotte Köhler, Notizen aus meinem Kalender Hannah Arendt betreffend, Ms., p. 4, Archiv des HAZ.

132. Cf. infra, p. 234s.*

133. Cf. E. Young-Bruehl, op. cit., p. 175s.

de seu quadro de exilados. Dotado de múltiplos talentos, durante os anos 1920 escreveu textos para teatros de revista e era amigo do conhecido compositor de canções Robert Gilbert, com quem Arendt manteria, mais tarde, uma amizade longeva. Blücher, nascido em 1899, era de família pobre. Tinha prestado o exame para o magistério, mas não trabalhou como professor, preferindo se virar como jornalista e colaborador independente no cinema e no teatro de revista. De resto, Blücher levava a vida de um intelectual exilado: constantemente em busca de documentos de identidade, dinheiro – e intercâmbio intelectual.

Contrariamente a seu juramento cheio de revolta de que nunca mais se envolveria com assuntos acadêmicos, em Paris Arendt frequentava diligentemente bibliotecas e conheceu os importantes intelectuais europeus daquela época. Ela havia conhecido Alexandre Kojève em Heidelberg, que tinha se doutorado sob a orientação de Jaspers. Nessa época, Kojève já era um reconhecido especialista em Hegel, de cuja leitura Arendt se apropriara durante certo tempo. A partir de 1936, ela se encontraria regularmente com Walter Benjamin, que era parente distante de Günther Stern e também fora para o exílio em Paris. Também se encontrou com Alexandre Koyré, que tinha estudado com Edmund Husserl e lhe apresentou Jean Wahl em Paris. Não quis ficar amiga de Jean-Paul Sartre. Encontrou-se com Bertolt Brecht e Arnold Zweig. Brecht a impressionou profundamente; mais tarde, dedicaria a ele um ensaio em seu livro *Homens em Tempos Sombrios*. Também se reencontrou em Paris com Anne Mendelssohn, sua amiga de Königsberg.

Hannah Arendt e Martin Heidegger teriam podido se encontrar no congresso sobre Descartes em Paris, em 1937. Ele como representante da Alemanha nacional-socialista e ela como militante sionista. Hannah Arendt certamente não teria perdido essa oportunidade. Mas isso não chegou a acontecer, pois Heidegger já tinha entrado em conflito com os nazistas.

Em 3 de setembro de 1939, a França declarou guerra à Alemanha nacional-socialista. Heinrich Blücher tinha sido enviado para internamento dois dias antes como "estrangeiro hostil", mas foi liberado em dezembro de 1939 por intervenção da amiga comum Lotte Klenbort. Nessa situação extremamente difícil, que ainda se tornava mais complicada por causa das tensões entre Martha Arendt e Heinrich Blücher, Hannah e Heinrich se casaram em 16 de janeiro de 1940[134].

Em 10 de maio de 1940, exércitos alemães invadiram a França. Eles dividiram o país e ocuparam a parte setentrional. O governo francês celebrou um armistício e instituiu em Vichy, uma pequena cidade no centro da França, uma administração emergencial para a França não ocupada, embora a própria Vichy estivesse nas mãos da ocupação alemã.

Em maio de 1940, Blücher foi levado mais uma vez – até 1º de julho – para um campo de detenção[135]. Em junho de 1940, Arendt foi transportada para o campo de detenção feminino de Gurs, no sul. Cinco semanas depois, participaria de uma fuga em massa com documentos falsificados, que foi tolerada pelas autoridades francesas, pouco tempo antes de os serviços de segurança alemães chegarem lá[136]. Ela havia combinado com Blücher que se encontrariam no sul da França, mais precisamente em Montauban, uma pequena cidade na parte não ocupada da França, em cuja proximidade os Klenbort alugaram uma casa. Ela acabou se reencontrando com Blücher em Montauban, mas na rua, por acaso, em meio a uma corrente de refugiados. Por fim, eles até conseguiram uma pequena moradia. Em janeiro de 1941, por uma rota de fuga arranjada por Lisa Fittko e seu marido, atravessaram, passando pelos Pirineus, a fronteira com a Espanha e foram dali, de trem, para Lisboa[137].

Os relatos que enviou de lá para Adler-Rüdel estavam inteiramente sob o impacto do caos de refugiados e da constante arbitrariedade na zona não ocupada da França. Ela também relatou sobre as particularidades do antissemitismo nacionalista francês[138]. Adler-Rüdel, por sua vez, transmitiu notícias da Inglaterra sobre os bombardeios de Londres pelos alemães, a histeria de internamento e o *common sense* (bom senso) dos ingleses que se impunha

134. Ibidem, p. 220 e 223.
135. Heinrich Blücher, Lebenslauf von 1956, manuscrito datilografado, Archiv des HAZ.
136. Cf. E. Young-Bruehl, op. cit., p. 223.
137. Na descrição de Lisa Fittko sobre seu trabalho de ajuda a refugiados se encontram observações sobre a fuga de Arendt do campo de Gurs. Cf. L. Fittko, *Mein Weg über die Pyrenäen*, p. 62 e 85.
138. Cf. carta de Arendt para Adler-Rudel, de 2 abr. 1941. Os originais da correspondência se encontram no Central Zionist Archive de Jerusalém; uma cópia da correspondência se encontra no Archiv des HAZ, tendo sido apresentada por Katja Tenenbaum em "Hannah Arendt net".

apesar de tudo[139]. Arendt respondeu com um relato sobre a situação nos campos de detenção franceses, que piorou com a tolerância oficial de atividades dos serviços secretos e de segurança alemães na parte não ocupada da França. Lá tiveram início as deportações. Os primeiros deportados famosos foram os social-democratas Rudolf Breitscheid e Rudolf Hilferding. Adler-Rüdel e Arendt trocaram notícias quase até a última hora de sua estada na Europa. Ele comunicou a ela seu pessimismo sobre a situação dos refugiados judeus. Em 1941, supôs que ocorreria um assassinato em massa dos judeus pelos alemães no leste europeu e que a opinião pública ocidental só ficaria sabendo de um fragmento disso[140]. Em 1943, tinha certeza disso:

> Com base no material que juntei lá [em sua viagem à Suécia], tenho a impressão de que nosso conhecimento, a partir das notícias da imprensa, sobre o que está acontecendo no continente e o que está sendo feito contra os judeus lá tende mais a minimizar do que a exagerar as coisas. A sensação de que o problema dos judeus na Europa está encontrando sua solução natural pela extinção está se tornando uma certeza [...]. Se não acontecer um milagre nos próximos dias ou semanas e os alemães não entrarem em colapso, dificilmente teremos mais judeus no mundo após a guerra do que na época do caso Dreyfus.[141]

Em maio de 1941, Arendt e Blücher finalmente ganharam em Lisboa um visto para os Estados Unidos.

Durante os anos 1940 e 1941, Arendt recolheu, voluntária e involuntariamente, as experiências que dariam corpo à sua vida intelectual. O colapso das tradições e da moral, a destruição da esfera política – esses elementos fundamentais de seu pensamento político foram construídos com base no que ela viu e vivenciou durante esses anos. E esse caudal de experiência se tornaria matéria-prima de numerosos artigos e principalmente da primeira e da segunda partes de seu livro *Origens do Totalitarismo*.

139. Carta de Adler-Rudel para Arendt, de 6 mar. 1941, Archiv des HAZ.

140. Cf. carta de Adler-Rudel para Arendt, de 2 maio 1941, Archiv des HAZ.

141. Carta de Adler-Rudel para Arendt, de 20 maio 1943, Archiv des HAZ.

4

Heidegger Absconditus ou O Desco brimento da América

"ESTAMOS SALVOS, MORAMOS 317 WEST 95" foi o telegrama que Hannah enviou a seu ex-marido Günther Stern, que vivia em Los Angeles, depois de ter chegado a Nova York com Heinrich Blücher em 22 de maio de 1941. Stern tinha se empenhado muito pela obtenção de um visto para eles. Em 10 de maio, eles tinham embarcado no "SS Guiné", em Lisboa; o escritor Hans Sahl viajou no mesmo navio[1]. E quando, semanas mais tarde, também a mãe de Arendt, Martha, que eles tiveram de deixar em Marselha, veio atrás com o "MS Muzinho", o alívio deve ter sido enorme.

A vida em Nova York era excitante, confusa e exigente. Tudo era novo e insólito: a língua, os arranha-céus, os ruídos, a velocidade – e a torrente de pessoas nas ruas. Refugiados de todos os países da Europa e imigrantes de todos os continentes da terra pareciam se reunir ali. A isso se acrescentavam as senhoras elegantes que faziam compras na Quinta Avenida, os vendedores de rua, os mendigos e os negros. A enorme quantidade de automóveis, o metrô, que ela conhecia de Berlim e Paris, mas cuja rede de rotas era ainda mais ramificada. Como uma esteira transportadora invisível, levava milhões de

1. Cf. Christina Heine Teixeira, Wartesaal Lissabon 1940-1941, em J.M. Spalek; K. Feilchenfeld et al. (Hrsg.), *Deutschsprachige Exilliteratur seit 1933*, v. 3, USA, parte 3, p. 477 e 480.

pessoas para lá e para cá debaixo da superfície. A cidade toda parecia um só organismo cujos muitos braços estavam interligados na superfície e debaixo dela, de modo visível e invisível. Tudo parecia caótico, e, ainda assim, estava de alguma forma entrelaçado.

Em nenhum outro lugar se podia sentir o novo como ali, onde tudo estava em movimento ininterrupto. Em cada esquina se oferecia uma vista nova e insólita.

Nova York também era um universo de ruídos: o barulho uivante das sirenes dos carros da polícia, o ruído das máquinas de venda, dos aparelhos de ar condicionado, o arrancar e parar rítmico dos automóveis e ônibus, os gritos dos vendedores de jornais e engraxates, as melodias dos músicos de rua.

A velocidade da vida. Ao chegar, eles foram arrastados por uma torrente. Berlim e Paris também haviam sido cidades agitadas, mas não podiam se comparar a essa zoeira animada junto ao Hudson, onde o mundo inteiro parecia se reunir, para então se dispersar em muitas centenas de milhares de atividades e grupos.

Para Hannah, a cidade era uma fonte de energia sem igual.

Em Nova York se reunia a *intelligentsia* europeia exilada. Ali se reencontravam os grandes nomes europeus da filosofia, sociologia, música e literatura, das ciências naturais, da arquitetura e da tecnologia. Todos os refugiados e imigrantes buscavam moradia e trabalho. Eles procuravam parentes e velhos amigos e faziam eventualmente novas amizades. Cada refugiado absorvia a vida nessa cidade de maneira distinta, dependendo de sua profissão, estado psíquico e biografia; alguns com energia, outros de modo defensivo e contido; outros ainda de forma desesperada e depressiva; e outros de maneira cautelosa e tateante.

O especialista em direito trabalhista alemão Franz Neumann observou, na época, que os intelectuais exilados tinham três possibilidades de existência diante de si. "Eles podem abandonar seu antigo ponto de vista intelectual e se reorientar sem preparação. Podem manter seu antigo modo de pensar em sua totalidade e tentar ou incorporar o pensamento americano ou então se retirar para sua torre de marfim. E, por fim, podem tentar associar a experiência nova e a tradição antiga."[2]

2. L.A. Coser, *Refugee Scholars in America*, p. 200. A citação se refere a Franz Neumann, The Social Sciences, em W.R. Crawford (ed.), *The Cultural Migration*, p. 4-26.

4. HEIDEGGER *ABSCONDITUS*

O caminho que cada um deles tomou ainda dependia de como lidavam linguisticamente com o novo mundo. A língua implicava também um envolvimento com a cultura estranha. As lembranças de todos os emigrantes estão repletas de queixas referentes à perda da língua. Günther Stern via o perigo de

> tornar-se vítima de um modo de falar inferior. [...] No instante em que chegamos são e salvos ao exílio já estávamos sujeitos ao novo perigo, ao perigo de descer a um nível inferior de fala e passar a gaguejar. E muitos de nós realmente passaram a gaguejar, e até em ambas as línguas: pois enquanto ainda não tínhamos aprendido nosso francês, inglês ou espanhol, nosso alemão começou a se desfazer aos poucos, e, na maioria dos casos, tão despercebida e paulatinamente que não nos demos conta dessa perda, assim como da perda de nossa condição de adultos[3].

O que chamou a atenção do filósofo Ernst Bloch foi o fato de que diversos tipos se formaram em função do modo de lidar com a língua: o primeiro tipo "aboliu" a cultura e a língua de origem e tentou forçosamente se adaptar à nova cultura. O segundo tipo tentou conservar a língua e a cultura de origem na cultura do país anfitrião. A saída de Bloch para o dilema parece corajosa para a situação da época:

> Nós procuramos [...] no contexto americano, uma distância extremamente humana e humanamente compreensível, uma espécie de *distância original* [...] Trazemos conosco nossa vantagem, uma língua já formada, uma cultura antiga, à qual permanecemos fiéis ao testá-la e ao mesmo tempo renová-la com um novo material. E nós temos distância: não porque a queiramos, mas porque não somos comediantes. Com essa distância honesta, queremos que a vida que vemos ao nosso redor e os problemas que nos cercam se tornem objeto de nossa língua, de nossa língua e forma de pensamento plástica, expressiva e ligada à realidade.[4]

Hannah, que estava então com 35 anos e já tinha reunido experiências para uma vida toda, fazia, sem dúvida, parte deste último tipo de exilados. As dificuldades que essa atitude acarretava ainda estavam por ser exploradas.

3. Günther Anders, Lebenserlaubnis, em E. Schwarz; M. Wegner (Hrsg.), *Verbannung*, p. 175s.
4. Ernst Bloch, Zerstörte Sprache – zerstörte Kultur, em E. Schwarz; M. Wegner (Hrsg.), op. cit., p. 187.

Com a chegada a Nova York, os anos da existência frenética de refugiada, com o trabalho infindável dos comitês de assistência em meio à miséria da emigração, tinham passado, mas não o engajamento como sionista. Lá, o trabalho político só adquiriu novas dimensões. Ela podia planejar e fazer uso das estruturas já existentes. Também havia dinheiro disponível, que só precisava ser "arrumado". A primeira fonte de dinheiro à qual ela podia recorrer era a Zionist Organization of America, da qual os refugiados judeus recebiam uma espécie de verba de boas-vindas: 75 dólares. O endereço seguinte foi, então, a Self-Help for Refugees.

Quando de suas averiguações junto a autoridades e comitês de assistência, ela se reencontrou com pessoas conhecidas, conheceu novas, foi integrada em círculos de debates, organizações e locais de trabalho. Cada dia, cada mês na nova pátria, cada pequeno sucesso, cada pagamento recebido, cada novo contato humano e profissional obtido confirmavam a consciência de que algo novo tinha começado. Era como se um espaço e uma porta até então fechados para ela finalmente se abrissem. Poder agora percorrer esse espaço era gozar de uma liberdade cheia de frescor e encantos. Ela se ocupava incessantemente de projetos, planos e manuscritos. Disso faziam parte o engajamento pela causa do sionismo, o mergulho em seus estudos sobre a história dos judeus e as origens do antissemitismo europeu e alemão e — isto era o mais importante — a conquista constante de novas amizades. Começou um tempo de enorme dinamismo.

As condições de moradia, porém, eram tudo, menos confortáveis. Arendt, Blücher e a mãe dela, Martha, viviam em um pequeno espaço em Manhattan — no Upper West Side, no n. 317 da West 95th Street. O prédio era uma *rooming house*, um hotel para residentes permanentes em que estavam alojadas dezenas de famílias de imigrantes e outros indivíduos porque o aluguel era barato. Os Blücher e Martha Arendt tinham lá, cada um, um quarto mobiliado, todos no mesmo andar. O banheiro ficava no corredor.

Às restrições de espaço e de dinheiro se somavam os atritos psíquicos. Já em Paris, Heinrich Blücher e Martha Arendt não tinham

4. HEIDEGGER *ABSCONDITUS*

se dado bem. Em Nova York, as tensões só aumentaram. Martha era da opinião de que Blücher deveria trabalhar e contribuir financeiramente para o sustento deles. Sua filha não deveria arcar sozinha com a responsabilidade de mantê-los. Ele, que se denominava um pensador, era, após uma tentativa interrompida de trabalhar em uma fábrica, da opinião de que tinha de encontrar um trabalho que estivesse à sua altura e não fazer qualquer trabalho sujo. Felizmente, encontrou, ainda em 1941, emprego em um comitê que fazia propaganda a favor da entrada dos Estados Unidos na guerra. Lá, elaborava análises de conjuntura sobre a situação na Europa. O nome de Blücher não aparecia nas publicações resultantes desse trabalho, mas ele parecia não se importar com isso[5]. De qualquer modo, esse trabalho foi de curta duração, pois no mesmo ano de 1941 os Estados Unidos entraram na guerra. Então Blücher passou a receber tarefas do exército estadunidense. No marco de um programa de treinamento em Camp Ritchie, no estado de Maryland, ele lecionou história da Alemanha para prisioneiros de guerra alemães. Mais tarde, deu aulas sobre a estrutura do exército francês e do alemão a oficiais dos Estados Unidos que falavam alemão, na Universidade de Princeton[6]. Dessa época proveio sua fama de historiador militar, para a qual Arendt contribuiu muito. Nesse meio tempo, trabalhou em um "laboratório químico de pesquisas onde se fabricam plásticos"[7]. Na sequência, conseguiu emprego como locutor de notícias para programas em língua alemã na emissora de rádio NBC[8].

Blücher não era homem de escrever, e Hannah Arendt e os amigos dele sempre diziam que seu *métier* eram a palestra e o debate. Nisso, era um gênio, e recebeu, no início dos anos 1950, uma boa oportunidade para praticar essa habilidade como professor de Filosofia no Bard College (Upstate New York). A atividade lá o realizava, exigia muito dele e marcou muitos de seus alunos até hoje.

Diferentemente de Blücher, que tinha muita dificuldade para aprender inglês, Arendt mergulhou fundo na língua. Dois meses após sua chegada e por intermédio de uma organização para refugiados, ela foi estudar inglês em Winchester, no estado de Massachusetts. A família anfitriã de orientação puritana não se aproximou dela; possuía um

---

5. E. Young-Bruehl, *Hannah Arendt*, p. 248s.
6. Ibidem, p. 264s.
7. Carta de Arendt para Adler-Rudel, de 23 fev. 1943, Archiv des HAZ.
8. Cf. E. Young-Bruehl, op. cit., p. 265.

estilo de vida que se contrapunha aos hábitos de Arendt, incluindo o tabagismo, que não era bem-visto na casa. Mas ela adotou com entusiasmo a autoconsciência republicana das pessoas e voltou de lá com um bom acervo de inglês coloquial. Um ano depois, ficou mais dez dias no mesmo local; dessa vez, escreveu sobre sua estada como se fosse um período de férias[9]. Mas segundo o relato de seus amigos estadunidenses, ela nunca deixou de ter dificuldade em harmonizar seu pensamento com a cultura linguística e intelectual anglo-americana.

As tensões entre os Blücher e a mãe de Hannah persistiam. Em 1948, depois de sete anos de convivência, a mãe de Arendt chegou à conclusão de que o melhor era se mudar para a Inglaterra e ir morar com sua enteada Eva Beerwald. E assim, no verão de 1948, ela embarcou para a Inglaterra no navio "Queen Mary". Durante a viagem, sofreu uma grave crise asmática. Chegou e, dias depois, faleceu. A morte da mãe foi uma ruptura triste para a filha, mas também trouxe alívio no relacionamento do casal.

Quando, após a partida da mãe, Hannah e Heinrich se puseram a procurar uma nova residência, os recursos financeiros já eram suficientes para uma moradia com escritório separado da sala e um quarto extra que podia ser sublocado. O endereço novo era Morningside Drive, 130. Finalmente eles também tinham móveis próprios.

Nessa época se consolidaram as primeiras amizades. Alfred Kazin, um dos amigos mais fiéis de Hannah, escreveu o seguinte: "Ela dava a seus amigos − escritores tão variados quanto Robert Lowell, Randall Jarrell, Mary McCarthy, o historiador judeu Salo Baron − coragem intelectual para fazer frente ao terror moral que a guerra nos tinha legado."[10]

Kazin descreveu a energia inesgotável que Hannah Arendt exalava naquela época. Ela deve ter exercido uma atração magnética sobre seus convidados, e isso certamente não se devia apenas à sua hospitalidade, pela qual já era conhecida na época. Independentemente do aperto financeiro

9. Carta de Arendt para Gurian, de 24 set. 1942, Archiv des HAZ, Cont. Nr. 10.7.

10. A. Kazin, New York Jew, p. 195.

em que estivesse, sempre havia o suficiente para frutas cristaliza-
das, biscoitos e vinho do porto. Sua atratividade também residia
em sua inteligência radiosa e incisiva, que impressionou profund-
damente seu amigo Kazin:

> Marx – Platão – Hegel – Heidegger – Kant – Kafka – Jaspers! Mon-
> tesquieu! Nietzsche! Duns Scotus! Essas figuras centrais do pensa-
> mento tinham um grande peso no refúgio de Hannah na Morning-
> side Drive, de onde se via, lá embaixo, a placa da fábrica de pianos
> Krakauer e o campo inimigo desolado e impenetrável que era o par-
> que Morningside na época. [...] A "ruptura decisiva com a tradição"
> era o seu insistente refrão. Tinha havido uma tradição, e não havia
> ninguém mais ávido e disposto a lhe brindar, em grego, os princi-
> pais significados de conceitos como ser humano, mente, *polis*, bem
> comum. Mas tinha havido uma ruptura [...] Ruptura era a vida dela
> e a vida de todo o mundo agora. Quanto mais o tempo passava, mais
> insistia na solidez de suas amizades, na constância do mundo das
> ideias – independentemente do quão distante fosse a origem desse
> mundo. Como as outras coisas que oferecia em sua casa, a exem-
> plo das citações em grego, sua mente saltava instintivamente para o
> princípio essencial da vida como tradição. E o que aconteceu com a
> tradição? Ela se rompeu.[11]

Foi nessa época de amizades florescentes que se formou entre
Arendt e seu marido Heinrich Blücher aquela concordância intelectual cada vez maior que, por não ter sido transmitida por escrito,
torna quase impossível avaliar a verdadeira participação de Blücher nos livros de Arendt[12]. O casamento nutria-se de conversas
que começavam de manhã com a troca de ideias sobre o que cada
um lia no jornal e terminavam à noite com debates apaixonados
sobre questões filosóficas ou contemporâneas com amigos ou apenas entre marido e mulher. A troca de ideias,
que tinha grande importância no pensamento deles, fascinou muita gente. E Blücher desempenhava um papel
significativo nisso; ele era um homem, segundo o relato
de Kazin, "apaixonado, às vezes assustadoramente inteligente"[13]. A correspondência entre o casal atesta isso.

Foram, também, ideias de Heinrich e dos amigos que
se incorporaram no primeiro grande artigo dela e, por

11. Ibidem, p. 196s.
12. Vestígios disso se encontram nos "Diários do Pensa-mento" de Arendt, em que, na exposição de conexões conceituais, se cita ou para-fraseia, inesperadamente, "Heinrich". (Cf. H. Arendt, *Denktagebuch, 1950 bis 1973*, p. 13s., 181, 354, 406, 416, 797, 801.)
13. Cf. A. Kazin, op. cit., p. 197.

fim, no projeto *Origens do Totalitarismo*[14]. Era o mundo dos amigos, do "nós", das muitas opiniões que, já naquela época, penetraram nas diversas camadas de seu trabalho.

Heidegger, o pensador mágico e amante poético, tinha passado para uma distância que se tornara estranha. No último contato que fizera com ele, durante o inverno de 1932-1933, ele demonstrava grande expectativa em relação ao que estava por vir. Seu amante havia se bandeado para o lado de seus inimigos. Ela, em todo caso, tinha de pensar assim.

Em nenhum outro lugar se podia encontrar ao mesmo tempo tantos expoentes da *intelligentsia* europeia como em Nova York. Como disse sarcasticamente o poeta e amigo Robert Lowell, uma excelente época para os intelectuais judeus essa em que os refugiados tinham se livrado de "sua bagagem europeia"[15]. Uma parte dos refugiados alemães era da mesma opinião. Hans Jonas, por exemplo, escreveu que os Estados Unidos tinham então assumido a "curadoria do espírito ocidental".

> Tudo, tudo encontra lá seu lugar. Não há doutrinas acadêmicas oficiais, mas sim a verdadeira liberdade de pensamento e teorização, a liberdade para especular e expor ideias novas ou mesmo requentar ideias antigas. Nos Estados Unidos vigora o maior sincretismo do mundo moderno, a confluência de doutrinas, pontos de vista e métodos intelectuais [...] E pode-se dizer que é de lá que tem saído atualmente o que há de mais importante nas ciências, na literatura, na arte e, de maneira geral, [...] no debate das cosmovisões.[16]

Hans Jonas, amigo de juventude de Arendt, fora inicialmente para a Inglaterra, e depois da guerra emigrou para a Palestina. Em 1949, aceitou um convite para lecionar em uma universidade canadense. Em 1955, finalmente, foi viver em Nova York para lecionar na New School for Social Research, a "universidade no exílio".

Nessa época, Hannah parecia um redemoinho voraz. Com espírito devorador, abraçou a nova cidade. Foi ao encontro das pessoas. Era um gênio em matéria de fazer

---

14. A influência pode ser demonstrada diretamente neste caso porque Blücher também se ocupou com o fenômeno do totalitarismo em seu trabalho. (Cf. Heinrich Blücher, Perpetual Motion: Some Texts of the Political Structure of Nazism, Archiv des HAZ.) Entretanto, a influência é, naturalmente, recíproca. (Cf. também Toshio Terajirna, Heinrich Blücher: A Hidden Source of Hannah Arendt's Political Thought, *Ningenkagaku Rongshu*, v. 27, p. 39s., 1996.)

15. Cf. A. Kazin, op. cit., p. 191.

16. H. Jonas, *Erkenntnis und Verantwortung*, p. 77.

novas amizades. Bateu na porta das mais importantes organizações e redações de revistas judaicas; visitou seus velhos amigos, Kurt Blumenfeld, Salman Schocken... Foi recomendada a outros, e estabeleceu novos contatos. Iniciou outra vez um processo de leitura, reflexão e escrita. Ao mesmo tempo, trazia dinheiro para o sustento da casa.

AMÉRICA, AMÉRICA...

Naquela época, os Estados Unidos tinham acabado de sair da Grande Depressão. O *boom* econômico que se seguiu à entrada dos Estados Unidos na guerra melhorou a situação econômica. Chegava ao fim o doloroso período de crise que desde a "sexta-feira negra", em 24 de outubro de 1929, assolara a economia mundial. Diferentemente do que ocorrera na Europa, nos Estados Unidos a crise econômica não tinha acarretado o colapso da ordem política; a crise tinha, pelo contrário, fortalecido o Estado democrático. O *New Deal* e o papel do Estado como agente de bem-estar social e investidor – algo incomum nos Estados Unidos – deram um impulso considerável ao campo liberal.

A pobreza no país havia radicalizado os liberais e levado ao surgimento de muitos grupos de esquerda. Desde 1917, a esquerda estadunidense estivera sob o feitiço da Revolução Russa. O efeito à distância da Revolução de Outubro sobre o continente norte-(e sul)-americano ainda parecia persistir na década de 1930. Olhando-se mais de perto, via-se que o socialismo estadunidense – e, em meio a ele, o Partido Comunista daquele país – não era uma corrente forte. Entretanto, durante certo tempo ele causou uma abertura no contexto político que se estendeu até círculos do centro.

Se na Europa a disseminação dos esquerdistas radicais fora bloqueada pelo crescimento dos movimentos racistas, nos Estados Unidos os agrupamentos políticos socialistas puderam se formar de modo relativamente tranquilo nos anos 1930. Muitos intelectuais liberais da Costa Leste, em todo caso, acreditavam que os Estados Unidos estavam a caminho de um socialismo independente.

Em 1937, Trótski apareceu na América do Norte. Após sua fuga da União Soviética via França e Noruega, ele havia sido finalmente acolhido no México, cujo presidente, na época, adotara uma política favorável aos refugiados provenientes da Europa. A partir de lá, Trótski tentou organizar a oposição ao regime de Stálin no exterior. Desde então, a esquerda estadunidense se dividiu entre um campo pró-soviético e outro trotskista.

Ao longo das décadas de 1930 e de 1940, a discussão política atingiria temperaturas elevadas, sobretudo acerca da questão crucial de saber se a União Soviética havia tomado o caminho que os Estados Unidos também deveriam seguir – com o New Deal, o país parecia ter dado alguns passos, ainda que vacilantes, nessa direção – ou se (como afirmava Trótski) a União Soviética estava marchando a passos largos na direção de uma ditadura militar que tinha de ser combatida. Mas então se colocava a seguinte pergunta: com que perspectiva os Estados Unidos, tão criticados pelos esquerdistas como país capitalista e imperialista, poderiam ser reformados?

Embates como esses cindiram os liberais de esquerda de Nova York em duas grandes correntes, a dos comunistas e seus simpatizantes, e a dos trotskistas e seus adeptos. Os grandes processos ocorridos em Moscou desde meados dos anos 1930 e nos quais a elite dirigente dos comunistas russos fora aniquilada aprofundaram essa cisão. Enquanto os trotskistas se pronunciavam com um discurso crítico, os adeptos de Stálin se defendiam com sofisticadas justificativas.

Dwight Macdonald, amigo de Arendt desde de meados dos anos 1940, jornalista e ensaísta, lembrou-se, décadas mais tarde, do cenário trotskista daquela época: "Os processos de Moscou foram, sem dúvida, o ponto de viragem para a maioria dos intelectuais. Os intelectuais mais reflexivos foram aqueles que se tornaram antistalinistas."[17]

17. Alan Wald, Notes From Interviews With Dwight Macdonald, 1973, em M. Wreszin, Interviews With Dwight Macdonald, p. 107.

Quando Hannah Arendt chegou a Nova York, esse debate estava a todo vapor. Provavelmente, ela não deu muita atenção às disputas apaixonadas em torno do socialismo. Embora tivesse lido Marx, manteve uma atitude entre sóbria e cética diante da forma às vezes sentimental que caracteriza o envolvimento dos liberais de esquerda com a fantasia socialista.

Outra grande corrente de debates se intensificou ao longo da guerra, em virtude de seus objetivos e da ameaça aos judeus europeus. Os Estados Unidos deveriam mesmo participar da guerra? A intervenção estadunidense na Primeira Guerra Mundial tinha sido de fato decisiva para o fim do conflito, mas terminou de forma abrupta. Na época, o Congresso se recusou a subscrever o Tratado de Versalhes. Portanto, não foi um engajamento livre de problemas. Quais objetivos de guerra os Estados Unidos deveriam perseguir agora, e como eles se diferenciariam dos objetivos de 1917? Qual seria a relação do país com a União Soviética totalitária? O futuro da Alemanha e da Europa depois do fim da guerra deveria ser socialista ou capitalista?

Um dos centros desse debate era a revista de esquerda *Partisan Review*, que Dwight Macdonald tinha refundado em 1937 junto com Philip Rahv, Fred Dupee, William Phillips e George Morris. Diferentemente da orientação anterior, mais alinhada ao Partido Comunista, o novo grupo de editores adotava um ponto de vista mais próximo de Trótski, embora fosse tão pluralista que o periódico não tinha como ser cooptado pela propaganda trotskista. Dentro de poucos anos, a *Partisan Review* se transformou na tribuna dos intelectuais liberais de esquerda. Entre os ingredientes de seu sucesso, estavam a inventividade, a perspicácia analítica, a capacidade de polemizar com conhecimento de causa, a sensibilidade para temas que "pairavam no ar" e a colaboração de uma ampla gama de autores e autoras dos mais diversos temperamentos.

A revista cultivava um estilo bem próprio, com um repertório bastante variado de gêneros: abordagem ensaística, crítica de teatro, relatos do estrangeiro, narrativas literárias e sempre um lugar para novos poemas ou autores desconhecidos. Além disso, havia o coloquialismo da seção de fofocas.

Outra característica sua era a polêmica erudita e certo prazer em atacar. Reuniam-se coisas inconciliáveis, como observou William Barrett ao lançar um olhar retrospectivo para os anos 1930 e 1940:

> Os dois "emes" de então – marxismo na política e modernismo na arte – eram as divisas adotadas por esse grupo perante o mundo. Isso

era suficiente para despertar meu entusiasmo juvenil, pois designava duas regiões do espírito onde minha lealdade já havia ancorado. Se as duas partes desse programa – um marxismo radical na política e uma defesa radical da vanguarda na arte – eram realmente consistentes uma com a outra, eis uma questão que não nos incomodava muito na época.[18]

A mescla de cultura, política e arte que se efetuava na *Partisan Review* e que seu editores, autores e autoras corporificavam era verdadeiramente singular. Havia aí sempre alguém disposto a radicalizar um assunto e arriscar uma polêmica. Esse estilo marcou a linha do periódico desde fins da década de 1930 até fins da década seguinte. A *Partisan Review* retomava os temas importantes da época: política e religião, arte e Modernidade, identidade judaica... A revista trazia ensaios seminais sobre a crítica do capitalismo e da sociedade de modernização tardia, a exemplo do debate sobre a "revolução dos gerentes" e o início da sociedade de prestação de serviços. A crítica trotskista à União Soviética tinha seu espaço, assim como investidas contra os redutos da intelectualidade estadunidense sob influência do stalinismo. Em uma série de artigos sobre "O Futuro do Socialismo", trotskistas, marxistas, esquerda antistalinista e liberais se atacaram duramente. Em uma outra série de artigos, retomou-se o programa liberal na arte e na cultura; nela, os marxistas criticavam os liberais; estes, por sua vez, se defenderam propondo um paradigma liberal positivo, em contraposição ao sentido pejorativo do termo "liberal" propagado pelos marxistas. Havia ainda as disputas em torno da religião e seu significado para os intelectuais...

A revista, assim como suas concorrentes, vivia do fato de que escritores, poetas e ensaístas se comportavam como pessoas públicas e portadores de uma consciência moral pública. Isso implicava ao menos três pressupostos: uma esfera pública aberta a temas; questões e preocupações contemporâneas que fossem ao encontro de sua necessidade de informação e curiosidade. Para isso, demandavam-se escritores de proveniências diversas aptos a cumprir esse papel com criatividade e versatilidade. Nesse sentido, era imperativo que a arte e a literatura, o teatro, a poesia e o ensaísmo político dialogassem entre si e seus protagonistas se aceitassem como portadores de um mesmo discurso. Os anos 1930

18. W. Barrett, *The Truants*, p. 11.

e 40 ofereciam um solo fértil para esse entrelaçamento nos Estados Unidos. Por fim, acrescentava-se a isso um outro fator: esse discurso se reconhecia como parte da cultura plural do Ocidente, dentro da qual a Europa e a América podiam estabelecer uma plataforma comum de diálogo. Ironicamente, quis o destino que a cultura americana se sentisse dependente da europeia em um momento histórico em que a cultura europeia foi radicalmente isolada da americana. Após o fim da guerra, foram os existencialistas franceses que procuraram reconstruir essa ponte.

A despeito da postura liberal, os editores da *Partisan Review* insistiam em alguns princípios. Um deles era fonte de grande controvérsia. Por suas inclinações à esquerda, a maioria desses intelectuais considerava o fascismo produto do capitalismo e, por isso, acreditava que para combatê-lo de forma eficaz era preciso associar à luta uma perspectiva de superação do capitalismo. Por fim, em 1944, o grupo de editores se desentendeu em relação à postura a adotar diante da guerra, como se lembrou mais tarde a escritora Mary McCarthy, uma das fundadoras da *Partisan Review* e conhecida crítica de teatro na época:

> No início da guerra, éramos todos isolacionistas, o grupo inteiro. Depois [...] Philip Rahv escreveu um artigo em que disse, em uma frase ponderada: "Em certo sentido, essa é nossa guerra." O resto do grupo ficou profundamente chocado com isso porque a considerávamos uma guerra imperialista inútil. [...] Então, quando Philip escreveu esse artigo, teve início uma longa controvérsia na *Partisan Review*. A revista ficou dividida entre quem apoiava a guerra e quem não a apoiava.[19]

Embora a revista não precisasse se preocupar com a censura ou com pressões financeiras, a polarização que se formou durante a Guerra Fria se refletiu nela, levando a cisões; amizades foram rompidas, falsas lealdades se tornaram motivo de queixas e desavenças.

Para Dwight Macdonald, o problema foi que os editores se acovardaram. "Eles não queriam publicar 'Voltando

19. The Art of Fiction XXVII. Mary McCarthy: An Interview With Elisabeth Niebuhr 1962, em C. Gelderman (ed.), *Conversations With Mary McCarthy*, p. 14.

Um reencontro em 1966: (da esquerda para a direita, em pé)
Heinrich Blücher, Hannah Arendt, Dwight Macdonald com sua
esposa Gloria; (sentados) Nicola Chiaromonte, Mary McCarthy
e Robert Lowell

4. HEIDEGGER *ABSCONDITUS* 223

Hannah Arendt e Mary McCarthy em Castine (Maine), em 1971

da URSS', de André Gide, porque não queriam chegar a esse ponto na crítica à União Soviética. Consideravam o artigo reacionário."[20]

Por fim, Macdonald acabou impondo seu ponto de vista, o corrosivo relato de viagem de André Gide sobre a União Soviética e o regime de Stálin foi publicado e as divergências políticas aumentaram.

Em 1944, Macdonald deixou a *Partisan Review* e fundou *Politics*, uma revista de teor inequivocamente político e que não admitia aquele tipo sofisticado de mexerico cultural que a *Partisan Review* louvavelmente publicava. Coerente com essa linha editorial, seu programa consistiu em concentrar o foco em análises políticas, fazer relatos extensos sobre a Europa e colocar em andamento uma grande campanha de assistência aos intelectuais europeus em situação de miséria.

ENTRE A AMÉRICA E A EUROPA

Para Arendt, derrotar Hitler era a grande meta. E nesse sentido, ela deve ter achado alguns dos debates da esquerda bastante distantes da realidade. Por outro lado, se afeiçoara de muitos desses intelectuais briguentos de Nova York, e alguns deles se tornaram seus amigos. Com eles, Heinrich e ela discutiam apaixonadamente noite adentro.

Assim, já nos primeiros anos se tornou habitual para Arendt transitar por dois círculos de amizades, o americano e o europeu. Ela precisava dos europeus porque seu pensamento operava segundo os padrões da cultura e da língua europeia. Com seus amigos europeus, podia conversar sobre suas próprias experiências e o futuro da Europa. Mas necessitava de novas amigas e amigos americanos para conhecer o país, as pessoas, sua história e sua visão de mundo. Da dinâmica e das fricções entre as duas esferas, a americana e a europeia, resulta a tensão da qual Arendt se nutriu intelectualmente durante décadas.

Um amigo importante e grande suporte durante esses primeiros anos foi Waldemar Gurian. Arendt o tinha

20. M. Wreszin, op. cit., p. 129.

conhecido no último período que passou em Berlim por meio de sua rede de relações sionistas e retomou o contato com ele após sua chegada aos Estados Unidos.

Possivelmente, Arendt e Gurian também haviam mantido contato durante os primeiros anos de exílio dela na França e dele na Suíça. Gurian, originário de uma família judaica de Petersburgo, fora batizado na Igreja Católica por iniciativa da mãe. Mesmo assim, foi difamado pelos nacional-socialistas no final da República de Weimar devido a sua origem judaica. Depois disso, ao que tudo indica, buscou uma forma de elaborar politicamente a vivência desse choque. De outra maneira, seria difícil explicar seu envolvimento com círculos sionistas numa época em que o nacional-socialismo estava se tornando, cada vez mais, também uma ameaça pessoal.

O talento de Gurian como ensaísta e crítico de seu tempo cresceu num ambiente intelectual dominado pela crítica conservadora à República de Weimar. Como discípulo de Carl Schmitt, veio a se tornar um crítico incisivo do liberalismo moderno, e como intelectual católico compartilhava da crítica dos conservadores de direita, mas não de seu antissemitismo. Quanto mais forte se tornava o nacional-socialismo, mais incisivamente ele o criticava. Isso o colocou em oposição declarada a Carl Schmitt e a muitos outros amigos e colegas. Como judeu e inimigo do nazismo, ele havia se tornado alvo de ataques públicos antes mesmo da chegada de Hitler ao poder. Para fugir da perseguição iminente, emigrou para a Suíça em 1934, onde a duras penas conseguiu sobreviver como jornalista. Fundou, junto com Otto Michael Knab, um dos mais importantes periódicos da resistência católica, a *Deutsche Briefe*, de que foi coeditor até 1938. A revista era uma espécie de serviço de informação, trazendo documentos, notícias e análises sobre acontecimentos da Alemanha nacional-socialista e do exterior, tendo sido contrabandeada para a Alemanha por canais secretos. No centro de suas preocupações estava a atitude das duas principais doutrinas ocidentais, a católica e a protestante, perante o nacional-socialismo. Gurian estava entre os mais incisivos críticos da colaboração das igrejas cristãs com o regime nazista.

Em 1937, para sua grande sorte, ele recebeu um convite para lecionar na Universidade Católica de Notre Dame, situada no estado de Indiana, nos Estados Unidos (diz-se que um candidato à cátedra havia desistido). Dois anos mais tarde, fundou a *Review of Politics*, que veio a se tornar um dos mais importantes periódicos no contexto da política e da ciência política estadunidenses. Sua particularidade consistia em combinar o estilo europeu de debates com o discurso intelectual estadunidense. Gurian reuniu em torno de si uma mistura especial de autores. Emigrantes europeus, como Eric Voegelin e Jacques Maritain, se encontravam com cientistas norte-americanos (Talcott Parsons, Aron Gurwitsch, Hans Kohn e muitos outros nomes que não são mais conhecidos hoje em dia), e cientistas estabelecidos se encontravam com jovens talentos.

A revista atuava num campo de interseção entre a teoria política e o comentário político. Era especialmente interessada naquelas transformações do mundo ocidental que precederam a Primeira Guerra Mundial e se seguiriam a ela. Previu a divisão do mundo em dois grandes blocos de poder sob a liderança dos Estados Unidos e da União Soviética, respectivamente. Havia uma presença constante de certos temas, como a correlação estrutural entre nacional-socialismo e bolchevismo, a relação entre liberalismo e democracia, a ideologia racial, o imperialismo, o papel da educação no Ocidente, as transformações da moral, o papel da religião.

Assim como Hannah Arendt, Gurian era uma pessoa apaixonada e impulsiva, tanto em suas simpatias quanto em suas antipatias, e um amigo fiel e combativo. Hannah e Gurian devem ter imediatamente se afeiçoado um ao outro. Provavelmente, ele ficou fascinado pela inesgotável agilidade mental, tanto intelectual quanto prática, da jovem mulher. E também logo percebeu a capacidade dela de identificar conexões ou de propor pontos de vista surpreendentes. Para Arendt, Gurian era uma pessoa com quem ela tinha afinidade intelectual, que a estimulava, discordava dela, emprestava-lhe livros, se interessava por sua opinião, compartilhava amigos com ela (p. ex., os franceses Jacques Maritain e Yves Simon). Além disso, Gurian estava bem estabelecido nos Estados Unidos, dispunha de conexões e possibilitou que ela publicasse seus textos.

Mas como uma exilada que perdera sua biblioteca conseguiria os livros de que necessitava para pensar, argumentar e escrever? Como escrevia artigos? Ela frequentava as bibliotecas públicas. Para

4. HEIDEGGER *ABSCONDITUS*

alguns emigrantes, caso não houvesse outras coisas a serem providenciadas, era lá que se passava uma boa parte do dia. Na biblioteca pública situada na esquina da rua 42 e da 5ª avenida (The New York Public Library) – para mencionar apenas uma dentre dezenas – os exilados podiam se encontrar com intelectuais muito ou pouco conhecidos de Nova York. Lá se podia retirar tudo o que o coração desejava: literatura europeia, americana e mundial, e inclusive as próprias obras. O local era quente no inverno e fresco no verão. Podia-se trabalhar nas espaçosas salas de leitura, sem as limitações da moradia apertada em que se vivia, e, ao mesmo tempo, fazer contatos sociais.

Pela amizade de Arendt e Gurian se pode acompanhar o modo como os relacionamentos no exílio eram estabelecidos, mudados, interrompidos e renovados. Arendt se beneficiava da troca privada de livros que Gurian tinha estabelecido junto com a rede de autores que circulavam em torno da revista. A correspondência entre os dois consiste, em grande parte, de notícias ou mensagens sobre livros e artigos lidos, a serem lidos, emprestados, perdidos e reencontrados, a serem resenhados e a serem rejeitados. Livros e artigos eram enviados incessantemente para cá e para lá. Era um círculo sempre crescente de amigos e conhecidos que, dessa forma, tinha acesso a livros e ensaios que do contrário não seriam conseguidos ou cuja aquisição era cara demais. Por último, mas não menos importante: escrevendo e emprestando livros e artigos uns aos outros, esses amigos tinham acesso às informações e fofocas sobre as quais falavam, com as quais se irritavam e que passavam adiante com prazer.

Gurian escrevia suas cartas à mão, usando lápis e caracteres enormes. Só pouco antes de sua morte ele – que rejeitava todos os recursos modernos – mandava datilografar algumas de suas cartas. O tom entre os dois é familiar, às vezes passional, aberto, às vezes tão direto que quase chegava a ser ofensivo. Os altos e baixos da amizade se refletem nas formas variáveis de tratamento: prezado senhor Gurian, prezada senhora Arendt, caro amigo, cara amiga, caro Waldemar, cara Hannah, caro Gurian…

Das cartas que restaram, a mais antiga endereçada a Gurian por Hannah data de dezembro de 1941 – meio ano após a chegada dela aos Estados Unidos –, uma época repleta de experiências com a língua, em que era preciso ganhar dinheiro, tomar conhecimento das bibliotecas de Nova York, fazer contatos com organizações e círculos de debates judaicos, uma época, enfim, de novas amizades, preocupações e alegrias, decepções e esperanças. A carta parece a continuação de uma conversa só interrompida por pouco tempo: "Muito obrigada pela carta e pelos livros. Depois de ficar oito anos sem publicar uma única linha, hoje em dia cada linha que escrevo acaba me custando algum velho amigo. Você pode imaginar o quanto, sob essas circunstâncias (e, naturalmente, sob todas as circunstâncias), nossa conversa me deixou contente."[21]

A carta exala energia. O velho apreço pelo argumento paradoxal permaneceu. Com Gurian teve início uma amizade que lhe ofereceu apoio e sustentação nos primeiros "anos americanos".

Pouco tempo depois, Gurian sugere a Arendt que escreva um livro sobre o nacional-socialismo. Eis a resposta dela:

> Há dias sua sugestão não me sai da cabeça e eu fico pesando seus prós e contras. Decerto, não preciso nem dizer que me sinto – além de tudo o mais – enorme e infantilmente lisonjeada. Mas você está me superestimando: eu não teria – ou não teria ainda – condições de escrever um livro assim. Você não deve se esquecer de que só voltei a refletir de modo fundamental e sistemático desde 1940, e esse período de maneira alguma foi tranquilo. A isso se acrescenta outra ponderação: como judia, não posso escrever sobre o nacional-socialismo de modo geral. Isso não é conveniente, e eu não tenho legitimidade para isso. Mas o que posso e gostaria de fazer é escrever um capítulo desse livro, o capítulo sobre o antissemitismo racial. Isso eu posso e me é permitido, e poderia fazê-lo explicitamente como judia: *mea res agitur* [é minha causa que está em jogo]. E agora me escreva rapidamente dizendo o que acha disso.[22]

Ao que tudo indica, Gurian insistiu. Em todo caso, ela se explicou pela segunda vez:

> E agora sobre o livro: como sou da opinião de que nada é tão importante quanto combater os nazistas, é lógico que nunca usaria um outro trabalho como desculpa. Portanto, acredite em mim, por favor: em primeiro lugar, julgo plausível a causa judaica. Não que eu considerasse o sr. Neumann legitimado![23] *Loin de là* [longe disso]. Considero

21. Carta de Arendt para Gurian, de 10 dez. 1941, Archiv des HAZ, Cont. Nr. 10.7.

22. Carta de Arendt para Gurian, de 21 mar. 1942, Cont. 10.7, Archiv des HAZ.

23. Provavelmente ela se refere à análise das estruturas de poder do nacional-socialismo feita por Franz Neumann (cf. F. Neumann, *Behemoth*).

absolutamente correta a maneira como você formulou a questão central; mas não me cabe criticar este mundo; a menos que eu criticasse o setor judaico, mostrasse a participação dos judeus no surgimento da peste e por que o mundo judaico entrou em colapso de modo tão indefeso diante dela. E acredite-me, por favor, em segundo lugar, que me conheço com exatidão e não sofro de excesso de modéstia; e, por conseguinte, sei que ainda não estaria à altura da tarefa! Se eu pudesse contribuir no contexto que conheço bem, ficaria muito satisfeita e creio que poderia fazer algo bom.[24]

Dessa troca de cartas surgiu, então, o plano de escrever um livro sobre o antissemitismo. Ela também comunicou isso em 1943 a seu amigo de tempos antigos, Salomon Adler-Rüdel[25]. O tema era plausível, pois Arendt já tinha feito alguns trabalhos preparatórios para isso. Em Berlim e Paris, havia trabalhado com a questão da história da assimilação teuto-judaica; na França, ampliara o tema para incluir a história do antissemitismo francês. De suas reflexões, das conversas e debates acalorados com amigos e militantes sionistas em Paris tinha, além disso, surgido a questão de como os judeus da Europa poderiam abdicar de sua posição de minoria – e, com isso, de eternas vítimas – e então se organizar politicamente. A essa altura, sua linha de argumentação já tinha se tornado clara em termos gerais: ela se movia sobre a corda bamba entre o *status* de minoria dos judeus aprovado pela Liga das Nações, que ela recusava porque não estava associado a direitos políticos, e a exigência feita por muitos sionistas de um Estado próprio para o povo judeu[26]. Seu novo projeto de pesquisa era a ampliação daquilo que ela já havia realizado em Paris paralelamente a sua atividade na *aliá* da juventude.

De tudo isso pode-se deduzir que Gurian não só incentivou como acompanhou a gestação e todo o processo de escrita e reescrita do livro *The Origins of Totalitarianism*, publicado em 1951 pela editora Harcourt and Brace. O projeto começa com os estudos de Arendt sobre o antissemitismo, continua com trabalhos sobre o imperialismo e a ideologia racial e é, por fim, concluído com uma terceira parte sobre a dominação total e os campos de extermínio. E tudo isso havia começado com seu argumento de que "como judia, não posso escrever sobre o nacional-socialismo em geral".

24. Carta de Arendt para Gurian, de 27 mar. 1942, Archiv des HAZ, Cont. Nr. 10.7.

25. Cf. carta de Arendt para Adler-Rudel, de 23 fev. 1943, Archiv des HAZ.

26. Cf. carta de Arendt para Erich Cohn-Bendit, sobre a questão das minorias, Archiv des HAZ, Container Nr. 79.13.

Nesse primeiro período nos Estados Unidos, um outro europeu veio ao seu encontro: o vienense Hermann Broch, romancista, ensaísta, analista de seu tempo e um inveterado admirador de mulheres bonitas e inteligentes. Arendt o conheceu em maio de 1946, numa festa oferecida por Annemarie Meier-Gräfe, uma das amigas e companheira de Broch, que tinha convidado a ela e Heinrich[27].

Essa época era o início de sua carreira de escritora e ensaísta política. Broch, que era vinte anos mais velho, encontrava-se, como observa seu biógrafo Paul Michael Lützeler, no ápice de sua fama, também nos Estados Unidos; seu romance *A Morte de Virgílio* acabara de ser publicado[28].

Apesar da diferença de idade, Arendt e Broch tinham algumas coisas em comum: ambos provinham de famílias judaicas burguesas assimiladas, ambos tinham raízes na cultura judaico-europeia e ambos manifestavam um interesse ardente e dilacerante pelos eventos horríveis da Europa, com suas consequências ainda não previsíveis. Mas tudo isso não os teria aproximado tão intensamente não fosse o vínculo erótico. Broch deve ter sido um típico sedutor vienense; Arendt não era insensível ao seu charme. Possivelmente, a tensão entre eles perdurou até a morte de Broch porque a mulher muito mais jovem não cedeu a suas investidas constantes. Mas ela deve ter se sentido lisonjeada pelo fato de que um escritor tão famoso, que ela admirava de coração e cujos atributos masculinos certamente também a atraiam, reconhecesse seu valor enquanto uma intelectual, mas também enquanto mulher.

Broch, por sua vez — e Paul Michael Lützeler aponta para isso —, deve ter se sentido atraído pela misto de atributos físicos e intelectuais de Arendt. Isso certamente incluía o modo como ela se portava em público, ora com leveza e graciosidade, ora surpreendente, bem como a originalidade de seus juízos. Desde o início, Heinrich Blücher também atraiu a simpatia de Broch, e seu papel como marido não parecia incomodar o escritor em suas investidas epistolares endereçadas a Arendt, ainda que camufladas por um certo senso de ironia.

Arendt ficou tão impressionada com o romance *A Morte de Virgílio* de Broch que escreveu uma resenha laudatória para a revista The Nation. Ela falou sobre isso a seu amigo

27. Cf. P.L. Lützeler, Nachwort des Herausgebers, em H. Arendt; H. Broch, *Briefwechsel 1946 bis 1951*, p. 228.
28. Ibidem, p. 228.

4. HEIDEGGER ABSCONDITUS

Kurt Blumenfeld e o aconselhou a ler Broch: "Quando você tiver muito tempo, e muita tranquilidade (prescrita pelo médico), e muita vontade de ler algo bom e também espantoso, então leia *A Morte de Virgílio* de Hermann Broch [...] Fizemos amizade com ele, e essa já é a melhor novidade que aconteceu aqui durante sua ausência."[29]

Broch ficou lisonjeado. Na medida em que não via Arendt como uma discípula, e sim como uma pensadora independente, o entusiasmo com que ela escreve a seu respeito deve lhe ter feito um bem ainda maior. Seja como for, por ocasião do aniversário de 41 anos de Arendt, ele a presenteou com um exemplar datilografado da última versão de *A Morte de Virgílio*, junto ao qual se encontrava apensado o seguinte poema:

> Ah, isso é demais
> Diz o burguês sobre o presente
> Mas para que ninguém o roube
> Ele o aperta com seus punhos:
> O que se ganha se leva junto.
>
> Obviamente é demais —
> Quem tem lugar para volumes enormes!
> Ainda assim, passo o Virgílio
> Com congratulações a suas mãos
> Para que permaneça como símbolo.
>
> Para Hannah
> Em 14 de outubro de 1947
> Hermann.[30]

O fato de lhe ter dado o exemplar datilografado por ocasião de seu aniversário era uma honra e um sinal de amizade todo especial, o que deixou Arendt constrangida e orgulhosa.

Broch e Arendt, provenientes de contextos afins e, ainda assim, bem diferentes, coincidiam na convicção de que as circunstâncias da época exigiam um pensamento engajado e uma análise política, pois, pela condição de escritor, não podiam ficar à margem do mundo. Broch chegou ao ponto de abandonar temporariamente sua atividade literária. Estava convencido de que agora tinha de escrever ensaios políticos, e não romances. Redigiu alguns textos políticos de grande

29. H. Arendt; K. Blumenfeld, *"... in keinem Besitz verwurzelt"*: *Die Korrespondenz*, p. 41.

30. Hermann Broch, poema para Hannah Arendt de outubro de 1947, em H. Arendt; H. Broch, op. cit., p. 51.

porte; um de seus projetos inconclusos foi sobre a reforma da política de direitos humanos das Nações Unidas, outro foi sobre uma espécie de psicologia das massas do fascismo, e um terceiro tratava da fundação de uma universidade internacional. Broch tinha grande interesse por questões de metodologia e epistemologia e estava – como tantos outros na época, inclusive Hannah Arendt – em busca dos "fundamentos de uma metafísica ateísta plausível"[31]. E ambos estavam convencidos de que essa metafísica só poderia ser política.

A partir da correspondência com Broch, fica claro que nessa rede de contatos intelectuais tecida por Arendt em Nova York as ideias circulavam em todas as direções. Os inúmeros estímulos que recebia de seus antigos e novos amigos europeus, a identificação dos temas que "estavam no ar", tudo isso mostra que seu processo de criação nos primeiros anos também era uma obra conjunta, obra de uma rede de amigos em que os temas, teses e argumentos zuniam diariamente para lá e para cá. Todos se nutriam desse intercâmbio vivo. Quem ficava de fora acabava solitário.

Esse círculo de amigos em permanente expansão tornava a vida de Arendt nos Estados Unidos mais fácil. Ela podia vivenciar a realidade do país tanto de uma perspectiva europeia quanto estadunidense. Continuava sendo europeia, mas se tornou uma cidadã estadunidense de tipo bem singular. A tensão resultante dessa duplicidade foi criticada por alguns amigos estadunidenses como falta de lealdade e, por amigos europeus, como uma identificação excessiva com os Estados Unidos. Entretanto, é dessa troca permanente de perspectivas que também resultavam a originalidade e a produtividade intelectuais de Arendt.

Em Nova York, o universo cultural da República de Weimar ou o que restara dela estava sempre presente. Quando chegavam ao novo mundo, aqueles amigos que tinham escapado com vida buscavam elos com outros imigrantes do velho mundo. Falava-se do velho mundo como se ele não tivesse desaparecido e assim manteve-se vivo o discurso filosófico de antes de 1933.

Ao mesmo tempo, essa visão de mundo seria profundamente afetada pelos assassinatos em massa, o que Arendt qualificaria como uma "ruptura com a tradição" e não como ruptura com a civilização.

31. Ibidem, p. 121.

4. HEIDEGGER *ABSCONDITUS*

Martin Heidegger era o grande ausente nesse contexto estadunidense; estava presente em termos simbólicos e muito se falava a seu respeito. Broch condenou o envolvimento de Heidegger com o nacional-socialismo, mas sem aquela fúria que Arendt demonstraria a Jaspers nos primeiros tempos do pós-guerra. Em 30 de setembro de 1947, Broch escreveu o seguinte a seu amigo Erich von Kahler:

> Por trás de tudo isso, porém, não se encontra outra coisa senão a pergunta básica: em caso de emergência, o filósofo precisa ser mártir? E como se trata de uma pergunta que, em última análise, deve ser respondida positivamente não só em relação ao filósofo, mas a toda e qualquer pessoa, porque constitui o centro daquilo que se chama decência, o ser humano Heidegger já está condenado. E, em consonância com isso, a petição dele[32] é bastante lamentável, pois naturalmente ele sabe o que está em jogo aí. Não obstante, no fundo estou sendo bastante clemente em casos assim, pois muitas vezes a pessoa não sabe se a emergência já chegou ou se ela própria já tombou.[33]

Broch era um discípulo crítico da filosofia existencialista dos anos 1920 — e isso representaria mais um elo de ligação entre Arendt e Heidegger. Ele estudou *Ser e Tempo* e *Kant e o Problema da Metafísica*, dentre outros livros de Heidegger. Seu romance *A Morte de Virgílio* segue as pegadas da filosofia heideggeriana do ser. Seria essa também uma das razões por que Arendt ficou tão impressionada com esse livro?

Depois da guerra, Broch adquiriu novas publicações de Heidegger, dedicando-se com simpatia e paciência a textos como *A Doutrina de Platão Sobre a Verdade* e a subsequente *Carta Sobre o Humanismo*. Entretanto, Broch emitiu um juízo devastador sobre a passagem de Heidegger para o reino da "serenidade" e sua adesão ao pensamento poético. Na sua opinião, sendo Heidegger um pensador essencialmente discursivo, suas imagens linguísticas tendiam a ser "infelizes" e de péssimo gosto[34].

32. Visto que a carta de justificação que Heidegger enviou à faculdade em outubro de 1945, à qual Broch possivelmente esteja se referindo nesse caso, só foi publicada décadas mais tarde sob o título "O Reitorado de 1933-1934: Fatos e Ideias", trata-se possivelmente de uma transcrição ou cópia dessa carta, mesclada com informações provenientes de círculos de docentes universitários em Friburgo e Heidelberg (Jaspers).

33. Hermann Broch, carta para Erich von Kahler, em H. Broch, *Kommentierte Werkausgabe*, v. 13/3, p. 169.

34. Cf. carta de Broch para Arendt, de 28 jun. 1949, em H. Arendt; H. Broch, op. cit., p. 127. Ver também a carta de Broch para Egon Vietta de 22 maio 1948, em que ele se manifesta de modo extremamente crítico sobre os poemas e aforismos de Heidegger; ver ainda a carta de Broch para Arendt, de 22 out. 1949, em H. Arendt; H. Broch, op. cit., p. 135s., nota 3.

Em Hermann Broch, Arendt havia encontrado um comilitante que refletia de maneira congenial a ela.

Nesses anos, ela ampliou persistentemente sua rede de amizades, constituída tanto de europeus quanto de estadunidenses: Kurt Blumenfeld, Gershom Scholem, Martin Rosenblüth, Paul Tillich, Dwight Macdonald, Alfred Kazin, Mary McCarthy e, naturalmente, sua "turma", as pessoas que faziam parte do mais íntimo círculo de seus amigos em Nova York: o pintor Carl Heidenreich (originalmente um amigo de Blücher que Arendt tinha conhecido em Paris) e o médico e pintor Alfred L. Copley, que se autodenominava Alcopley, a jornalista Charlotte Beradt, a germanista Lotte Köhler, Peter e Minka Huber, Rose Feitelson, seu amigo Hans Jonas de tempos passados e sua esposa Eleonore, Lenchen Wieruszowski, os Wolff, Salo e Jeanette Baron, Charlotte e Chanan Klenbort, Else e Paul Oskar Kristeller, Alice e Josef Maier, Hans Morgenthau, Robert Pick e sua esposa. Durantes esses anos todos ela e o marido viveram com essa "turma" o significado pleno da amizade. Naturalmente, também havia conflitos, e alguns duradouros, como ocorreu após seu livro sobre Eichmann. Mas a "turma" tinha a coesão de um "nós" do qual ninguém saía, a menos que morresse. Essa era a rede de Arendt. Ela se apoiou nos amigos dessa rede para suportar as muitas frustrações que sofreria no porvir.

O SIONISMO NOS ESTADOS UNIDOS

Durante esses anos, duas ênfases se fizeram notar em seu trabalho prático e intelectual: o sionismo e a compreensão dos eventos em curso na Europa. O engajamento sionista de Arendt, que começa, sob forte pressão da situação vigente, em finais da década de 1920, esteve no centro de suas atividades na França, assumindo novas configurações desde sua chegada a Nova York. Primeiro, ela contava com a presença de velhos amigos: Kurt Blumenfeld, que na verdade vivia na Palestina, mas ia repetidamente a Nova York, e Salman Schocken, o editor de Berlim, que pertencera a seu círculo de

4. HEIDEGGER *ABSCONDITUS*

amigos sionistas em Berlim e depois tinha aberto uma nova editora em Nova York, a Schocken Books. A eles veio somar-se Salo Baron, uma figura importante na política judaica dos Estados Unidos. Baron era professor na Universidade Columbia e editor do periódico *Jewish Social Studies*. Ele também a incentivou a trabalhar com o tema do antissemitismo.

A partir de seus contatos com Manfred George, editor de *Aufbau*, o jornal dos exilados judeus de língua alemã, surgiu, já em 1941, o convite para escrever uma coluna sobre questões atuais da política judaica. Ao que tudo indica, em círculos judaicos Arendt foi precedida, tanto do lado de lá quanto do lado de cá do oceano, pela reputação de ser uma sionista intelectualmente talentosa, enérgica e briguenta. Arendt se sentiu honrada com a convocação para escrever uma coluna, conforme relatou orgulhosamente a Gurian.

O *Aufbau* era o grande jornal dos emigrantes alemães, cobrindo todo tipo de notícias a respeito do velho e do novo mundo, com relatos sobre as perseguições de judeus na Alemanha e na Europa, sobre a política sionista e a vida dos judeus em Nova York. O *Aufbau* oferecia constantemente espaço para debates programáticos sobre identidade e política judaica.

A acirrada discussão – que se estendeu por anos a fio – sobre as estratégias de defesa que os judeus deviam adotar contra os assassinatos em massa na Europa ofereceu a Arendt um ensejo para se manifestar. A seu juízo, a única solução sensata parecia ser a formação de um "exército judaico". Partindo de sua própria experiência "de que a gente só pode se defender como aquilo pelo que se é atacada"[35], ou seja, como judeu ou judia, Arendt se empenhou nessa campanha apaixonadamente e contra toda sorte de resistência, proveniente inclusive de seu próprio campo. O projeto de um exército judaico a ser formado na Europa constituía, no seu entender, a única defesa possível contra um regime assassino que pretendia subjugar todo o continente europeu e que vinha – isso foi em 1941 – sendo extremamente bem-sucedido nesse intento. Durante um ano inteiro, o objetivo de armar os judeus ficou em primeiro plano em sua coluna. Arendt era da opinião de que a perspectiva de uma luta judaica independente contra o nacional-socialismo justificava a

35. Hannah Arendt, Die jüdische Armee – Beginn einer jüdischen Politik?, *Aufbau*, 14 nov. 1941, apud H. Arendt, *Vor Antisemitismus ist man nur auf dem Monde sicher*, p. 20.

ousadia de meter a mão no ninho de vespas das disputas e rixas internas que dividiam e fragmentavam a comunidade dos imigrantes judeus.

Além disso, o "exército judaico" lhe parecia muito mais plausível do que o projeto – a seu ver duvidoso – de um Estado judaico proposto por Herzl.

Não tardaria para que sua voz ficasse marginalizada; decepcionada, em 13 de julho de 1942 ele se queixou a Gurian:

> Na semana passada fiquei praticamente inerte, tamanha a falta de sentido que às vezes parece recair sobre tudo. Quando a questão do exército judaico estiver definitivamente encerrada, provavelmente vou desistir da coluna. Ela só tinha sentido sob o pressuposto de uma política do povo judeu. Se isso não for viável, é provável que eu me retire da atividade jornalística, que, de qualquer modo, é um inferno.[36]

Entretanto, isso acontecia frequentemente com as resoluções firmes de Arendt, ela se irritava, perdia o ânimo, mas depois voltava atrás e retomava o fio da meada. Não poupou críticas duras aos adversários do projeto: os filantropos, os notáveis judaicos, os *parvenus* (arrivistas), aqueles que preferiam se esconder debaixo da saia das grandes potências e aguardar uma boa oportunidade para prosseguir com a causa judaica. Sua posição era clara: se estava certo – e disso tinha firme convicção – que os judeus deviam se defender como judeus, e não como austríacos, franceses ou alemães, então eles também precisavam lutar de maneira independente. Em tempos de guerra, só um exército oferece a possibilidade de dar uma resposta ativa ao inimigo.

Para Arendt, era uma *conditio sine qua non* que os judeus deixassem de ser uma minoria destituída de poder e manipulada pelas grandes potências. Ela não se cansava de fazer oposição ao *status* de minoria que a comunidade internacional concedera aos judeus como substituto de um *status* político. Os anos que passou na França lhe tinham ensinado que o *status* de minoria é um fomentador da vitimação. Ao mesmo tempo, ela não podia partilhar da opinião das pessoas que reivindicavam a Palestina para os judeus como a terra ancestral desde os tempos bíblicos.

O início dos anos 1940 foi uma época movimentada, altamente emocional, em que tudo ainda parecia em

36. Carta de Arendt para Gurian, de 13 jul. 1942, Archiv des HAZ, Cont. Nr. 10.7.

4. HEIDEGGER *ABSCONDITUS*

aberto. As comunidades judaicas dispersas, sobretudo as de Nova York e Londres, faziam política internacional e lidavam constantemente com a pergunta de como conquistar as grandes potências para a ideia de fazer da Palestina um Estado nacional judaico. A transição não era fácil porque os judeus não eram um movimento nacional como outras minorias. Elas consistiam, por um lado, de muitas comunidades de diáspora vinculadas a orientações religiosas diversas e que, em parte, tinham um pensamento expressamente antiestatal e, por outro, de grupos sionistas que se identificavam com o projeto da Palestina. E, por fim, havia os colonos judeus na própria Palestina.

PALESTINA E ISRAEL

Por trás da disputa em torno do exército judaico residia a questão do que fazer com a Palestina. Durante muito tempo, Arendt se manteve cética em relação à posição majoritária sobre a questão da fundação de um Estado, posição que legitimava o Estado israelense com base na ideia de um direito sagrado do povo judeu e, ao mesmo tempo, aceitava a expulsão dos árabes palestinos. A isso se acrescentava o fato de que o projeto da Palestina – contrariamente aos sonhos de Herzl – não resolveria os problemas das minorias judaicas na Europa. Em 1940, ainda na França, Arendt tinha formulado, numa espécie de memorando dirigido a seu amigo e comilitante Erich Cohn-Bendit, ideias programáticas sobre a perspectiva judaica na Europa. Face a deportações iminentes e à impotente política de minorias da Liga das Nações, ela esboçou para a Europa, após o fim do nacional-socialismo, uma federação de Estados dentro da qual os judeus, como minoria nacional, poderiam ser reconhecidos com uma representação parlamentar em um Parlamento europeu[37]. Nesse contexto, o projeto da Palestina seria, então, um projeto europeu de assentamento no Oriente Próximo que estaria tanto sob a proteção da Europa quanto dos sionistas estadunidenses.

37. Cf. carta de Arendt para Erich Cohn-Bendit, de janeiro de 1940, Archiv des HAZ, Cont. Nr. 79.

No tocante à forma política a ser assumida pela Palestina, Arendt era contrária ao projeto que se cristalizou em conexão com a chamada Conferência Biltmore em Nova York, em maio de 1942, que previa a criação de um Estado israelense com uma minoria árabe.

E era igualmente contra a fundação de um Estado com dois povos, dentro do qual os judeus constituiriam a minoria, cercados por uma federação de Estados árabes. Como alternativa, refletiu sobre uma Constituição da Palestina segundo a qual o país se tornaria membro do Commonwealth britânico[38].

Nessa época, ela era de uma energia transbordante, atuante e engajada. Em março de 1942, fundou, junto com seu amigo Josef (Joseph) Maier, um grupo de discussão para judeus de língua alemã aberto a todas as pessoas, batizado de "Grupo da Juventude Judaica". Como seus destinatários, dirigiram-se às seguintes pessoas:

> Aquelas que não se sentem apenas como vítimas casuais de um acontecimento catastrófico, mas como corresponsáveis pelo futuro do povo judeu;
>
> Aquelas que, convencidas da bancarrota das ideologias correntes, estão dispostas a quebrar a cabeça em torno de uma refundação teórica da política judaica;
>
> Aquelas que sabem que a luta pela liberdade não pode ser travada por notáveis nem por revolucionários mundiais, mas só por pessoas que querem realizá-la para sua própria nação.[39]

Aludindo às lutas furiosas entre facções e aos rancores dentro do movimento sionista, afirmaram: "[Não somos tão] arrogantes a ponto de acreditar que nossas ideias poderiam ter qualquer coerência se não fossem discutidas sobre um fundamento democrático."[40]

Mas ela não pôde evitar que a política dos grupos dominantes se introduzisse também no pequeno grupo de debates.

Os encontros eram organizados do seguinte modo: Arendt e Maier ou um orador convidado faziam considerações iniciais sobre a situação; depois se abria a discussão. O tema geral era a autodefinição política da diáspora judaica e sua relação com o projeto da Palestina. No final do debate, as pessoas trocavam dicas de livros; os participantes eram instados a se atualizar a respeito do debate então vigente.

---

38. Cf. E. Young-Bruehl, op. cit., p. 264.
39. Hannah Arendt; Josef Maier, Jungjüdische Gruppe lädt zu ihrem ersten Treffen, Archiv des HAZ, Cont. Nr. 79.13.
40. Ibidem.

4. HEIDEGGER *ABSCONDITUS*

Em uma das primeiras reuniões, em 26 de março de 1942, Kurt Blumenfeld deu, diante desse fórum, uma palestra sobre "A História do Sionismo". Depois dele, Arendt falou sobre a crítica ao sionismo. Na discussão, as opiniões dos dois se entrechocaram duramente. Blumenfeld reagiu com exaltação e ira à crítica radical de Arendt à política sionista. Ele acusou a ela e a seus amigos de ingenuidade ("a política é poder"). O único meio de organizar politicamente os judeus seria engajá-los na construção da Palestina. Por fim, fez a seguinte acusação a todo o projeto do "Grupo da Juventude Judaica": "O que vocês estão querendo aqui vai levar à ruína da Palestina. Contra isso só resta uma luta de vida ou morte."[41]

É característico como Arendt reagiu a essa ameaça de exclusão da solidariedade sionista, pois ela insistiu na distinção entre disputa política e luta de aniquilação: "Para nós só existe uma luta de vida ou morte com aqueles que querem aniquilar o povo judeu. Entre patriotas judaicos só pode haver divergências passíveis de serem resolvidas politicamente."[42]

Mas ela estava praticamente sozinha nesse ponto de vista. Quanto mais o projeto da Palestina se aproximava da fundação do Estado de Israel, tanto mais virulentas se tornavam as lutas internas contra aqueles que buscavam alternativas.

Naturalmente ela se deu conta de que os eventos na Palestina se encaminhavam para a fundação de um Estado nacional judaico, mas continuou sendo uma adversária da solução propagada pela maioria dos sionistas. Com isso, estava em oposição expressa tanto aos resultados da Conferência Biltmore quanto às correntes majoritárias ou tendentes à adesão dentro do sionismo estadunidense.

Ela publicou seus argumentos em renomados periódicos judaicos e sionistas: além do *Aufbau*, principalmente em *Commentary*, *Jewish Social Studies*, *The Menorah Journal*, *Contemporary Jewish Record*, *Jewish Frontier*, *New Currents*, *A Jewish Monthly*, *The Chicago Jewish Forum*. No início dos anos 1940, suas contribuições também eram aceitas em toda parte, mas isso mudaria mais tarde.

De resto, da ideia de um exército judaico só restou a *Brigada Judaica* criada em 1944 sob o comando britânico.

41. Kurt Blumenfeld, Diskussionsbeitrag, em Die Protokolle der Jungjuedischen Gruppe, Nr. 3, Sitzung vom 7. April 1942, p. II, Archiv des HAZ, Cont. Nr. 79.13.

42. Hannah Arendt, Diskussionsbeitrag, ibidem, p. III.

Ao mesmo tempo, com a luta das ligas secretas terroristas judaicas, surge na Palestina a base inicial para um futuro exército israelense.

Em 1947, Hannah conheceu Judah Magnes, legendário líder sionista que, como ela, encontrava-se à margem e em oposição à corrente sionista majoritária. Magnes devia ser uma figura de tal modo carismática que ofuscava até o brilho de uma personalidade tão marcante quanto Kurt Blumenfeld. Ele foi o primeiro chanceler e reitor da Universidade Hebraica de Jerusalém, fundada em 1924 sob protetorado britânico, encarnando, além disso, a própria ideia sionista de formação. Ao mesmo tempo, era uma pessoa realista e prática, que sentira na própria pele os anos de terror entre judeus, árabes e britânicos e tirara suas conclusões disso. Suas experiências depunham contra uma tomada de posse da Palestina pelos judeus e em favor de uma federação árabe-israelense. Magnes tinha fundado um partido próprio em Israel − o Ihud (Unidade) − com a esperança de poder influenciar os acontecimentos em Israel de tal modo que os judeus abrissem mão da fundação de um Estado nacional segundo o modelo europeu do século XIX. Em Nova York e nos Estados Unidos em geral, reuniu um círculo de amigos à sua volta para apoiar o projeto de seu partido. Eles trocavam notícias sobre Israel, escreviam memorandos, faziam comunicados à imprensa sobre acontecimentos em Israel e, principalmente, arrecadavam dinheiro. O grupo era formado, dentre outros, por Elliot Cohen, o editor de Commentary, Hans Kohn, historiador no Smith College em Northhampton, David Riesman, que mais tarde se tornaria famoso como sociólogo (autor de A Multidão Solitária), o advogado James Marshall, Maurice Hexter da Federation of Jewish Philanthropies.

Mas as circunstâncias também deixaram Judah Magnes para trás. Dentro do movimento sionista se impôs paulatinamente, na década de 1940, a posição de dois políticos que naquela época já estavam presentes no protetorado britânico da Palestina: Golda Meir e David ben Gurion. Ambos defendiam a posição do Partido Trabalhista israelense que, com o apoio dos trabalhistas britânicos, pretendia formar, a partir do protetorado, um Estado israelense sem cooperação com os árabes ou com os palestinos que lá viviam. Já fazia anos que as diversas atividades políticas e terroristas na Palestina, só

4. HEIDEGGER *ABSCONDITUS*

relutantemente combatidas pelos britânicos e pela Liga das Nações, rumavam para esse objetivo.

Em maio de 1948, o Estado de Israel foi fundado justamente naquele formato que Magnes, Arendt e o círculo de sionistas ligado a eles tinham considerado fatal: um Estado com maioria judaica e minoria árabe cercado de Estados árabes hostis. Magnes, porém, não queria desistir de seu trabalho de convencimento: durante todo o ano de 1948, por intermédio das comunidades e notáveis judaicos, bem como de seus contatos com o governo estadunidense, ele e seus poucos aliados tentaram influenciar a configuração do Estado de Israel.

Embora Arendt não concordasse com os grandes planos políticos de Magnes, comungava de sua crítica ao *establishment* sionista. Ela atuou como sua intermediária e pessoa de confiança nos Estados Unidos e entabulava os contatos com aliados, intermediava conexões com personalidades politicamente influentes, escrevia comunicados à imprensa e redigia discursos e requerimentos. Tinha encontrado em Magnes um militante congenial e amigo paternal, que admirava de todo o coração. Em outubro de 1948, escreveu a ele dizendo o quanto era "grata pelo fato de que este último ano me trouxe o privilégio de conhecê-lo. A política em nosso século é uma atividade quase desesperadora, e eu sempre estive tentada a fugir dela. Gostaria de lhe assegurar que seu exemplo me salvou do desespero, e isso também vai continuar assim por muitos anos"[43].

Magnes morreu inesperadamente em outubro de 1948. Sua morte abriu um buraco na rede dos amigos e colegas que se empenhavam por um outro caminho em Israel. Na sequência, Arendt tentou dar continuidade à iniciativa de Magnes no marco de uma Fundação Judah L. Magnes, e arrecadava dinheiro para o sistema educacional israelense.

ARMADILHAS DA POLÍTICA SIONISTA

Durante esses anos surgiram trabalhos importantes, muitos dos quais viriam a servir de base para

43. Carta de Arendt para Judah Magnes, de 3 out. 1948, Archiv des HAZ, Cont. Nr. 12.8.

a elaboração de *Origens do Totalitarismo*: sobre a história cultural do antissemitismo ("Do Caso Dreyfus à França Atual", 1942; "Herzl e Lazare", 1942), sobre a questão dos refugiados e das minorias ("Nós Refugiados", 1943; "A Respeito das Minorias", 1944; "As Pessoas Sem Pátria", 1945), sobre a questão racial ("O Pensamento Racial Antes do Racismo", 1944), sobre o sionismo (a coluna no *Aufbau* e muitos outros artigos nesse periódico de 1941 a 1945).

Na edição de outono de 1945 do *Menorah Journal*, ela publicou um artigo programático de 34 páginas. Com o título "Zionism Reconsidered" (Sionismo Revisto), o texto era uma espécie de síntese de tudo o que Arendt, desde sua chegada aos Estados Unidos, em meados de 1941, tinha apresentado não apenas em diversas revistas, mas também em grupos de discussão e cartas a amigos e críticos: embora não contestasse o papel religioso e mítico da Palestina, nem ignorasse a premência política da questão da fundação de um Estado judeu em face do extermínio dos judeus europeus pelos alemães, ela achava que a Palestina não deveria se tornar um Estado nacional. Por quê? Porque essa criação de Estado provocaria aquele tipo de "conflitos nacionais" que, na Europa, havia evocado a catástrofe de duas guerras mundiais. Em sua opinião, os sionistas revisionistas e de esquerda estavam cometendo o mesmo erro no qual os Estados nacionais do século XIX tinham incorrido: queriam constituir uma nação sobre bases étnicas, o que excluía as minorias de um *status* político[44]. Por meio de uma longa retrospectiva da história europeia e particularmente alemã dos judeus, Arendt explicou que o sionismo, com essa decisão, teria de contar com consequências semelhantes às do nacionalismo: conflitos raciais e guerras. Para Arendt, só havia dois caminhos possíveis: a fundação de um império baseado em um Estado nacional com todas as suas consequências, como guerra e insegurança, ou a instauração de uma federação árabe-palestino[45]. Sua opção, obviamente, era pela federação.

Políticos sionistas de todos os matizes e facções consideraram seu artigo uma afronta e reagiram com indignação.

No entanto, era com base em anos de trabalho em organizações sionistas, em sua extensa familiaridade com a teoria e a prática do sionismo, que ela se sentia segura para formular e emitir esse tipo de juízo que os pósteros têm

44. Cf. H. Arendt, Zionism Reconsidered, *Menorah Journal*, v. XXXIII, p. 173, out.-dez. 1945.

45. Ibidem, p. 193.

4. HEIDEGGER *ABSCONDITUS*

tanta dificuldade de compreender. Suas experiências na Alemanha, sua compreensão teórica e prática da história dos judeus na Alemanha e na Europa, seu engajamento na *aliá* da juventude em Paris, seu conhecimento da literatura sionista e da postura programática dos políticos influentes lhe davam, ao que tudo indica, uma autoconfiança marcante. Ainda assim, olhando retrospectivamente, parece insensato que uma mulher de pequena estatura e graciosa, sem aliados poderosos, tenha ousado enfrentar a maioria do *establishment* sionista. A essa altura, a política sionista se realizava em diversas facções poderosas distribuídas pelos continentes, desde as lideranças sionistas na diáspora como Chaim Weizmann, passando pelos protagonistas da fundação do Estado na Palestina (Golda Meir e David ben Gurion), até os grupos terroristas e paramilitares dos revisionistas de direita que lá combatiam. Todos a viam não apenas como uma adversária política, e sim como uma traidora. O que vinha se anunciando aqui era uma constelação de poder da qual, mais tarde, ela teve de se dar conta com muita dor quando, após a publicação de seu relato sobre o julgamento de Eichmann, foi ferozmente atacada como pessoa.

Seus ensaios expressavam uma certeza que ela trazia em seu íntimo: "Esta é minha posição, e ela não pode ser outra. Se quiserem me condenar por isso, então que o façam." Em um ambiente tão tenso como aquele que vigorava na época entre as correntes políticas do sionismo, esse tipo de atitude era o mesmo que convidar para a briga.

Mas o pior era a traição de amigos. Em situações como essa, era típico dela se sentir completamente desamparada e, possivelmente contra sua convicção, ainda pedir perdão só para preservar a amizade. Ela já tinha acumulado experiências assim com Kurt Blumenfeld no Grupo da Juventude Judaica. Não obstante, a postura de Blumenfeld diante do sionismo de modo algum era isenta de conflitos. Sua postura em relação à criação do Estado era moderada; ele preconizava um federalismo moderado. Ao mesmo tempo, era um político realista e focado no poder que, em casos de dúvida, preferia seguir a linha majoritária em questão. Sua grande discordância em relação a Arendt provinha do fato de ele sempre subordinar sua crítica à então alegada vontade do povo israelense, ao passo que ela rejeitava esse tipo de concessão.

Naquela época, Blumenfeld vivia em Jerusalém. No início de janeiro de 1946, ele pediu a Hannah que lhe enviasse seus mais recentes artigos[46]. Decerto, àquela altura ele ainda não havia lido "Sionismo Revisto". Cerca de quatorze dias depois, escreveu a seu compatriota Martin Rosenblüth em Nova York, que também era amigo de Hannah, externando sua opinião sobre o ensaio. Disse que o havia lido quando estivera com Gershom Scholem e que ficara horrorizado. Scholem até teria se externado de maneira ainda "mais incisiva e depreciativa" do que ele[47]. E continuou afirmando o seguinte:

> Lamento ter escrito a carta a Hannah[48]. Não porque esse artigo seja uma mixórdia insuportável de uma pessoa com uma formação pela metade nessas coisas, mas porque nele se revelam traços de caráter que já me levaram, certa vez, a interromper minhas relações com Hannah. Dessa vez tudo é expresso de modo ainda mais claro e feio. O fato de ela nos chamar de sectários não me parece importante. A ignorância em assuntos referentes ao sionismo (e não estou pensando apenas na observação sobre "sionistas gerais", que não deveria ser usada por um pesquisador sério) também não me surpreende, pois já conheço suficientemente a superficialidade e precipitação jornalística de Hannah. Terrível é sua forma depreciativa de avaliar as pessoas. Uma pessoa totalmente insensível, sem coração, de uma insolência injustificável, escreve aí sobre uma vida que está se desenvolvendo sob as mais difíceis condições, sobre a qual ela formou conceitos excêntricos apenas por ouvir dizer. O que ela diz sobre o exército judaico que nos teria sido imposto – quem o impôs a nós? O vil artigo de jornal em que ela acredita e que se ocupou dessas questões nos Estados Unidos não chegou até aqui. [...] Eu nunca acreditei no sionismo de Hannah. Quando disse a ela, certa vez, em uma reunião que "entre nós há uma luta de vida e morte", essa forma de expressão se devia à minha agitação, mas o que eu senti estava certo. Depois disso, sempre mantivemos uma boa amizade pessoal. Até chegou a parecer que Hannah viria a sentir minha falta. Eu, em todo caso, conversei com ela muitas vezes em espírito. Nos últimos anos, também não travamos mais diálogos políticos nos Estados Unidos. Quando eu começava, Hannah mudava de assunto. O artigo no *Menorah Journal* revela para mim muito fortemente um traço de psicopatia nela. Um ressentimento que chega às raias da insanidade; a controvérsia estranha e exposta de forma agressiva sobre se o ódio aos judeus vai perdurar ou desaparecer é particularmente característica

46. Cf. carta de Blumenfeld para Arendt, de 4 jan. 1946, em K. Blumenfeld; H. Arendt, op. cit., p. 34.

47. Cf. carta de Blumenfeld para Martin Rosenblüth, de 17 jan. 1946, em K. Blumenfeld, *Im Kampf um den Zionismus, Briefe*, p. 197.

48. Possivelmente, trata-se neste caso de sua carta amistosa de 4 jan. 1946 para Arendt, em H. Arendt; K. Blumenfeld, op. cit., p. 33s.

4. HEIDEGGER *ABSCONDITUS*

disso. Para a situação humana de Hannah, e não só para a sua situação política, é necessário prognosticar o desaparecimento do antissemitismo [...] Eu até aceitaria o antissionismo de Hannah com serenidade se pudesse passar por cima da malevolência e baixeza da exposição. Mas não posso [...] Não sei se conseguirei me manifestar publicamente contra o artigo de Hannah. Tenho uma certa culpa pela evolução dela. Acho possível que, certa vez, eu a tenha afastado um pouco da assimilação. Ele deveria ter seguido sozinha seu caminho de uma "conveniência revolucionária". Esta carta naturalmente também se destina a Hannah.[49]

Trata-se de uma carta escrita para se justificar perante seu amigo Rosenblüth e para se separar de Hannah. Blumenfeld não queria e nem podia – e tinha deixado isso bem claro naquela disputa no Grupo da Juventude Judaica, bem como mais tarde, agora de forma trágica, após a publicação das reportagens de Hannah sobre o processo contra Eichmann – distinguir entre o discurso político e uma luta de aniquilação pessoal. Gershom Scholem escreveu a ela em tom semelhante[50].

As duas cartas afetaram Arendt gravemente. Ela confiava nesses homens, queria sua amizade e apreciava seu trabalho. Certamente, as profundas divergências políticas com Blumenfeld e também com Scholem haviam ficado repetidamente evidentes já antes disso. E na verdade ela previu com bastante exatidão qual seria o efeito de seu artigo: "Acabo de terminar um grande ensaio crítico sobre o sionismo. Se o *Menorah*[51], que o encomendou, aceitá-lo, vou perder todos os meus amigos sionistas. Falando sério, esse foi de fato um romance de partir o coração. E foi também a razão do longo silêncio. Eu não estava com vontade de falar", escreveu ela a Gurian[52]. Ao que tudo indica, o conflito entre sionistas da corrente dominante e grupos minoritários havia chegado a tal ponto que pareceu oportuno a Arendt reagir com uma crítica radical. Ela própria já tinha sido criticada com veemência. Entretanto, diferentemente dos dois companheiros, ela insistia que essas divergências objetivas não deveriam destruir sua amizade. Mas, ao que tudo indica, eles não queriam separar os aspectos pessoais dos políticos.

49. Carta de Blumenfeld para Martin Rosenblüth, de 17 jan. 1946, em K. Blumenfeld, op. cit., p. 197s.

50. Cf. carta de Scholem para Arendt, de 28 jan. 1946, em G. Scholem, *Briefe*, p. 301s.

51. Referência ao *Menorah Journal*, que publicou o artigo em seu 2º número de 1945.

52. Carta de Arendt para Gurian, de 8 nov. 1944, Archiv des HAZ, Cont. Nr. 10.7.

Para Scholem e Blumenfeld, os críticos tinham de se calar quando o que estava em jogo era o objetivo único da criação da pátria de Israel. E quem não adotasse essa linha de conduta, segundo esse ponto de vista, se colocava do lado oposto ao povo judeu e por isso era relegado ao desprezo, ao menos verbalmente e por certo tempo.

Arendt, contudo, não podia imaginar que o sionismo seria excluído do discurso político terreno com uma fundamentação teológica. Blumenfeld, Scholem e outros, por sua vez, não queriam entender que a disputa em torno de *Eretz Israel* era parte integrante do caminho até lá. Pouco tempo depois, Arendt reagiu às hostilidades da maneira que lhe era própria. Ela lembrou Blumenfeld de que a amizade é algo que deveria sobreviver ao debate intelectual, pois do contrário não seria amizade. Numa carta ao mesmo Blumenfeld em que se queixava do fato de Rosenblüth, ao que parecia, estar se esquivando dela em Nova York, ela exclamou:

> Ah, crianças, como vocês são tolas! Vocês acham realmente que em nosso mundo desumano, e que a cada dia fica mais desumano, a lealdade é um artigo tão abundante que vocês podem se dar ao luxo de a jogarem num canto como um par de sapatos sem sola para um dia, quando for oportuno, pregar uma sola nova neles e então voltar a usá-los? A amizade já é por si só algo raro e dificilmente pode ser conseguida exceto no fio da navalha. Naturalmente, não queria estar escrevendo justamente isso para você, pois desta vez não se aplica a você – ou se aplica também a você? O que eu queria lhe escrever era, a rigor, apenas que me preocupo sempre com você [...] Em suma, uma declaração de amor assim em termos bem gerais.[53]

Situações como essa volta e meia aconteciam. Arendt era muito fiel a seus amigos e via a amizade como uma coisa permanente, capaz de sobreviver a qualquer discussão política, como se existisse em outro plano, tendo por base uma confiança profunda que nunca se deve pôr em questão. Seus amigos, porém, ficavam magoados com a contundência de seus julgamentos, sentiam-se afetados pessoalmente por aquilo que pretendia ser uma crítica puramente política.

Blumenfeld também resolveu fazer as pazes e poucos anos depois voltaria a garantir a Hannah que a relação

53. Carta de Arendt para Blumenfeld, de 17 jul. 1946, em H. Arendt; K. Blumenfeld, op. cit., p. 40.

4. HEIDEGGER *ABSCONDITUS*

deles era uma relação de proximidade. Ela, por sua vez, ficaria grata por isso e não perderia a oportunidade para dizer *o quanto* devia a ele: "Fico muito contente por você dizer que estamos muito próximos um do outro. A rigor, eu sempre quis escrever a você para dizer o que lhe devo na compreensão da situação dos judeus [...] Daquela vez em Heidelberg você simplesmente me descortinou um mundo novo."[54]

A disputa veemente dos sionistas havia produzido na época um certo estilo de pensar e discutir que também era cultivado por Arendt. Ela começava parafraseando o objeto, o acontecimento, o contexto, mas mudava de tom no meio da argumentação, abandonando a análise imanente e partindo para o ataque frontal e direto do objeto ou do interlocutor. Algumas pessoas viam nisso uma frieza. Sua paixão pela causa dos judeus não podia ser percebida senão por aqueles que consideravam o embate argumentativo e a clareza de ideias tão importante quanto a crença. Para quem confundia a crença com a dimensão política, a forma de expressão dessa mulher soava como pura provocação.

O PROJETO DO LIVRO SOBRE O IMPERIALISMO

O envolvimento com o sionismo e com a Palestina se estendeu até o final dos anos 1940, mas depois diminuiu perceptivelmente, decerto também em consequência dos violentos ataques *ad hominem* que ela vinha sofrendo com frequência cada vez maior e que provavelmente fizeram com que ela entendesse que os limites há muito traçados dentro do movimento sionista não seriam alterados em virtude de sua oposição. No período subsequente, o trabalho de pesquisa sobre o imperialismo, que se tornou, então, um dos precursores de *Origens do Totalitarismo*, passou para o primeiro plano.

Com Gurian, ela trocava ideias sobre as leituras que fazia e certa vez recomendou-lhe o livro *O Coração das Trevas*, de Joseph Conrad, que mais tarde ocuparia o centro

54. Carta de Arendt para Blumenfeld, de 1º abr. 1951, ibidem, p. 52; cf. carta de Blumenfeld para Arendt, de 18 mar. 1951, ibidem, p. 47s.

de sua crítica ao imperialismo: "Mais uma palavra sobre *O Coração das Trevas*: o que eu queria dizer é que neste Kurz [sic!] encontramos realmente – e, tanto quanto sei, pela primeira e única vez – a representação de um 'nazista'. Além disso, trata-se de um excelente testemunho daquilo que só pode acontecer com um 'homem branco' no 'continente negro'."[55]

Em agosto de 1943, ela informou a Gurian que lhe enviaria a primeira parte do texto sobre o imperialismo[56]. Meio ano mais tarde, disse-lhe que agora estava debruçada sobre os movimentos nacionalistas do entreguerras, sobretudo no âmbito da Europa central e oriental[57].

No final do outono de 1944, entregou à editora Houghton and Mifflin o primeiro esboço do livro. Em 17 de dezembro de 1946, escreveu a Gurian que a editora tinha acabado de enviar o contrato para o livro sobre o imperialismo[58]. Pediu sua permissão para juntar a ele os dois artigos escritos para a *Review of Politics*. Trata-se de "Pensamento Racial Antes do Racismo" e "Imperialismo, Nacionalismo, Chauvinismo".

Com seus artigos e um estilo inconfundível de argumentação, Arendt havia despertado alguma atenção fora dos círculos sionistas. No contexto das revistas liberais, ela era uma autora bem-vista porque não se intimidava diante de temas controversos. Assim, não admira que certa vez Philip Rahv, um dos editores da *Partisan Review*, a procurou no intuito de saber acerca de sua disponibilidade para escrever um artigo sobre o existencialismo. Naquela época, a Europa e a *intelligentsia* europeia exerciam um forte fascínio sobre a Costa Leste dos Estados Unidos. A dramaturgia de Sartre e a prosa de Camus despertaram grande interesse entre intelectuais nova-iorquinos. Eram vistos como os protagonistas de uma corrente de pensamento estimulante e original. Assim, nada mais plausível que um periódico de esquerda como *Partisan Review* publicasse algo sobre esse novo fenômeno do universo intelectual. E então Rahv convidou Arendt para uma conversa na redação a fim de lhe explicar a diretriz que o artigo deveria levar em conta. Hannah Arendt, porém, já chegou com tudo pronto na cabeça e não perdeu tempo. Durante o diálogo, como

---

55. Carta de Arendt para Gurian, de 30 abr. 1943 ou 1º maio 1943 (assim datada por Arendt), Archiv des HAZ, Cont. Nr. 10.7.

56. Carta de Arendt para Gurian, de 4 ago. 1943, ibidem, Cont. Nr. 10.7.

57. Carta de Arendt para Gurian, de 8 fev. 1944, ibidem, Cont. Nr. 10.7.

58. Carta de Arendt para Gurian, de 17 dez. 1946, ibidem, Cont. Nr. 10.7.

4. HEIDEGGER *ABSCONDITUS*

em suas memórias escreveu William Barrett, outro editor da *Partisan Review*, os papéis se inverteram. Arendt assumiu a condução da conversa, e Rahv ficou ouvindo. O resultado, no fim, foi a encomenda de um artigo sobre a filosofia existencialista conforme as ideias da própria Arendt[59].

Desse projeto surgiram dois artigos. No primeiro número da *Partisan Review* do ano de 1946, ela escreveu sobre a filosofia existencialista alemã e, no número subsequente de fevereiro do *The Nation*, sobre o existencialismo francês. Juntos, os dois artigos dão uma boa ideia da forma como Arendt lidava com a filosofia existencialista de origem alemã e francesa naqueles tempos.

O artigo "alemão" começa onde o artigo "francês" termina. De sua apresentação dos dois protagonistas do existencialismo francês, Jean-Paul Sartre e Albert Camus, dois aspectos se destacam. Por um lado, ela atestava a modernidade absoluta de ambos os escritores, na medida em que eles, de forma definitiva, davam adeus à tradição. Isso convergia com o que ela própria queria dizer ao insistir repetidamente que, com o nacional-socialismo e o comunismo, um novo tipo de dominação tinha surgido no mundo, uma dominação fundada na ruptura completa com toda e qualquer tradição. Para ela, essa ruptura era plenamente evidente na obra de Sartre e Camus. No entanto, não concordava com as consequências que Sartre e Camus, cada um à sua maneira, tiravam disso. Pelo contrário, acusou os dois protagonistas da filosofia e da literatura francesa de não terem ido até o fim nesse aspecto. O niilismo defendido por ambos os autores mostrava que eles não haviam se libertado do passado, mas antes buscado um caminho de retorno ao século XIX (Nietzsche, Kierkegaard)[60].

O artigo "alemão" toma como ponto de partida justamente o argumento do niilismo.

Retornar à filosofia alemã da época anterior à guerra, focando nos dois pensadores, entrementes envelhecidos, que haviam se rebelado contra a filosofia neokantiana, Karl Jaspers e Martin Heidegger, deve ter causado uma sensação estranha em Arendt. A releitura de textos antigos pode ter despertado nela sentimentos conflitantes: familiaridade, confirmação de percepções próprias, lembranças de seu amor por

---

59. Cf. W. Barrett, op. cit., p. 99.

60. Cf. H. Arendt, French Existentialism, *The Nation*, n. 162, 23 fev. 1946.

Martin Heidegger, ira, estranheza. Em alguns trechos, o artigo soa enfático, outras vezes parece árido e didático.

Esse era o primeiro embate intensivo com Heidegger em mais de dez anos. Nesse meio tempo, Heidegger tinha estado constantemente presente; ela havia acompanhado o que se escrevia sobre ele nos EUA[61] e trocado ideias sobre ele com Hermann Broch e outros. Nessa época, também comentou com amigos que usaria o parecer que Heidegger escrevera para ela em 1929 para se candidatar a uma vaga acadêmica nos Estados Unidos.

Assim, chegara o momento de escrever um artigo que explicasse ao público estadunidense no que consistia essa enigmática filosofia existencialista da qual tanto se falava, mas que se distinguia profundamente de sua irmã francesa.

Ao escrever o artigo, ela já sabia que Jaspers e sua mulher haviam sobrevivido. Desde o outono de 1945, mantinha contato com eles por carta. Enviava pacotes com livros, artigos, conservas e, principalmente, cartas. Para Jaspers, o contato renovado com ela deve ter aberto, de repente, uma janela para o mundo. O jovem intelectual Melvin Lasky, na época oficial do exército estadunidense, levou cartas e pacotes com gêneros alimentícios, antes mesmo que os serviços de correio voltassem a funcionar. Lasky relatou a ela sobre a situação na Alemanha, sobre um encontro casual com o amigo dela de juventude, Hans Jonas, que se tornara sargento na Brigada Judaica, falou de suas visitas ao casal Jaspers, que estava pensando em se mudar para a Suíça.

Por meio de outro de seus antigos professores da época de Marburgo, Rudolf Bultmann, Arendt ficou sabendo que Hans Jonas também estivera em Marburgo e que Bultmann, como nos tempos da República de Weimar, continuava depositando grandes esperanças filosóficas nele. Ela também enviou livros, artigos e gêneros alimentícios para Bultmann. Mas só com Jaspers se desenvolveu de novo um contato estreito e constante. As cartas entre eles trouxeram o velho mundo de volta, e o relacionamento professor-aluna se transformou em um relacionamento de amizade.

A situação caótica do pós-guerra era um tema frequente na correspondência. As vivências respectivamente diferentes da catástrofe separaram o professor e a aluna de

61. Cf. carta de Arendt para Gurian, de 10 jan. 1943, Archiv des HAZ, Cont. Nr. 10.7.

tempos idos. As perspectivas políticas de uma Alemanha dividida em zonas administrativas ainda eram totalmente incertas na época, e o regime de ocupação tinha decretado, a princípio, uma paralisação absoluta de quatro meses: nada de correio, universidade, novos livros e artigos, jornais, viagens... A juventude acadêmica estava como que atordoada, oscilando entre raiva, frustração e apatia.

Foi perto do final do ano de 1945 que surgiram os primeiros sinais de esperança. No outono, aprovou-se a criação dos primeiros periódicos. Jaspers fundou, junto com o jornalista Dolf Sternberger, o sociólogo Alfred Weber, o romanista Werner Krauss e o editor Lambert Schneider, *Die Wandlung*, uma revista que pretendia acompanhar a mudança cultural e política da Alemanha Ocidental para a democracia. Em 1946, Arendt publicaria em *Die Wandlung* o texto "Sobre o Imperialismo", incluído mais tarde em seu livro *Origens do Totalitarismo*.

O PÓS-GUERRA NA ALEMANHA:
A QUESTÃO DA CULPA

Só após o final da guerra se mostrou a gravidade dos danos materiais e mentais que o nacional-socialismo causara entre os alemães. Reconectar-se ao passado era simplesmente impossível, mesmo que muitos alemães não pudessem ou não quisessem fazer outra coisa. Após o fim do trauma, queriam apegar-se ao já testado e comprovado em outros tempos. Naquela época, não estava claro quando e como os alemães iriam superar o desastre.

No semestre de inverno de 1945-1946, Jaspers deu sua primeira preleção, após oito anos de silêncio, sobre "A Situação Intelectual na Alemanha". O filósofo usava a forma de tratamento "nós", no plural, ao dirigir-se aos estudantes e, com esse artifício retórico, incluía a si mesmo no público, cujos sentimentos confusos transformou em tema. Seu público era formado por jovens soldados dispensados da guerra, inválidos de guerra, muitas mulheres jovens. Segundo a descrição de Jaspers, "[eles se] intoxicavam com sentimentos de orgulho, desespero, indignação, teimosia, vingança, desprezo"; por sua vez, ele exigia "que deixemos esses sentimentos em suspenso e encaremos a realidade"[62].

Jaspers distinguiu quatro tipos de culpa e formas de lidar com ela: a criminosa, a política, a moral e a metafísica. Recorrendo a essa multidimensionalidade da questão da culpa, ele pretendia inserir todas as pessoas que queriam se furtar à discussão sobre a culpa. Com sua categorização, Jaspers deu início a um debate que, também com sua influência, seria repetidamente travado na Alemanha nos anos seguintes. O conceito de culpa retomado da tradição judaico--cristã era, para Jaspers, mas também para as duas doutrinas cristãs e para uma parte da *intelligentsia*, o único instrumento que restara para se aproximar reflexivamente dos crimes e dos seus efeitos sobre a cultura e mentalidade alemã.

Arendt assumiu uma outra perspectiva. Embora, em seu artigo de 1944 sobre "Culpa Organizada", tenha partido do conceito de culpa, ela o rejeitou imediatamente: "Onde todos são culpados, ninguém, em última análise, pode ser julgado, pois é justamente dessa culpa que também se obtém a mera aparência, o mero pretexto de responsabilidade."[63]

Para ela, portanto, não há culpa sem responsabilidade, e só a responsabilidade conjunta pode ser o marco dentro do qual se pode tematizar a culpa. Jaspers, a quem ela enviou o artigo em janeiro de 1946, sinalizou que concordava, mas a direção da argumentação de Arendt se distanciava inteiramente da dele. Enquanto Jaspers defendia uma visão interna (e como ele haveria de fazer outra coisa depois de doze anos de isolamento?!), Arendt defendia a visão externa. Para ela, o "problema alemão" somente poderia ser resolvido por meio de uma reconstituição política da Europa no sentido de uma federação de Estados[64]. Enquanto Jaspers, recorrendo ao conceito de culpa, permaneceu inteiramente na esfera da tradição, Arendt insistia que, através da dominação nacional-socialista (e comunista), havia ocorrido uma ruptura profunda e irreversível com a tradição.

62. K. Jaspers, *Die Schuldfrage*, p. 8.
63. Hannah Arendt, Organisierte Schuld, escrito em alemão em 1944; sob o título Organized Guilt and Universal Responsibility, publicado em *Jewish Frontier*, jan. 1945; também em H. Arendt, In der Gegenwart, p. 31.
64. Cf. H. Arendt, Approaches to the "German Problem", *Partisan Review*, v. 12, n. 1, 1945; em alemão: H. Arendt, Zur Zeit, 31s.

4. HEIDEGGER *ABSCONDITUS*

De resto, havia uma ampla discussão internacional sobre o que deveria acontecer com a Alemanha e como se deveria julgar o povo alemão e os crimes cometidos em seu nome. Havia aqueles que odiavam a Alemanha, sendo representados por Lorde Vansittard. Seu estilo era semelhante ao modo como se falara nos círculos das potências vencedoras ao fim da Primeira Guerra Mundial. Segundo essa linha de argumentação, a Alemanha era a principal culpada, e agora – mais do que após a Primeira Guerra – deveria pagar por isso. Uma parte dos imigrantes alemães acatava a ideia. Hannah Arendt rejeitou categoricamente essa posição e criticava seus porta-vozes como "alemães ávidos de butim"[65].

Nessa questão, ela tendia a se solidarizar com o ponto de vista liberal de esquerda ou pós-trotskista de Dwight Macdonald, que tinha escrito, para o número de março de sua revista *Politics*, um texto sobre "A Responsabilidade dos Povos". Nele se via uma convergência quase literal com as ideias de Arendt: "Se todos são culpados, então ninguém é culpado", escreveu Macdonald, fazendo referência ao artigo de Arendt sobre a "Culpa Organizada"[66]. Ele rejeitou inteiramente a tese da culpa coletiva; ela implicava, em sua opinião, uma assunção (involuntária) do conceito organicista de povo empregado pelos nazistas. Entretanto, naquela época quase toda a opinião pública estadunidense aderiu à tese da culpa coletiva. A "culpa alemã" estava disseminada não só entre veteranos aliados da Primeira Guerra Mundial, mas também no espectro de partidos liberais e de esquerda dos Estados Unidos e da Grã-Bretanha, nos sindicatos, partidos e governos, bem como nos jornais. Em contraposição a isso, Macdonald defendia a máxima marxista-trotskista de que as guerras são travadas por governos e não por povos. Contudo, entrementes se soube que o envolvimento do povo alemão nos crimes da guerra fora muito maior do que se supunha. E não ajudou em nada o fato de ele citar com aprovação o juízo radical de Simone Weil, segundo o qual a guerra moderna era uma "luta do poder executivo e de seus aparelhos contra todos os homens em armas"[67]. A corrente dominante já se decidira por uma outra concepção.

65. Cf. E. Young-Bruehl, op. cit., p. 244.
66. Dwight Macdonald, The Responsibility of Peoples, *Politics*, mar. 1945, p. 90.
67. Simone Weil, apud ibidem, p. 92.

Por fim, Macdonald propunha uma diferenciação mais precisa — e parou no ponto em que Arendt continuou. O verdadeiro problema, segundo ele, consistia em perceber o erro que era tranquilizar-se com a ideia de que só os alemães seriam capazes de tais crimes indescritíveis. Seria preciso, isso sim, acostumar-se com a ideia de que pessoas bem normais tinham cometido essas atrocidades, e não seres de outro planeta. Arendt aprofundou essa ideia. Em conversas com o marido, ficara claro para ela que o conceito de culpa não servia como marco conceitual para um acontecimento "que não deveria ter ocorrido" (Arendt). Em julho de 1946, Blücher escrevera o seguinte em uma carta a Arendt — que estava com sua amiga Julie Braun-Vogelstein, historiadora da arte, em Hanover (no estado de New Hampshire) — após ler o livro de Jaspers sobre a questão da "culpa":

> Como já te havia dito, toda essa questão da culpa só serve como palavrório cristão-hipócrita, entre os vencedores para servirem melhor a si mesmos, e entre os vencidos para poderem continuar a se ocupar exclusivamente consigo mesmos. (E mesmo que seja apenas para o nobre fim da autoiluminação.) Em ambos os casos, a culpa serve para aniquilar a responsabilidade [...]. Todo esse palavrório de purificação ética faz com que Jaspers se integre solidariamente na comunidade do povo alemão até mesmo com os nacional-socialistas, em vez de se solidarizar com os humilhados [...]. Se Jaspers está buscando a verdadeira essência alemã, nunca vai encontrar o verdadeiro conflito alemão, que sempre consistiu na vontade republicana e libertária de alguns poucos contra as propensões cossacas e servis de muitos.[68]

Já antes disso, entretanto, Arendt havia tirado uma consequência à qual o livro de Jaspers se opunha diametralmente: ela se decidiu por uma interpretação política do que acontecera, e Jaspers por uma interpretação moral. Ela queria, para além dos crimes e da responsabilização moral, chamar a atenção para algo que fora duradouramente destruído: a comunidade política pela qual os cidadãos deveriam assumir a responsabilidade. Mais de vinte anos depois, ela compreenderia o conceito de "responsabilidade coletiva" da seguinte maneira:

68. Carta de Blücher para Arendt, de 15 jul. 1946, em H. Arendt; H. Blücher, *Briefe 1936-1968*, p. 146.

> A responsabilidade coletiva precisa cumprir dois critérios [...] Eu preciso ser responsabilizado por algo que não fiz. E a base de minha responsabilidade precisa ser meu pertencimento a um grupo (coletivo),

4. HEIDEGGER *ABSCONDITUS*

> pertencimento que nenhum ato de minha parte pode desfazer. Isso quer dizer que se trata de um pertencimento completamente distinto de um acordo comercial que eu possa romper quando quiser. [...] Nesse sentido, todos nós sempre seremos responsabilizados pelos pecados de nossos pais da mesma maneira como colhemos os benefícios daquilo que eles conseguiram.[69]

Contudo, os porta-vozes do mundo ocidental (assim como os da União Soviética de Stálin) aderiram, na época, firmemente à tese da culpa coletiva. As elites prejudicadas da Alemanha ocidental se apegaram ainda mais a isso, se é que, de fato, se deixaram impressionar por tal questão.

O PONTO DE VISTA ESTADUNIDENSE SOBRE HEIDEGGER

O discurso político-intelectual sobre o futuro da Alemanha e a imputabilidade dos alemães tinha precedido a reflexão de Arendt sobre o existencialismo e, naturalmente, continuou acompanhando-a. Nesse contexto ela se aproximou da filosofia existencialista alemã.

A partir das poucas informações que lhe eram acessíveis ou que outras pessoas – Hermann Broch, seus ex-colegas em Friburgo e Heidelberg – lhe enviaram, ela formou uma imagem que se conectava diretamente à sua última correspondência com Heidegger no inverno de 1932-1933. A imagem dizia que Heidegger não era mais "o rei secreto do reino do pensamento", e sim o príncipe das trevas. Ele se tornara membro do Partido Nacional-Socialista; como nazista, tinha assumido a reitoria da Universidade de Friburgo, e nessa função teria proibido seu velho mestre Edmund Husserl de entrar na universidade, o que quase havia custado a vida a Husserl. Após a guerra, teria oferecido seus serviços de educador da juventude às forças de ocupação francesa. Em outras palavras: primeiro teria impelido a juventude para o nacional-socialismo, depois se fez passar por salvador.

69. H. Arendt, Collective Responsibility: Discussion of the Paper of Joel Feinberg, Rockefeller University. American Philosophical Society, December 27, 1968, Washington D.C. Archiv des HAZ, Cont. Nr. 62.12, cit. segundo a tradução de Frank Stühlmeyer, manuscrito, 3s., Archiv des HAZ.

Ela registrou sua ira na correspondência com Jaspers. Este a corrigiu imediatamente: não, Heidegger não teria proibido pessoalmente Husserl de entrar na universidade. Tratava-se, antes, de uma circular emitida pelo ministério referente à proibição de acesso que toda universidade, isto é, todo reitor de uma universidade alemã tinha de enviar a professores judeus anteriormente demitidos[70]. Arendt, porém, era de outra opinião:

> No que diz respeito à observação sobre Heidegger, você está inteiramente certo em sua suposição sobre a carta a Husserl. Eu também sabia que essa carta era uma circular, e sei que, por causa disso, muitas pessoas a escusam. Sempre me pareceu que Heidegger deveria ter renunciado no momento em que teve de colocar seu nome debaixo desse escrito. Por mais tolo que se o considere, ele tinha condições de entender essa história. Nesse sentido se podia responsabilizá-lo. Ele sabia muito bem que, para Husserl, essa carta teria sido mais ou menos indiferente se nela constasse a assinatura de outra pessoa. Ora, naturalmente você pode dizer que isso ocorreu como parte da rotina de trabalho. E eu provavelmente responderia que aquilo que é realmente irreparável muitas vezes aparece quase – e enganosamente – como algo acidental, que muitas vezes com base em uma linha insignificante, que deixamos serenamente de lado estando bem certos de que ela já não tem importância, erige-se aquela muralha que realmente separa as pessoas. Em outras palavras, embora o velho Husserl jamais tivesse tido qualquer importância para mim em termos objetivos ou pessoais, pretendo ser solidária com ele neste ponto; e como sei que essa carta e essa assinatura quase o mataram, não posso deixar de considerar Heidegger um assassino em potencial.[71]

Essa questão toda mexeu muito com ela. Nesse meio tempo, ela tinha procurado se informar em toda parte sobre Heidegger. Falara com Jean-Paul Sartre, a quem pouco estimava, por ocasião da visita dele a Nova York em 1946 – e relatou a Jaspers o que tinha ouvido dele:

70. Cf. carta de Jaspers para Arendt, de 9 jun. 1946, em H. Arendt: K. Jaspers, *Briefwechsel 1926-1969*, p. 79.

71. Carta de Arendt para Jaspers, de 9 jul. 1946, ibidem, p. 84.

que Heidegger teria, quatro (ou seis) semanas após a derrota alemã, escrito a um professor da Sorbonne (não lembro do nome dele), dito que houvera um "mal-entendido" entre a Alemanha e a França e estendido a mão para um "entendimento" teuto-francês. Naturalmente, ele não recebeu resposta. Por causa disso, mais tarde teria escrito a Sartre. Você, decerto, conhece as diversas entrevistas que ele deu então. Tudo não passava de mentiras tolas, com um traço que me parece realmente patológico. Mas isso é uma história antiga[72].

Sua velha amiga Anne Weil (nascida Mendelssohn) tinha relatado a Arendt rumores semelhantes de Paris[73].

Seria, então, Heidegger um caráter com um traço patológico? Ora, isso parece indicar que ela não queria mais saber desse homem e que, para isso, só precisava da confirmação de Jaspers. E sua visão sobre Heidegger não era diferente da dela.

O artigo de Arendt para a *Partisan Review* informava os leitores estadunidenses sobre os precursores históricos da questão da existência, sobre as diferenciações dessa questão desde o pensamento de Kant e principalmente em Kierkegaard e Husserl, para então abordar a evolução posterior da filosofia existencialista em Heidegger e Jaspers.

A passagem sobre Heidegger, em sua exposição dos passos teóricos da ontologia fundamental em *Ser e Tempo*, é objetiva, ainda que unilateral. Contudo, ela começa desferindo um golpe devastador contra a pessoa de Heidegger em uma nota de rodapé: "Heidegger é de fato (esperemos) o último romântico – um Friedrich Schlegel ou Adam Müller imensamente talentoso, por assim dizer, cuja completa falta de responsabilidade se devia àquela forma de ser leviana que provém, em parte, das ilusões de um gênio e, em parte, do desespero."[74]

A versão em inglês da nota de rodapé tinha formulado sua crítica de 1946 de modo ainda mais incisivo[75]. A partir dela, o texto adquire o caráter de um acerto de contas. Quem lia essa nota já estava, a rigor, informado; não era preciso ler nem o artigo de Arendt sobre Heidegger, nem uma única linha dos textos de Heidegger. Entretanto, só pode entender o tom dessa nota de rodapé quem leva em conta a imensa decepção de Arendt com a disposição da elite alemã para cooperar com o nacional-socialismo. É preciso incluir nisso, ainda, a expectativa

72. Ibidem, p. 84.

73. Anne Weil havia escrito a ela em 30 dez. 1945 relatando ter ouvido dizer que Heidegger tinha escrito a vários colegas de universidades francesas. Nessas cartas, teria exposto que, durante a época do nazismo, não pôde publicar seus textos e que, além disso, só teria apoiado o nacional-socialismo bem no início. Heidegger estaria, ao que tudo indica, tentando tirar proveito da "moda do existencialismo". Ele também teria afirmado que "salvou" professores alemães. (Cf. carta de Weil para Arendt, de 30 dez. 1945, Archiv des HAZ, Cont. Nr. 15.7.)

74. H. Arendt, *Was ist Existenz Philosophie?*, nota na p. 28s.

75. "Outra questão que vale a pena discutir é se a filosofia de Heidegger não foi, em geral, levada demasiado a sério, simplesmente porque lida com as mais sérias questões. Em todo caso, Heidegger fez tudo para nos advertir de que deveríamos levá-lo a sério. Como bem se sabe, ele entrou no Partido Nazista de uma forma muito sensacional em 1933 – um ato que fez com que ele se destacasse singularmente entre outros colegas do mesmo calibre. Além disso, na qualidade de reitor da Universidade de Friburgo, proibiu Husserl, seu professor e amigo, cuja cátedra tinha herdado, de entrar na faculdade porque Husserl era judeu. Finalmente, tem havido rumores de que ele se colocou à disposição das autoridades de ocupação francesas para a reeducação do povo alemão.

Tendo em vista a verdadeira comédia dessa evolução das coisas e do nível não menos ▶

Anne Weil, nascida Mendelssohn, em junho de 1967.

▷ verdadeiramente baixo do pensamento político nas universidades alemãs, tende-se naturalmente a não se preocupar com a história toda. Por outro lado, há a questão de que toda essa forma de comportamento tem paralelos exatos no romantismo alemão, de modo que dificilmente se pode acreditar que a coincidência seja acidental. Heidegger é de fato (esperemos) o último romântico – um Friedrich Schlegel ou Adam Müller tremendamente talentoso, por assim dizer, cuja completa falta de responsabilidade se atribuía, em parte, às ilusões de um gênio e, em parte, ao desespero." (Cf. Hannah Arendt, What is Existenz Philosophy?, Partisan Review, v. XIII, n. 1, p. 46, 1946.)

76. H. Arendt, Was ist Existenz Philosophie?, p. 38.

que Arendt havia depositado no homem que amara e não esquecera. Ela esperava receber, ao menos *post festum* (tardiamente), uma explicação autocrítica, uma admissão do erro. O que recebeu, em vez disso, foram rumores que, juntados aos fatos concretos da década de 1930, só admitiam uma conclusão: esse homem tinha perdido seu entendimento e, ademais, toda decência.

Nos dois parágrafos finais, Heidegger e Jaspers são comparados e confrontados. Heidegger aparece como pensador de um existencialismo individualista, que, face a seu diagnóstico do "ser para a morte", buscou refúgio, de maneira por assim dizer consequente, na superstição naturalista (a "comunidade do povo alemão"), no intuito de tentar recompor o mundo em pedaços do ser-aí que caminha para a morte.

Mais tarde, em preleções, Heidegger tentou, então, *a posteriori*, fornecer de novo a seus si-mesmos isolados um fundamento comum em constructos mitologizantes como povo e terra. É evidente que tais concepções só podem levar para fora da filosofia e para dentro de uma superstição naturalista qualquer. Se não faz parte do conceito de ser humano o fato de ele habitar a terra com outros que são seus semelhantes, resta apenas uma reconciliação mecânica em que se dá aos si-mesmos atomizados um fundamento essencialmente heterogêneo em relação a seu conceito. Isso só pode servir para organizar os si-mesmos que só querem a si mesmos em um super-si-mesmo para, de algum modo, fazer a culpa resolutamente assumida passar para a prática.[76]

Foi assim que, segundo Arendt, Heidegger chegou ao nacional-socialismo. Só que isso não o livrara de sucumbir ao seu niilismo, mas, pelo contrário, na opinião dela, fazia com que o niilismo se sobressaísse ainda mais claramente.

Durante sua viagem para a Alemanha em 1949-1950, essa imagem seria quase invertida; ela trabalharia intensivamente

4. HEIDEGGER ABSCONDITUS

para transmitir ao público intelectual estadunidense uma compreensão adequada de Heidegger. Em 1952, o monsenhor John Marie Oesterreicher, famoso teólogo católico de origem judaica, pediu a ela informações sobre o grau de envolvimento de Heidegger com o nacional-socialismo; ele queria verificar se o juízo crítico que fazia de Heidegger era acertado. Em sua resposta, Arendt emitiu um juízo crítico ponderado e, com isso, recuava dos juízos espontâneos de 1945-1946[77]. Três anos mais tarde, recebeu uma carta do doutorando Calvin Schrag, que, em sua tese sob a orientação de Paul Tillich, pretendia abordar a analítica do ser-aí em Heidegger. Ele lhe fez algumas perguntas a fim de compreender melhor o pensamento de Heidegger e mencionou o ensaio dela intitulado "What Is Existenz Philosophy". Arendt concluiu sua resposta com as seguintes palavras: "Devo adverti-lo quanto a meu ensaio sobre o existencialismo, especialmente quanto à parte sobre Heidegger, que ele não é só inteiramente inadequado, mas em parte simplesmente errado. Por favor, esqueça-o."[78]

Em seu artigo, Jaspers aparece como um luminar da filosofia alemã, como o único que emergiu de forma autêntica e produtiva da revolução contra a metafísica tradicional. Com Jaspers, diz ela, a filosofia existencialista abandonou seu egoísmo:

> Por causa do movimento essencial do ser humano de transcender pelo pensar [em Jaspers] e do fracasso ligado a esse pensar, pelo menos se reconhece que o ser humano enquanto "senhor de seus pensamentos" não só é mais do que tudo o que ele pensa – e isso seria, provavelmente, a condição básica para uma nova definição da dignidade humana –, mas também que o ser humano é definido, de saída, como um ser que é mais do que seu si-mesmo e quer mais do que a si mesmo. Com isso, a filosofia existencialista deixou atrás de si o período de sua si-mesmidade.[79]

Jaspers é apresentado ao público estadunidense como aquele que superou a "si-mesmidade" heideggeriana. Nos anos subsequentes, Arendt se esforçou para torná-lo conhecido do público estadunidense. Procurou editoras e acompanhou a tradução de seus textos. Jaspers ficou grato. Não houve menção a Heidegger.

77. Veja sobre isso também a correspondência de Arendt com monsenhor John M. Oesterreicher, Archiv des HAZ, Cont. 59.

78. Carta de Arendt para Calvin Schrag, de 31 dez. 1955, Archiv des HAZ, Cont. Nr. 13.11.

79. H. Arendt, *Was ist Existenz Philosophie?*, p. 47.

UMA EUROPEIA NOS ESTADOS UNIDOS

Provavelmente, exposições como a de Arendt sobre a filosofia existencialista permaneceram estranhas ao público estadunidense mais amplo, assim como a aparição de Arendt na cultura estadunidense do pertencimento de grupo deve ter parecido estranha. Para William Barrett, que traduziu o artigo sobre a filosofia existencialista alemã para a *Partisan Review*, Hannah Arendt permaneceu até o fim como uma estrangeira vinda da Europa:

> Ela poderia ter estado entre nós vinte anos e ainda seria, até certo ponto, uma presença estranha. Uma parte dela nunca assimilou inteiramente os Estados Unidos. [...]. Ela sempre estava consciente de ter vindo de outro lugar – e de falar por algo mais antigo e profundo que ela entendia como cultura europeia, algo que guardava em seu centro. Desse modo, para nós, ela pôde se tornar uma espécie de encarnação da presença europeia que começou a ser cada vez mais sentida em Nova York durante os anos 1940.[80]

Alguns intelectuais estadunidenses, formados no pragmatismo, não só tinham pouco apreço pela alta cultura intelectual de Arendt, como a rejeitavam, às vezes até de forma agressiva. Alguns consideravam Arendt arrogante e pretensiosa em relação aos Estados Unidos[81]. Delmore Schwartz, poeta e escritor talentoso, famoso por seus jogos de palavras, teria, como relata Barrett, observado mordazmente: "That... that Weimar Republic flapper! [Essa... essa garota petulante da República de Weimar]"[82]. Isso queria dizer mais ou menos o seguinte: essa senhora extravagante dos tempos em que a República de Weimar ainda dançava e as jovens andavam de cabelo curto, fumavam charutos, tinham casos com homens e faziam discursos hiperinteligentes. O contexto dessa observação, porém, era o fato de ela não ter conseguido rir de uma de suas piadas, o que ele encarou como uma afronta.

Havia, contudo, pessoas que estavam sintonizadas na mesma frequência que Hannah: Dwight Macdonald e Mary McCarthy. Proveniente da esquerda stalinista,

80. W. Barrett, op. cit., p. 99.
81. Ibidem, p. 104.
82. Ibidem, p. 103.

4. HEIDEGGER *ABSCONDITUS*

Macdonald tinha aderido aos trotskistas, mas do jeito estadunidense, ou seja, de uma maneira não sectária, quase liberal. Macdonald escrevia tal como falava. Certa vez, por exemplo, ele roubou do escritor Nicola Chiaromonte, amigo seu, uma expressão que este mencionara em uma conversa, e o utilizou como título de seu famoso artigo "A Responsabilidade dos Povos", dizendo, então, na segunda coluna do artigo, que o título era de autoria "de meu amigo Nicola Chiaromonte". Macdonald era briguento, mas não sabia argumentar muito bem, antes se comportando como uma marreta verbal, pelo que mais tarde muitas vezes teve de se desculpar. Com isso, nem sempre fazia amizades, mas Arendt gostava dele por causa de sua espontaneidade, e Macdonald, por sua vez, até a venerava um pouco. Dwight foi um dos mais fiéis amigos de Arendt. Em todo caso, ele se manteve próximo em todos os altos e baixos dela, o que não se pode dizer de todos.

Mary McCarthy tinha um temperamento semelhante. Não obstante todas as diferenças, ela e Hannah Arendt tinham uma coisa em comum: eram mulheres com facetas bem diversificadas, versáteis, chegando muitas vezes à autocontradição. Ambas se defrontavam com o mundo circundante de maneira direta, sempre sentenciosa, expondo-se. Seria enganoso dizer que uma delas – McCarthy – era a escritora e a outra – Arendt – a filósofa, pois seus talentos estavam muito entrelaçados. Ambas tinham um entendimento claro, às vezes de uma capacidade analítica cortante, e expressavam de imediato as coisas tal como as viam. Eram ambas sensíveis à mentira organizada no espaço público. Eram ambas talentosas para o ensaio político. Ambas adoravam a literatura, só que Mary escrevia contos e romances e Hannah, ensaios políticos.

Entretanto, havia um ponto em que elas se distinguiam, que era o da estrutura profunda de sua formação e de seu pensamento. Embora Mary McCarthy tivesse uma boa formação, Arendt desenvolvera sua inteligência a partir do estudo da Antiguidade. Enquanto Mary McCarthy recorria ao bom senso, em Arendt havia sempre uma dimensão histórica, uma capacidade que às vezes humilhava seus amigos a tal ponto que eles começavam a se rebelar.

Estamos na década de 1940. Mary, que vinha de uma boa família, perdera seus pais aos seis anos de idade. Ela frequentou o famoso Vassar College, cuja cultura direcionada a meninas exploraria mais tarde em seu best-seller *O Grupo*. Casou-se aos 21 anos e se divorciou aos 24. Conheceu o grupo reunido em torno de Dwight Macdonald, Philip Rahv e William Phillips e fundou com eles a *Partisan Review*. Escreveu críticas de teatro e morou com seu colega Philip Rahv. Em 1938, casou com o escritor e crítico literário Edmund Wilson. Não era feliz no casamento, mas, estimulada por Wilson, começou a escrever contos. Em 1942 foi publicado seu primeiro livro, *The Company She Keeps* (Diz-me Com Quem Andas), em que Mary apresentava seu estilo narrativo particular. Rigorosamente pautada pela realidade, ela não tinha muita consideração pela esfera privada de contemporâneos seus, expondo-a quase sem disfarces. Tinha a reputação de ser uma diva devoradora de homens. Sua língua afiada era temida, e seu companheiro Philip Rahv até viria, mais tarde, a mover um processo contra ela por se ver caricaturado em um dos livros dela. Por fim, acabou retirando a ação, e, quando de sua morte, Mary lhe dedicou um necrológio carinhoso.

Quando as duas mulheres se conheceram, Mary McCarthy era crítica de teatro e colunista social. Sempre vestida com elegância, ela se movimentava com desenvoltura em sociedade. Mary McCarthy tinha "classe". Ela chamava a atenção por causa de seu rosto claro e oval e o cabelo escuro amarrado feito um nó na nuca, um estilo fora de moda.

Tinha uma sensibilidade apurada para a vacuidade do discurso intelectual, suas armadilhas ocultas e aspectos cômicos. E os abordava, tanto em suas conversas quanto em seus livros, de uma forma que desarmava as pessoas e, muitas vezes, também as magoava. Se se quisesse escolher uma designação neutra para descrever como Mary McCarthy era, poder-se-ia designá-la com o adjetivo inglês *outspoken* (franca, direta). Seu estilo de conversação se baseava no princípio do *Witz* (chiste, presença de espírito) descrito por Freud. Em conversas, geralmente era ela que interrompia a escaramuça verbal com uma observação acerba ou engraçada. Enquanto algumas pessoas ficavam ofendidas com as observações insolentes de Mary, outras se divertiam com a precisão de sua verve. Mas o tom

4. HEIDEGGER *ABSCONDITUS*

de McCarthy não era, por exemplo, sinal de uma ingenuidade excessiva com a qual os intelectuais nova-iorquinos pudessem se irritar. Era a própria pessoa que falava assim, e não sua atitude.

Quando Mary McCarthy e Hannah Arendt se encontraram pela primeira vez na primavera de 1945 no bar Murray Hill, em Manhattan, Hannah tinha 38 anos e Mary, 32. No bar estava acontecendo um encontro social da redação da *Partisan Review*. Fazendo o papel de *enfant terrible*, Mary anunciou subitamente que "realmente sentia muito por Hitler, ele não sabia o que tinha acontecido, também ainda esperava que os judeus o amassem"[83] por aquilo que tinha feito a eles. Arendt, que participava da conversa, ficou indignada. Mais tarde, ela relatou que tinha contado até 120, para dar a Philip Rahv – que na época era companheiro de Mary – tempo para retrucar. Ao ver que Rahv se calou, ela explodiu[84]. Disse em voz alta para Mary: "Como é que você pode dizer isso na minha frente, que sou uma vítima de Hitler e estive num campo de concentração!" As tentativas de justificação de Mary McCarthy foram em vão. "Eu saí de fininho", lembrou-se McCarthy. Mas Arendt continuou se queixando a Philip Rahv: "Como é que você, como judeu, pode permitir esse tipo de conversas dentro das quatro paredes de sua casa?"[85]

A reconciliação ocorreu anos mais tarde, quando as duas mulheres se encontraram de novo, dessa vez na revista *Politics*, de Dwight Macdonald. No final da noite, elas estavam juntas em uma estação deserta do metrô. Arendt cobrou ânimo e disse que tinha atentado para o fato de que muitas vezes, nas discussões, as duas eram da mesma opinião e sempre ficavam em minoria: "'Nós duas pensamos de forma semelhante em muitos aspectos.' Mary McCarthy pôde, enfim, explicar sua afirmação de tanto tempo atrás, e Arendt admitiu que não estivera em um campo de concentração, e sim de detenção."[86]

Começou aí uma amizade que durou mais de vinte anos, baseada em reconhecimento e confiança mútuos, mas também em surpresas e admiração mútua. Mary McCarthy admirava a capacidade de pensar de Arendt, seu talento incomum para reinterpretar conexões, seu

83. Brock Brower, McCarthyism: Interview With Mary McCarthy, em C. Gelderman (ed.), *Conversations With Mary McCarthy*, p. 42s.
84. Ibidem.
85. E. Young-Bruehl, op. cit., p. 281s.
86. Ibidem.

conhecimento dos textos e culturas da Antiguidade. Hannah, por sua vez, admirava na amiga a forma de escrever, sua beleza, seu carisma erótico, sua presença de espírito espontânea. McCarthy também era importante para Arendt porque podia decifrar para ela o contexto da intelectualidade estadunidense. Por meio dela, Arendt ficou conhecendo as origens e as conexões políticas, histórias pessoais de gente que ela conhecia. Como era a mais velha das duas, às vezes ela se sentia desempenhando um papel protetor, quase maternal.

Nesses anos, Arendt atuou em muitos campos: engajou-se em debates sionistas, continuou seus estudos sobre antissemitismo, imperialismo e racismo. Ela ganhava dinheiro das mais diversas formas: uma bolsa aqui, honorários por um ou outro artigo ali, um curso universitário remunerado... Estava sempre em busca de "trabalho" para assegurar a subsistência. Salman Schocken, o editor que ela tinha conhecido em Berlim por intermédio de Kurt Blumenfeld, empregou-a nesses anos durante certo tempo como assistente de editoração. Na editora, ocupou-se de alguns escritores europeus que pretendia introduzir ao público estadunidense. Os autores por cujo legado se empenhou especialmente foram Walter Benjamin, Bernard Laraze, Franz Kafka. Coordenou a publicação dos *Diários* de Kafka e do manifesto sionista-simbolista *Job's Dungheap* (A Estrumeira de Jó), do poeta-escritor francês Bernard Lazare. Na Schocken Books, também ficou conhecendo o poeta Randall Jarrell, cuja sensibilidade para a língua inglesa e alemã admirava muito. Jarrell também a ajudou por algum tempo a transpor seus próprios textos para um inglês adequado ao seu pensamento[87]. Ela também devia à editora a oportunidade de conhecer toda uma série de outros colegas que se tornaram seus amigos ou conhecidos: Irving Howe, Nathan Glazer, Martin Greenberg e outras pessoas que marcavam presença nas revistas de Nova York daquela época.

Para ela, certamente, foi um desafio ser convidada para ministrar um curso no Brooklin College em Nova York.

Lá, ela começou a dar aulas a partir de meados de fevereiro de 1946; essa foi sua primeira atividade letiva nos Estados Unidos[88]. Gurian lhe dera uma carta de recomendação para isso. Também esses cursos acabaram se

87. Ibidem, p. 272s.
88. Carta de Arendt para Gurian, de 29 jan. 1946, Archiv des HAZ, Cont. Nr. 10.7.

Hannah Arendt como docente nos anos 1960/1970
na New School For Social Research.

integrando aos estudos que, mais tarde, confluiriam em *Origens do Totalitarismo*. Como relata sua biógrafa Elisabeth Young-Bruehl, ela trabalhava neles quase dia e noite, nos intervalos do almoço e após o jantar[89].

Em meados de maio de 1945, Arendt aceitou uma espécie de encomenda de projeto de pesquisa da Conference on Jewish Relations. Ela escreveu a Gurian dizendo que, por incumbência dessa organização, que mais tarde passaria a fazer parte da Commission on European Jewish Cultural Reconstruction, realizaria, no próximo semestre, uma "investigação especial sobre a situação das instituições culturais judaicas na Europa. Não chega a ser exatamente divertido, mas talvez tenha alguma utilidade"[90]. Atrás disso se ocultava um projeto de Sísifo: Arendt deveria averiguar onde estavam os bens culturais judaicos que os nazistas tinham acumulado em toda parte na Europa. Ela deveria descobrir quem eram os proprietários dos bens roubados

[89]. Cf. E. Young-Bruehl, op. cit., p. 275.
[90]. Carta de Arendt para Gurian, de 4 maio 1945, Archiv des HAZ, Cont. Nr. 10.7, fl. 2.

e nas mãos de quem essas bibliotecas, objetos de arte e de culto tinham ido parar nesse meio tempo. Deveria sugerir a que pessoas ou instituições judaicas os bens culturais tinham de ser eventualmente restituídos ou então transferidos. Ela atuaria durante seis anos para essa organização em busca de bens judaicos roubados e de história judaica destruída e, nessa missão, iria também pela primeira vez retornar à Alemanha.

O trabalho foi uma preparação dolorosa para o reencontro com a Alemanha da qual fora expulsa em 1933.

5

Ruptura e Recomeço
ou Arendt e Heidegger em Contraponto

Em fevereiro de 1950, após anos de fuga e perseguição, de decepção, ira e estranhamento, Hannah Arendt se reencontrou com o grande amor de sua juventude, Martin Heidegger.

Ela falou disso imediatamente à sua amiga Hilde Fränkel:

> No mais, voltei ontem de Friburgo, aonde fui obrigada a ir por razões profissionais. Teria ido se não fosse isso? Não sei. Seja como for, H. apareceu logo no hotel, e aí começou a se desenrolar uma espécie de tragédia, da qual provavelmente só participei durante os dois primeiros atos. Ele não tem a menor noção de que tudo isso aconteceu há 25 anos e que não me viu mais há pelo menos dezessete, exceto no modo da culpa (dito delicadamente) ou do constrangimento (dito abertamente). (Por favor, não mostre essa carta ao seu marido![1]) A isso se acrescentou uma cena fantasmagórica protagonizada pela mulher dele, que, em sua agitação, falava sempre de "seu marido", embora devesse ter dito "meu marido". Ela vomitou coisas que eu não sabia nem imaginava – que ela tinha ciência do que ele devia a mim em relação à produção dele etc. Em meio a isso, o censurou por falta de confiança. Ao que tudo indica, essa era uma cena que se repetia com frequência. Apesar

1. Referência a Paul Tillich, com quem Hilde Fränkel tinha um relacionamento amoroso repleto de conflitos.

disso, ou justamente por causa disso, dou graças a Deus por ter vindo. Quando voltar, quero lhe contar os últimos capítulos desse romance. Entrementes, estou aqui soterrada em manuscritos e cartas dele. E ao lado disso, como se sabe, também tenho um emprego. No fundo, estou contente simplesmente pela confirmação de que eu tinha razão em nunca esquecer.[2]

Do ponto de vista de Arendt, Martin Heidegger estivera do lado de seus inimigos, e ela estava furiosa porque considerava uma traição a simpatia de Heidegger pelo nacional-socialismo. Ainda assim, havia algo que ela nunca esquecera: entre os dois existia um vínculo que nem ele nem ela jamais haviam rompido.

Hannah estava viajando pela Europa e pela Alemanha. Antes de partir, tinha concluído o rascunho de seu livro *As Origens do Totalitarismo*. A essa altura, já era uma personalidade conhecida também na Alemanha. Em 1948, a editora Lambert Schneider — cujo editor fazia parte do círculo em torno da revista *Die Wandlung* — publicara um volume com seis ensaios dela, que também continha sua contribuição para o debate teuto-americano a respeito da culpa — "Culpa Organizada". Os artigos que ela havia publicado no periódico *Die Wandlung* também devem ter chegado aos círculos frequentados por intelectuais alemães. Os jornais devem ter informado que Arendt estava viajando por incumbência da Commission on European Jewish Cultural Reconstruction.

No início de dezembro de 1949, doze anos depois que a cidadania alemã lhe fora subtraída, ela voltou à Alemanha[3] com a missão de salvar o que restara dos tesouros culturais judaicos que os nazistas haviam pilhado sistematicamente.

Naquela época, os alemães tinham coisas mais urgentes a pensar do que a devolução de bibliotecas, quadros e objetos de culto religioso roubados dos judeus. O genocídio dos judeus europeus sob a liderança dos alemães ainda não tinha chegado sequer à consciência pública. No relato de Arendt para o periódico *Commentary*[4] sobre sua viagem de quase quatro meses pela Alemanha, ela descreveu uma mentalidade coletiva de obtusidade. Segundo ela, em nenhum lugar da Europa havia menos pesar pelo

2. Carta de Hannah Arendt para Hilde Fränkel, de 10 fev. 1950, em Archiv des HAZ, Cont. Nr. 9.6. Os "últimos desdobramentos desse verdadeiro romance" não deram em nada. Hilde Fränkel morreu antes de Hannah Arendt retornar de sua viagem à Europa de novembro de 1949 até março de 1950.
3. Em 1951 Hannah Arendt ganhou a cidadania estadunidense.
4. Hannah Arendt, The Aftermath of Nazi-Rule: Report from Germany, *Commentary*, v. 10, n. 4, 1950; em alemão: Besuch in Deutschland, em H. Arendt, *Zur Zeit*.

5. RUPTURA E RECOMEÇO

horror perpetrado pelos alemães do que na Alemanha. Indiferença, apatia, insensibilidade, falta de coração era o que caracterizaria "os alemães"[5]. Fuga da realidade, "fuga da responsabilidade", relativismo niilista e autocompaixão definiam o comportamento cotidiano dessa gente em relação às potências de ocupação e também entre si. Os alemães estavam "apaixonados pela impotência"[6]. Eram "fantasmas vivos, que não se consegue mais tocar com palavras, com argumentos, com o olhar de olhos humanos e com o pesar de corações humanos"[7]. Com a metáfora dos "fantasmas vivos", Arendt recorreu a uma expressão que já usara de modo semelhante em outro contexto. Ela tinha descrito como "cadáveres vivos" os refugiados e apátridas na época do entreguerras, assim como os internos de campos de concentração e extermínio. Aos olhos dela, o que unia essas pessoas era a perda da capacidade de agir e de julgar de forma independente como cidadãos, uns do lado das vítimas, outros do lado daqueles que cometeram crimes ou eram corresponsáveis por eles. Em seu juízo devastador sobre a Alemanha havia, porém, um ponto luminoso, que era Berlim. Berlim, a cidade dividida, da qual Arendt, em suas viagens, realmente só conheceu o lado ocidental, recebeu as melhores notas. Na correspondência com o marido, ela se mostra apaixonada pelo jeito diferente de ser dos berlinenses, seu senso de humor, sua sobriedade, seu bom senso. Para isso contribuiu, além dos taxistas berlinenses, Ernst Grumach, o amor de sua juventude, que ela reencontrou lá. Escreveu ao marido: "É difícil de acreditar, mas estou de novo em Berlim – 'de novo' quer dizer depois de dezessete anos [...] Grumach veio me apanhar no aeroporto, e estamos sempre juntos. Ele tem uma esposa adorável, da Prússia Oriental, e um filho encantador [...] Ernst está fazendo poesia de novo."[8]

Ela ficou contente por poder falar de novo o dialeto da Prússia Oriental, o que lhe dava grande prazer. Grumach a ajudou muito em seu trabalho de localizar e salvaguardar os tesouros culturais judaicos que tinham sido roubados. Ela o veria repetidamente no período de suas idas a Berlim a serviço da Jewish Cultural Reconstruction.

Ernst Grumach era um renomado filólogo clássico e especialista em Goethe. Ele havia sobrevivido aos anos do

5. Cf. H. Arendt, Besuch in Deutschland, ibidem, p. 44.
6. Ibidem, p. 45s.
7. Ibidem, p. 51.
8. Carta de Arendt para Blücher, de 14 fev. 1950, em H. Arendt; H. Blücher, Briefe 1936-1968, p. 213s.

nacional-socialismo em Berlim por ser casado com uma mulher não judia. Durante a guerra, fora recrutado à força pelo órgão central de segurança do *Reich* – juntamente com muitos outros judeus que eram helenistas, latinistas, bizantinistas, egiptólogos, judaístas – para trabalhar como arquivista para a catalogação das bibliotecas judaicas roubadas, que eram inventariadas em uma central em Berlim antes de serem distribuídas a diversas instituições no *Reich* como parte do que era chamado de "bibliotecas dos inimigos". Ele tinha reunido um conhecimento infinito sobre os bens culturais judaicos roubados e foi muito requisitado para emitir pareceres nos processos de restituição após 1945[9].

O relato enviado por Arendt da Alemanha se destinava a um público estadunidense que há anos pouco ficara sabendo sobre o país. Contudo, o tom objetivo adotado por Arendt no relato não podia ocultar o quanto ela ficou abalada com as devastações ocorridas no país e na alma de seus habitantes. Entrementes a Alemanha estava dividida, e a fronteira passava bem no meio de Berlim, pela cidade à qual ela sempre se mantivera fiel e que também agora havia poupado de seus juízos aniquiladores sobre a Alemanha e os alemães. O lado ocidental da Alemanha e os setores ocidentais de Berlim haviam acabado de receber uma Constituição democrática. No lado oriental, os líderes políticos anunciaram que pretendiam construir um Estado "antifascista-democrático" como alternativa à democracia liberal de estilo ocidental. A liderança política do lado oriental também empregou, com a aprovação da potência ocupante, a União Soviética, meios terroristas para intimidar seus adversários políticos.

Arendt viajou por toda a Alemanha, com passagens por Paris, Londres, Zurique e principalmente Basileia, o novo local de atuação de seu mestre Karl Jaspers. Ela negociou com instituições alemãs e com autoridades das potências ocupantes, falou com políticos e jornalistas, com estudantes, professores universitários e pessoas que conheceu por acaso. Reencontrou velhos amigos. Nas cartas ao marido, ela fala – da maneira habitualmente sarcástica – dos choques que sofria ao ver as cidades destruídas e as pessoas desorientadas, amarguradas, intelectualmente empobrecidas e obcecadas.

9. Cf. documentos pessoais de Ernst Grumach arquivados na Academia das Ciências de Berlim-Brandemburgo.

Ernst Grumach nos anos 1950.

Durante todo esse tempo, ela esteve às voltas com a pergunta se deveria ou não ir a Friburgo para rever Heidegger. "Na Alemanha tudo está novamente inundado de Heidegger", escreveu a Heinrich Blücher no estilo drástico e acerbo que lhe era próprio.

> Vou enviar ou levar comigo os *Caminhos de Floresta*. Ainda não sei se verei [Heidegger]; vou deixar tudo por conta do acaso. As cartas dele a Jaspers, que ele[10] me deu para ler, são todas como antigamente: a mesma mistura de autenticidade e falsidade, ou melhor, covardia, sendo que as duas coisas são igualmente originais. Estando com Jaspers, perdi um pouco a vontade de saber de Heidegger. Afinal, sempre continua de pé a mesma coisa: a lei segundo a qual os relacionamentos são estabelecidos.[11]

Ela escreveu isso de Londres, um mês antes de sua viagem a Friburgo – ou seja, a uma distância segura.

10. Referências às cartas de Martin Heidegger para Karl Jaspers, que Jaspers mostrou a ela. (Cf. M. Heidegger; K. Jaspers, *Briefwechsel 1920 bis 1963*.)
11. Carta de Arendt para Blücher, de 3 jan. 1950, em H. Arendt; H. Blücher, op. cit., p. 190.

Na realidade, entretanto, Arendt seguiu uma outra lei. Mesmo face à suposta traição da amizade, o relacionamento não estava terminado para ela. Não queria que suas velhas amizades fossem destruídas por polarizações políticas.

Os amigos eram sua pátria e não podiam ser substituídos. O amor antigo encerrava reminiscências de um lar intelectual destruído.

Portanto, ela foi a Friburgo porque tinha de negociar com as autoridades locais sobre a recuperação de bens culturais judaicos. Lá, encontrou-se primeiro com um amigo da época de universidade, o romanista Hugo Friedrich. Recebeu dele as mais recentes informações sobre Heidegger, inclusive seu endereço. Ela então enviou-lhe uma carta de seu hotel em Friburgo.

HEIDEGGER:
LUTA PELA HONRA

Desde o fim da guerra, o casal Heidegger se encontrava em uma situação precária. Pouco depois de o exército francês entrar em Friburgo, a casa deles foi requisitada. Em 1945, os franceses confiscaram o piano e um tapete. Então, do verão de 1945 até março de 1949, a família de um sargento francês ficou alojada lá. De resto, havia sempre amigos e parentes morando na casa. Assim, por exemplo, no final dos anos 1940, se deu com o amigo Laslowski e sua esposa. Os Heidegger estavam ameaçados de perder toda a sua biblioteca. Durante anos, tiveram só o escritório de Heidegger para morar e trabalhar. A isso se acrescentava o medo em relação aos filhos. Os dois tinham sido feitos prisioneiros de guerra na Rússia; um voltou, doente, em 1947, e o outro só em dezembro de 1949. Elfride Heidegger tinha de dar conta dessa situação difícil, zelar pela casa, conservar a família unida, manter as preocupações afastadas do marido.

Logo no começo da ocupação francesa em 1945, Heidegger fora destituído, junto com muitos outros, de seu cargo como catedrático

5. RUPTURA E RECOMEÇO

da universidade. O que se iniciou então não o pegou inteiramente desprevenido. No apêndice de uma carta para Elfride ele expressou o seguinte pressentimento já em abril de 1945: "Mesmo que o porvir seja obscuro e sinistro, tenho a confiança de que haverá possibilidades de atuação, mesmo que a docência me seja negada no futuro."[12]

Heidegger escreveu isso de Messkirch, antes mesmo de pisar novamente em Friburgo e de retornar à universidade. Contava, portanto, com a possibilidade de sofrer represálias.

Perto do fim da guerra, as faculdades de Filosofia e de Teologia haviam sido transferidas provisoriamente para o Castelo de Wildenstein, situado numa montanha às margens do Danúbio. Os bombardeios e a invasão iminente dos exércitos vitoriosos tornavam o trabalho intelectual em Friburgo impossível. Lá em cima, porém, os professores conseguiam lecionar em um ambiente improvisado, e os estudantes (a maioria do sexo feminino) conseguiam estudar. Todos moraram lá por algumas semanas, ajudando ocasionalmente no trabalho agrícola, enquanto Friburgo era tomada pelos Aliados. As pessoas não tinham pressa de voltar. Heidegger, por sua vez, foi primeiramente para Messkirch após deixar o Castelo de Wildenstein.

A universidade de Friburgo reagiu energicamente ao fim do regime nazista. Ainda na primavera de 1945, a reitoria e membros do conselho, bem como alguns colegas que haviam se oposto ao nacional-socialismo, resolveram realizar uma autodepuração da universidade. Em parte, as autoridades de ocupação insistiram em tais medidas, e, em parte, a direção da universidade queria se contrapor à arbitrariedade das forças de ocupação e das autoridades locais. Na época, instalou-se uma situação de grande confusão, em que adversários verdadeiros e fictícios do regime tentavam tirar partido da situação. Nesses primeiros meses e anos, prevaleceu um clima de caça às bruxas semelhante ao que foi criado com o nazismo. Órgãos executivos do Estado julgavam a seu bel-prazer ou se apressavam em obedecer antecipadamente às forças francesas de ocupação. O oportunismo parecia ser a regra suprema do comportamento.

Os principais membros da universidade desses primeiros anos do pós-guerra foram o historiador Gerhard

12. Carta de Heidegger para Elfride, de 17 abr. 1945, em M. Heidegger, *"Mein liebes Seelchen!"*, p. 237.

Ritter e os economistas Walter Eucken, Constantin von Dietze e Adolf Lampe. Ligados à Escola de Economia de Friburgo, todos tinham feito parte do Círculo de Friburgo, um grupo que nos últimos anos do nacional-socialismo esteve em contato com a resistência alemã[13]. Tinham sido presos em 1944 e agora se tornaram pessoas de confiança do oficial francês responsável pela reorganização da universidade[14]. Essas personalidades constituíam o cerne do chamado "Comitê de Esclarecimento", do qual von Dietze era o presidente. Faziam parte dele ainda o botânico Friedrich Oehlkers e um teólogo. Franz Böhm, vice-reitor em exercício, jurista renomado e sem antecedentes comprometedores, amigo de Walter Eucken, participou como assessor. Em julho de 1945, o comitê se reuniu pela primeira vez.

A rapidez com que se tratou do caso de Heidegger só surpreende à primeira vista. Duas circunstâncias podem explicar isso: Heidegger era um homem famoso, e seu envolvimento com o nacional-socialismo havia sido discutido internacionalmente. Agora se estava prestando atenção no que aconteceria com esse homem. A isso se acrescentava o fato de que, durante seu breve período na reitoria, Heidegger tinha feito inimigos na universidade, que estavam esperando para denunciá-lo publicamente.

Na França, onde tradicionalmente se lidava de modo benevolente com os intelectuais, a atitude perante o famoso filósofo alemão estava dividida. Nos últimos anos da guerra e mais ainda depois dela, o existencialismo viera a público como nova corrente na filosofia francesa e no teatro. O existencialismo reagiu ao colapso da cultura e da tradição na Europa com uma mescla de niilismo, tristeza e revolta. A partir disso, disseminou-se um "ambiente existencialista" que se estendia da filosofia, passando pela música, até a moda. Os filósofos existencialistas, porém, tinham lido Heidegger. Em 1934, Jean-Paul Sartre, então bolsista no Instituto Francês em Berlim, havia estudado os mais importantes textos de Husserl e Heidegger. Sua grande obra *O Ser e o Nada*, influenciada pela filosofia existencialista alemã, fora publicada na França em 1943 sob a ocupação alemã.

13. Nesse contexto, Hermann Heidegger aponta para o fato de que Lampe, junto com Eucken, foi coautor "do 'parecer dos professores sobre o financiamento da guerra', que foi concluído sob o título 'A Fonte do Financiamento da Guerra, Caminhos Inapropriados e Financiamento da Guerra' em 9 dez. 1939 e tratado como 'questão sigilosa do *Reich*'". (Hermann Heidegger, Der Wirtschaftshistoriker und die Wahrheit, *Heidegger Studies*, v. 13, p. 189.)

14. H. Ott, *Martin Heidegger*, p. 299.

Ainda em julho de 1945, Heidegger foi interrogado pela primeira vez por Adolf Lampe. O fato de que esse era justamente o colega com quem tivera, na primavera de 1934, o conflito que serviu de pretexto definitivo para a sua renúncia ao cargo de reitor, deve tê-lo magoado[15].

Durante o interrogatório, Adolf Lampe reagiu com indignação à observação de Heidegger de que ele só havia lido o livro *Mein Kampf* de Hitler com relutância e parcialmente; Lampe apontou para o fato de que Heidegger tinha empurrado grupos inteiros de estudantes e jovens docentes para os braços do nacional-socialismo. Segundo o relato de Lampe, Heidegger argumentou da seguinte maneira:

- que viu no apoio ao nacional-socialismo a única e última possibilidade de deter um avanço do comunismo;
- que só teria assumido a reitoria com a maior relutância e exclusivamente no interesse da universidade;
- que só ficou no cargo – apesar de ter passado constantemente por experiências ruins – porque queria evitar algo pior (por exemplo, a passagem da reitoria para o sr. Aly);
- que se deveriam levar em consideração as circunstâncias particularmente turbulentas sob as quais ele teve de exercer o cargo de reitor;
- que evitou efetivamente muitos perigos iminentes de um agravamento ainda mais fatal da situação, sem que essas realizações lhe fossem agora creditadas como um ativo;
- que não encontrou qualquer ressonância no círculo de colegas para os objetivos genuínos por ele perseguidos e
- que mais tarde, em suas preleções e principalmente em seus seminários sobre Nietzsche, teria articulado uma crítica clara[16].

Lampe, por sua vez, contrapôs a isso o seguinte: Heidegger teria imposto o princípio do *Führer* na universidade com uma radicalidade que aniquilou a autogestão acadêmica. Ele teria doutrinado o corpo discente em favor do nacional-socialismo[17]. Ele seria plena e pessoalmente responsável também pelos acontecimentos posteriores à sua demissão, e sua crítica posterior não poderia ser avaliada como compensação, pois era isenta de risco[18].

15. Ibidem, p. 236 e 301s.
16. Adolf Lampe, Aktennotiz über die Besprechung mit Herrn Prof. Dr. Martin Heidegger am Mittwoch, den 25 jul. 1945, UAF Akten Heidegger, B 3, 522, fl. 3.
17. Ibidem, fl. 2.
18. Ibidem, fl. 3.

O jurista e vice-reitor Franz Böhme apoiou e ampliou, por carta, os argumentos de Lampe. Heidegger teria usado toda a sua reputação científica em favor de Hitler. Era inconcebível que ele mantivesse sua posição e permanecesse no cargo, enquanto os docentes mais jovens que Heidegger havia convertido ao nazismo agora estavam ameaçados de demissão ou prisão. Segundo ele, Heidegger defendera suas opiniões com uma "intolerância fanática e terrorista". Ele não poderia alegar que tivesse se enganado a respeito do nacional-socialismo. Böhm aduziu, como exemplos, a pilhagem de uma república de estudantes judaicos em Friburgo e uma conclamação à denúncia de estudantes comunistas apoiada pela universidade. Ele disse se sentir

> decepcionado com o fato de que um dos intelectuais pioneiros da traição política que assolou as universidades alemãs, um homem que, no momento decisivo, ocupando o cargo proeminente de reitor de uma grande universidade alemã de fronteira e como filósofo internacionalmente conhecido, tenha assumido uma orientação política errada em voz alta e com um fanatismo intolerante e pregado heresias ruinosas − heresias que não foram retiradas por ele até o dia de hoje, [que esse homem agora] tenha sido meramente colocado em disponibilidade e, ao que tudo indica, também nem sinta necessidade de assumir as consequências de sua ação responsável[19].

Em outubro de 1945, Heidegger comunicou à Faculdade de Filosofia que teria recebido das autoridades de ocupação francesas a informação de que estaria "à disposição", ou seja, continuava formalmente no cargo; a universidade poderia dispor dele[20]. A partir disso, Böhm anunciou que renunciaria ao cargo de vice-reitor se Heidegger permanecesse em seu cargo ou fosse aposentado. Lampe aderiu a essa posição[21].

Desde o início do embate ficou claro que os colegas e a direção da universidade classificavam a responsabilidade de Heidegger como muito maior do que ele próprio a via. Pode-se perceber que os críticos do filósofo argumentavam em um nível diferente do dele. Eles aduziam razões políticas: Heidegger deveria assumir responsabilidade por sua ação política para além de seu período na reitoria.

19. Franz Böhm, carta ao reitor da Universidade, Janssen, de 6 out.1945, UAF Akten Heidegger, B 24, 1277, fl. 3.
20. Cf. carta de Heidegger de 10 out. 1945 à Faculdade de Filosofia da Universidade de Friburgo, UAF Akten Heidegger, B 3, 522. Nessa carta, Heidegger comunica que foi absolvido dessa forma pelo governo militar francês.
21. Adolf Lampe, carta ao reitor da Universidade de Friburgo de 8 out. 1945, UAF Akten Heidegger B 24, 1277.

5. RUPTURA E RECOMEÇO

A argumentação de Heidegger, por outro lado, se situava mais na esfera privada: ele invocou seu erro pessoal e sua retirada individual dos assuntos da universidade com base em sua mudança de opinião.

Nos anos seguintes, essa conformação não mudaria muito. Heidegger se considerava um alvo de acusações desproporcionais e pensava que a pena iminente – aposentadoria compulsória e afastamento da universidade – estava em uma desproporção crassa com seu delito. Uma parte de seus críticos insistia na crítica dura e exigia a punição real, enquanto uma outra parte tendia a um juízo mais brando e, para isso, alegava que Heidegger era um filósofo mundialmente famoso.

Dos documentos se pode depreender a profundidade das feridas que seu período de apenas dez meses na reitoria tinha causado. Muitos colegas também não concordavam que Heidegger voltasse à universidade, ao passo que os reitores que o sucederam, Metz, Mangold e Süss, haviam sido suspensos. Por trás do argumento do tratamento igual se ocultava uma situação difícil: aos olhos dos adversários de Heidegger, o breve período em que ele fora reitor tinha um valor simbólico que, para além de sua renúncia, estendia--se por grande parte da época do nacional-socialismo. A indignação com o fato de que o mais famoso filósofo da Alemanha tinha passado para o lado dos nazistas ainda repercutia intensamente, no verão de 1945, nos debates sobre a autodepuração.

Obviamente, foi a forma *como* Heidegger se portara enquanto reitor que deixara os colegas muito furiosos, mesmo após mais de uma década. Na opinião deles, Heidegger tinha, em seu breve período na reitoria, prejudicado gravemente a dignidade da universidade e de seus órgãos, bem como a dignidade dos colegas, ao introduzir um estilo que muitos de seus colegas consideravam inadequado para uma universidade. Ele foi acusado de ter abolido a autogestão universitária. Ele seria decisivamente corresponsável pela constituição das universidades alemãs segundo o princípio do *Führer*, de acordo com a qual, entre outras coisas, o reitor era nomeado pelo secretário de Educação. Ao introduzir estudantes no Conselho da Universidade e ter incitado professores assistentes contra professores titulares, ele teria jogado os diferentes grupos da universidade uns contra os outros. Sua esposa Elfride aparece nesse relatório como o espírito maligno que teria implantado o antissemitismo nele. Por mais acertado que esse argumento seja em termos factuais, essa mistura de esfera privada e pública só pode ser explicada pela agitação da época[22]. Mas isso também indica que os colegas, obviamente, tinham esperado outra atitude dele e não conseguiam explicar algumas coisas.

Heidegger foi confrontado com uma responsabilidade que dizia respeito não só a suas ações efetivas, mas também às repercussões reais e simbólicas delas. Ele deve ter se sentido atropelado pela virulência dessas acusações. Ao que tudo indica, ele tinha acreditado que seu afastamento da política e sua elaboração autocrítica da "filosofia da ação" podia compensar seu envolvimento com o nacional-socialismo.

Durante o processo, que se estendeu por anos, a coesa frente contra Heidegger foi aos poucos se desfazendo. Adolf Lampe, Franz Böhm e Walter Eucken continuavam querendo conseguir seu afastamento do quadro docente via aposentadoria compulsória, o que teria tido efeitos negativos sobre a remuneração dele e seus direitos na universidade. Outros – como Friedrich Oehlkers e também o historiador Gerhard Ritter, que se afastaram em grau crescente da linha radical de Lampe – consideravam uma aposentadoria precoce como sinal suficientemente claro do distanciamento da universidade em relação a seu ex-reitor. Os reitores dos primeiros anos após a guerra (Janssen, Allgeier e Tellenbach) adotaram igualmente uma linha moderada, também levando em conta a situação jurídica confusa da época, contra a qual se queria proteger a universidade. Entretanto, no início, o governo militar e o ministério se opuseram a isso: em 1946, as autoridades francesas aplicaram a Heidegger a proibição do exercício da docência[23].

A partir desse processo contra Heidegger, que se estendeu ao longo de seis anos, seria possível elaborar uma descrição moral exemplar de como as universidades alemãs lidaram com seu legado nacional-socialista e se inseriram nas circunstâncias políticas oscilantes daquela época. Mas nossa atenção aqui está focada na maneira como Heidegger se confrontou intelectualmente com o nacional-socialismo e na pergunta a respeito do que se seguiu disso.

22. Cf. Constantin von Dietze, Bericht über das Ergebnis der Verhandlungen im Bereinigungsausschuss vom 11. u. 13 dez. 1945, UAF B 34/31-1 e B 34/31-2, p. 14.

23. Cf. H. Ott, op. cit., p. 323.

5. RUPTURA E RECOMEÇO

Por causa das divergências referentes a suas ações como reitor, mas também porque ele decerto ficou surpreso com a reação irada dos colegas que tinham assumido agora a direção da universidade, Heidegger se viu obrigado a assumir uma posição coerente em suas audiências. Em uma longa carta à reitoria da Universidade de Friburgo de 4 de novembro de 1945, que incluiu mais tarde, de forma corrigida e ampliada, no texto "A Reitoria: Fatos e Ideias", Heidegger descreveu sua atividade como reitor, seu ingresso no NSDAP e sua relação com ele após 1933. Ele argumentou que só assumira a reitoria por insistência dos colegas e de seu antecessor no cargo. Contudo, disse estar convencido de que – e o que segue é provavelmente o mais alto grau de sinceridade de que Heidegger era capaz perante seus colegas –, "pela colaboração independente dos intelectuais muitos elementos substanciais do 'Movimento Nacional-Socialista' poderiam ser aprofundados e modificados"[24].

Como muitas pessoas naquela época, ele teria ficado profundamente tocado pela crise da Alemanha, que para ele era expressão de uma crise existencial do Ocidente. Parafraseando o discurso que fizera ao assumir a reitoria, Heidegger apoiou mais uma vez seu argumento na mudança intelectual que se fizera necessária e falou das dificuldades do exercício do cargo, as quais, entretanto, formulou de modo genérico (decepção, atritos, concessões, meios-termos). Não obstante tudo isso, porém, ele estava convicto "de que, principalmente após o discurso de paz de Hitler em 1º de maio de 1933, minha posição intelectual básica e minha concepção das tarefas da universidade seriam compatíveis com a vontade política do governo"[25].

No semestre de inverno de 1933-1934, teria ficado claro para ele, então, "que era um erro supor que a partir de uma posição intelectual básica que se formara para mim a partir de um labor filosófico de muitos anos seria possível exercer uma influência *direta* em favor de uma mudança dos fundamentos intelectuais ou anti-intelectuais do movimento nacional-socialista"[26].

Desde o início do ano de 1934 ele estava decidido a renunciar ao cargo de reitor, mas infelizmente precisara esperar até o mês de abril de 1934. Caso se dê crédito a essas informações, ele só teria se identificado irrestritamente com a reitoria durante oito meses.

24. Martin Heidegger, carta para a Reitoria Acadêmica, 4 nov. 1945, UAF Akten Heidegger, B 24, 1277, p. 1.
25. Ibidem, p. 3.
26. Ibidem.

Segundo ele, entrara no partido por insistência do ministério e da direção local do NSDAP, mas isso não lhe teria trazido qualquer proveito. O partido não queria realmente seu aconselhamento. Nos anos seguintes, teria se afastado cada vez mais acentuadamente do nacional-socialismo, e inclusive criticado o niilismo deste em suas preleções sobre Nietzsche. Sua "resistência intelectual" teria sido efetivamente percebida pelos dirigentes do partido e ele teria sido punido continuamente por isso, com a exclusão de congressos internacionais, com a recusa de reimprimir seus textos, com a vigilância da polícia secreta. Segundo ele, rejeitou as várias tentativas do Ministério das Relações Exteriores de enviá-lo ao exterior com fins propagandísticos. Sua conclusão:

> Não me atribuo um mérito especial pela resistência intelectual que exerci nos últimos onze anos. Mas quando se faz repetidamente a afirmação demasiado tosca de que por causa do ano que passei na reitoria muitos estudantes teriam sido "desencaminhados" para o "nacional-socialismo", então a justiça exige que se reconheça pelo menos que, nos anos entre 1934 e 1944, eduquei milhares de alunos e alunas, por meio de minhas preleções, para uma reflexão sobre os fundamentos metafísicos de nossa era e lhes abri os olhos para o universo do intelecto e suas grandes tradições na história do Ocidente.[27]

A partir de então, Heidegger continuou seguindo essa linha de argumentação. Em comentários posteriores, tentou constantemente refutar objeções concretas também fazendo referência à sua crítica intelectual ao nacional-socialismo. Assim, em uma carta a Constantin von Dietze, explicou sua política em relação à associação das universidades na primavera de 1933 e expôs, nesse contexto, sua compreensão diferente a respeito da *sincronização*, que deveria ser entendida como a implementação de um processo de unificação intelectual contra uma compreensão puramente política que identificava *sincronização* com privação de direitos e manipulação[28]. Heidegger teria querido o bem, cultivado ilusões, e quando as ilusões haviam ficado claras para ele, teria se retirado coerentemente para a resistência intelectual. Sua ruptura já havia acontecido em 1933-1934, e ele só teria

27. Ibidem, p. 7.
28. Martin Heidegger, carta para Constantin von Dietze de 15 dez. 1945, UAF B 34/31-1, Handakte v. Dietze, p. 2.

5. RUPTURA E RECOMEÇO

acreditado durante algum tempo que seria possível mudar algo no sistema do nacional-socialismo.

Nessa situação, Friedrich Oehlkers, que também era membro do "Comitê de Esclarecimento", encomendou de Karl Jaspers um parecer sobre o período de Heidegger na reitoria. Heidegger concordou com isso. Oehlkers e Jaspers tinham se aproximado durante o período do nacional-socialismo porque ambos eram casados com mulheres judias e sofriam chicanas discriminatórias de modo semelhante. Ao que tudo indica, Heidegger esperava que o amigo – o qual, afinal, sabia que ambos tinham querido já na década de 1920 o que Heidegger se propôs implementar nos anos 1930 – falaria agora em favor dele. Jaspers, porém, emitiu um juízo sibilino. Por um lado, apresentou mais material incriminador – a carta de Heidegger com um juízo negativo sobre o filósofo Eduard Baumgarten –, e, por outro, aludiu a fatores atenuantes, como o apoio dado por Heidegger a seu assistente judaico Brock, que o tinha recomendado para um cargo na Inglaterra. Ele concordou com os mais duros críticos, como Lampe, Böhm e Eucken, que Heidegger de modo algum deveria escapar de uma medida punitiva, mas defendeu – de maneira altamente ambivalente em termos linguísticos – que um pesquisador original como Heidegger deveria poder continuar a ensinar:

> Heidegger é uma potência significativa, não pelo conteúdo de uma visão de mundo filosófica, mas no uso de ferramentas especulativas. Ele tem um órgão filosófico cujas percepções são interessantes, embora, em minha opinião, seja insolitamente destituído de crítica e esteja distante da ciência propriamente dita. Às vezes ele dá a impressão de reunir a seriedade da postura niilista com as atitudes típicas de um mistagogo. Na torrente de sua linguagem, ocasionalmente ele consegue atingir, de uma maneira peculiar e grandiosa, o nervo do filosofar.[29]

Por um lado, Jaspers argumentou contra quem alegava que Heidegger já era um antissemita declarado antes da "tomada do poder" pelo nacional-socialismo, e, por outro, corroborou que Heidegger teria se tornado antissemita naquela ocasião. Ele confirmou o argumento de que, com o

29. Karl Jaspers, carta para Friedrich Oehlkers de 22 dez. 1945, UAF B 24, 1277.

nacional-socialismo, Heidegger queria chegar ao topo e que não havia como determinar com exatidão quando ele realmente se separou do nazismo. Sua sugestão seria, por isso, aposentadoria e "suspensão da docência por alguns anos"[30]. Depois de um certo tempo se deveria verificar o que Heidegger havia publicado nesse meio-tempo e ponderar se a situação da universidade permitiria confiar a formação de estudantes a um homem da estatura e com o passado de Heidegger.

No Comitê também se discutiu mais uma vez o telegrama que Heidegger enviara a Hitler em maio de 1933. Walter Eucken contestou a exposição de Heidegger segundo a qual sua atuação contra a liderança da associação de instituições de ensino superior – e foi nesse contexto que o telegrama tinha sido enviado a Hitler – era um debate objetivo em que estava em pauta a ideia da *universitas* contra a ideia de uma *universidade profissionalizante*[31]. Eucken, que também estivera na conferência, disse que Heidegger sequer propusera esse ponto. Eucken também afirmou que o argumento de Heidegger de que teria se enganado em relação a Hitler era pouco convincente. O telegrama seria uma indicação de sua estima pelos nacional-socialistas e teria tido o efeito de um sinalizador. Portanto, havia dois pontos de vista contrários sobre a mesma ocorrência. Ao que tudo indica, Heidegger tinha exaltado o líder supremo do nacional-socialismo à condição de líder popular segundo o modelo da Antiguidade. Será que Heidegger se vira no mesmo nível do *Führer*? Ele, o líder intelectual, e Hitler, o líder político?

Nessa altura, aqueles que julgam *a posteriori* deparam com um enigma: como é possível que um pensador tão relevante como Heidegger, assim como outros grandes espíritos da ciência, da literatura e da arte, seja atraído pela aparição ruidosa de alguém como Adolf Hitler e seus asseclas? Quão profunda deve ter sido sua vergonha mais tarde quando esses homens – Heidegger incluso – se deram conta da armadilha?

---

30. Ibidem, p. 4.

31. Cf. Walter Eucken, carta ao Comitê de Esclarecimento da Universidade de Friburgo, de 3 jan. 1946, UAF B 34/31-3, p. 4s.

HEIDEGGER:
OS ANOS DIFÍCEIS

Nesses primeiros anos do pós-guerra, Heidegger travou muitas batalhas defensivas. Ele se defendeu contra a interpretação dada por Jaspers à moção contra o docente Eduard Baumgarten e conseguiu demonstrar que o texto baseado na memória que Jaspers fizera circular não coincidia com o teor da carta original. Entretanto, não questionou a mensagem fundamental da carta[32].

Em março de 1947, a proibição de lecionar foi corroborada pelo Ministério da Educação de Baden. Com isso, as autoridades contrariaram os esforços da universidade de chegar a uma solução rápida do caso Heidegger.

É elucidativo o fato de que nessa época também a Igreja Católica oficial se interessou por Heidegger. Assim, por exemplo, o arcebispo Conrad Gröber, de Friburgo, sob o impacto do processo da universidade, convidou Heidegger para uma conversa privada.

Ao que tudo indica a pedido da Ordem dos Jesuítas, Max Müller, ex-aluno e posterior colega de Heidegger, que nem sempre fora bem tratado por este, elaborou uma espécie de parecer sobre o desenvolvimento filosófico e sobre o estado de espírito de seu professor. Naturalmente, os clérigos se interessavam pela posição de Heidegger sobre a Igreja Católica e pelo significado de sua hostilidade em relação a ela após 1933. Também se indagaram as razões e os diversos passos do afastamento de Heidegger em relação ao nacional-socialismo. O texto de Müller esboçou um quadro equilibrado, mantendo-se equidistante tanto do juízo segundo o qual Heidegger seria ateu quanto da opinião de que sua filosofia promovia o niilismo. No juízo que encerra o parecer, Müller destacou a luta interior de Heidegger com a teologia e a fé como centro de seu pensamento:

> Heidegger é uma pessoa extremamente profunda, mas interiormente atormentada e dilacerada, incapaz de arrancar da própria carne o anzol de Deus que lhe foi espetado no batismo e ao longo de uma educação muito piedosa, embora muitas vezes esse anzol se revele uma fonte de

32. Cf. Martin Heidegger, carta [sem destinatário, provavelmente von Dietze], de 17 jan. 1946, UAF B 34/31-3.

tormento e algo a ser arrancado. Talvez com base nisso se possa explicar o fato de ele odiar e amar a Igreja com a mesma intensidade e frequência. Esse tormento que o dilacera por dentro muitas vezes obscurece sua imagem e não permite que se chegue a uma decisão a respeito dela; mas uma coisa é certa: o problema religioso e o problema cristão são alguns de seus problemas principais e ele gira incessantemente em torno da questão do absoluto.[33]

Foi só em março de 1949, quando Heidegger já tinha passado por todo o processo de desnazificação e sido classificado nele como "simpatizante", que houve um novo movimento na questão. Outra carta com um parecer de Jaspers, dessa vez inteiramente positivo, contribuiu para isso. O filósofo católico Romano Guardini, dois médicos de Heidegger, o físico Werner Heisenberg e o conselheiro distrital Bröse, ex-aluno de Heidegger, escreveram cartas em favor dele. A impressão que essa iniciativa de amigos causou na reitoria e na faculdade foi bastante ambígua. Pois se percebeu que Heidegger, com base em suposições de amigos, rumores e suspeitas, cultivava uma visão um tanto reduzida das coisas.

No início de setembro de 1949, chegou ao Ministério da Educação uma carta do Alto Comissário da República Francesa sobre a questão Heidegger. Nela constava que "não tenho nada contra a aposentação do sr. prof. Heidegger"[34]. Só que agora o ministério colocou obstáculos de caráter processual. Foi só no outono de 1951 que o processo de aposentação foi concluído.

Os membros do "Comitê de Esclarecimento" também não viram com bons olhos o fato de que Heidegger recebera convites da França nos primeiros anos após a guerra. Em 1945, por exemplo, a revista *Fontaine*, sucessora da *Nouvelle Revue Française*, lançou questões referentes a textos ainda não publicados. Além disso, nessa época se falou de um convite para ir a Baden-Baden; supostamente, lá ele se encontraria com Jean-Paul Sartre para um debate. A coisa, porém, não vingou, em primeiro lugar porque Sartre não foi e, em segundo, porque a reitoria e a faculdade reagiram com indignação, e isso incluía tanto os colegas que eram simpáticos a ele quanto aqueles que teriam preferido demiti-lo. Considerava-se inadmissível que Heidegger quisesse se deixar

33. Max Müller, Ein Brief an P. Alois Naber SJ zur philosophischen Entwicklung Martin Heideggers vom 2. Februar 1947, em M. Heidegger, *Briefe an Max Müller und andere Dokumente*, p. 81.

34. Der Kommissar der Republik, Délégué Supérieur pour la GM de Bade vom 3. September 1949 an den Herrn Badischen Minister des Kultus und Unterrichts, UAF B 3 522.

5. RUPTURA E RECOMEÇO

celebrar justamente agora quando deveria prestar contas ao "Comitê de Esclarecimento". Mesmo depois de Heidegger colocar a decisão sobre o convite nas mãos do reitor, a indignação não diminuiu. O clima tinha se voltado inteiramente contra ele, o que mostra o quanto as emoções estavam à flor da pele nessa época.

Ter sido posto em questão pela universidade deve ter abalado Heidegger profundamente. Entretanto, o que contribuiu para seu colapso físico e psíquico na virada de ano de 1945 para 1946 não foi só o processo interno contra ele, mas também um relacionamento amoroso com Margot, princesa de Sachsen-Meiningen, uma de suas alunas. Novamente, ele tinha de se decidir entre sua esposa e uma amante. Heidegger, porém, não queria se decidir. Por fim, partiu para o sanatório Schloss Haus Baden, em Badenweiler, do psiquiatra e amigo Viktor Freiherr von Gebsattel. O médico o acompanhou várias vezes em suas caminhadas pela Floresta Negra e o aconselhou a abrir mão da universidade, se necessário, e se concentrar em seu trabalho[35].

A questão sobre o tipo de vida que ele teria, caso não pudesse mais lecionar e pensar na universidade, permeia as cartas de Heidegger à sua esposa e provavelmente também as dirigidas à sua amante.

> Também está claro para mim que preciso me afastar inteiramente da atmosfera da universidade para que meu pensamento e a obra crescente possam manter seu estilo e fundamento claro [...] A ruptura com a universidade também significa uma ruptura de meu relacionamento com a cidade e tudo o mais. Só nossa casa e o lar dos filhos são coisas permanentes.[36]

A estadia no sanatório se estendeu de meados de fevereiro até maio de 1946. Depois disso, partiu para a sua cabana em Todtnauberg, pois não era possível trabalhar de forma concentrada nas circunstâncias de confinamento reinantes em Friburgo-Zähringen.

35. Cf. as cartas de Heidegger à sua esposa Elfride de Badenweiler para Friburgo de 17 fev. 1946 até 8 maio 1946, em M. Heidegger, *"Mein liebes Seelchen!"*, p. 240-250.
36. Carta de Heidegger para Elfride Heidegger, de 15 mar. 1946, ibidem, p. 244s.

REFLEXÃO SOBRE AS CONSEQUÊNCIAS

Enquanto os acontecimentos dos primeiros anos do pós-guerra o mantinham num estado de profunda insegurança, Heidegger escreveu um texto que ilumina os caminhos de seu pensamento nessa situação de aflição existencial. Ele parte de uma carta de 1946 em que responde[37] a Jean Beaufret. Esse jovem filósofo francês tinha visitado Heidegger em sua cabana, em setembro de 1946, e deve ter ficado profundamente impressionado com as conversas lá ocorridas. Em uma carta escrita após a visita, ele lhe colocara a seguinte pergunta: "Comment redonner un sens au mot 'Humanisme'?" (Como se pode dar novamente um significado à palavra "humanismo"?)

Naquela época, a perspectiva humanista como resposta ao niilismo contemporâneo era discutida de modo veemente e crítico na França, tanto em Paris quanto no interior, onde Beaufret lecionava. Os jovens intelectuais reunidos em torno de Sartre, Camus e Maurice Merleau-Ponty haviam questionado o humanismo como fundamento moral da sociedade do pós-guerra. Buscava-se mais uma nova fundamentação que uma continuidade em relação à antiga compreensão idealista do humanismo. Nesse texto, diferentemente dos seus escritos de justificação dos anos 1945 e 1946, e semelhantemente às preleções sobre Nietzsche dos anos 1930, podem-se acompanhar os processos mentais que seu envolvimento com o nacional-socialismo desencadeara nele. Em contraposição ao debate em torno da "culpa alemã"[38] que o fim do nazismo e a reação unânime da opinião pública mundial tinham provocado nas duas doutrinas cristãs e na classe média instruída da Alemanha, Heidegger não aderiu à corrente das pessoas que, após o fim da (auto)destruição de todos os valores, reivindicavam agora o início de uma era moral. Ele também não fundamentou sua crítica à tradicional compreensão moral do humanismo na ideia de uma "ruptura com a tradição" (como Arendt), e sim na suposição de uma decadência geral do ser-aí. Pode-se perceber, nesse ponto, como Heidegger classificava o nazismo como período encerrado em seu diagnóstico

---

37. M. Heidegger, Brief über den Humanismus, *Platons Lehre von der Wahrheit.*

38. Cf. A. Grunenberg, *Die Lust an der Schuld.*

5. RUPTURA E RECOMEÇO

do Ocidente. Sua resposta começa com uma crítica fundamental do conceito usual de humanismo. Ele questionou o paradigma do humanismo enquanto frase feita, cômoda e universal, que poderia ser usada para finalidades contrárias. "Quando o pensar chega ao fim, ao sair de seu elemento, compensa essa perda obtendo reconhecimento como instrumento de formação e, por esse motivo, como atividade acadêmica e, mais tarde, como atividade cultural. A filosofia se torna paulatinamente uma técnica de explicação a partir das causas supremas."[39] Se isso estiver correto, afirma Heidegger, não se deveria entender o humanismo como orientação para uma ação moralmente irrepreensível. Aliás, de modo geral, não se deveria colocar o pensamento sob a tutela de sua aplicação – e nesse ponto volta o antigo questionamento de *Ser e Tempo* –, e sim abordar o ser-aí a partir do ser. Por conseguinte, o humanismo, na concepção heideggeriana desse conceito, não se mostrava na mobilização de atitudes morais latentes e em sua implementação na "prática", e sim na descoberta da capacidade de pensar e existir a partir do ser. Isso, porém, significa que a pessoa pensante precisaria se retirar para o pensamento puro e livre:

> Mas para que o ser humano encontre, mais uma vez, o caminho para a proximidade do ser, ele precisa primeiro aprender a existir no que não tem nome. Precisa reconhecer, de igual maneira, tanto a sedução da esfera pública quanto a impotência do âmbito privado. Antes de falar, o ser humano precisa primeiro se deixar interpelar pelo ser outra vez, correndo o risco de que, em face dessa interpelação, pouco ou raramente tenha algo a dizer. Só assim será dada novamente à palavra a preciosidade de sua essência, e ao ser humano, porém, será dada novamente a morada para habitar na verdade do ser.[40]

Nesse ponto, Heidegger traçou um elo de ligação com *Ser e Tempo*: o ser humano deveria ser trazido de volta à sua essência, "pois isto é o humanismo: refletir e cuidar para que o ser humano seja humano e não desumano, ou 'inumano', isto é, esteja fora da sua essência. Ora, em que consiste a humanidade do ser humano? Ela repousa em sua essência"[41].

Mais uma vez Heidegger se afasta de um pensamento orientado pela implementação direta. O texto não contém

39. M. Heidegger, Brief über den Humanismus, *Platons Lehre von der Wahrheit*, p. 58.
40. Ibidem, p. 60s.
41. Ibidem, p. 61.

nenhum "confronto com o nacional-socialismo". O conceito ou o fenômeno histórico não são tematizados, e, ainda assim, encontram-se como pano de fundo, sob a rubrica do esquecimento do ser por parte do ser-aí. Na verdade, por baixo dela encontra-se, ao mesmo tempo, toda a história da Modernidade. E ao partir do caráter genérico desse questionamento, Heidegger não podia chegar a tematizar sua própria ação. Esse era seu dilema. A autorreferência crítica não vai além da crítica ao pensamento "aplicado" da Modernidade. A virada autocrítica permanece no marco do pensamento filosófico; abordar o comportamento de Heidegger enquanto cidadão teria rompido esse marco.

Na *Carta Sobre o Humanismo*, Heidegger se subtraiu tanto à nova reflexão sobre a filosofia dos valores iniciada em 1945 pela *intelligentsia* europeia e liderada por Jaspers na Alemanha Ocidental quanto ao chamado do existencialismo francês e seu programa de ativismo. Também em 1946, Jean-Paul Sartre havia publicado seu polêmico escrito *O Existencialismo é um Humanismo* (L'Existentialisme est un humanisme), que continha um programa radical em favor da responsabilidade individual. Heidegger, porém, via no engajamento ativista da filosofia francesa o reverso daquele niilismo camuflado pela tecnologia que, de seu ponto de vista, era subjacente ao século XX e, portanto, também ao nazismo. Em contraposição a isso, ele pretendia associar sua própria posição à descoberta da relação entre o ser humano e o ser: o ser humano deveria pensar e viver a partir do ser e não a partir do que estava dado previamente ou do que ele tinha criado. Se nas páginas de *Ser e Tempo* ainda se podia encontrar o chamado à realização de uma vida autêntica voltada para o ser, agora a atitude básica era mais modesta. Ética após a catástrofe significa, para Heidegger, a descoberta do pensamento "que concebe a verdade do ser como o elemento inicial do ser humano enquanto ser existente"[42]. Com isso, Heidegger superou a dicotomia entre ser e dever-ser, mas de uma maneira bem distinta daquela de Sartre e seus amigos. Enquanto estes anunciavam a filosofia do engajamento permanente, inclusive casual, ele deu um passo atrás, ficando na espera, aberto para o que poderia vir. Trata-se, portanto, de uma oposição que a designação comum de existencialismo, se aplicada a Heidegger *e* a Sartre, mascara.

42. Ibidem, p. 109.

5. RUPTURA E RECOMEÇO

O texto de Heidegger sobre o humanismo suscitou interesse no mundo todo; já se mencionou que Hermann Broch o lera e aprovara. Arendt e Blücher também se debruçaram sobre o texto com atenção. Esse era o primeiro texto filosófico de Heidegger desde o fim do desastre nacional-socialista. Mas todo o mundo também o leu contra o pano de fundo do envolvimento de Heidegger com os nazistas. Comentaristas inteligentes como Eric Voegelin começaram a especular sobre o dilema de Heidegger:

> Uma impressão estranha: ele é muito mais clássico e conservador (platônico) do que eu tinha me dado conta; e, ao mesmo tempo, é singularmente alemão e esquisito. Tendo agora a crer que o nacional-socialismo dele repousa sobre motivos semelhantes aos de Carl Schmitt, ou do racismo de Laski: uma antecipação inteligente dos elementos políticos no nível dos elementos intramundanos e históricos — mais inteligente do que a "decência" de muitos outros cuja obstinação os protege de aventuras perigosas — mas de estatura intelectual pequena demais para se livrar da asneira da sedução mundana — isso nunca é totalmente suficiente para uma "periagogia" [virada, mudança] nos moldes platônicos.[43]

Na correspondência com Jaspers, o dilema de Heidegger se torna visível como uma espécie de cativeiro intelectual, do qual ele não conseguia sair, embora estivesse rodeado de pessoas que queriam lhe proporcionar a chave para abrir as portas da prisão.

HEIDEGGER E JASPERS APÓS O FIM DA AMIZADE

A correspondência entusiasmada entre Jaspers e Heidegger havia terminado em 1936. Treze anos mais tarde, em fevereiro de 1949, Jaspers retomou o fio da meada. Ele abordou seu parecer sobre Heidegger de dezembro de 1945 e o parecer de Heidegger sobre Baumgarten e as formulações incriminadoras deste[44]. Queixou-se de que

43. Carta de Voegelin para Schütz, 20 maio 1950, em A. Schütz; E. Voegelin, *Eine Freundschaft, die ein Leben ausgehalten hat*, p. 375.

44. Cf. carta de Jaspers para Heidegger, de 6 fev. 1949, em M. Heidegger; K. Jaspers, op. cit., p. 169s.

Heidegger se calara "durante os longos anos de minha proscrição e da ameaça contra minha vida". Não obstante, expressou a esperança de que, nas trevas reinantes entre eles, "troquemos palavras na atividade filosófica e talvez também no âmbito privado"[45].

Meio ano mais tarde, Heidegger agradeceu: a notícia a respeito de uma carta tinha chegado até ele, mas não a própria carta. Ele assegurou a Jaspers que, em meio a todo "extravio e confusão e uma ocasional desarmonia [...] permaneceu incólume a relação com você que se estabeleceu no início de nossas caminhadas durante os anos 20"[46].

A carta ainda contém uma alusão à troca de ideias durante os anos 1920 – Heidegger retoma a metáfora dos "guardiões do pensamento". De modo geral, aliás, a lembrança da frutífera década de 20 constitui o *continuum*, o elemento indisfarçável nessa nova fase da correspondência a que os participantes, incluindo as esposas, faziam referência. Heidegger invocou a solidão como "local em que pensadores e poetas ficam, tanto quanto permite a capacidade humana, junto ao ser"[47]. A carta consolava e iludia. Na resposta de 25 de junho, Jaspers anexou uma cópia de sua primeira carta. Agora Heidegger tinha de reagir. Mas o que ele haveria de responder?

> Durante esses anos todos fiquei com a certeza de que a relação entre os eixos centrais de nossas existências pensantes não poderia ser abalada. Mas não encontrei um caminho para o diálogo. Desde a primavera de 1934, quando passei para a oposição e também me distanciei interiormente do sistema universitário, esse diálogo se tornou ainda mais difícil para mim, pois a perplexidade aumentou.[48]

Ele não tinha a pretensão de ser sensível ao destino de Jaspers. Seguiu-se uma referência à sua própria infelicidade: um filho ainda era prisioneiro de guerra dos russos, e o outro voltara doente. Mas ele não falou do período entre 1933 e 1945: "Meras explicações logo se transformam em equívocos, tornando-se infindáveis."[49] Entretanto, a confrontação com o que tinha acontecido "vai perdurar pelo resto de nossas vidas!"[50]. Heidegger inclui Jaspers em um "nós" comum: vítimas e perpetradores, simpatizantes e perseguidos estavam ligados pelo fato de não se livrarem do

45. Ibidem, p. 170.
46. Carta de Heidegger para Jaspers, de 22 jun. 1949, ibidem, p. 171.
47. Ibidem, p. 172.
48. Carta de Heidegger para Jaspers, de 5 jun. 1949, ibidem, p. 173.
49. Carta de Heidegger para Jaspers, de 5 jul. 1949, ibidem, p. 174.
50. Ibidem.

5. RUPTURA E RECOMEÇO

que acontecera. Jaspers poderia ter encarado isso como uma presunção. E a nova postura de Heidegger como crítico da cultura, sua avaliação do nacional-socialismo e do comunismo como expressão de uma crise do Ocidente lhe pareciam vagas demais. As cartas de Heidegger, por outro lado, anunciam coisas ambíguas. É possível lê-las como expressão de uma tentativa de tirar o corpo fora, mas também se pode ter a impressão de que Heidegger — que a duras penas havia conseguido se safar do desastre de 1933-1934 — aprendeu a lição. Ele nunca mais sairia do espaço do filosofar para entrar na esfera da ação ou do raciocínio político, nem mesmo para se manifestar sobre sua adesão aos nazistas. Jaspers, porém, insistiu. Enquanto Heidegger remetia ao dualismo platônico entre as ideias reais e a realidade aparente do qual seria preciso "livrar-se", Jaspers propunha um debate em torno de questões concretas, recusando a aliança de uma solidão comum do pensamento: "O 'lugar' a partir do qual você me saúda — talvez eu nunca tenha entrado nele, mas recebo essa saudação de bom grado, com admiração e interesse."[51]

Não haveria aí um tom de ironia?

Jaspers insistiu no diálogo sobre as experiências distintas na época do nazismo e falou com uma sinceridade comovente sobre o quanto a Alemanha o fizera sofrer: "Vejo nessa condição de perambular e ser hóspede minha fatalidade alemã, clara para mim desde 1934, quando meu pai, então com 84 anos, me disse: Meu filho, perdemos nossa pátria! Um pesar se estende como um véu sobre tudo. Não consigo mais sair dele, não obstante toda a jovialidade da fachada."[52]

Ele explicou por que havia deixado a Alemanha em 1948, seu próprio país, onde ele não se sentia mais à vontade. Havia falsidade demais, pretendia-se usá-lo como objeto de exibição. Jaspers questionou a tendência de Heidegger de se safar com a fundamentação platônica de que o real seria o aparente. Seria preciso falar no aqui e agora. Também as "ideias místico-especulativas" (alusão à forma de questionamento de Heidegger) "precisam perder a ingenuidade para não nos enfeitiçar e fazer com que negligenciemos o que é realmente necessário neste tempo"[53]. Heidegger não acolheu esse apelo à responsabilidade do pensador como cidadão.

51. Carta de Jaspers para Heidegger, de 10 jul. 1949, ibidem, p. 176.
52. Ibidem.
53. Carta de Jaspers para Heidegger, de 17 ago. 1949, ibidem, p. 184.

Eles voltaram a trocar livros e ensaios. Heidegger não respondeu à proposta de Jaspers de falar sobre o difícil problema da passagem do pensamento à ação. Ele queria, em vez disso, iniciar um debate sobre a "tecnologia". Queixou-se da lentidão de seu processo na Universidade de Friburgo.

Um pequeno episódio criado a partir de uma carta de leitor é característico do quão tenso era o relacionamento deles. O novo livro de Jaspers, *Origem e Meta da História*, fora objeto de uma resenha de Paul Hühnerfeld no jornal *Die Zeit*. O autor da resenha interpretara certas passagens do livro como crítica a Heidegger. Jaspers se apressou a assegurar a Heidegger que não se tratava de um ataque. A resposta de Heidegger foi sibilina. Por fim, Jaspers enviou uma carta de leitor ao jornal defendendo-se contra a imputação de que Heidegger estava de acordo com ele.

Aí se fazia novamente presente o tom ambivalente entre ambos que caracterizara a última fase da relação antes do advento do nacional-socialismo. Ambos estavam cientes de que tinham muitas reservas mútuas. Ambos se criticavam reciprocamente, na esfera privada e em seus livros, mas não ousavam falar abertamente sobre as divergências nas cartas pessoais.

JASPERS, ARENDT E HEIDEGGER

Jaspers mostrou a Hannah Arendt as cartas que agora vinha trocando com Heidegger quando ela o visitou pela primeira vez, em dezembro de 1949, na Basileia, ainda antes de seu reencontro com Heidegger. Arendt fez o seguinte comentário em carta a Blücher: "Jaspers foi de uma franqueza formidável na primeira acusação, e Heidegger aceitou tudo o que lhe foi dito e ficou extremamente feliz com o fato de Jaspers voltar a lhe escrever. Isso foi bem tocante, mas teve mais; ele também foi falso mais uma vez."[54]

54. Carta de Arendt para Blücher, de 18 dez. 1949, em H. Arendt; H. Blücher, op. cit., p. 180.

5. RUPTURA E RECOMEÇO

Na mesma carta, ela descreveu como Jaspers reagira ao ouvi-la falar sobre o relacionamento entre os dois: "Contei abertamente a Jaspers o que tinha havido entre Heidegger e eu. Disse ele: Oh, mas isso é muito tocante."[55]

O tom das cartas entre os dois ex-amigos mudou temporariamente por influência das conversas que Hannah Arendt teve com ambos. Jaspers incentivou uma discussão que pudesse ser travada por meio de cartas, mas pressupunha uma sinceridade completa para com o próprio pensamento e o do outro. Se se conseguisse tornar visíveis os elementos que os separavam e, nessa separação, as referências comuns, talvez as cartas até pudessem ser publicadas. Em vez de uma resposta a isso, por fim veio – provavelmente em decorrência das conversas com Hannah – a carta pela qual Jaspers teve de esperar durante anos. Nela, Heidegger tentou descrever o que se passara com ele ao interromper a correspondência com Jaspers em meados dos anos 1930. "Não fui mais até sua casa desde 1933 não porque uma mulher judia morasse nela, e sim *porque eu simplesmente tinha vergonha*."[56]

Por essa razão, ele também não teria mais ido a Heidelberg, mas na época se certificou de que a liderança local do NSDAP não tomaria nenhuma medida contra Jaspers e sua esposa[57]. Ele não queria se dar conta do quão pouco essa promessa valia. Mais tarde, Jaspers haveria de observar, com amargura, que a vergonha de Heidegger era apenas um "pretexto"[58].

Jaspers tentou, com tenacidade, levar Heidegger a continuar refletindo. Às vezes, ele achava

> que, frente aos fenômenos do nacional-socialismo, você parecia se portar como um menino sonhador, que não sabe o que faz, que, como se estivesse cego e esquecido, se envolve em um empreendimento que lhe parece bem diferente do que é na realidade, e logo depois se depara, perplexo, com um monte de escombros e, não obstante, se deixa levar[59].

Ele lhe enviou seu livro *A Questão da Culpa*, publicado em 1946. Heidegger não respondeu a essa proposta, mas retomou a metáfora do "menino sonhador". Em uma carta

55. Ibidem.
56. Carta de Heidegger para Jaspers, de 7 mar. 1950, em M. Heidegger; K Jaspers, op. cit., p. 196.
57. Ibidem, p. 196s.
58. Carta de Jaspers para Arendt, de 9 mar. 1966, em H. Arendt; K. Jaspers, *Briefwechsel 1926-1969*, p. 665.
59. Carta de Jaspers para Heidegger, de 19 mar. 1950, em M. Heidegger; K. Jaspers, op. cit., p. 198.

impactante, ele se expôs sem se dar conta dos flancos que estava abrindo. Apresentou a posse no cargo de reitor como se tivesse chegado lá como sonâmbulo, impelido por seus colegas. O significado de seu passo, o efeito causado sobre a geração de seus alunos de modo algum teria ficado claro para ele, que só tinha pensado na universidade, em seu projeto de uma reforma em grande escala.

> Mas, ao mesmo tempo, me vi em meio aos mecanismos do cargo, das influências e lutas por poder e partidarismos, fiquei perdido e sofri, ainda que por poucos meses, de uma "intoxicação do poder", como diz minha esposa. Só a partir do Natal de 1933 comecei a ver as coisas com mais clareza, de modo que, em fevereiro, renunciei ao cargo sob protesto e me recusei a participar de uma solene transmissão da reitoria ao sucessor [Eduard Kern], que está ocupando de novo o cargo desde 1946.[60]

Por que aqui ele fixou a data do término de seu período na reitoria em fevereiro, e não, como se depreende dos arquivos, em abril? Será que a data tinha se deslocado em sua memória, ou ele fez o ato de sua resolução coincidir com sua execução?

Sua demissão da reitoria nem teria sido percebida publicamente, mas ao menos ela fora "um passo". À medida que a década avançava, ele teria ficado cada vez mais desesperado; além disso, teria sido observado pelo serviço de segurança nazista. Por isso, teria sido atingido com mais dureza ainda pelas medidas tomadas contra ele em 1945, embora devesse estar claro que, "nesta universidade aqui, *ninguém* ousou fazer o que eu ousei"[61]. Ainda em 1945-1946, não teria compreendido o significado do passo que dera em 1933. Só teria chegado a entender isso por causa de sua duvidosa fama associada ao debate sobre o existencialismo. Contudo, ele situou de novo a culpa no âmbito ontológico. Nesse ponto fica claro mais uma vez o quão problemático era o recurso ao conceito de culpa como paradigma mais geral para os acontecimentos no caso de personalidades como Heidegger ou Carl Schmitt. Será que um debate sobre responsabilidade moral *e* política teria mudado isso? Quem, na época, poderia tê-lo travado?

Heidegger não se via como responsável, e sim como vítima. Imaginando um futuro em que os russos tomariam

60. Carta de Heidegger para Jaspers, de 8 abr. 1950, ibidem, p. 200s.
61. Ibidem, p. 202.

5. RUPTURA E RECOMEÇO

conta da Europa, o que na época preocupava muita gente, ele também temia represálias por parte do bloco socialista. Seu nome já estaria "de novo no topo da lista" na Rússia. No fim da carta, invocou mais uma vez o "nós" comum do desamparo, no qual, porém, se ocultaria uma chegada, um "advento".

Só dois anos mais tarde, em julho de 1952, Jaspers voltou a se referir a essa carta. Nesse meio-tempo, eles tinham ficado em contato, mas sem trocar ideias sobre assuntos realmente substanciais. Haveria agora uma troca de farpas educada, mas contundente. Jaspers manifestou seu desconforto com a leitura da carta de Heidegger de abril de 1950. Ele admitiu seu constrangimento e observou que Heidegger não teria se confrontado com seu livro sobre a questão da culpa. Atacou frontalmente a propensão de Heidegger a se ocupar com o nacional-socialismo e suas próprias experiências de maneira ontologizante. E o mesmo sobre sua leitura do comunismo. Heidegger, por sua vez, argumentou da seguinte forma: "Para nós também não há como se esquivar. E cada palavra e cada texto são em si um contra-ataque, mesmo que tudo isso não se desenrole na esfera da política, a qual, por sua vez, há muito já foi sobreposta por outras condições do ser e leva uma vida ilusória."[62]

Isso fez Jaspers se sentir aviltado como cidadão. Se os dois estivessem sentados um perante o outro, respondeu ele, Heidegger "experimentaria" sua [de Jaspers] "torrente de palavras, em fúria e no apelo à razão"[63]. Ele se perguntava se esse modo de ver as coisas não levaria à perdição. Com suas "visões", Heidegger estaria obscurecendo o olhar voltado para o próximo, o presente e o concreto.

> Será que uma filosofia que, nessas frases de sua carta, intui e poetiza, que produz a visão de algo monstruoso, não é, por sua vez, uma preparação da vitória do totalitarismo pelo fato de se separar da realidade? Não foi assim que a filosofia de fato preparou em grande escala a aceitação de Hitler? [...] Você irá mesmo se apresentar no papel de profeta que, a partir de um anúncio oculto, mostra coisas suprassensíveis, como um filósofo que nos desencaminha da realidade? [...] Nesses casos, deve-se perguntar a respeito da autoridade e comprovação [da pessoa que assim fala].[64]

62. Ibidem.
63. Carta de Jaspers para Heidegger, de 24 jul. 1952, ibidem, p. 209.
64. Ibidem, p. 210s.

Ao que tudo indica, na observação de Heidegger sobre Stálin, Jaspers ouvira a voz do Heidegger impetuoso da época anterior à guerra que tinha declarado a nulidade de toda a situação reinante. Como se isso não bastasse, ainda lhe recomendou que lesse o "magnífico livro" *As Origens do Totalitarismo*, de Arendt.

Com seu ataque, Jaspers tematizou importantes posições básicas do pensamento heideggeriano, sobretudo a interface entre pensamento, ação e responsabilidade. Jaspers via a argumentação filosofante de Heidegger como evasiva. Nas entrelinhas, pode-se ler a decepção, a impaciência e a superioridade moral. Heidegger deveria ter reagido de maneira argumentativa. Mas isso não chegou a acontecer. O tom das cartas se tornou mais queixoso, e os dois invocavam constantemente os bons tempos em que ainda se teriam comunicado com sinceridade. Até o fim da correspondência em 1963, Jaspers permaneceu insistente, e em cada uma de suas breves cartas se referia ao que ainda estava pendente. Heidegger, porém, não reagia.

Jaspers era – isso se mostraria na sequência – o "terceiro invisível" no reencontro de Arendt com Heidegger. Ela tinha de se confrontar com os juízos de Jaspers sobre Heidegger, aguentar a tensão e, não obstante, ainda tentar exercer papel de mediadora entre os dois.

HANNAH E MARTIN: O REENCONTRO

Deve ter sido um momento impactante aquele em que Martin e Hannah se defrontaram no saguão de um hotel de Friburgo em 7 de fevereiro de 1950. Ela tinha lhe enviado uma mensagem, e, à noite, ele apareceu com uma carta formal em mãos: "Alegro-me pela oportunidade de retomar justamente nessa fase mais adiantada da vida nosso antigo encontro como algo permanente [...]. Minha mulher, que tem conhecimento de tudo, gostaria de cumprimentá-la."[65]

Só que, infelizmente, Elfride estava impedida de fazer isso. Ele mesmo levou a carta ao hotel, pois lá em Zähringen não havia telefone público. Ao que tudo indica,

65. Carta de Heidegger para Arendt, de 7 fev. 1950, em H. Arendt; M. Heidegger, *Briefe 1925-1975 und andere Zeugnisse*, p. 73 [p. 51].

5. RUPTURA E RECOMEÇO

ele pretendia entregar a carta e deixar por conta dela a decisão de reagir. Chegando lá, porém, pediu a um empregado que avisasse a ela que ele estava no saguão. Assim, ela sequer leu a carta dele, mas a enfiou no bolso. Então os dois se encontraram cara a cara.

Naquela mesma noite, foram a Zähringen e conversaram longamente – "falamos um com o outro pela primeira vez na vida", escreveu ela ao marido[66]. O assunto da conversa não deve ter sido muito diferente do que era habitual entre Heidegger e Jaspers: a transição em 1933, o período dele na reitoria, a questão com Husserl, a forma e o momento de seu afastamento do nacional-socialismo, seu alheamento em relação a Jaspers... Naturalmente, também conversaram sobre sua separação, o casamento dela com Stern, a interrupção por inciativa dela do contato entre eles na virada de ano de 1932-1933 e a época que ela passou no exílio, quando tinha jurado a si mesma que nunca mais se dedicaria ao trabalho intelectual.

O que Heidegger terá sentido ao revê-la? Hannah, que o ajudara a se inspirar para a escrita de *Ser e Tempo*; Hannah, a aluna forçada a ir para o exílio; Hannah, a famosa ensaísta judia dos Estados Unidos; Hannah, a testemunha viva e admoestadora de seu vergonhoso passado.

Durante essa visita a Friburgo ocorreu um encontro de Hannah com Elfride Heidegger. Hannah havia ido de novo a Zähringen na manhã de 8 de fevereiro de 1950. Lá ocorreu uma discussão emotiva entre os três.

As cartas que voltaram a circular entre os dois depois de dezessete anos mostram ainda o estado de enorme agitação de Hannah. Martin se esforçou para incluir a esposa no relacionamento agora retomado. Ele havia se esforçado outras vezes por essa inclusão a fim de poder manter suas amantes sem perder a esposa. Heidegger tentou persuadir Hannah e Elfride para que o novo relacionamento entre os três fosse mantido com franqueza e confiança. Ele pretendia incluir até Jaspers, pois sabia de sua proximidade com Arendt:

> "A claridade é bela." Essa frase de Jaspers, que você me disse ontem à noite, mexeu comigo durante todo o tempo em que o diálogo entre você e minha mulher passava da

66. Carta de Arendt para Blücher, de 8 fev. 1950, em H. Arendt; H. Blücher, op. cit., p. 207.

incompreensão e do tatear para a consonância de corações empenha-
dos por uma solução. O diálogo só deveria fazer com que o encontro
de *nós dois* e seu caráter permanente chegasse ao elemento puro de
uma confiança consciente entre nós três por sua e por minha causa.
Era só isso que visavam as palavras de minha mulher, e não a exigência de uma confissão de culpa sua em relação a ela [...] Exatamente
por saber que minha mulher não apenas compreenderia o aspecto
gratificante e a riqueza de nosso amor, como também o reafirma-
ria como um presente do destino, coloquei completamente de lado
sua confiança.[67]

Ele anexou à carta uma folha de hera dada por sua esposa que
provinha da Floresta Negra e decerto também estava relacionada à
cabana em Todtnauberg.

Elfride era uma mulher amargurada ao se encontrar com Hannah. Seu casamento, nos muitos anos de convívio com Martin, havia
desandado por causa das aventuras eróticas dele. Embora fosse ela
quem lhe propiciasse uma vida livre e despreocupada, faltavam-
-lhe o reconhecimento e a proximidade do marido. Proveniente
do movimento feminista (Gertrud Bäumer), intimamente ligada
ao movimento da juventude da época, Elfride se criara, em termos de pensamento, num ambiente que oscilava entre a cultura
de grupo e o nacionalismo *völkisch*, o nacionalismo antissemita e
o anseio por autenticidade. Antes disso, ela nada soubera do relacionamento passional do marido com Hannah, pelo menos não
concretamente. Para ela, deve ter sido angustiante se defrontar com
essa mulher que era, ao mesmo tempo, amante, intelectual e judia
convicta. Mas no caso de Elfride dificilmente se pode distinguir
o que era ciúme especificamente em relação à pessoa de Hannah,
o que era ciúme geral em relação às mulheres no entorno de Martin, e o que era preconceito antissemita. Elfride se viu humilhada
de várias formas: como mulher, como mãe e esposa zelosa, que
cuidava para que Martin pudesse viver como vivia, retirado, sem
preocupações e necessidades materiais – e como parceira intelectual.
Durante a época da guerra e do pós-guerra, ela carregara o ônus
da preocupação com a sobrevivência. Ao que tudo indica,
seu papel como parceira erótica tinha se perdido ao longo
dos anos. Ela sabia, embora isso em nada melhorasse a sua

67. Carta de Heidegger para
Arendt, de 8 fev. 1950, em
H. Arendt; M. Heidegger, op.
cit., p. 74 [p. 51-52].

A família Heidegger diante da cabana com o cão Fips, por volta de 1952.

situação, que seu marido precisava de envolvimento erótico para poder se mover intelectualmente. Um rascunho de carta escrito anos mais tarde por ela mas nunca enviado, motivado pelo aparecimento de uma outra amante, atesta sua amargura. Nessa carta, ela fala de "mentira", "abuso desumano de minha confiança", "desespero", "traição" e "solidão gélida"[68]. Elfride via os casos do marido como uma traição ao amor dos dois, um amor vivido com intensidade no passado e do qual ela sentia falta. Ele respondia a todas as repreensões dela sempre da mesma maneira contrita, de modo que, com o tempo, também essa sua reação tinha de lhe parecer cada vez mais insípida.

Arendt estava dividida e sentia, como escreveu a Martin, "um repentino sentimento de solidariedade" com Elfride. No dia seguinte, enviou-lhe, então, uma carta. Na primeira parte, deu explicações e até tentou se aproximar

68. Cf. carta de Elfride Heidegger para Martin Heidegger (rascunho), de 28 jun. 1956, em M. Heidegger, "Mein liebes Seelchen!", p. 314s.

da mulher de Heidegger, mas, na segunda, se distanciou claramente. Hannah não prejudicou sua reputação nesse encontro. Ela disse francamente a Elfride que não mudara sua atitude ("A senhora nunca ocultou sua postura, não o faz tampouco hoje, nem mesmo em relação a mim"). Mas também a exortou a separar as questões pessoais das outras questões. Em termos políticos, elas seriam adversárias, mas também teriam uma história comum:

> Estou pronta a qualquer momento, e Martin já está ciente disso, a falar politicamente e de maneira objetiva sobre essas coisas. Suponho mesmo saber algo acerca disso. No entanto, só aceitaria fazê-lo sob a condição de que o aspecto pessoal ficasse de fora. O *argumentum ad hominem* é a ruína de todo entendimento, porque introduz algo que não condiz com a liberdade humana.[69]

Hannah estava disposta a ir ao encontro de Elfride; ela tinha aprendido dolorosamente a distinguir entre questões pessoais e políticas. No ressentimento de Elfride se misturavam aspectos privados e políticos. De que outro modo se poderia explicar o fato de que, na primeira conversa, Elfride acusou Hannah de ter se recusado a assumir o papel de "mulher alemã"? Hannah permanecia fiel a si mesma e exigia o impossível de seu entorno. Mas ela também não podia entender Elfride porque algumas coisas lhe haviam sido ocultadas. No dia posterior ao encontro, escreveu a Martin o seguinte:

> Esta noite e esta manhã são a confirmação de toda uma vida. No fundo, uma confirmação nunca esperada. Quando o empregado do hotel pronunciou o seu nome [...] tudo se deu como se o tempo repentinamente parasse. Então me veio subitamente à consciência o que antes não teria confessado nem a mim, nem a você, nem a ninguém: depois que [Hugo] Friedrich me deu o endereço, a violência do impulso me livrou misericordiosamente de cometer a única infidelidade realmente indesculpável e de pôr a perder a minha vida. Mas uma coisa você precisa saber (uma vez que não nos relacionamos muito nem de maneira totalmente aberta um com o outro): se o tivesse feito, teria sido apenas por orgulho, isto é, por uma estupidez pura e insana, e não por motivos razoáveis.[70]

Nas entrelinhas, ela lhe fez saber que a história dos dois seria um campo cheio de destroços em que a

69. Carta de Arendt para Elfride Heidegger, de 10 fev. 1950, em H. Arendt; M. Heidegger, op. cit., p. 78 [p. 53 e 55].

70. Carta de Arendt para Heidegger, de 9 fev. 1950, ibidem, p. 76 [p. 53].

5. RUPTURA E RECOMEÇO

desconfiança e a insegurança teriam se espalhado como uma erva daninha. Não obstante, mesmo nesse campo cheio de destroços ainda se podia sentir a antiga fidelidade. Ela recorreu a metáforas dramáticas de que já fizera uso outras vezes em tempos psicologicamente difíceis: "Eu teria perdido o meu direito à vida se perdesse meu amor por você. No entanto, perderia esse amor e a sua *realidade* se me esquivasse da tarefa a que ele me impele."[71]

Essa frase é de uma carta de 1928 e descreve a encruzilhada existencial na qual ela se encontrava antes de resolver se separar, casar, "sem dar importância alguma a quem era meu marido: sem amor", como admitiu a Elfride em 1950[72]. Em 1950, a metáfora voltou: "cometer a única infidelidade realmente indesculpável e pôr a perder a minha vida", escreveu ela a Martin. Aí se manifesta uma fidelidade tão radical que dificilmente poderia ser vivida. Hannah era uma mulher passional, e também pragmática. Sentimentos radicais e percepções sóbrias se faziam presentes nela na mesma medida. Isso deve tê-la arrastado para lá e para cá.

Quanto mais o reencontro se prolongava, menos Hannah conseguia compreender o fato de Heidegger insistir tanto em incluir Elfride no amor que voltara a ser selado. Mas ela tentou manter a serenidade, expressando sua raiva nas muitas cartas escritas a Blücher. Nelas, Elfride é descrita como o espírito maligno: invejosa, vingativa, rancorosa.

Nessa primeira conversa, nem Elfride nem Martin mencionaram o fato de que ele teve vários outros relacionamentos. O comportamento agitado e possivelmente confuso de Elfride, bem como suas insinuações, *devem* ter parecido "completamente idiotas" para Hannah, porque ela não conhecia toda a história. Assim, não conseguiu perceber que Elfride, ao se voltar contra ela, se vingava de todas as outras amantes do marido.

Os envolvimentos de Heidegger com mulheres não eram casos de envolvimento meramente físico; neles, sempre ocorria também uma ligação intelectual. Suas mulheres eram ouvintes, parceiras de diálogo, estímulo erótico. Atenuavam o peso da solidão do pensamento. Cumpriam

71. Carta de Arendt para Heidegger, de 22 abr. 1928, ibidem, p. 66 [p. 48].

72. Carta de Arendt para Elfride Heidegger, de 10 fev. 1950, ibidem, p. 77 [p. 54].

um papel importante, como uma extensão do seu diálogo com os estudantes, assistentes e colegas. Ao que tudo indica, Elfride não era isso. Não mais? Mais uma vez, Heidegger estava entre duas mulheres – e era, contudo, tão carente de harmonia. Assim se poderia, olhando mais de perto, explicar seu empreendimento aventuroso de juntar duas mulheres tão fundamentalmente distintas. Ele não queria perder Elfride nem abrir mão do reencontro com Hannah e, além disso, gostaria de manter todas as outras amantes como um segredo seu. Elfride já conhecia esse ritual, mas Hannah não. Ainda assim, ela percebeu que ele estava fazendo jogo duplo.

E novamente Elfride pressionou Martin a se justificar. Assim, ele se viu mais uma vez motivado a explicar-lhe sua relação com o matrimônio e com ela própria, bem como sua forma de lidar consigo. Assim, em 14 de fevereiro de 1950, escreveu uma carta digna de nota a Elfride:

> A outra coisa, inseparável de meu amor por você e, ainda que de forma diferente, também de meu pensamento, é difícil de expressar. Chamo-o de Eros, o mais antigo dos deuses, segundo Parmênides. Com isso não lhe digo nada que você não saiba por si mesma; entretanto, não encontro a dimensão certa para enunciar isso adequadamente. Pode facilmente parecer simples e dar a impressão de que visa a justificar coisas más e escusas. O bater das asas daquele deus me toca cada vez que dou um passo substancial no pensamento e me aventuro em caminhos não trilhados. Ele talvez me toque de maneira mais forte e inquietante do que outros quando algo há muito pressentido deve ser passado para o âmbito do dizível e quando, ainda assim, o que foi dito deve ser deixado por muito tempo na solidão. Corresponder a isso puramente e, ainda assim, conservar o que é nosso, alçar voo e, ainda assim, retornar bem, fazer as duas coisas como igualmente substanciais e adequadas, é nisso que fracasso com facilidade e, então, ou resvalo para a pura sensualidade ou então tento forçar pelo puro trabalho aquilo que não pode ser forçado. Minha predisposição e o tipo de educação na infância, a instabilidade e covardia na capacidade de confiar e então, de novo, a desconsideração no abuso da confiança, esses são os polos entre os quais oscilo e, com isso, não acerto nem atino, com demasiada facilidade e frequência, com a medida em relação a Hera e Eros.[73]

73. Carta de Heidegger para Elfride Heidegger, de 14 fev. 1950, em M. Heidegger, "Mein liebes Seelchen!", p. 264.

Essa autorrevelação não deve ter consolado Elfride.

HANNAH E MARTIN:
SENTIMENTOS AMBÍGUOS

O valor simbólico do encontro de Martin Heidegger e Hannah Arendt superou em muito os aspectos pessoais. O filósofo humilhado e recluso na esfera privada recebia visita da famosa ensaísta judaica que estava sob a luz da esfera pública. Talvez ele esperasse que isso pudesse apontar para uma reconciliação entre o passado e o presente, entre judeus e não judeus. Quando Hannah partiu de novo, as coordenadas estavam estabelecidas. O espírito de Martin se inflamou. Uma torrente de cartas e poemas chegou até Hannah. Entre eles, um poema que recorria à metáfora que ambos haviam encontrado em 1925 para a jovem Hannah:

A Moça do Estrangeiro

> A estrangeira,
> que é estrangeira para si mesma,
> é:
> cordilheira do encanto,
> mar da dor,
> deserto da ânsia,
> luz primeira de uma chegada.
> Estrangeiro: pátria daquele olhar único,
> que dá início a um mundo.
> Começo é sacrifício.
> Sacrifício é a fornalha da fidelidade,
> que continua ardendo para além
> das cinzas de todos os incêndios e –
> Acende:
> lume da clemência,
> brilho do silêncio.
> Estrangeira lá de fora, você –
> Habite o começo.[74]

Esse poema, que é uma releitura do famoso poema homônimo de Schiller[75], alude ao *coup de foudre* do primeiro encontro deles em 1925 e situa o relacionamento naquela tensão interna e externa em que ambos se encontravam.

74. Martin Heidegger, cinco poemas para Hannah Arendt, fevereiro de 1950, em H. Arendt; M. Heidegger, op. cit., p. 79s. [p. 56].

75. Cf. supra, p. 96.

Hannah ficou aliviada com a retomada do relacionamento, mas ao mesmo tempo estava preocupada. É isso que se pode depreender das observações sobre Heidegger que fez a Heinrich Blücher, Karl Jaspers e outros. Entretanto, a desconfiança ainda estava à espreita e não podia ser dissipada.

De qualquer modo, pode-se perguntar neste ponto: como Hannah descreveu seu reencontro com Martin, como escreveu a seu marido Heinrich Blücher, a Jaspers, a suas amigas sobre a retomada do relacionamento?

Ela escrevia de acordo com a intensidade de sua ira, de seu alívio, de seu amor, de sua preocupação, de sua profunda cisão interior. Seus sentimentos oscilavam constantemente. Não admira. O que pode ter desencadeado nela o reencontro com o homem com quem ela tinha aprendido a pensar *e* a amar?

No dia após seu primeiro encontro, em 8 de fevereiro de 1950, ela escreveu o seguinte a Heinrich Blücher:

> Hoje de manhã ainda tive uma discussão com a mulher dele – há 25 anos, ou desde que de algum modo arrancou dele essa história, ela transformou sua vida, ao que tudo indica, em um inferno na face da terra. E ele, que costuma mentir sempre e em toda parte onde for possível, também, ao que tudo indica – isto é, como transpareceu em uma complicada conversa a três –, nunca negou, ao longo de todos esses 25 anos, que essa foi a paixão da vida dele. Temo que essa mulher, enquanto eu viver, estará disposta a afogar todos os judeus. Por desgraça, ela é, simplesmente, completamente idiota. Mas vou tentar pôr a coisa em ordem tanto quanto puder.[76]

Um dia mais tarde, ela repetiu mais uma vez: "A história em Friburgo foi fantasmagórica: a cena com a esposa, que talvez tivesse sido oportuna há 25 anos e foi tratada como se esse tempo não tivesse existido."[77] Ela relatou que se esforçara para promover a paz entre Heidegger e Jaspers.

Blücher era mais crítico em relação a Heidegger do que ela. Ele julgava a partir de uma distância segura, estando ele próprio ocupado com um relacionamento amoroso. Hannah, que não sabia nada disso, havia levado

76. Carta de Arendt para Blücher, de 8 fev. 1950, em H. Arendt; H. Blücher, op. cit., p. 207s.
77. Carta de Arendt para Blücher, de 9 fev. 1950, ibidem, p. 209.

5. RUPTURA E RECOMEÇO

Heinrich simbolicamente junto para a Alemanha como acompanhante permanente. O que ela teria feito sem ele, a quem podia, se quisesse, escrever sem meias palavras sobre tudo o que vivenciava? Blücher também leu os novos textos de Heidegger, que, tão logo eram lançados, chegavam por vários caminhos aos Estados Unidos, e fazia comentários maravilhosamente irônicos. Segundo ele, em *Caminhos de Floresta* Heidegger tentava "minar e explodir o conceito ocidental de ser, na esperança de encontrar o novo onde não há nada para encontrar exceto seu próprio nada, que o está ludibriando"[78].

Entretanto, a ironia se refletia na fascinação por esse pensamento tão diferente. Em 8 de março de 1950, Heinrich escreveu o seguinte a Hannah:

> A história com Heidegger é uma verdadeira tragédia, e eu sofro com essa infelicidade metafísica, assim como me alegro com o golpe de sorte que é Jaspers. Ambos me empurraram ainda mais profundamente para a própria especulação, e estou trabalhando sem interrupções, na medida em que meu cansaço o permite.[79]

Eles sofriam e estavam ambos, ao mesmo tempo, fascinados com os dilemas intelectuais em que Heidegger tinha se embrenhado e pelos quais tinha chegado a estabelecer um relacionamento oculto com o real.

Hannah também compartilhou com Jaspers a ambivalência de seu juízo sobre Heidegger. Antes de reencontrá-lo, ela o caracterizava com palavras como falta de caráter, falsidade, palavrório, desonestidade, mendacidade[80]. Jamais se depreenderia de suas palavras o interesse em revê-lo. Após o encontro dos dois, porém, ela se viu interiormente dividida. Karl Jaspers se comportou de modo semelhante. Às vezes, tentava intermediar e às vezes teria preferido proibi-la de fazer qualquer contato; afinal, também se sentia interiormente dividido por causa da correspondência com Heidegger.

Às vezes, ela se valia do sarcasmo para ocultar sua ambiguidade, a ira e a crítica veemente a Heidegger, como na seguinte carta a Kurt Blumenfeld: "Minha viagem à Europa também foi, como você diz a respeito de

78. Carta de Blücher para Arendt, de 22 fev. 1950, ibidem, p. 222.

79. Carta de Blücher para Arendt, de 8 mar.1950, ibidem, p. 228.

80. Cf. carta de Arendt para Jaspers, de 29 set. 1949, em H. Arendt; K. Jaspers, op. cit., p. 178.

si mesmo, todo um romance. Ocorre que eu estive em Friburgo [...] Eu tinha assuntos profissionais a tratar lá, e Heidegger apareceu no hotel. Pelo menos, nesse caso, enriqueci indiretamente a língua alemã com alguns poemas muito belos. A gente faz o que pode."[81]

Em meados de março, Hannah voltou a Nova York. Ela mergulhou no trabalho de revisão das provas de *As Origens do Totalitarismo*. Em fins de 1950, um capítulo elaborado a partir do texto todo foi publicado pela *Partisan Review* sob o título "Ralé e Elite". Nos anos seguintes, ela publicou outros artigos sobre aspectos avulsos de seu livro.

Nesse meio-tempo, ela conseguiu fazer com que alguns dos principais intelectuais da Alemanha Ocidental subissem à tribuna da *Partisan Review*. Jaspers escreveu, em 1949, sobre "Filosofia e Ciência" e, em 1952, sobre Nietzsche; Jürgen von Kempski escreveu, em 1952, sobre o comunismo, e Walter Dirks, em 1953, sobre o iluminismo inconcluso. Heidegger também estava sendo cogitado para publicar na revista, como Arendt lhe escreveu[82], mas isso não chegou a acontecer. Em março de 1950 foi publicado um anúncio da editora Henry Regnery Company sobre uma coletânea de textos de Heidegger: *Existence and Being*. Era um sinal visível da presença futura de Heidegger na cena intelectual estadunidense.

A partir de então, Hannah viajou regularmente à Europa. Na maioria das vezes, ela ia à Basileia, mais raramente a Friburgo. Entre 1953 e 1967, em suas estadias na Alemanha, ela evitou a cidade.

HEIDEGGER E OS DISSENSOS INTELECTUAIS DO PÓS-GUERRA

81. Carta de Arendt para Blumenfeld, de 1º abr. 1951, em H. Arendt; K. Blumenfeld, "... *in keinem Besitz verwurzelt*": *Die Korrespondenz*, p. 52.

82. Carta de Arendt para Heidegger, de 8 maio 1954, em H. Arendt; M. Heidegger, op. cit., p. 144.

O relacionamento de Hannah com Jaspers era muito transparente. Mas quando em 1958 Jaspers solicitou a ela a *laudatio* para a cerimônia do "Prêmio da Paz do Comércio Livreiro Alemão" concedido a ele — uma distinção que ela própria ajudara a preparar —, ela temeu que Heidegger pudesse se sentir magoado.

5. RUPTURA E RECOMEÇO

> Embora essa história só fosse confirmar o que, de qualquer modo, está e não está estabelecido – e não por culpa minha –, isso me obrigaria a uma posição inequívoca, ao menos segundo as aparências, o que naturalmente não me agrada. E isso tem a ver com o fato de que também se trata de uma espécie de ato de solidariedade política ou poderia parecer sê-lo, o que naturalmente tampouco corresponde bem a mim em todos os aspectos.[83]

A resposta inimitável de Blücher foi que ela deveria aproveitar essa ocasião para fazer uma palestra sobre o que seria um bom europeu, "and that is just what Heidegger has coming to him anyhow (e isso é exatamente o que Heidegger merece ouvir), esse alemão infantil"[84]. O tom jocoso e depreciativo não deveria nos enganar: nesse caso, não se trata de um gesto desdenhoso, quando muito de uma estocada. A crítica incisiva ao cidadão Heidegger não impedia que Blücher apreciasse o pensamento de Heidegger.

Ao retornar, Hannah cuidou das traduções das obras de Heidegger nos Estados Unidos. Ralph Manheim, que traduziu livros de Heidegger e Jaspers, pediu a ela que escrevesse uma introdução para a edição estadunidense de *Introdução à Metafísica* de Heidegger[85]. Ela entrou em contato com Edward Schouten Robinson, o tradutor de *Ser e Tempo*, e revisou sua tradução. Em 1961, o editor Kurt Wolff pediu que ela lesse o livro de Heidegger sobre Nietzsche, obviamente para examinar as possibilidades de uma tradução e publicação no mercado estadunidense. Tanto Arendt quanto Blücher ficaram profundamente impressionados com esse livro.

Nas cartas de Heidegger a ela se percebia uma familiaridade sem reservas. Porém, mesmo tendo passado para o segundo plano, aquilo que os separava – seus distintos universos políticos – continuava existindo e ele era consciente disso. O que os unia eram uma tradição de pensamento e sentimentos profundos.

Nos anos subsequentes, ela também lidou com o conflito entre concordância e dissensão, confiança e desconfiança. Em um registro em seu caderno de anotações de novembro de 1952, ela cunhou uma metáfora para essa situação difícil:

83. Carta de Arendt para Blücher, de 25 maio 1958, em H. Arendt; H. Blücher, op. cit., p. 470.
84. Carta de Blücher para Arendt, 1 jun. 1958, ibidem, p. 472.
85. Cf. carta de Arendt para Blücher, de 15 jun. 1958, ibidem, p. 479.

308

> Como quer que se encare a situação, é inquestionável que em Friburgo entrei (mas sem cair) em uma armadilha. Mas também é inquestionável que Martin [Heidegger], quer saiba, quer não, está sentado nessa armadilha, se sente em casa nela, construiu sua casa ao redor dessa armadilha; assim, a gente só pode visitá-lo se o visita na armadilha, entrando na armadilha. Portanto, fui visitá-lo na armadilha. O resultado é que agora ele está de novo sentado sozinho em sua armadilha.[86]

Ao se reaproximar da Alemanha, era inevitável que Arendt não ficasse alheia às turbulências do ambiente intelectual do pós-guerra alemão. Na primavera de 1952, ela viajou de novo para a Europa. Em Paris, onde a viagem começou, fez novamente uma pausa na casa de sua amiga Anne Weil. Encontrou-se com Alexandre Koyré, Jean Wahl e Raymond Aron; os dois primeiros ela tinha visto com certa frequência em Nova York. Conheceu Albert Camus – e teve de revisar o juízo que emitiu sobre ele no artigo para a revista *The Nation*. Nesse meio-tempo, Camus havia se distanciado do círculo de Sartre reunido em torno do periódico *Les Temps Modernes*. Arendt ficou entusiasmada com esse escritor que também era um pensador. "Esse é, sem dúvida, o melhor homem que há na França hoje em dia. Todos os outros intelectuais são, no máximo, toleráveis", escreveu ela a Blücher[87]. Naturalmente, visitou Jaspers. Durante esse período, esteve duas vezes com Heidegger. Trabalhou com ele, assistiu à sua preleção sobre "O Que Significa Pensar"[88]. Mas deve ter havido, mais uma vez, tensões com Elfride, pois Heidegger lhe pediu decididamente por carta que não viesse.

Ela ficou incomodada com o fato de que a atmosfera intelectual do pós-guerra, além de estar profundamente dividida, fosse tão provinciana e estivesse encharcada de rancores pessoais. E isso não só por parte de Heidegger e de seus amigos, mas também em outros lugares na Alemanha. Em julho de 1952, relatou ao marido uma visita que fizera a Heidelberg. Lá, falou sobre "Terror e Ideologia", um tema que foi acrescentado como capítulo final à edição alemã de *As Origens do Totalitarismo*, em que elabora sua tese a respeito dos aspectos novos da forma totalitária de Estado especificamente para um público europeu. Em Heidelberg, deparou-se com poucos mas talentosos estudantes, e viu a formação de dissensos dentro da universidade. Ela

86. H. Arendt, *Denktagebuch*, 1950 bis 1973, v. 1, p. 266.
87. Carta de Arendt para Blücher, de 1º maio 1952, em H. Arendt; H. Blücher, op. cit., p. 256.
88. Cf. E. Young-Bruehl, *Hannah Arendt: Leben und Werk*, p. 384s.

5. RUPTURA E RECOMEÇO

própria participou, junto com seu amigo Waldemar Gurian, de uma discussão durante a qual Gurian se tornou "extremamente ríspido" por se sentir provocado. Em consequência disso, alguns estudantes, professores e o decano da Faculdade de Teologia deixaram a sala. Havia uma formação de dissensos também em relação a Heidegger. Nessas circunstâncias, era muito bom que Löwith estivesse em Heidelberg[89]. Arendt esperava dele uma crítica objetiva a Heidegger.

Do outro lado estavam pessoas como Dolf Sternberger e Alexander Rüstow, que declaravam que a metafísica era supérflua; essa observação, aliás, fora dirigida contra ela. Ela definiu aquela situação como "um estúpido pandemônio"[90].

Dolf Sternberger, coeditor das revistas *Die Wandlung* e *Die Gegenwart*, estava entre os protagonistas importantes da opinião pública que responderam ao comprometimento de Heidegger com o nacional-socialismo com uma condenação de seu pensamento. Após a publicação de seu artigo sobre Heidegger no número de verão de *Die Wandlung*, em 1952, houve entre ele e Hannah uma verdadeira briga. As cartas que trocaram mostram a situação intelectual reinante na Alemanha nos anos 1950 e a luta interior de Hannah com a pessoa e o pensamento de Martin Heidegger. Hannah se sentiu cooptada por Sternberger, seu antigo amigo dos tempos de estudante, de uma forma em que ela não se reconhecia: "Sua carta […] dá a impressão […] de que tudo está se preparando para uma luta entre as escolas. Caso essa luta ocorra, certamente será sem mim. Não participarei dela sequer como espectadora."[91]

Ele replicou dizendo que nunca pretendera algo assim[92]. Ela então respondeu que a verdadeira razão de sua desconfiança teria sido que ele, em seu artigo, fizera uma defesa do senso comum raso contra a metafísica.

> Você crê que *seria suficiente* fazer uma análise do estilo, em que muita coisa certa está dita. Considero isso impossível. Aqui, mais uma vez, você acusa Heidegger e sua obstinação muitas vezes *desesperada* (*desesperada* por causa da enorme dificuldade objetiva de escrever *contra a tradição* com os recursos conceituais da tradição ou – e essa dificuldade é quase maior ainda – chegar com conceitos novos tão perto da tradição que ela ainda possa ser entendida) daqueles exageros

89. Em 1952, Karl Löwith tinha voltado da New School for Social Research, de Nova York, para Heidelberg, onde assumiu uma cátedra de Filosofia.

90. Cf. carta de Arendt para Blücher, de 18 jul. 1952, em H. Arendt; H. Blücher, op. cit., p. 311.

91. Carta de Arendt para Sternberger, de 24 out. 1953, DLA, Sternberger Nachlass, 6913 e GS 13.

92. Carta de Sternberger para Arendt, de 17 nov. 1953, ibidem.

que encontramos da forma mais clara e pior em Nietzsche. Este, aliás, não se torna um filósofo menor pelo fato de que, sem dúvida, muitas vezes nos dá nos nervos. Quando as pessoas que ainda estão realmente arraigadas na tradição são obrigadas a descobrir que o fio se rompeu e que a grande sabedoria do passado responde nossas perguntas com um silêncio gélido, elas se assustam e começam a falar alto demais, como crianças que assobiam na floresta. Nossa situação é diferente. Pessoas como nós ou sabem disso como uma obviedade fundamental de nossa vida intelectual ou já estão tão fora da tradição, e não de modo genérico, que não temem transmitir as verdades antigas como platitudes. Esse ato de continuar, porém, parece-me – e não a tentativa de Heidegger, por cuja *enorme coragem* se deveria ao menos ter respeito – uma espécie de falsificação de moeda. O fato de Heidegger escolher repetidamente tons errados é bem menos grave do que a falsificação de moeda que Rüstow e companhia praticam profissionalmente e sem a qual esse tipo de empreendimento nem poderia continuar.[93]

Sternberger, que não ficava aquém de Hannah no modo direto e às vezes desabrido de dizer as coisas, replicou o seguinte:

> Heidegger é, naturalmente, um problema *filosófico*, em primeiro, segundo e terceiro lugar, e só então um problema político (ainda por cima); mas, como você sabe, eu era contra quando ele ainda não era nazista, ao menos não um nazista declarado. Entretanto, o que me surpreendeu muito nessa "saída da metafísica" de 1935 é o quanto esse pensamento radical é infectável – naturalmente crítico contra o nazismo *trivial* assim como contra o liberalismo, humanismo, idealismo, democratismo trivial, contra tudo o que todos os outros pensam na média, mas ao mesmo tempo infectável por parte da conjuntura mais elevada, nesse caso da trágico-heroica. Mas *filosoficamente* – para dizê-lo de modo bem breve e tosco – desagrada-me *profundamente* que ele não queira se dar conta da queda no pecado. E por isso tampouco da morte. Por isso tampouco de toda a condição humana. É *isso* que eu queria mostrar indiretamente com a análise linguística. Fiquei um pouco magoado pelo fato de que você, ao que tudo indica, não percebeu nada, não *quis* perceber nada.

Segue-se uma lição sobre a questão da formação de dissensos intelectuais.

93. Carta de Arendt para Sternberger, de 28 nov. 1953, ibidem.

Pessoas como *Heidegger* estão no topo, com milhares de pessoas que as escutam febrilmente (como ocorreu há pouco de novo em Munique),

5. RUPTURA E RECOMEÇO

> dificilmente alguém ousa contradizer o mago, quebrar o encanto, e até mesmo Löwith e Krüger só pisam nesse terreno com a ponta dos pés e sem extrair consequências claras.

Isso seria, segundo ele, a restauração na Alemanha – na sequência, ele fez troça da linguagem de Heidegger e de como o "a gente" estaria de novo ávido por "escuridão, desesperança, *desamor*, poesia falsa..." A metafísica lhe seria inteiramente indiferente, mas em se tratando de metafísica, então seria melhor a teologia, que ela deve ter esquecido – uma alusão ao estudo de teologia de Hannah realizado no passado distante. "No tocante a Heidegger você está enganada, e isso é muito triste."[94] Por causa dessa troca de farpas, o relacionamento entre Arendt e Sternberger, seu amigo dos tempos de estudante, ficou consideravelmente turvado por bastante tempo. Arendt se irritou com veemência com o que considerava ser um retrocesso para um ponto anterior à crítica da metafísica dos anos 1920 e com o que era corrente em muitas universidades nos 1950 e 1960: colegas da filosofia e da sociologia (a *Escola de Frankfurt*) ridicularizavam Heidegger ou, quando muito, dignavam-se a fazer uma crítica moralizante dele, para voltarem, eles próprios, a uma filosofia dos valores que se acreditava superada ou a um tipo de crítica da cultura que já tinham cultivado na década de 1920. Alguns deles também simplesmente não estavam dispostos a se submeter ao esforço de assimilar criticamente os caminhos percorridos pelo pensamento de Heidegger.

Mas também no relacionamento com Sternberger a amizade, por fim, venceu as irritações. Em suas cartas ao marido, bem como a Jaspers e a Sternberger fica claro o quão sensível era Arendt no tocante a Heidegger. A rigor, ela só queria compartilhar os altos e baixos de sua crítica a Heidegger com seu marido, quando muito ainda com Jaspers, e às vezes também com Kurt Blumenfeld, que se encontrava a uma boa distância. Ela reagia alergicamente a todos os apelos e cooptações de outras pessoas em nome do bom senso. Isso também era fruto de seu estudo do pensamento heideggeriano. Seus cadernos de apontamentos – o "Diário de Pensamentos" – revelam eloquentemente como, depois de 1951, ela se aprofundou mais uma vez nas categorias fundamentais do pensamento heideggeriano e obteve, a partir disso, clareza para sua própria reflexão sobre o mundo após a ruptura com a tradição.

94. Carta de Sternberger para Arendt, de 6 dez. 1953, Archiv des HAZ, Cont. Nr. 14.8.

Sempre que ia à Alemanha, chegavam a seus ouvidos rumores e histórias sobre Heidegger.

> Löwith me contou, sem qualquer maldade (a foto de Heidegger está pendurada no escritório dele), que ele [Heidegger] realiza seminários para professores universitários em uma propriedade rural em Todt-nauberg e lá realmente, por assim dizer, "firma" sua filosofia. Sem dúvida, essa é a única coisa que está realmente viva na Alemanha, mas em termos de efeito decerto também é, sem dúvida, funesto. Mas até mesmo isso desapareceu da vida pública. Nas livrarias não se encontram nem Jünger nem Heidegger, mas sim Goethe e mais uma vez Goethe.[95]

Não lhe agradava a maneira como a elite cultural da Alemanha Ocidental buscava refúgio no classicismo.

E ela se queixava repetidamente da maneira como Heidegger cultivava sua própria imagem:

> Ontem eu estava lendo justamente o último texto de Heidegger sobre identidade e diferença, que é altamente interessante, mas ele cita a si mesmo e interpreta a si mesmo como se fosse um texto da *Bíblia*. Eu simplesmente não consigo mais suportar isso. E ele é realmente genial e não apenas altamente talentoso. Então, por que ele precisa disso? Desses modos extremamente ruins?[96]

A autocitação contradizia o *ethos* dela como intelectual. Isso não significava que ela não aproveitasse raciocínios próprios tirados de outros contextos. No entanto, só retomava coisas antigas no marco de uma narrativa nova.

ARENDT E HEIDEGGER: RUPTURA COM A TRADIÇÃO E MODERNIDADE

95. Carta de Arendt para Blücher, de 28 nov. 1955, em H. Arendt; H. Blücher, op. cit., p. 431.

96. Carta de Arendt para Blumenfeld, de 16 dez. 1957, em H. Arendt; K. Blumenfeld, op. cit., p. 196s.

Os caminhos que ela seguia em seu pensamento estavam tão distantes do que Heidegger fazia que se pode perfeitamente falar de dois mundos. Mas, por trás desses mundos, ambos travaram durante esses anos um debate

5. RUPTURA E RECOMEÇO

animado sobre a crise da Modernidade, gravitando em torno dela como seus reféns e observadores.

A maior diferença entre eles se dava no âmbito das motivações: Hannah Arendt formulava seu pensamento a partir do choque profundo causado pela percepção de uma ruptura com a tradição no mundo real, cuja representação extrema eram os campos de extermínio do totalitarismo. Heidegger enfocava a ruptura com a tradição mediante a comparação com a Antiguidade. Para isso ele precisava fazer abstração do mundo vivo. O caminho para a análise de situações históricas concretas estava fechado para ele. Além disso, ao que tudo indica, queria evitar tudo que o colocasse mais uma vez em contato com uma "filosofia da ação". Afinal, já nos anos 1920 ele tinha liquidado o clássico sujeito ativo da Modernidade. Em sua opinião, a máxima "faço isso para alcançar aquilo" era uma das falácias mais funestas de todos os tempos. Provavelmente ele próprio se acusava de ter se portado assim como pessoa, como cidadão. Agora ele trabalhava de novo no mesmo modelo, como um escultor. Aprofundou a perspectiva que obtivera no passado e esclareceu seus erros. Arendt, por sua vez, cujos locais de pensamento estavam espalhados por dois continentes, era obrigada a se aproximar do pensamento pelo lado da ruptura efetivamente histórica com a tradição na história do intelecto e da política.

Ambos, porém, adotaram a mesma pergunta como ponto de partida: como ocorrera a ruptura com a tradição na Modernidade? Para Heidegger, a ruptura consistia no afastamento do pensamento em relação ao ser introduzido pela máxima *cogito ergo sum* de Descartes, e na inflexão para o indivíduo reflexivo, que implicava a ilusão de poder produzir a realidade. A partir da perspectiva de Heidegger, o mundo moderno e o sujeito moderno haviam se entregado a uma "armação" ou a um "dispositivo" produzido por eles mesmos a partir do qual não era mais possível ter acesso a um mundo "desencoberto". Desde 1933, Arendt nutria uma suspeita profunda contra esse tipo de crítica da cultura. Desde que se estabelecera nos Estados Unidos, ela tinha explorado durante anos as dimensões históricas profundas do domínio totalitário. Para examiná-las, mergulhou nos elementos, motivos e mentalidades do antissemitismo, do imperialismo, da ideologia das raças, do nacional-socialismo, do tipo soviético de domínio.

Ambos estavam convencidos de que o liberalismo moderno era uma expressão do engano autoinduzido do ser humano moderno e da sociedade moderna. Eles compartilhavam essa convicção com muitos de sua geração. "O nacional-socialismo é o produto daquele inferno que se chama liberalismo e em cujo abismo tanto o cristianismo quanto o iluminismo se perderam."[97]

Esse juízo peremptório de Arendt, do ano de 1942, coincide com grande parte do que Heidegger pensa, bem como com os juízos de Georg Lukács, Theodor W. Adorno, Max Horkheimer, Herbert Marcuse e muitos outros. Também Heidegger pensava que a democracia moderna de massas (como fundamento do liberalismo moderno) teria impedido o acesso dos seres humanos ao que seria essencial para eles. Ambos concordavam que a Modernidade produzira essa ruptura a partir de si mesma. Heidegger expressou isso com base numa postura filosófica em relação à vida, à atividade, à experiência. Arendt questionou essa própria postura filosófica. Suas pesquisas sobre o antissemitismo, racismo, imperialismo e totalitarismo a tinham levado a uma crítica da forma de pensamento filosófica puramente contemplativa e de sua postura frente ao mundo da experiência, crítica da qual nunca mais se afastou, nem mesmo após o reencontro com Heidegger.

O fruto dessa crítica foi o livro que terminara antes de partir para a sua primeira viagem à Europa e Alemanha.

AS ORIGENS DO TOTALITARISMO

Elemente und Ursprünge totaler Herrschaft (Elementos e Origens do Domínio Total; 1955), a versão alemã de *The Origins of Totalitarianism* (1951)[98], consiste em três partes mais ou menos independentes[99], dedicadas, respectivamente,

97. Carta de Arendt para Gurian, de 4 mar. 1942, Archiv des HAZ, Cont. Nr. 10.7; Arendt fez essa afirmação na crítica à equiparação entre liberalismo e iluminismo feita por Gurian.

98. Quanto às diferenças entre a edição estadunidense, a inglesa e a alemã do livro, cf. Ursula Ludz, Hannah Arendt und ihr Totalitarismusbuch, em A. Grunenberg (Hrsg.), *Totalitäre Herrschaft und republikanische Demokratie*.

99. Arendt não ficou contente com o título. Inicialmente, ela queria chamar o livro de "Elementos da Vergonha: Antissemitismo – Imperialismo – Racismo". Cogitou ainda outros títulos, mas não encontrou nenhum com que estivesse satisfeita; o que mais lhe agradou foi o da edição britânica: *The Burden of*

5. RUPTURA E RECOMEÇO

ao antissemitismo, ao imperialismo e ao domínio total. Arendt construiu todas as três partes do livro como narrativa histórica. Na primeira parte, sobre o antissemitismo, os leitores são levados à Alemanha, à França e à Inglaterra. Arendt escreveu sobre a estruturação social e a constituição política das sociedades europeias que fizeram surgir um novo tipo de antissemitismo e sobre pessoas que o articularam. Wilhelm von Humboldt, com seu dito "A rigor, porém, eu também só amo os judeus *en masse*, e *en détail* procuro muito evitá-los"[100], é mencionado nele, assim como Marcel Proust como cronista da sociedade do *fin-de-siècle*, ou Benjamin Disraeli como corporificação de um *parvenu* judaico. Por trás da análise estrutural disfarçada de história cultural se oculta uma crítica radical de todas as teorias do antissemitismo. Arendt insiste que o que produziu o antissemitismo moderno foi a posição social dos judeus na sociedade moderna, e não o ódio do cristianismo *völkisch* aos judeus. Parece que ela se inclinava mais para a crítica marxista, que pretendia vincular a origem do antissemitismo ao fato de o judeu se encontrar socialmente "destituído" de um papel. Entretanto, diferentemente de Marx, ela não vê como perspectiva a derrubada da burguesia e do domínio do capital, e sim a organização política dos judeus. Inversamente, ela divisava, na carência de auto-organização política, uma das razões para o isolamento social e político dos judeus que teria, então, possibilitado sua aniquilação. Encontramos aqui os frutos da análise e crítica do sionismo com que ela tinha se ocupado ao longo dos anos 1940.

Arendt percebe a situação dos judeus com suas diferentes variantes nacionais. Com isso, ela se distanciou, por exemplo, da tese que pretendia identificar o antissemitismo como fenômeno tipicamente alemão. O tipo do antissemitismo moderno existia em todos os países europeus, o que o caso Dreyfus de 1894 na França mostrara exemplarmente. Na opinião dela, uma das características da Modernidade é que ela produziu um tipo inédito de antissemitismo, cuja particularidade seria um ódio assassino aos judeus visando sua aniquilação. Um ódio alimentado pelo niilismo enquanto sintoma da ruptura insidiosa com a tradição.

Our Time (O Fardo de Nosso Tempo). Como observou várias vezes posteriormente, também não ficou satisfeita com o título encontrado para a edição estadunidense, *The Origins of Totalitarianism*. Na sua opinião, esse título fazia com que fosse tentador enxergar o totalitarismo de modo determinista. O título da edição alemã que surgiu da tradução para o alemão em 1955, *Elemente und Ursprünge totaler Herrschaft*, acentuava, por isso, o caráter inconcluso da abordagem. (Cf. E. Young-Bruehl, op. cit., p. 286.)

100. Carta de Wilhelm von Humboldt para sua esposa Caroline von Humboldt, de 30 abr. 1816, em W. von Humboldt, *Wilhelm und Caroline von Humboldt in ihren Briefen*, p. 236.

Na segunda parte do livro, a Modernidade é iluminada a partir de uma outra perspectiva, a do surgimento do racismo. Retrospectivamente fica mais uma vez claro nesse capítulo que o racismo emergente na segunda metade do século XIX só pôde ser mobilizado com tanto êxito contra os judeus porque estes não pertenciam politicamente a nenhum partido que pudesse protegê-los. Foi só a fragilidade da posição deles que fez com que, segundo a tese de Arendt, o racismo pudesse livremente tomar conta da chamada questão judaica e se impor sem uma resistência digna desse nome por parte da religião, da tradição ou da moral. Mas o que caracterizava esse racismo moderno? Arendt descreve seu surgimento a partir de um processo de declínio ao longo do qual as tradições políticas foram se desfazendo nos principais países europeus. Não eram mais os Estados nacionais que contavam na era do imperialismo, e sim esferas de influência nas quais o "Estado-matriz" foi transformado em agência da expansão.

> Nada caracteriza melhor a política de poder da era imperialista [Arendt situava o apogeu do imperialismo de 1884[101] até 1914] do que a transformação de objetivos de interesse nacional, localizados, limitados e, portanto, previsíveis, em busca ilimitada de poder, que ameaça devastar e varrer o mundo inteiro sem qualquer finalidade definida, sem alvo nacional e territorialmente delimitado e, portanto, sem nenhuma direção previsível.[102]

Por causa de sua política expansionista irrefreada, as classes dominantes na Europa minaram em poucas décadas as regras políticas que haviam sido construídas por elas próprias desde o século XVII: a função de controle dos parlamentos, bem como a separação de poderes, e o equilíbrio entre interesses econômicos e políticos. Estava claro que a burguesia não tinha mais interesse em manter a tradição política por ela criada. Em vez disso, a proteção da propriedade e das esferas de influência passou para o primeiro plano como interesse principal da burguesia em expansão.

Nos dois estudos, sobre o antissemitismo e o imperialismo, Arendt revela um fenômeno estrutural destrutivo da Modernidade: a coalizão entre o capital e a ralé[103].

---

101. O ano de 1884 foi um ano decisivo para a colonialização da África, que foi selada por conquistas, ocupações e conferências diplomáticas subsequentes.

102. Prefácio de Arendt à segunda parte sobre o imperialismo em H. Arendt, *Elemente und Ursprünge totaler Herrschaft*, p. 211 (trad. bras.: *Origens do Totalitarismo*, p. 148).

103. Ibidem, p. 252s.

5. RUPTURA E RECOMEÇO

Com base no exemplo da conquista do continente africano, ela descreve como os interesses das principais empresas capitalistas se associaram a um aventureirismo internacional procedente das vítimas desenraizadas da revolução industrial da Europa em meados do século XIX. Dessa aliança surgiu uma nova ideologia e prática da exploração: com isso, os mais baixos instintos chegaram às classes sociais mais elevadas. Ela recorre amplamente ao relato literário de Joseph Conrad sobre sua última viagem à África (*O Coração das Trevas*, de 1902) para descrever a mudança mental ocorrida nos agentes do imperialismo. A nova mentalidade estaria magistralmente descrita na figura de Kurtz, pois homens como eles são: "*ocos por dentro, arrojados sem atrevimento, cobiçosos sem audácia e cruéis sem coragem*"[104]. No retrato desse homem, feito por Conrad, Arendt divisou o precursor dos verdugos sem consciência moral do totalitarismo que teriam perdido todo e qualquer critério para sua ação. Retrospectivamente, os paralelos com a figura de Adolf Eichmann parecem notáveis.

Do ponto de vista de Arendt, esse novo tipo de ser humano perdeu toda e qualquer vinculação com a civilização. Ela percebe como um fenômeno novo o fato de que a ideologia das raças pôde se estabelecer, com base na confluência do capital e da ralé, justamente nos estratos superiores da sociedade. É sobre esse pano de fundo que o racismo – a ideologia da supremacia do homem branco – teria conquistado a Europa. Olhando retrospectivamente, o imperialismo seria, então, uma cesura na Modernidade, em que a expansão econômica e o racismo destruíram a tradição política e possibilitaram o surgimento de um tipo novo e assassino de antissemitismo. Portanto, já antes da Primeira Guerra Mundial teriam sido criados na Europa os pressupostos para o declínio e a autodissolução dos Estados nacionais organizados de modo mais ou menos democrático.

Arendt descreve detalhadamente como o novo tipo de domínio, a *dominação total*, ergueu-se sobre os escombros da sociedade de classes internamente cindida e de sua estrutura partidária. No lugar da tradicional cultura política e de suas instituições, os principais atores do entreguerras foram, em grau crescente, "movimentos" que aceleraram o ocaso dos governos

104. Joseph Conrad, *Herz der Finsternis*, apud H. Arendt, *Elemente und Ursprünge...*, p. 413s.

parlamentares. A "era das massas" constituía, para Arendt, expressão dessa decadência dentro da qual os movimentos totalitários do socialismo soviético e do nacional-socialismo puderam se firmar. A ideologia, a propaganda, o terror e uma rotação permanente do novo grupo de domínio formado a partir da ralé produziram, na opinião dela, um mundo fictício em que o desprezo pelo mundo dos fatos se conjugou com a promessa de redenção[105]. Os indivíduos ficavam desprotegidos e à mercê desse domínio. A tradição que os poderia ter protegido estava destruída. Diante desse pano de fundo, a tomada do poder pelo nacional-socialismo encarnava, para ela, um acontecimento em que um grupo de poder situado fora da ordem política aproveitou uma oportunidade favorável para tomar conta de uma sociedade que se despedaçava. O elemento novo na "revolução" nazista consistia, em sua opinião, no fato de que a ideologia e o terror se tornaram fundamentos de um domínio em que, por fim, não haveria mais qualquer resistência contra a formação de campos de concentração e de extermínio para a aniquilação de judeus e ciganos[106].

Na última parte do livro, Arendt enfoca seu próprio meio intelectual e, junto com ele, também seu grande amor, Martin Heidegger. Ela descreve vividamente o desenraizamento da *intelligentsia* alemã após a Primeira Guerra Mundial, cujos protagonistas intelectuais e artísticos tinham entrado na guerra com a mesma ideia básica com a qual saíram dela: destruir a estrutura podre da sociedade burguesa. Na perspectiva de Arendt, contudo, o papel e a influência das elites no século XX haviam se invertido radicalmente em relação à era imperialista: não eram as elites que comandavam a ralé – os movimentos de massas antiestatais e antipolíticos em toda a Europa –, mas era a ralé que dava ordens a elas, até que, por fim, os líderes da ralé não precisaram mais das elites:

> Por outro lado, para fazer justiça àqueles elementos da elite que vez por outra se deixavam seduzir pelos movimentos totalitários e que, devido à sua capacidade intelectual, são às vezes acusados de haver inspirado o totalitarismo, é preciso dizer que nada do que esses homens desesperados do século XX fizeram ou deixaram de fazer teve qualquer influência sobre o totalitarismo, embora tivesse muito

105. H. Arendt, *Elemente und Ursprünge...*, p. 557.
106. Ibidem, p. 616s.

5. RUPTURA E RECOMEÇO

> a ver com as primeiras e bem-sucedidas tentativas dos movimentos de fazerem o mundo exterior levar a sério as suas doutrinas.[107]

Aquilo que, para o olhar superficial, parece ser uma relativização da responsabilidade histórica dos intelectuais era uma crítica devastadora à mentalidade de toda uma classe e que não poderia ter sido mais incisiva.

O último capítulo – "Ideologia e Terror" – foi escrito por Arendt para o público alemão e europeu. Nele, ela resumiu vividamente os efeitos da destruição das sociedades civis que os nacional-socialistas haviam encarado como programa: a inevitabilidade do terror e a destruição da existência civil dos judeus, cujo resultado foi seu abandono coletivo e sua entrega à aniquilação. Mas também os sobreviventes, testemunhas da aniquilação, estavam privados de sua existência civil, pois a sociedade burguesa à qual poderiam ter se apegado estava destruída.

A pergunta que se coloca a partir disso para Arendt diz respeito às repercussões do domínio total para a Modernidade. Em sua opinião, o domínio total era a efetivação de uma ruptura insanável com a tradição que tinha virado a autocompreensão do Ocidente de cabeça para baixo. As pessoas saíam desse acontecimento em estado de abandono, defrontando-se com um mundo que elas próprias haviam destruído[108]. Se elas encontrariam um reinício e, assim, retomariam a promessa formulada por Agostinho no passado – initium ut esset, creatus est homo (para que houvesse um começo, o ser humano foi criado) – estava em aberto[109].

O livro não era só incomum em seu estilo narrativo e sua orientação pelos acontecimentos históricos. Ele também ia de encontro à forma como a maioria dos historiadores, cientistas políticos, para não falar dos filósofos, contemporâneos explicavam cientificamente fenômenos históricos. Quando se examina o modo como colegas de Arendt – por exemplo, Carl J. Friedrich, Franz Neumann, Sigmund Neumann, Ernst Fraenkel ou Eric Voegelin – abordavam o fenômeno a partir de seu prisma respectivamente jurídico, historiográfico, econômico, filosófico, sociológico ou crítico-ideológico, a argumentação de Arendt tinha de ser percebida quase como anárquica em função de sua assistematicidade.

107. Ibidem, p. 544 [p. 388s].
108. Cf. ibidem, p. 728s.
109. Ibidem, p. 730.

Seria mais correto falar de uma recusa sistemática da metodologia científica. Arendt queria se aproximar do fenômeno de uma maneira bem própria, que à primeira vista parecia quase artesanal. Sua abordagem, entretanto, baseava-se em uma crítica metodológica radical.

Nesse ponto, ela se revelou aluna de seu mestre Heidegger. Ela também se aprofundou metodologicamente no problema; nem poderia agir de outro modo "segundo a medida de [sua] capacidade de apreensão"[110]. Recusou-se a situar o fenômeno em analogia a outras formas tradicionais de domínio, como, por exemplo, a ditadura ou a tirania, e, assim, sugerir que isso bastava como explicação.

O livro deve ter sido considerado um desaforo por Heidegger, se é que ele chegou a tê-lo em mãos, pois as partes filosóficas dessa obra tinham de ser penosamente descobertas pelo leitor. Heidegger era, como ele próprio disse várias vezes, um leitor lento. Blücher suspeitava que Heidegger jamais leria o livro, ao qual Jaspers também acrescentou ainda um prefácio[111]. Se alguma vez chegou a recebê-lo – mesmo que por intermédio de amigos –, deve ter tido uma relação ambivalente com ele. Afinal, por um lado, só podia concordar com a exposição dos abismos encerrados na Modernidade proposta por Arendt, mas, por outro, dificilmente podia aprovar sua passagem da esfera da filosofia para a da narrativa política. Pessoalmente, ele teria se sentido radicalmente mal interpretado pela crítica dura dela à "geração do front". Decerto não foi por acaso que a correspondência entre eles ficou silenciosa desde fins de 1954 até 1959.

As dificuldades metodológicas com as quais ela teve de se defrontar em seu livro, bem como a crítica movida contra ela, ainda repercutiriam por muito tempo. Ela reagiu das mais diversas formas a essas críticas. Em 1953, escreveu um ensaio dedicado aos problemas metodológicos: "Compreensão e Política". Nele, expôs uma crítica radical à metodologia da historiografia e da ciência social e discutiu consequências metodológicas para o trabalho com o fenômeno do totalitarismo. A crítica até hoje veemente

110. Nach Massgabe Deiner Begreifungskraft, carta de Kleist a Wilhelmine von Zenge, de 16 ago. 1800, em H. von Kleist, *Sämtliche Briefe*, p. 73.

111. Cf. carta de Blücher para Arendt, de meados de setembro de 1955 (datação da editora), em H. Arendt; H. Blücher, op. cit., p. 403.

de seus colegas da ciência política se explica a partir da radicalidade da recusa dela de lançar mão de instrumentos metodológicos "comprovados". Sua tese propunha que, pelo advento do novo tipo de domínio total, "manifestou-se a ruína de nossas categorias de pensamento e critérios de julgamento"[112]. Com isso, ela deu uma reviravolta que a corporação – incluindo seus colegas de exílio – não considerava necessária. Seus colegas insistiam que mesmo o pior dos acontecimentos em nada poderia mudar o fato de que o processo do pensamento reflexivo (e, por conseguinte, também a pessoa do pensador) é autônomo em relação ao acontecimento que o desencadeia. Ela afirmava o contrário: uma forma de domínio que se baseava na negação do ser humano enquanto tal não poderia ser analisada com instrumentos que sugerissem uma ligação entre quem julga e aquilo que é julgado.

Da crítica de Arendt não resultava um novo método coeso, mas ela inverteu a relação entre pesquisador/pensador e objeto: no centro deveria estar o acontecimento, ou seja, o acontecimento como evento histórico e não como objeto de pesquisa. Este, então, deveria ser examinado com os mais diversos instrumentos metodológicos. Ela não atribuía qualquer valor à coesão metodológica. Mas fazia referências à validade da categoria da compreensão (uma categoria conhecida a partir do debate fenomenológico da década de 1920), à reabilitação da imaginação, da fantasia, do bom senso e da faculdade do juízo espontâneo no processo de elucidação de acontecimentos históricos – incluindo o erro e o preconceito.

Por outro lado, a aversão dela à sistematização científica enfurecia alguns de seus colegas europeus. Alfred Schütz, cientista político expulso de Viena e que lecionava na New School for Social Research, chegou a se irritar com esse aspecto inquietante do pensamento de Arendt:

> Ouvi a autora[113] falar algumas vezes em público e em nosso seminário geral [na New School for Social Research], e embora pessoas como Gurwitsch e Jean Wahl a estimem muito, me vejo repleto da mais profunda desconfiança. Ouvi dizer que ela própria esteve em um campo de concentração[114], e é perfeitamente compreensível que uma experiência dessas produza um dano enorme em

112. H. Arendt, Verstehen und Politik, Zwischen Vergangenheit und Zukunft, p. 122.

113. Essa é uma referência a Arendt como autora da obra The Origins of Totalitarianism, publicada em 1951.

114. A informação que chegara aos ouvidos de Schütz se baseava na interpretação equivocada de que o campo em Gurs era de concentração; na verdade, era um campo de detenção.

uma pessoa e seu pensamento. Não há dúvida de que ela sabe muito, mas ela não quer fazer teoria nem quando estão em pauta questões que lhe são pessoalmente caras. Creio que ela é o que, na época do movimento da juventude, chamava-se de "ativista". Querer tratar teoricamente de coisas como o totalitarismo significa aprová-las – este é o principal argumento dela.[115]

O juízo de Alfred Schütz é compartilhado *cum grano salis* por seu amigo Eric Voegelin e irrestritamente por muitos outros. Quem examina a correspondência entre Schütz e Voegelin sai com a impressão de que aí estão dois pesquisadores para os quais o nacional-socialismo – para não falar do comunismo soviético – não podia ter qualquer impacto sobre sua maneira de abordar os fenômenos científicos e extracientíficos. Nesse caso, predominava a continuidade que Arendt questionava constantemente com sua insistência na ruptura com a tradição, que ela de fato entendia de forma bastante pessoal.

Na discussão sobre o livro a respeito do totalitarismo – e isso ficou claro para ela em conversas com Gurian e Blücher, entre outros –, também se lhe objetou que ela não teria abordado suficientemente o marxismo como ideologia do domínio soviético. Arendt levou essa crítica a sério e começou a planejar um projeto subsequente sobre "Elementos Totalitários no Marxismo"[116]. O estudo pretendia ser uma espécie de acréscimo posterior a *As Origens do Totalitarismo*.

HEIDEGGER:
O DILEMA DE SEUS ALUNOS

O livro sobre o domínio total tinha como subtexto um confronto com o passado da própria Arendt: com sua origem e história como judia, seu pertencimento à *intelligentsia* do entreguerras, o fato de ter sido aluna de Heidegger. Para ela, assim como para todos os outros alunos judeus de Heidegger, esse passado representava um peso. Cada

---

115. Carta de Schütz para Voegelin, de 9 abr. 1953, em A. Schütz; E. Voegelin, *Eine Freundschaft, die ein Leben ausgehalten hat: Briefwechsel 1938-1959*, p. 482.

116. Inicialmente, o projeto foi apoiado pela Fundação Guggenheim, mas depois interrompido, provavelmente por falta de verbas. (Cf. E. Young-Bruehl, op. cit., p. 384s.)

5. RUPTURA E RECOMEÇO

um, de maneira distinta, tinha sofrido um choque difícil de assimilar. Quase todos, de Arendt a Marcuse, passando por Löwith, procuraram seu ex-professor após a guerra e exigiram dele palavras claras de distanciamento em relação ao nazismo. Todos ainda sofriam após a guerra com o fato de terem sido confrontados com o envolvimento de Heidegger com o nacional-socialismo. Todos se mostraram desiludidos; sua desilusão dificilmente podia ocultar o fato de que, *a posteriori*, também estavam assustados consigo mesmos. Como puderam eles, como judeus, seguir esse mestre? Em muitos trabalhos dos alunos de Heidegger, acusações contra ele e contra si mesmos se associavam inseparavelmente. Seu relacionamento com Heidegger após a guerra oscilava entre veneração e repulsa, entre admiração e desprezo, entre amor e ódio. Vamos falar aqui de três desses alunos: Karl Löwith, Herbert Marcuse e Hans Jonas.

Karl Löwith (1897-1973) foi a Friburgo em 1919, onde estudou com Husserl e seu assistente Martin Heidegger. Ele se doutorou em Munique e depois foi para Marburgo, a fim de obter sua *Habilitation* sob a orientação de Heidegger com uma investigação sobre "O indivíduo no papel de semelhante [*Mitmensch*]". Em 1934, quando a situação estava se tornando cada vez mais insustentável, Löwith se mudou para Roma, inicialmente como bolsista da Fundação Rockefeller; até 1936, a Universidade de Marburgo o apoiou com um salário parco[117].

A decepção bem pessoal de Löwith ocorreu em abril de 1936, quando reviu seu professor em Roma. Seu relacionamento com Heidegger nunca fora isento de conflitos[118]. Mas só quando Heidegger apareceu em Roma com uma insígnia do NSDAP e sua esposa com o emblema do partido e não disseram uma só palavra de distanciamento em relação ao nacional-socialismo, ficou claro para Löwith, que talvez ainda depositasse esperanças em Heidegger, que não podia contar com este. Após uma estadia no Japão, Löwith chegou aos Estados Unidos em 1941, no mesmo ano que Hannah Arendt e seu marido. Eles se encontraram quando, em 1949, Löwith foi convidado a lecionar na New School for Social Research. Em 1952, ele voltou para a Alemanha para

117. Cf. StA MRJ Akte Priv-Doz. Dr. K. Löwith Acc. 1966/10.
118. Cf. supra, p. 65-66.

assumir uma cátedra de Filosofia em Heidelberg. O retrato de Heidegger estava pendurado no escritório dele, e todos os seus livros após a guerra tratam de Heidegger, sendo o mais conhecido deles *Heidegger, Pensador de um Tempo Indigente*. Neles, Löwith procurou, por um lado, situar a filosofia existencialista no contexto da filosofia do século XX; por outro, criticou a tentativa de Heidegger de refundar a metafísica a partir do espírito da Antiguidade. Como docente universitário, na década de 1950 Löwith ficou no fogo cruzado das correntes pró e contra Heidegger em sua universidade. Hannah Arendt relatou a seu marido que Löwith, além de Hans-Georg Gadamer, foi o único a se empenhar pela objetividade em meio à histeria de polarização em torno de Heidegger. Löwith visitou Heidegger após a guerra, mas se sentiu impelido a combater seu mestre durante a vida toda[119].

Heinrich Blücher descreveu de modo perfeitamente acertado o dilema dos alunos judeus quando observou à esposa que compartilhava inteiramente a opinião dela no tocante a Löwith: se, como aluno de um grande homem, não se tinha algo próprio a apresentar, dever-se-ia interpretar os mestres. "Só que esse mestre bloqueou esse caminho normal para seus alunos, e especialmente os judeus, e assim tudo fica envenenado. Naturalmente, a única coisa que restou a Löwith foi a cética fadiga liberal, e ainda por cima por meio dos conceitos de Heidegger. Seria muito engraçado, se não fosse tão triste."[120]

Herbert Marcuse (1895-1979) também estudou em Friburgo com Martin Heidegger no início da década de 1920. Em fins da década, pretendia fazer sua tese de *Habilitation* tendo Heidegger como orientador, mas abandonou a ideia. Na sequência, dirigiu-se ao Instituto de Pesquisa Social de Frankfurt, que era o centro por excelência da pesquisa social de orientação marxista nos anos 1920 e inícios dos 1930. Assim como os outros membros do Instituto — Theodor W. Adorno, Max Horkheimer, Leo Löwenthal, Franz Neumann, Friedrich Pollock —, ele emigrou para os Estados Unidos em meados da década de 1930. Lá, trabalhava e pesquisava para "o pessoal de Frankfurt", mas ganhava

119. Cf. as cartas de Arendt e Blücher para Löwith, em H. Arendt; H. Blücher, op. cit., p. 285s., 288s. e 295s.
120. Carta de Blücher para Arendt, de 21 jun. 1952, ibidem, p. 295.

5. RUPTURA E RECOMEÇO

a vida realizando pesquisas encomendadas pelo governo estadunidense, como tantos outros cientistas expulsos também faziam.

Ele atribuía seu fascínio por Heidegger ao vácuo político que
se instalou após o fracasso da revolução de novembro de 1918-
1919. Naquela época, Heidegger apareceu a ele e a muitos outros
jovens como salvador da esterilidade política e intelectual[121]. Mas
ele sustentou que já havia se desligado de Heidegger antes de 1932.
Marcuse ficara profundamente impressionado com os *Manuscritos
Econômico-Filosóficos* de Karl Marx, publicados pela primeira vez em
1932. Após sua leitura, distanciou-se da filosofia existencialista de
Heidegger. Em suas primeiras publicações, tentou associar a forma
de pensamento de Heidegger e a questão a respeito da alienação
do ser humano na Modernidade assumida por Marx.

"Nem eu, nem meus amigos", escreveu Marcuse num texto
memorialista sobre Heidegger publicado décadas mais tarde, "tínhamos sabido ou percebido algo da relação de Heidegger com o
nazismo antes de 1933."[122] Também Marcuse visitou o ex-professor
após a guerra. Nas duas cartas de Marcuse e na única resposta de
Heidegger dos anos 1948-1949, o que estava no centro era a acusação de que Heidegger não se distanciara do nacional-socialismo. De
suas cartas ao mestre se depreende a decepção por ter sido traído
por ele, e mais: Marcuse era da opinião de que Heidegger traíra
a filosofia. De maneira semelhante aos membros do "Comitê de
Esclarecimento" em Friburgo, ele atribuía, ainda *a posteriori*, um alto
valor simbólico à breve ligação de Heidegger com os nazistas[123].

A resposta de Heidegger a Marcuse segue, em sua estrutura,
sua carta de justificativa de 1945: ele teria esperado do
nacional-socialismo uma renovação intelectual e depois
se distanciado em 1934. Durante a época do nazismo teria
se afastado dele claramente em preleções e textos. Mas
não teria podido declarar abertamente sua oposição sem
colocar sua família em perigo. Após 1945, não quisera se
apresentar publicamente como adversário do regime porque nesse caso teria se equiparado a todos aqueles que,
na época, haviam se distanciado dele por mero oportunismo. À acusação de Marcuse de que um filósofo de
verdade deveria ter percebido o caráter do regime com

121. Cf. H. Marcuse, Theorie und
Politik, Gespräch mit Jürgen
Habermas, Heinz Lubasz,
Tilman Spengler, em H. Mar-
cuse; J. Habermas, *Gespräche
mit Herbert Marcuse*, p. 10.

122. Herbert Marcuse, Enttäuschung, em G. Neske (Hrsg.),
Erinnerung an Martin Heidegger,
p. 162.

123. Cf. carta de Marcuse para
Heidegger, de 28 ago. 1947,
Der Briefwechsel, em Stadt-
magazin TÜTE (1989), p. 71s.

base nos assassinatos de judeus – um argumento que só podia ser aplicado ao comportamento de Heidegger em 1933 distorcendo os fatos – e não deveria ter se calado sobre isso, Heidegger respondeu com a seguinte analogia: ele equiparou os judeus vitimados com os alemães orientais que tinham caído sob o domínio soviético em 1945. Ele já havia empregado uma referência semelhante em uma de suas cartas a Jaspers, só que nela a analogia dizia respeito à União Soviética e sua busca de hegemonia na Europa, que tornaria a Alemanha vítima da política do poder autoritário. Com esses argumentos Heidegger aderia a um medo, muito disseminado na época, do avanço da União Soviética sobre o Ocidente. A estratégia básica de sua réplica, contudo, era responder à crítica idealizando o próprio papel (individual ou coletivo) de vítima (nesse caso, dos alemães orientais). Provavelmente ele não se deu conta da banalidade desse argumento[124].

Em sua carta seguinte, Marcuse caracterizou a resposta de Heidegger como estando "fora do *logos*"; ela não seria digna de um filósofo. Sua carta tinha um final amargo: "Parece que a semente caiu sobre solo fértil: talvez ainda vivenciemos a consumação daquilo que começou em 1933. Não sei se você a consideraria mais uma vez como uma 'renovação'."[125] A conclusão de Marcuse era grosseira – não admira, haja vista que os assassinatos em massa haviam cessado há apenas dois anos.

Apesar disso, em suas publicações posteriores, algumas coisas testemunham um elo com Heidegger, a exemplo de sua crítica da tecnologia e seu questionamento a respeito da imagem do ser humano na sociedade de massas. Contudo, desde então não houve mais nenhuma troca de ideias entre o professor e o ex-aluno.

124. Cf. carta de Heidegger para Marcuse, de 20 jan.1948, ibidem, p. 72s.
125. Carta de Marcuse para Heidegger, de 13 maio 1948, ibidem, p. 73.
126. Cf. H. Jonas, *Erkenntnis und Verantwortung*, p. 38s.

Hans Jonas (1903-1993) havia estudado filosofia, teologia e judaística em Friburgo, Berlim, Heidelberg e Marburgo, e se doutorado em 1928 sob a orientação de Bultmann e Heidegger com um trabalho intitulado "Conceito de Gnosticismo". Desde seu estudo na Escola Superior de Ciência do Judaísmo, em Berlim, no início dos anos 1920, ele era um sionista convicto[126]. Após 1933, emigrou, via

5. RUPTURA E RECOMEÇO

Londres, para Jerusalém e serviu mais tarde, até 1945, como soldado britânico na Brigada Judaica. Em 1955, mudou-se, via Canadá, para os Estados Unidos, onde lecionou em diversas universidades, entre outras em Columbia e Princeton. Ele se recusou a visitar seu ex-professor Heidegger após a guerra e, em vez disso, procurou, ainda usando uniforme, Bultmann e Jaspers em Marburgo e Heidelberg. Por que não foi até Heidegger?

> Havia ali coisas que não se podiam perdoar, mas que vão muito além de algo humanamente não perdoável. Tratava-se também de uma bancarrota filosófica. Um filósofo não deveria ser enganado pelo nazismo. Ele não deveria sê-lo. E o fato de que isso falhou no caso do maior filósofo da época, de que uma vida a serviço da verdade não tivera como efeito a elevação das pessoas, de que dessa proximidade à verdade ou dessa busca da verdade não resultou uma humanidade compassiva – senti isso para além de toda decepção pessoal, como debacle da própria filosofia. Portanto, alguma coisa não estava certa nesse pressuposto de que quem pensava as coisas mais profundas também dava uma formação superior à sua humanidade e relacionamento com o semelhante. E podia-se ser tomado por uma profunda dúvida quanto à força da filosofia da maneira como era praticada. Isso foi mais ou menos compensado novamente pelo encontro com Jaspers, em que se via que a nobreza filosófica existe e ela também é uma nobreza humana.[127]

Jonas dedicou sua vida como professor universitário e filósofo à fundamentação de uma ética da responsabilidade no âmbito da sociedade e da política. Procurou criar uma ética moderna da responsabilidade a partir do pragmatismo estadunidense, do comunitarismo e da ética kantiana. Essa foi sua resposta ao desafio existencial de um filósofo ao qual ele devia algumas coisas.

Todos os outros alunos, como Günther Anders, ex-marido de Hannah, ou aqueles cujos nomes hoje em dia estão em segundo plano, como Ernst Grumach, filólogo clássico e pesquisador de Goethe, ou aqueles outros que nunca foram alunos de Heidegger, mas ficaram fascinados por ele, como o poeta Paul Celan, que decerto amava Hölderlin tanto quanto Heidegger, nunca se libertaram dele.

127. Ibidem, p. 68.

Mantiveram sentimentos de ira e de dúvida junto com a consciência de que esse homem, Heidegger, tinha avançado para esferas em que dificilmente alguém podia segui-lo, e ao fazer isso havia tocado em algo que era de grande importância.

No que diz respeito a Hannah Arendt enquanto aluna de Heidegger, torna-se quase supérfluo buscar diferenças entre a crítica à Modernidade dela e a de Heidegger.

E ainda assim se mostrará que, ainda nos anos 1950, Arendt voltou mais uma vez ao pensamento de Heidegger.

Em *As Origens do Totalitarismo*, ela expõe inicialmente de modo penetrante que o pensamento político exige outras formas de percepção, outras categorias, outros critérios de julgamento e outras perspectivas além daquelas do pensamento filosófico. Ela marcou, com isso, sua divergência, para então tentar girar o pensamento heideggeriano, virá-lo *com e contra* seu inventor e levá-lo para um campo genuinamente político. Ela foi, aliás, a única que, em sua crítica a Heidegger, foi além da oposição à crítica existencialista à metafísica (Löwith), da crítica à ideologia (Marcuse) e do retorno ao imperativo categórico (Jonas).

Em sua opinião, era preciso ousar um recomeço a partir dos destroços da filosofia existencialista fracassada, sem tentar meramente reconstruir esses destroços, mas também sem eliminá-los com demasiada violência.

6

Amor Mundi ou Pensar o Mundo Após a Catástrofe

Você verá que o livro não contém nenhuma dedicatória. Se as coisas entre nós tivessem algum dia acontecido de uma forma correta – e digo *entre*, portanto não me refiro a você ou a mim –, então eu lhe teria perguntado se poderia dedicá-lo a você. Ele surgiu imediatamente dos primeiros dias de Freiburg e deve assim quase tudo a você em todos os aspectos. Tal como as coisas se encontram, a dedicatória me parecia impossível. De algum modo, porém, quis lhe dizer ao menos o fato nu e cru.[1]

Por que Hannah Arendt se sentiu impelida a relatar a Martin Heidegger essa intenção de dedicatória, da qual acabou desistindo, não em silêncio – como poderia tê-lo feito –, e sim com uma profusão de palavras? Queria que ele percebesse a não dedicatória? O que tinha acontecido?

Em 1960, fora publicada na Alemanha a tradução de *The Human Condition* (A Condição Humana), de 1958, sob o título *Vita activa oder Vom tätigen Leben*. Arendt enviou um

1. Carta de Arendt para Heidegger, de 28 out.1960, em H. Arendt; M. Heidegger, *Briefe 1925-1975 und andere Zeugnisse*, p. 149 [p. 108-109].

exemplar do livro a Heidegger. Duas palavras chamam a atenção na observação quase rude dela: "entre nós". Uma dedicatória teria confirmado esse "entre nós". Obviamente, havia acontecido algo que ela não podia resolver com base na amizade, como em outros casos. Afinal, seu relacionamento com Heidegger não era de amizade. O amor, porém, precisava, mais do que a amizade, de confiança básica e sinceridade. A confiança se rompia repetidamente, e a sinceridade sumira; ela queria ao menos comunicar isso a ele. Não obstante, ela não queria ser infiel a ele. Como assim, infiel? Em outubro de 1950, meio ano depois de terem se reencontrado, ela fez o seguinte registro em seu "Diário de Pensamentos":

> *Fidelidade*: verdadeiro *e* fiel. Como se aquilo em relação ao qual não se consegue manter a fidelidade também nunca tivesse sido verdadeiro. Daí o grande crime da infidelidade quando ela não é, por assim dizer, uma infidelidade inocente; a gente assassina o que foi verdadeiro, abole aquilo que a gente mesma ajudou a trazer ao mundo, um verdadeiro aniquilamento, porque na fidelidade e só nela somos senhor de nosso passado [...] Justamente por causa desse nexo existente entre a fidelidade e a verdade é preciso eliminar do conceito de fidelidade toda teimosia e obstinação. A perversão da fidelidade é o ciúme. Seu oposto não é a infidelidade, como é entendida habitualmente – essa é uma decorrência previsível da continuação da vida e da vivacidade –, e sim apenas o esquecimento. Esse é o único pecado real, porque ele apaga a verdade, a verdade que foi.[2]

O texto certamente não se refere apenas ao seu relacionamento com Heidegger, pois também fala do seu esforço para assimilar as experiências com os relacionamentos paralelos de Heinrich Blücher. Ainda assim, a recusa da dedicatória a Heidegger adquire aqui mais um sentido: ela não podia lhe dedicar o livro porque havia infidelidade entre eles. Por outro lado, ela não tinha como saber se ele a havia esquecido. Talvez estivesse se lembrando da carta dele de janeiro de 1927 que provocara sua partida de Marburgo: "Não me esqueci de você por indiferença, e tampouco porque circunstâncias extrínsecas se intrometeram entre

2. H. Arendt, *Denktagebuch*, 1950 bis 1973, t. 1, parte II, out. 1950, p. 39.

6. AMOR MUNDI

nós, mas porque precisei e sempre me esquecerei de você ao chegar ao caminho da última concentração do trabalho."[3]

Em todo caso, ela não queria se permitir esse tipo de esquecimento. Pois não conseguia esquecer. Não podia fazer seu amor desaparecer. Afinal, o livro que ela não podia dedicar a ele tratava do amor. *Amor mundi* era seu grande tema. Assim, com seu comentário ela também lhe prestou uma honra especial. Deu a entender que ele se encontrava no centro de sua memória. Será que ele conseguiu decifrar o tom ambíguo de sua observação?

O quanto ela lutava com seus sentimentos é o que se pode depreender de um texto breve que se encontra em seu acervo póstumo e nunca foi enviado.

> Re Vita Activa:
> A dedicatória desse livro está em branco.
> Haveria de dedicá-lo a você,
> Que me é tão próximo,
> a quem mantive a fidelidade
> e não a mantive, e as duas coisas com amor.[4]

HEIDEGGER:
SOB O SIGNO DE EROS

Na época da carta de Hannah, o relacionamento dos dois estava por um fio. Desde 1952, ela não estivera mais com ele, tinha evitado Friburgo em suas viagens pela Europa e Alemanha. Até 1954, eles ainda haviam se correspondido intensivamente; ele enviara a ela suas edições especiais e escritos, e também perguntara em que ela estava trabalhando. Ela ficou contente com o interesse dele e indicou que, desde a conclusão de seu livro sobre o totalitarismo, estava se dedicando a três projetos, dois dos quais viraram livros, a saber, *Vita activa* e *Sobre a Revolução*. Naquela época, Heidegger ainda esperava que ela intermediasse seu relacionamento com Jaspers, e até esperava dela respostas a perguntas de Jaspers que ele

3. Carta de Heidegger para Arendt, de 10 jan. 1926, em H. Arendt; M. Heidegger, op. cit., p. 54 [p. 39].

4. Apud Ursula Ludz, comentário sobre a carta n. 89, ibidem, p. 319.

não havia entendido direito. Por exemplo, aquela da carta de Jaspers de julho de 1952, em que este lhe dera a entender que ficara furioso com as observações "ontológicas" de Heidegger sobre a Guerra Fria. Provavelmente, Heidegger se sentiu mal compreendido outra vez.

Nesse meio-tempo, Hannah tinha se empenhado vigorosamente por ele nos Estados Unidos. Entrou em contato com os tradutores dos textos dele, tornando-se amiga do tradutor e editor Glenn Gray. Ela revisava minuciosamente as traduções, para a grande satisfação de Martin. Ele sabia que, com ela, sua obra estava nas mãos certas. Porém, as saudações e felicitações foram se tornando mais raras, e o silêncio passou a predominar. Em 1959, ele lhe enviou, por intermédio da editora, dois de seus textos recém-publicados, entre os quais *A Caminho da Linguagem*. A nota de Hannah sobre a dedicatória que não houve foi escrita oito meses mais tarde. Ela também continha uma pergunta simples: você se esqueceu de mim?

Ele não tinha se esquecido. Mas se envolvera mais uma vez num relacionamento amoroso, dessa vez com a pintora e condessa Sophie-Dorothee Podewils, de Munique, esposa do então presidente da Academia Bávara de Belas-Artes, conde Clemens Podewils. Mais uma vez, precisou explicar à sua esposa por que ela não deveria se sentir magoada nem ameaçada. Hannah estava muito longe, e ele achou que não precisava lhe explicar nada. Mas, naturalmente, sua atenção havia se afastado dela.

Dessa vez, ele deu uma explicação diferente a Elfride. Assegurou-lhe, como na maioria das vezes, que esse relacionamento não tiraria nada dela; pelo contrário, seria um acréscimo ao relacionamento deles, e continuou dizendo o seguinte:

> Eu não me afastei de você; muito pelo contrário: trata-se simplesmente da proximidade indestrutível de pessoas que estão começando a "envelhecer". Mas minha natureza é mais complexa do que a sua; não consigo convencê-la através de nenhum argumento que preciso

viver o Eros para dar à criatividade, que ainda sinto em mim como algo não resolvido e último, ao menos uma certa completude, ainda que numa forma preliminar.[5]

É evidente que ele entendia sua própria vida e pensamento como uma forma de existência fundada no Eros e que carecia de amor tanto quanto de pão. A essa altura, Heidegger tinha 65 anos e Elfride, quatro a menos.

Elfride se encarregava da "casa da vida", que constituía seu ambiente, casa que ele repetidamente abandonava, mas que sempre estava aberta para ele e para a qual podia voltar sempre que quisesse. Dessa "casa da vida" faziam parte ela própria, os filhos, os parentes, principalmente o irmão Fritz em Messkirch, as casas em Zähringen e Todtnauberg e sua terra natal, Messkirch. Todos os relacionamentos amorosos ocorriam com a certeza de que havia essa "casa da vida". Mas era uma casa velha e sem surpresas ou novidades. Ele tinha de deixá-la para se estimular, despertar em si a pulsão erótica de que precisava para pensar e escrever – tendo sempre a certeza da "casa" na retaguarda.

Ciente dessa condição básica, Elfride não deveria se sentir magoada e sequer afetada pelos relacionamentos amorosos de Martin, pois, na opinião dele, eles aconteciam em outro nível. Eram, na melhor das hipóteses, comunicados a ela. Às vezes, ele ocultava seus relacionamentos amorosos e então tinha de se explicar longamente quando seu segredo era descoberto. Em todo caso, esse era um esquema prático para ele, mas não para Elfride: fidelidade declarada com base em uma promiscuidade continuada. Elfride era dessexualizada, sendo-lhe atribuído o papel de dona de casa e cuidadora dos filhos. Isso não convinha a ela, pois percebia, afinal, que os amores do marido tiravam o tempo e a atenção de que carecia.

Nesse meio-tempo, tudo tinha se tranquilizado para ele na universidade. Era professor emérito e podia lecionar quando quisesse. Aliás, ele desenvolvia uma parte de sua atividade letiva fora da universidade. Sua rede de relações, na qual confluíam interesses profissionais e relações privadas de amizade, estendia-se de sua cabana em Todtnauberg, passando por Constância, o local em que frequentara a escola, e Zurique,

5. Carta de Heidegger para Elfride Heidegger, de 13 nov. 1954, em M. Heidegger, "Mein liebes Seelchen!", p. 304.

o local de atuação de seu amigo, o psiquiatra Medard Boss, passando por Munique com a Academia de Belas-Artes (e seu novo amor) até a estação termal "Bühler Höhe" em Baden-Baden[6]. Ele tinha ligações com Heidelberg através de seu aluno e fiel amigo Hans-Georg Gadamer e a Academia de Ciências local. E, há anos, também uma relação vívida com Bremen. Lá se reunia um círculo em torno do "Clube de Bremen" e de Heinrich Wiegand Petzet, onde Heidegger fez várias palestras. E, por fim, ele cultivava suas relações com Jean Beaufret e René Char na França. Na segunda metade da década de 1960, viajou várias vezes para participar de seminários em Le Thor, na França.

Havia agora em torno dele uma rede fixa de alunos e admiradores com os quais ele trabalhava, também por períodos mais longos. Heidegger tinha sucesso; recebia convites para palestras e seminários nas mais prestigiosas instituições. Em 1957, foi aceito como membro da Academia de Ciências de Heidelberg e da Academia de Artes de Berlim. Ele não tinha de provar mais nada; podia palestrar quando queria e escolher onde e com quem falar. Essa foi sua melhor época. E foi uma época sem Hannah.

HANNAH ARENDT:
OS ANOS DE CONSOLIDAÇÃO

6. A proposta do *spiritus rector* (espírito condutor) desse local, o médico Gerhard Stroomann, assemelhava-se à que Medard Boss implementou na Suíça: baseava-se na associação de formação intelectual e cura psíquica ou física. Os pacientes ou frequentadores ouviam palestras de pesquisadores famosos e deveriam repousar ou convalescer. O sanatório fora fundado nos anos 1920 e teve continuidade após a guerra. (Cf. R. Safranski, *Ein Meister aus Deutschland: Heidegger und seine Zeit*, p. 451.)

Entrementes, Hannah havia angariado uma certa reputação como ensaísta política nos Estados Unidos. A acolhida positiva de *As Origens do Totalitarismo* lhe tinha assegurado um lugar no seio da elite intelectual da Costa Leste. Depois de ter sido, em 1953, a primeira mulher convidada a lecionar como professora visitante na renomada Universidade de Princeton, recebeu repetidos convites para ir a importantes universidades dos Estados Unidos e para participar de renomados ciclos de palestras. Em 1954, lecionou na Universidade de Notre Dame, local de atuação de seu amigo Waldemar Gurian; em 1955, em Berkeley; nos anos 1960, várias vezes em Chicago, entre as quais por três anos no renomado Comitê de Pensamento Social, e na Universidade Columbia, em Nova York. Em 1967, recebeu, por fim, uma cátedra no Programa de Pós-Graduação da famosa New School for Social Research, a famosa "universidade do exílio", em Nova York. Ela era uma professora de prestígio e, por conseguinte, fazia parte de uma corporação acadêmica, embora sempre tivesse rejeitado isso com muita convicção. No entanto, se manteve ostensivamente à margem das questões burocráticas e políticas da academia. Sua relação com a universidade enquanto instituição e com a canonização das disciplinas sempre permaneceu ambivalente.

Como agora estavam em uma situação financeira muito boa, os Blücher puderam se dar ao luxo de passar para uma nova residência. Em 1959, mudaram-se de Morningside Drive para Riverside Drive, uma região residencial de alto padrão, que ficava na mesma altura do Upper West Side de Manhattan. A moradia tinha cinco cômodos, e cada um dos dois tinha seu próprio escritório; havia uma sala de jantar e também um quarto de hóspedes. Dos cômodos situados na parte frontal se tinha uma bela vista para o rio Hudson.

Nesse meio-tempo, Hannah Arendt havia se tornado uma palestrante altamente requisitada na Alemanha Ocidental. Seu livro *Origens do Totalitarismo* fora recebido positivamente pelos conservadores, mas criticado com veemência pelos liberais de esquerda e esquerdistas. A comparação estrutural feita por Arendt entre o nacional-socialismo alemão e o comunismo soviético da era stalinista mexia com correntes de opinião firmemente estabelecidas. Em toda a Europa ocidental, ela se deparou com uma crítica veemente da esquerda, pois – como o círculo em torno de Jean-Paul Sartre, na França, não se cansava de acentuar até os anos 1960 – a União Soviética não estava entre os defensores da liberdade da Europa? Afinal, a União Soviética sob Stálin fizera parte do campo democrático na Segunda Guerra Mundial. E o que dizer do Gulag? Aos olhos de não poucos esquerdistas, tratava-se de uma "excrescência", resultado de uma política a ser corrigida. Era assim que se pensava em alguns círculos até 1989. Então, contudo, também se ficou sabendo que comunidades de leitores clandestinos nos países da Europa central e oriental tinham lido o livro de Arendt sobre o domínio total como uma orientação para compreender suas ditaduras e se sentiram encorajados por ela em sua aspiração por liberdade. Não por acaso, um epílogo sobre a Revolução Húngara de 1956 havia sido acrescentado à edição estadunidense do livro de 1958. Na época, Arendt viu ressurgir no levante dos trabalhadores húngaros a ideia política do início de sua juventude – os conselhos. A ideia dos conselhos encerrava para ela uma possível resposta às aporias do Estado nacional. Ela se calou sobre o levante dos trabalhadores da Alemanha Oriental em 17 de junho de 1953.

No âmbito da língua alemã, Arendt era vista como uma mulher combativa, e despertava, de igual maneira, curiosidade e oposição. Era muito benquista pelas emissoras de rádio. Na Universidade Livre de Berlim, foi cogitada para uma cátedra de Ciência Política. Em 1959, a Universidade de Würzburg perguntou se ela tinha interesse em uma cátedra de Pedagogia e Sociologia[7]. Em 1958, a Academia de Língua e Poesia de Darmstadt a nomeou membro correspondente, o que certamente a alegrou, pois a língua alemã e sua poesia eram sua verdadeira pátria, como ela própria gostava de salientar – também para o desgosto de suas amigas e amigos estadunidenses. Entretanto, publicamente e na frente de seus amigos, ela sempre minimizava tais honrarias de modo irônico e sarcástico.

Sobre a atuação de Heidegger, não soube nada além daquilo que lhe era relatado por seus velhos amigos: rumores e histórias. E voltou a se sentir dividida em relação a ele. Na sua opinião, Heidegger era totalmente inepto em questões políticas, mas, ao mesmo tempo, o tinha como o mais importante pensador de sua época. Ela expressara essa ambivalência em uma parábola, em 1953:

7. Cf. correspondência com Rudolph Berlinger, particularmente a carta de 7 dez. 1959, Archiv des HAZ, Cont. 7.10.

Heidegger diz, todo orgulhoso: "As pessoas dizem que Heidegger é uma raposa." Esta é a verdadeira história da raposa Heidegger: Era uma vez uma raposa que carecia tanto de esperteza que não só caía constantemente em armadilhas, mas também não conseguia perceber a diferença entre uma armadilha e uma não armadilha. Essa raposa tinha ainda uma outra deficiência: havia algum problema na pele dela, de modo que ela não tinha nada da proteção natural contra as ameaças a que está exposta a vida de uma raposa. Depois que essa raposa passou sua juventude inteira caindo nas armadilhas de outras pessoas e em sua pele não havia mais, por assim dizer, um só pedaço ileso, ela resolveu se retirar inteiramente do mundo das raposas e passou a construir uma toca de raposa. Com seu horripilante desconhecimento sobre armadilhas e não armadilhas e com sua incrível experiência com armadilhas, teve uma ideia inteiramente nova e inaudita entre raposas: construiu uma armadilha para servir de toca, sentou-se nela, fê-la passar por uma toca normal (não por esperteza, e sim porque sempre considerara as armadilhas das outras como suas tocas), mas resolveu ficar esperta à sua maneira e transformar a armadilha que fizera, e que só servia para ela própria, em armadilha para outros. Isso, por sua vez, atestava grande ignorância em matéria de armadilhas: ninguém conseguia entrar direito em sua armadilha, porque ela própria estava lá dentro. Isso a irritou; afinal, sabe-se que todas as raposas caem, ocasionalmente, em armadilhas, apesar de toda a esperteza. Por que, então, uma armadilha para raposas, fabricada, ainda por cima, pela mais experiente das raposas em matéria de armadilhas, não poderia concorrer com as armadilhas dos seres humanos e caçadores? Ao que tudo indica, porque a armadilha não se dava a conhecer com suficiente clareza como tal. De modo que nossa raposa teve a ideia de fazer uma bela decoração para a sua armadilha e fixar em toda parte sinais inequívocos que diziam com toda a clareza: "Venham todos, aqui há uma armadilha, e a mais bela do mundo." Com isso, estava claro que nenhuma raposa jamais iria parar por engano nessa armadilha. Ainda assim, muitas vieram, pois essa armadilha servia de toca para nossa raposa. Aquele que quisesse visitá-la na toca que lhe servia de casa precisaria entrar em sua armadilha. Só que todo mundo conseguia sair da armadilha exceto a própria raposa, pois a armadilha era feita sob medida para o corpo dela. A raposa moradora da toca, porém, dizia, toda orgulhosa: "são tantos os que entram em minha armadilha que me tornei a melhor de todas as raposas". E também nisso havia alguma verdade: ninguém sabe mais em matéria de armadilhas do que alguém que passa a vida toda sentada em uma.[8]

A parábola lembra, em termos de tom e estrutura, as fábulas de Esopo, mas não propõe uma moral direta como elas. Antes parece inspirada no conto *A Armadilha*,

8. H. Arendt, *Denktagebuch*, 1950 bis 1973, p. 1, cad. XVII, julho de 1953, registro 7, p. 403s.

de Kafka. Trata-se de uma peça literária cuja "lição" é ambígua. Nela, o mestre aparece como um construtor de armadilhas versado que acaba preso em sua própria armadilha; como um idiota que não consegue distinguir entre o interior e o exterior de sua armadilha, enquanto todos os demais têm ciência disso; como o filósofo que inverteu a relação entre realidade e pensamento – se dependesse dele, a imaginação seria a realidade e a realidade teria de se submeter a isso; como a raposa desnuda que perdeu a pele nas turbulências da época e, com isso, ficou privada de sua proteção natural e exposta aos ataques do entorno e de seus inimigos.

Entretanto, em meio a essa ambivalência o leitor percebe que Arendt está descrevendo aqui o dilema do pensamento em geral. A raposa no centro de sua armadilha corresponde a Heidegger no centro da filosofia. Ela não descreveu aqui o problema da passagem do pensamento puro para o mundo e do mundo para o pensamento? Esse dilema não podia ser solucionado, pois o texto não era uma parábola sobre Heidegger e seu alheamento do mundo. Em vez disso, era uma peça literária sobre o dilema do pensamento filosófico exemplificado na figura de um pensador importante no século XX.

Em seu relacionamento pessoal, entretanto, ela não tinha condições de compreender as coisas. Hannah se sentia fracassada em seu relacionamento com seu amor Martin: ela não conseguiu fazer a reconciliação de Martin com Jaspers. Pelo contrário, ao longo dos anos Jaspers foi endurecendo cada vez mais. Durante certo tempo, ele esperou de Heidegger uma resposta convincente à pergunta a respeito das razões de sua euforia nacional-socialista, depois começou a cobrá-la, até que, por fim, distanciou-se definitivamente e reduziu o contato a termos convencionais. Heidegger, porém, não conseguiu sair de sua toca.

Por outro lado, seu relacionamento pessoal com Heidegger era bem diferente daquele que tinha com outros amigos alemães. Em relação a Karl Jaspers ou Dolf Sternberger, Hugo Friedrich ou Benno von Wiese, ela sempre sabia onde estava pisando. Já no caso de Heidegger, porém, ela nunca conseguia compreender inteiramente o homem, não conseguia ter certeza de que havia entre eles um fundamento indestrutível.

6. AMOR MUNDI

De vez em quando, ela se sentia tão insegura que se queixava a Jaspers do papel que Heidegger lhe atribuía nesse relacionamento: a moça eternamente jovem, a aluna, a musa, que tinha de renunciar a seu brilho próprio. Por fim, ela e Jaspers até brigaram por causa disso. Hannah relatou ao marido que Jaspers tinha lhe dado "quase um ultimato por causa de Heidegger" e ela precisou colocá-lo em seu devido lugar[9]. Também escreveu a Heinrich que, em relação a Heidegger, ela estava efetivamente disposta a assumir o papel da moça, ou seja, fazer de conta que nunca tinha escrito uma só palavra[10]. Seu jogo com o paradoxo só ocultava penosamente as muitas frustrações.

Ela até buscou socorro na grafologia e recebeu da esposa de um editor amigo a seguinte interpretação sobre Heidegger: alguém com uma relação profunda com a língua, que não tinha predisposição homoerótica (ao que tudo indica, um temor recorrente de Hannah) e para quem o casamento não significava nada[11].

Pouco se sabe a respeito do que, do quão intensivamente e em que contextos Heidegger pensou sobre ela naqueles anos de silêncio. Existem indícios de que Heidegger e seu círculo de amigos até a rejeitaram durante certo tempo. Levou-se a mal a *laudatio* com a qual ela honrara Jaspers, por ocasião da outorga do Prêmio da Paz do Comércio Livreiro Alemão em 1958, descrevendo-o como exemplo luminoso de uma pessoa pública e como encarnação da *humanitas*, como seguidor digno de Immanuel Kant[12]. Além disso, em sua homenagem, ela colocara no centro um elemento do pensamento de Jaspers que Heidegger qualificava como desvio da tarefa da filosofia: a esfera pública[13]. Nenhuma felicitação veio de Friburgo quando, em 1959, ela recebeu o Prêmio Lessing da cidade de Hamburgo. Entretanto, justamente seu discurso de agradecimento é outro testemunho de sua confrontação com o ex-amante. Ela falou de amizade, humanidade e do perigo da falta de mundo (*Weltlosigkeit*). Também se poderia ler essa homenagem a Lessing, o gênio da amizade, como um pronunciamento dirigido a Heidegger,

9. Cf. carta de Arendt para Blücher, de 31 out. 1956, em H. Arendt; H. Blücher, *Briefe 1936-1968*, p. 451.

10. Ibidem, p. 426.

11. Kurt Blumenfeld inclusive fez troça com ela por causa disso: "Ontem Hanna Strauss [esposa de um ex-editor da editora Schocken Books], de Nova York, esteve aqui. Ela me falou com entusiasmo de uma conversa sobre grafologia que teve com você. Quando disse que tinha recebido de você duas amostras de caligrafia para avaliação, eu disse: Heidegger e Walter Benjamin. 'Hannah provavelmente te escreveu sobre isso', disse ela." (Carta de Blumenfeld para Arendt, de 21 maio 1958, em H. Arendt; K. Blumenfeld, *"... in keinem Besitz verwurzelt": Die Korrespondenz*, p. 215.)

12. Cf. Hannah Arendt, Laudatio auf Karl Jaspers, *Menschen in finsteren Zeiten*, p. 92s.

13. Ibidem, p. 89s.

como defesa da amizade em tempos difíceis, mais especificamente uma amizade que se situa no mundo e consegue conviver com a divergência entre os amigos.

É possível que a mensagem cifrada transmitida pela não inclusão de uma dedicatória a Heidegger no livro *Vita activa* tenha, quando de sua publicação, acentuado a desconfiança de Heidegger e de seu círculo de amigos. Ela percebeu isso quando, em julho de 1961, ao retornar de Israel, fez uma parada em Friburgo a convite de Joseph H. Kaiser, professor de Direito Internacional na universidade de lá. Ela havia informado Heidegger disso, mas não recebera qualquer notícia dele. Então ficou sabendo que um colega do círculo de Heidegger tinha "bruscamente" se recusado a vê-la, "e que ele deixou bem claro a influência de Heidegger, que, ao que tudo indica, o tinha proibido de fazer isso"[14]. Isso deve tê-la magoado muito. Passou meses incomodada com isso. Queixou-se com Jaspers[15]. Ela achava que seu livro *Vita activa* era o motivo da reação inflamada de Heidegger e de seu círculo de amigos, haja vista que ele provavelmente era da opinião de que ela não tinha capacidade para semelhante feito[16]. Provavelmente, no entanto, foi a não dedicatória explícita que o irritara.

ARENDT:
EM BUSCA DE UM NOVO COMEÇO

Não é difícil para aquele que se debruça sobre o livro *A Condição Humana* perceber que, nas entrelinhas, Arendt trava uma discussão com o pensamento de Heidegger. Mas ela escreveu o livro não apenas com o propósito de travar um debate com seu professor, o que, aliás, já vinha fazendo há mais tempo. Ela *precisava* escrevê-lo também porque, ao final do tortuoso périplo de *Origens do Totalitarismo*, era como se ela deixasse seus leitores desamparados diante de uma pergunta sem resposta. Depois de ter descrito o total abandono das pessoas nos campos de concentração dos dois

14. Carta de Arendt para Jaspers, de 6 ago.1961, em H. Arendt; K. Jaspers, *Briefwechsel 1926-1969*, p. 484.
15. Cf. carta de Arendt para Jaspers, de 6 ago. 1961, ibidem.
16. Cf. carta de Arendt para Jaspers, de 1º nov. 1961, ibidem, p. 494.

6. AMOR MUNDI

grandes sistemas totalitários e falado das "tempestades de areia devastadoras" que percorreriam o século e tornariam a terra inabitável, concluíra com uma citação de Agostinho: "*Initium ut esset, creatus est homo* – para que houvesse um começo, o ser humano foi criado."[17] Mas ela tinha deixado em aberto a questão de se e como haveria um novo começo após o fim da catástrofe, afastando-se, com isso, de outras análises do domínio totalitário que terminavam em uma crítica radical da cultura e recusavam o mundo do presente, como, por exemplo, *Dialética do Esclarecimento*, de Theodor W. Adorno e Max Horkheimer; ou que se orientavam pelo propósito de sanar a tradição após sua ruptura, por exemplo, com uma filosofia moral fundamentada de maneira nova; ou ainda daquelas que pressupunham que essa forma de domínio desapareceria da mesma forma como tinha surgido e que a normalidade voltaria a se estabelecer. Não por acaso, na Alemanha pós-1945, o classicismo alemão era celebrado como o elemento indestrutivelmente puro de sua cultura e de sua história.

Mas quais eram as condições sob as quais um novo começo era possível? O livro que surgiu dessa pergunta se baseava em seus estudos sobre antissemitismo, racismo e domínio total feitos na década de 1940. Agora era preciso refletir sobre as consequências da análise do totalitarismo. Comunicara a Heidegger em uma carta de 1954 o quanto estava claro para ela que o novo projeto era decorrência do antigo[18].

Mesmo assim, *A Condição Humana* representava algo novo para Arendt. Enquanto ainda se podia compreender *Origens do Totalitarismo* como um conjunto de narrativas históricas entrelaçadas a respeito de uma crise europeia, cujos subterrâneos filosóficos só eram acessíveis a especialistas, o novo livro dava voz a debates que desde os anos 1940, quer nos Estados Unidos quer na Europa, haviam se tornado importantes. Naquela época, em toda parte no mundo ocidental eram correntes debates políticos e filosóficos sobre o futuro do ser humano e da cultura ocidental. Seu ponto de partida era a pergunta sobre as consequências de uma ruptura tão existencialmente

17. H. Arendt, *Elemente und Ursprünge totaler Herrschaft*, p. 730.

18. Cf. carta de Arendt para Heidegger, de 8 maio 1954, em H. Arendt; M. Heidegger, op. cit., p. 146.

profunda quanto aquela produzida pelo domínio totalitário na esfera do pensamento e na da convivência política dos povos. Na *Partisan Review* e em outros periódicos, duas correntes distintas de opinião conviviam em torno dessa questão. Os críticos da cultura discutiam a crise da modernidade enquanto contexto cultural em que o papel "do ser humano" e também dos intelectuais deveria ser redefinido. Os intelectuais com interesses políticos queriam tirar consequências políticas da crise[19]. Arendt, que naturalmente fazia parte deste último grupo, publicou sobre isso o ensaio "Tradition and Modern Age" (A Tradição e a Era Moderna), na *Partisan Review*, em 1954[20]. Mas ela não tinha receitas ou estratégias a oferecer. Pelo contrário, assumiu a tarefa de seguir o rastro da ruptura com a tradição que tinha como base a cisão entre o pensamento filosófico sobre o mundo e a ação no mundo. Essa cisão, que tivera seu ponto de partida em Platão, e que Marx pretendera levar radicalmente a seu termo, tinha separado os dois mundos de tal modo que eles se contrapunham de maneira aparentemente antagônica – o mundo inútil do pensamento e o mundo da ação orientado pela utilidade. Era *isso* que, na sua opinião, estava subjacente à erosão da ordem política e da produção de sentido na Era Moderna, e não uma crise qualquer da cultura.

Como muitos intelectuais e cientistas, ela também se confrontou com a questão do impacto das mudanças tecnológicas cada vez mais velozes nas sociedades modernas. Temas polêmicos do pós-guerra passaram para o primeiro plano: a transformação do setor industrial e da sociedade do trabalho, a automação dos processos de trabalho, o desaparecimento de certos grupos sociais (o *trabalhador manual*), o surgimento de novos grupos de *status* social (o *gerente*), o surgimento de uma "cultura de massas", a debilidade do liberalismo, o significado da religião e o agnosticismo dos intelectuais. Não é por acaso que os intelectuais estadunidenses tinham uma vantagem na discussão sobre esses pontos. Enquanto na década de 1950 as elites intelectuais europeias olhavam para o passado e se defrontavam com um presente de destruição e depressão, nos Estados Unidos se olhava para o presente e daí se extrapolava na direção do futuro. Em 1952, a redação da *Partisan Review* realizou um fórum de

19. Cf. Talcott Parsons, Max Weber and the Contemporary Political Crisis, *Review of Politics*, v. 4, n. 1, jan. 1942.

20. Cf. H. Arendt, Tradition and Modern Age, *Partisan Review*, v. XII, n. 1, jan.-fev. 1954; em alemão: Tradition und Neuzeit, em *Zwischen Vergangenheit und Zukunft*.

discussão em três partes – *Our Country and Our Culture* – que apontava exatamente para essa situação e do qual participaram intelectuais liberais renomados da Costa Leste. Entre eles estavam James Burnham, Leslie A. Fiedler, Norman Mailer, Reinhold Niebuhr, Philip Rahv, David Riesman, Lionel Trilling e outros. Alguns deles defendiam a tese de que havia ocorrido uma mudança de paradigma na relação dos Estados Unidos com a Europa. A cultura estadunidense agora andaria com suas próprias pernas e, essencialmente, não precisaria mais da Europa. Outros periódicos – como *Commentary*, de intelectuais judaicos – seguiram por essa trilha.

Entretanto, os debates não teriam tido esse enfoque se os Estados Unidos não tivessem conquistado um importante papel de liderança econômica. O *boom* econômico que teve início poucos anos após a guerra na Europa partiu de lá. A autoconfiança daí resultante se estendeu à elite intelectual.

A partir do *boom* surgiu um novo tipo de sociedade, que exigia reflexão científica e política. Na época pós-totalitária, o desenvolvimento tecnológico do mundo ocidental parecia acelerar cada vez mais a disseminação de uma sociedade de *job holders* (ocupantes de postos de trabalho). Em todo caso, Arendt e muitos de seus amigos e também adversários estavam convencidos disso. Desde então passou-se a perguntar, entre outras coisas, se o trabalho seria o único produtor de sentido da vida e que papel, afinal, caberia à cultura.

Depois da primeira bomba atômica ter sido detonada, em 1945, e, com isso, os Estados Unidos (e mais tarde a União Soviética) terem provado que tinham condições de destruir o mundo criado pelos seres humanos, seguiu-se nos anos 1950 a primeira exploração do espaço através de um satélite; em 1969, o primeiro ser humano pôs os pés na lua. A dimensão da (auto)destruição total e a ampliação infinita do mundo humano produziram questões acerca do sentido que a sociedade do trabalho não podia responder. De agora em diante as questões existenciais acerca do sentido se sedimentarão nos nichos da tradição ou serão delegadas a pensadores profissionais.

Arendt comparou a ruptura fundamental de sua época com a mudança fundamental que Descartes empreendera conceitualmente na relação do ser humano com seu entorno. Enquanto o filósofo do *cogito* tornara a existência do mundo dependente de sua percepção subjetiva, os seres humanos, argumentava Arendt, ao se voltarem para um espaço além do mundo, começaram a ultrapassar as limitações de sua existência aceitas desde a Antiguidade.

A Condição Humana é um fruto dessa convergência de influências diversas. O livro foi escrito para um público ocidental; trata a Europa e a América como partes de um mundo comum.

A partir dos anos 1950, ela se voltou, como indicam seus cadernos de apontamentos, para as condições sob as quais um novo início em termos políticos seria possível na modernidade. Para isso, tornou a estudar Heidegger e a confrontá-lo com os textos gregos originais.

Quando se acompanha a forma como Arendt lidou com as categorias de Heidegger durante os anos 1950 e 60, pode-se perceber que seu entendimento acerca delas muda conforme ela se familiariza com os textos gregos originais. A razão disso era a seguinte: de sua análise da ruptura da tradição na história do Ocidente, ela havia tirado a conclusão de que não se poderia reatar o elo da tradição rompida. Nesse ponto estava inteiramente de acordo com Heidegger. Entretanto, ela também enfocou o colapso da tradição *política*. Por isso, iniciou um debate sobre como, afinal, se deveria fundamentar a convivência política dos seres humanos.

Como contrapeso ao caráter possibilitador de sentido do ser--aí que Heidegger retirava da morte, ela remeteu ao nascimento como um possibilitador equivalente. Entre o nascimento e a morte se estende o espaço da ação humana. A produção de sentido não se interrompe com a morte física. Os seres humanos produzem algo que pode ser transmitido ao futuro: a narração do que ocorreu (os grandes atos, as catástrofes), bem como aquilo que é comum a todas as pessoas, o que, desde a Antiguidade, os clássicos designaram usando termos como *summum bonum* ou "felicidade pública".

Ela compartilhava a crítica tardia de Heidegger ao ativismo – que também era uma autocrítica – e a usou positivamente. Não é a vontade de poder, ou seja, não é o girar-em-torno-de-si-mesmo da vontade, que se encontra no centro de nossas atividades, tampouco o retirar-se do mundo, o deixar-acontecer, como defendeu

Heidegger depois de sua queda dramática. A alternativa de Arendt para a coação mortífera do mundo é a possibilitação de um mundo plural, em que os indivíduos possam estabelecer relações de reciprocidade. É isso que Arendt quer dizer quando se refere ao mundo.

Ela não podia ignorar que suas experiências a levaram a desenvolver uma aversão ao pensamento puro. Sentia-se impelida a estabelecer um início para um pensamento político que fosse aberto à experiência do mundo. Ao mesmo tempo, precisava do pensamento puro, do pensamento de Heidegger, para evitar constantemente recair na postura antiga, a postura do cientista que pensava e escrevia "sobre" algo. Daí que tenha trabalhado com o "método de Heidegger" ao investigar o emprego histórico e linguístico das categorias políticas fundamentais.

Ela fez uma releitura de cada texto da Antiguidade e também dos textos de Heidegger, extraiu um significado diferente de alguns conceitos, questionando inicialmente sua validade, como fazia seu mestre. Esse era um enfoque metodológico que Heidegger tinha elaborado penosamente para si desde a juventude e ao longo de muitos anos. A partir de tal enfoque, edificou para si um "espaço do pensamento puro" do qual saiu ao arriscar o salto para a ação e para o qual retornou quando se deu conta de seu tombo. Ela também aplicou esse "método" ao próprio Heidegger. Oscilando constantemente para lá e para cá entre o espaço do pensamento puro e a experiência, ela, por assim dizer, "atirou" as experiências do século, inclusive suas próprias, para dentro do espaço do pensamento e, assim, o explodiu repetidamente, possibilitando, ao fazer isso, o surgimento de novos ângulos de visão.

Mais um contraponto entre Heidegger e Arendt: enquanto Heidegger deixara o mundo da ação para retornar ao reino da filosofia e da linguagem, Arendt chegou à conclusão de que no pensamento filosófico não se encontrariam respostas para as novas perguntas que a modernidade levantava. Além disso, o pensar e o agir seriam esferas tão fundamentalmente distintas que não se poderia saltar de uma para a outra. Seria preciso criar passagens entre ambas.

Em uma anotação de seu diário de março de 1952, Arendt escreveu o seguinte por ocasião de sua leitura do escrito de Heidegger intitulado *Que É uma Coisa?*:

Heidegger: "Nós somos – no sentido estrito da palavra – os condicionados. Deixamos para trás a pretensão de toda incondicionalidade."[21]

"[...] do pensamento que apenas representa, isto é, explica, para o pensamento que rememora"[22].

(Essa é a verdadeira virada [...]).[23]

Abstraindo de sua valorização da compreensão especificamente heideggeriana do pensamento como rememoração (diferentemente do pensar-sobre-algo), Arendt inverteu o questionamento dele. Partiu da suposição heideggeriana de que "a pretensão de toda incondicionalidade" deveria ser deixada para trás, e investigou na sequência como as "condicionalidades", as limitações do mundo, entravam na ação humana. Como a representação do ser humano e da vida deveria ser deslocada para que a perspectiva da ação se revelasse novamente tangível para os seres humanos-cidadãos?

Ao que tudo indica, o interesse primordial de Arendt não era refutar ou confirmar Heidegger. Ela percebeu muito bem que ele havia descoberto algo para o qual outros não tinham atinado: a percepção de que o desenvolvimento combinado do conhecimento e da tecnologia tinha levado a uma alienação irreversível dos seres humanos em relação ao mundo. Muitos de sua geração haviam chegado a diagnósticos semelhantes. Ele, contudo, enveredara pelo caminho inverso para encontrar os pontos centrais em que o pensamento do mundo se deturpara. E seguiu esse enfoque ao longo das etapas da história do intelecto, ao longo das mudanças nos conceitos. Ao fazer isso, mostrou camadas ocultas da compreensão que possibilitavam novos caminhos para o pensamento. Mas sua reflexão sempre se referia ao indivíduo pensante. Ele só conseguia colocar em jogo uma mundanidade (*Weltlichkeit*) como dimensão da filosofia do ser. Então se detinha na senda interna de seu pensamento. Não podia e não queria pensar sobre pluralidade, conflito, ação. Havia limites estabelecidos para a sua ontologia. Heidegger não *queria* – ainda mais após a experiência do nacional-socialismo – ultrapassá-los. Por isso, não adentrava o terreno desconhecido da passagem para o pensamento político.

Arendt, por sua vez, na esteira do abalo existencial produzido pela ruptura radical com a tradição, uma ruptura que se tornou patente com o nazismo e o comunismo

21. M. Heidegger, Das Ding, *Gestalt und Gedanke*, p. 146.

22. Ibidem, p. 147.

23. H. Arendt, *Denktagebuch*, 1950 bis 1973, p. 1, cad. VIII, março de 1952, registro 28, p. 195.

soviético, havia chegado à percepção de que o pensamento de Heidegger era concebido de modo estreito demais e, por isso, tinha de ser confrontado. Em sua opinião, uma das razões da ruptura com a tradição na modernidade se encontrava no fato de que as pessoas estavam impossibilitadas de moldar sua convivência de forma ativa. Por causa da centralização do poder no Estado nacional, por causa do domínio total, por causa do desaparecimento do espaço político, as vias de acesso para o espaço público haviam ficado bloqueadas. E nesse contexto ficou claro que o que estava em jogo não era só a rememoração do mundo, como dizia Heidegger, mas a ação política dentro dele, a ação conjunta de muitos.

Heidegger seguira Platão na ideia de que a política era essencialmente educação para a verdade. Ela deveria ser feita por guardiões e "pessoas sábias", por monarcas e educadores solitários. Ele próprio havia tentado seguir a *ratio* platônica e fracassara. Portanto, Arendt precisava voltar até os primórdios da reflexão sobre a convivência política para averiguar em que Heidegger havia fracassado. Seguindo a máxima de que o pensamento começa com a contestação, ela começou, a partir de 1951, a fazer uma releitura dos gregos antigos. Estudando Platão, examinou as categorias básicas de Heidegger: o que significa ser? O que significa ser-aí? O que é a verdade? Como surge uma comunidade política? Seu "Diário de Pensamentos" atesta como ela percorreu o pensamento ocidental e examinou as novas percepções que adquirira com base em Heidegger.

No transcurso desse processo de leitura e pensamento, em que incluiu Heinrich Blücher, que trabalhava com questões semelhantes, ela descobriu uma nova leitura das categorias básicas do pensamento sobre o mundo. Antes de mais nada, o pensar do político – e nesse ponto Heidegger teria concordado com ela – não era um pensar *sobre* o mundo, e sim um pensar *no* mundo e *dirigido para o* mundo. Mas quem são os pensantes? E o que é o mundo?

Aqui pode-se perceber claramente a guinada de Arendt em relação a Heidegger e Platão. Diferentemente deles, ela *precisa* deixar a filosofia para adentrar o espaço político. Para ela, o pensamento político se refere ao mundo, mas este se fundamenta na ação de muitos e não na reflexão filosófica. Ela extraiu de sua leitura do Antigo e do Novo Testamento, dos textos de Platão e dos textos de seu mestre uma outra compreensão do mundo: do ato da criação não surgiu Adão, de cuja costela Eva foi criada depois; pelo contrário, Deus criou Adão *e* Eva. Ele criou dois seres humanos diferentes, e não um e tampouco dois iguais[24]. Em seu "Diário de Pensamentos" ela amplia ainda mais essa definição: "A pluralidade que se apresenta da forma mais pura na série de números que continua até o infinito e se gera a partir de si mesma *não está originalmente na multiplicidade das coisas, e sim na carência do ser humano, que, nascido como um, precisa do segundo para assegurar o prosseguimento no terceiro, quarto e assim por diante.*"[25]

Portanto, os seres humanos precisam uns dos outros, e só adquirem existência ao se relacionarem. O que constitui o mundo é aquilo que acontece *entre* os muitos. A pluralidade só surge na fricção contínua *entre* os muitos indivíduos. Ela tem seu lar na língua; por conseguinte, só a multiplicidade de línguas constitui o mundo.

24. Cf. também H. Arendt, *Vita activa oder Vom tätigen Leben*, p. 15.

25. Idem, *Denktagebuch, 1950 bis 1973*, p. 1, cad. IX, agosto de 1952, registro 26, p. 218. (Grifo nosso.)

26. L. Menand, *The Metaphysical Club*, p. 428.

27. Ibidem, p. 431. (Grifos nossos.) Menand acrescenta: "Holmes, James, Peirce e Dewey queriam trazer ideias e princípios até um nível humano porque queriam evitar a violência que viam oculta em abstrações. Essa era uma das lições que a Guerra Civil lhes tinha ensinado. O sistema político, que sua filosofia se destinava a apoiar, era a democracia. E a democracia, na compreensão deles, não tinha apenas a ver com a possibilidade de as pessoas certas tomarem a palavra; também tinha a ver com a possibilidade de as pessoas erradas tomarem a palavra. Tinha a ver

Pluralidade: nesse ponto, Arendt se deparou com uma diferença fundamental de compreensão entre os Estados Unidos e a Europa. A compreensão estadunidense de pluralidade era, entre outras coisas, fruto da assimilação do trauma da guerra civil, mas também se cristalizou em um "caso" histórico. Em 1918, o anarquista Jacob Abrams tinha jogado, junto com correligionários, folhetos pacifistas do telhado de um prédio da 2ª Avenida, em Manhattan. O grupo foi acusado de atentar contra a segurança dos Estados Unidos e, com isso, boicotado o esforço de guerra do país. Seus membros foram condenados a penas elevadas[26]. Em um voto divergente sobre o caso Abrams, entretanto, Oliver Wendell Holmes, um jurista prestigioso e ministro da Suprema Corte dos Estados Unidos (e inteiramente insuspeito de qualquer simpatia pelos réus), cunhou, em 1919, uma compreensão incomum de pluralidade: "Permitimos a liberdade de expressão porque precisamos dos recursos do grupo todo para obter as ideias de que precisamos. *Pensar é uma atividade social.* Eu tolero seu pensamento porque ele faz parte do meu pensamento — mesmo que meu pensamento se defina em oposição ao seu."[27]

Na história da Alemanha e da França, a compreensão de pluralidade estava mais fundamentada na tolerância ou no imperativo de suportar a divergência por causa da ideia de humanidade. Contudo, segundo o pensamento de Oliver Wendell Holmes, que tinha por base Charles Peirce, Henry James, John Dewey e outros, a sociedade *necessita* das ideias e interesses divergentes, e não só os tolera. A sociedade precisa das pessoas que têm opiniões diferentes porque em suas atividades e opiniões divergentes aparece uma parte da riqueza do pensamento dela.

Essa compreensão do conceito de pluralidade deve ter fascinado Arendt, mesmo que a realidade da vida pública nos Estados Unidos fosse diferente.

A ação e a pluralidade formam, portanto, uma unidade. A ação é uma atividade com a qual os seres humanos intervêm em um contexto histórico erigido por outros, uma estrutura, uma rede que é sustentada por muitos que não comungam da mesma opinião.

Ela só podia concordar com seu mestre na recusa do papel da vontade no agir – essa fora a consequência que Heidegger, a rigor, tirou de sua queda em 1933.

De Agostinho ela depreendeu que a vida não é só limitada pela morte, mas também é *possibilitada* pelo nascimento: *Initium ut esset, creatus est homo.* O nascimento *e* a morte criam o espaço, o único espaço, em que podemos nos mover, que podemos moldar – e destruir. A metáfora do nascimento não era estranha a Heidegger, que aludiu a ela – nunca foi mais longe que isso – em termos como "desvelar" ou "desencobrir" e também no conceito grego de verdade – *aletheia.*

Arendt transforma o *estar-lançado* (*Geworfenheit*) no mundo de Heidegger no *estar-juntos* (*Beisammen-sein*) no mundo[28]. Entretanto, estar-juntos não implica harmonia. A pluralidade, com sua multiplicidade de perspectivas, deveria garantir que o mundo surgisse de modo constantemente novo entre os agentes. Na fricção mútua das muitas opiniões, no *entre*, emergiria o novo, o espaço da ação, o mundo.

com a concessão de espaço a concepções minoritárias e dissidentes de modo que, no final das contas, os interesses da maioria possam prevalecer [...] O pensamento estadunidense moderno, o pensamento associado a Holmes, James, Peirce e Dewey, representa o triunfo intelectual do unionismo." (Ibidem, p. 440s.).

28. H. Arendt, *Denktagebuch*, 1950 bis 1973, p. 1, cad. V, agosto de 1951, registro 22, p. 118. "Heidegger não tem razão: o ser humano não 'está lançado no mundo'; se estamos lançados, então o estamos – assim como os animais – lançados na terra. O ser humano é justamente conduzido para o mundo, e não lançado nele, e aí justamente se produz sua continuidade e se revela sua pertença. Ai de nós se somos lançados ao mundo." Ibidem, cad. XXI, agosto de 1955, registro 68, p. 549s.

Para valorizar o mundo como espaço da ação histórica, Arendt precisava obter uma outra compreensão da verdade. Ela inverteu o conceito platônico de verdade segundo o qual a verdade se encontra nas ideias das coisas e não nas próprias coisas. A verdade não é o que os (filósofos-)educadores podem "contemplar" e então transmitir aos outros habitantes da terra. A verdade não reside nas ideias. Mas também a ideia de desvelamento de Heidegger, que deveria levar ao aparecimento da verdade do ser-aí, não ia longe o suficiente para ela. Em um ato de pensamento aparentemente arriscado, ela colocou o conceito de verdade no mundo da pluralidade. Segundo ele, toda pessoa *pode* participar da verdade, mas só *participar*, porque a verdade permanece constantemente objeto de disputa *entre* os muitos. Então, a verdade como desvelamento do que até então era invisível não revela o *evidentemente* válido. Na verdade, o válido na *ação* se tornaria visível. E esse válido, esse não oculto, também incluiria os agentes.

Arendt contrapôs à desconfiança heideggeriana em relação ao mundo público uma compreensão aberta. O mundo do "impessoal" não é apenas perturbador (embora às vezes o seja), mas também possui implicações existenciais para os seres humanos[29]. A esfera pública surge da mundanidade compartilhada do ser-aí; ela é vital. Na esfera pública, as opiniões se entrechocam, não em um concerto harmonioso, e sim, às vezes, pelo contrário, de modo cacofônico, mas é justamente isso que proporciona impulsos de renovação à coletividade.

O significado do público, porém, depende de que aquilo que não é público, o privado, tenha seu lugar reconhecido. Os dois se condicionam mutuamente. Para obter clareza nesse ponto, ela levou a crítica sistemática de Heidegger ao âmbito público para além da última consequência tirada por ele. Se o âmbito público não é, como pensava Jaspers, pura claridade, mas, como afirmava Heidegger, obscurecia tudo, então a distância para com tudo que é público seria a única forma de ser-aí possível. Com isso, porém, argumentava Arendt, se estaria contribuindo para que tudo se tornasse privado e não houvesse mais espaço onde as pessoas poderiam se encontrar como agentes. Isso faria com que o mundo dos demais seres humanos desaparecesse.

29. Ibidem, cad. IX, agosto de 1952, registro 26, p. 218s.

6. AMOR MUNDI   351

A ação, porém, precisa da tribuna da esfera pública. As comunidades gregas do tipo *pólis* conseguiram criar essa tribuna porque seus protagonistas delimitaram o âmbito político em relação ao mundo das necessidades privadas, daquele mundo do trabalho, do comércio, da reprodução, da família. Portanto, a participação na esfera pública se baseia na capacidade de distinguir o que se destina a esse espaço e o que se destina àquele. Só quem consegue distinguir o que se situa no âmbito público e o que deve permanecer no privado pode perceber o público. E só lá pode surgir, afinal, uma dimensão política, ou seja, uma dimensão que diga respeito a todas as pessoas naquilo que têm em comum[30].

No tocante à relação entre pensar e agir, Heidegger, por um lado, apostou na identidade dos dois e, por outro, do ponto de vista de Arendt, a esfera do trabalho substituiu para ele o agir. Com base em sua experiência de vida e em sua leitura crítica da história intelectual dos tempos modernos, Arendt se definiu inteiramente contrária à identidade de pensar e agir. Seu livro *Origens do Totalitarismo* é uma grande rejeição dessa tese. Se pensar e agir fossem uma só coisa, então os intelectuais seriam os agentes por excelência. Mas eles não tinham acabado de demonstrar que se deixaram fascinar profissionalmente, ou seja, enquanto pensadores, pelo domínio total? Muitos "pensadores de ofício" haviam produzido uma realidade ideológica e a fizeram passar por realidade. Para Arendt, com a ascensão do totalitarismo, a tarefa educacional da filosofia ficara desacreditada. A realidade autêntica deveria surgir a partir da ação dos muitos, do *common sense*. Como o pensamento, por sua vez, não surgia do *common sense* e sim da retirada do filósofo em relação ao mundo comum, o pensar e o agir eram radicalmente diferentes[31]. E, ainda assim, havia uma faculdade na qual eles estavam ligados, a saber, a de falar e julgar.

Em julho de 1955, surgiu subitamente a ideia principal do novo livro:

> *Amor Mundi*: trata do mundo que se forma como tempo-espaço tão logo os seres humanos estejam no plural – não uns com os outros, não uns ao lado dos outros, a pura pluralidade basta! (o puro "entre") – [do mundo] em que, então, erigimos nossos prédios, nos instalamos,

30. Ibidem, cad. XI, outubro de 1953, registro 11, p. 262s.
31. Ibidem, cad. XV, maio de 1953, registro 21, p. 360.

> queremos deixar algo permanente do qual fazemos parte na medida
> em que *somos* no plural, em relação ao qual permanecemos perpetua-
> mente estranhos na medida em que também somos no singular, e é
> só a partir da pluralidade deste que podemos definir a singularidade.
> Ver e ser visto, ouvir e ser ouvido no "entre" [...].[32]

Amor Mundi era o título que ela pretendia dar originalmente ao livro, antes de se decidir por *Vita activa oder Vom tätigen Leben* [*A Condição Humana*, em português].

Nesse livro, Arendt mediu o espaço – o mundo – que está disponível para os seres humanos na medida em que estes se prontificam a agir. Seu subtexto é a questão do que possibilita esse mundo e do que o destrói.

Em suas reflexões sobre o que há de raso na sociedade moderna, ela destacou principalmente o desaparecimento do âmbito público. Para esse tipo de sociedade, é o âmbito do trabalho que está no centro. Mas já no início de sua exposição, Arendt refutou a tese de que a sociedade moderna seria uma pura "sociedade do trabalho". É evidente que nela existem trabalhadores, mas o trabalho não é sua única característica. Essa sociedade também produz um mundo de coisas. Em uma formulação crítica a Marx, ela distingue entre "trabalhar" e "produzir". Ela define trabalhar como as atividades necessárias para a manutenção do ciclo da reprodução humana (nascimento – vida – reprodução – morte). Esse tipo de trabalho não distingue a espécie humana dos animais; daí a formulação *animal laborans*. Nesse contexto, a finalidade da existência humana consiste em despender sua força de trabalho para poder se manter e gerar descendentes, e finalmente morrer. A partir dessa vida de trabalho não há, do ponto de vista dela, acesso ao mundo comum.

A manufatura, por outro lado, que ela chama de "produção", serve à criação de uma esfera em que se produzem bens independentes do ser humano, o mundo das coisas. Esse mundo tem início onde o ciclo de reprodução do trabalho e do consumo – que ela equipara à destruição – está assegurado. Nele se produzem coisas permanentes, que duram mais do que o tempo de uma vida. Mas só no falar e no agir se pode vivenciar o acesso àquele mundo comum do *entre*, cuja descoberta devemos aos gregos.

32. Ibidem, cad. XXI, julho de 1955, registro 55, p. 539.

6. AMOR MUNDI

Portanto, o agir – e a metáfora do nascimento mostra isso – vai além do mundo do trabalho e do mundo das coisas. Com o agir começa algo. Essa ideia também se encontra em outros pensadores. Mas Arendt faz mais uma distinção nesse ponto. Um começo não deve ser equiparado à antecipação do fim. Se vou atingir o objetivo a que viso com meu agir, é uma questão que está em aberto. As consequências de minha ação, nas quais também os demais seres humanos estão inseridos, podem ir para uma direção não tencionada por mim. O agir cria uma "teia de relações" à qual todos – indivíduos, grupos – se reportam. "A ação [consiste em] colocar o próprio fio em um tecido que a própria pessoa não fez."[33] Mas isso só é possível na esfera pública.

Ela concordava com Heidegger que a técnica, o trabalho e o mundo das coisas obstruíam o acesso às coisas importantes da vida. Ela valorizava muito a clarividência dele em relação às consequências radicais que a cibernética e a informatização da comunicação teriam sobre o relacionamento dos seres humanos com o mundo por eles criado[34].

O difícil conceito de "armação" ou "dispositivo" de Heidegger, em que se cristalizava sua própria crítica da modernidade nos anos 1950, sugere que o "verdadeiro" acesso ao ser estava tão encoberto que seria de se duvidar que ele alguma vez fosse encontrado. Essa ideia foi plenamente aceita por ela[35]. Ambos atribuíam ao pensamento filosófico e científico da Era Moderna uma grande responsabilidade nesse dilema. Mas Arendt também via na ação política a oportunidade de quebrar o feitiço. Nesse ponto ela discordava decididamente de Heidegger. Nenhum destino nem sina, nenhum "dispositivo", pode impedir a quebra desse feitiço se os agentes assim o quiserem.

Com *A Condição Humana*, Arendt havia introduzido um novo tipo de pensamento. O que ela fazia não era ciência, mas

---

33. Arendt, *Vita activa oder Vom tätigen Leben*, p. 174.

34. Cf. carta de Arendt para Heidegger, de 28 jul. 1970, em H. Arendt; M. Heidegger, op. cit., p. 202.

35. "Entrementes, também o cultivo (*Bestellen*) do campo passou a ser dominado por um tipo diferente de cultivo, um tipo que põe (*stellt*) a natureza. Ele a põe em termos de desafio. A agricultura é agora uma indústria de alimentação modernizada. O ar é posto para o fornecimento de nitrogênio, o solo para o fornecimento de minérios, o minério, por exemplo, para o fornecimento de urânio, este para a energia atômica, que pode ser liberada para o emprego pacífico ou a destruição." (Martin Heidegger, Die Frage nach der Technik, *Vorträge und Aufsätze*, p. 18s.). "Chamamos agora aquela reivindicação desafiadora que reúne o ser humano visando requerer (*bestellen*) o que se descerra ou desvela enquanto subsistência de armação (*Ge-stell*)." (Ibidem, p. 23). Diz ele sobre a armação: "Ela não é nada de técnico, nada de tipo maquinal. É o modo segundo o qual a realidade se desvela como subsistência. Novamente perguntamos: este descerramento acontece em algum lugar além de todo fazer humano? Não. Mas também não acontece somente *no* ser humano e tampouco decisivamente *por* ele." (Ibidem, p. 27). A armação pode impedir um acesso mais originário ao ser, pode impedir o desvelamento: "O domínio da armação ameaça com a possibilidade de que entrar em um descerramento mais originário possa estar negado ▶

pensamento político, com fundamentação filosófica, abertura para as disciplinas, inclusão das experiências. Mas, a rigor, ela só deu continuidade ao que Platão e Aristóteles haviam iniciado e o que Heidegger retomara. Refletiu sobre os pressupostos para a auto-organização política dos seres humanos sob as condições complicadas da Era Moderna.

No fim de *A Condição Humana*, Arendt deixa seus leitores um tanto perplexos. Ela constata a vitória da sociedade do trabalho e da produção e menciona os obstáculos para a inauguração de um âmbito político público. E então simplesmente passa adiante a pergunta contida no dito de Agostinho: "o ser humano foi criado para que houvesse um começo". Seu significado não muda, apenas é transposto para a esfera política: o que é um começo político? Como ele pode ser plasmado?

UM "LIVRINHO DE POLÍTICA"

Quando Heidegger lhe perguntou em que estava trabalhando, ela mencionou, em 1954, em primeiro lugar o seguinte projeto: "Partindo de Montesquieu, empreender uma análise das formas de Estado com o intuito de descobrir como a política assimilou o conceito de domínio [...] e quão diverso se constitui o espaço político desde sempre."[36]

Na correspondência com Karl Jaspers, o projeto do livro também foi chamado de "livrinho de política". Ele se baseava em um ciclo de preleções que fizera na primavera de 1959 na Universidade de Princeton e em cujo centro estava a Revolução Americana.

Quando, em 1950-1951, organizava as coisas para a sua naturalização, Arendt tinha começado a se ocupar intensivamente da história dos Estados Unidos e de seu pensamento político. Ela leu os textos dos "pais

▷ao ser humano e, assim, também vivenciar a promessa de uma verdade mais primigênia." (Ibidem, p. 32.)

36. Carta de Arendt para Heidegger, de 8 maio 1954, em H. Arendt; M. Heidegger, op. cit., p. 145 [p. 106].

6. AMOR MUNDI

fundadores" do país e seu debate em torno da constituição política dessa sociedade de imigrantes. Ela queria entender não só como tinham surgido o "Mayflower Compact" e a Declaração de Independência, mas também como os Estados Unidos haviam se tornado o que eram: um reduto de liberdade.

Estimulada por seu editor Klaus Piper, ela planejara inicialmente inserir as preleções em um livro sobre política. Piper era da opinião de que um livro assim viria na hora certa para o público alemão. Entretanto, quanto mais Arendt revisava os manuscritos das preleções, tanto mais modificava sua abordagem, e daí resultou um texto polêmico sobre como se funda uma comunidade política, como se abre a esfera política – e como, ainda que com boa vontade, se pode destruí-la. O livro foi publicado em 1963 nos Estados Unidos. Dois anos mais tarde veio a tradução para o alemão sob o título *Über die Revolution* (Sobre a Revolução).

Se em *A Condição Humana* ela falara sobre o condicionamento da existência humana e sobre como a perspectiva do ser humano, enquanto agente, tinha desaparecido do mundo moderno, nesse livro ela procura entender a fundação de comunidades políticas na história do Ocidente. Ele deu continuidade ao debate sobre a erosão da tradição na modernidade e reavivou fundações históricas e seus dilemas. Também aqui Arendt estabeleceu uma relação com a pergunta em aberto deixada no fim de *As Origens do Totalitarismo*. Buscando uma resposta para a pergunta sobre por que as democracias europeias de massas no século XX não conseguiram resistir ao ataque de movimentos totalitários, ela pesquisou a fundação da liberdade política estadunidense e a diferença entre a história política dos Estados Unidos e a da Europa.

O que significa o conceito de *fundação* para Arendt?

Por meio de uma fundação se começa ou se encerra algo novo no espaço político. Fundações no espaço público são ações empreendidas pelos cidadãos que levam ao estabelecimento de uma comunidade política. A revolução é a forma como esse processo se inicia. Ela não eclode simplesmente como uma rebelião, mas é, como na Revolução Americana, "desencadeada deliberadamente e em consulta comum e é levada a bom termo sobre o fundamento sólido de obrigações e promessas mútuas"[37].

37. H. Arendt, *Über die Revolution*, p. 275.

Ao assinalar as "obrigações e promessas mútuas", Arendt fazia referência à promessa diante de Deus enraizada na tradição pietista que era, ao mesmo tempo, uma promessa entre as pessoas, de cada uma diante de Deus e de todas entre si e diante de Deus – trata-se, aliás, de um princípio de ação que está presente na tradição judaica, no Êxodo. Essa promessa está por trás do famoso "Mayflower Compact" dos colonos estadunidenses de 1620, bem como por trás da Declaração de Independência de 1776. Uma assembleia de homens livres, semelhante à dos cidadãos gregos na *pólis*, prometeu entre si e diante de Deus fundar uma comunidade que deveria se basear no princípio da liberdade e do compromisso diante de Deus. É isso que diz a narrativa mítica.

Existe, portanto, uma *constitutio libertatis* (constituição da liberdade), uma autêntica fundação da liberdade. Nesse contexto, o conceito de liberdade vai muito além do seu significado vulgar – ser livre de algo ou o espaço de liberdade assegurado pela constituição, por leis e instituições. Liberdade, nos termos da interpretação arendtiana da Revolução Americana, é liberdade para a fundação de uma comunidade, por exemplo, de uma República.

Na fundação e em sua narrativa se abre uma perspectiva que vai além dos fatos históricos. No caso histórico específico dos Estados Unidos, isso significava que uma comunidade política foi fundada deliberadamente com base em uma tradição bíblica e uma promessa mundana. Na visão de Arendt, são as próprias pessoas que, na modernidade, por não viverem mais na segurança da fé, devem levar adiante a pergunta a respeito das fontes produtoras de sentido. Sem a remissão para além de si mesma, a comunidade se esgotaria na repetição do ciclo de reprodução, na administração de necessidades sociais, na produção de coisas úteis e na elaboração de regras mais ou menos morais.

Nesse ponto, Arendt se arriscou a entrar em uma esfera central do pensamento de Heidegger, a forma de lidar com a *meta-física*, com tudo o que está fora do mundo das coisas. Ela procurou, contudo, relacionar essa dimensão com a esfera da ação e, assim, evitar a armadilha na qual Heidegger fora cair. Enquanto ele, ao ousar dar o salto da ontologia para a ação política, ficou preso no dualismo de líder-liderados, ela relacionou a esfera transcendental com a pluralidade dos muitos que se relacionam mutuamente e criam algo que os transcende.

A problemática se adensava em seu multifacetado conceito de *político*. Este designa uma esfera em que todos os seres humanos enquanto agentes podem se relacionar uns com os outros, que Arendt também chama de "espaço político". No intercâmbio que ocorre nesse espaço – no agir, no falar – surge uma produção de sentido para o convívio humano. Essa produção de sentido não pode ser canonizada numa moldura atemporal, mas precisa ser constantemente renovada.

Nesse contexto, Arendt redescobre um dos conceitos políticos centrais, qual seja, o de poder. Os pais fundadores dos Estados Unidos criaram uma República em que o poder – baseado no princípio da divisão do poder – não foi reduzido, mas ramificado horizontalmente e, com isso, aumentado. Por um lado, ele descia até as *townhall meetings* (reuniões na prefeitura) das aldeias e cidades, onde se tornava visível em decisões concretas. Por outro, uma federação de Repúblicas avulsas foi entrelaçada a um centro – mas um centro forte.

> A verdadeira finalidade das Constituições estaduais [norte-americanas] que precederam a Constituição federal era compensar a perda de poder ocorrida com o desaparecimento da Coroa inglesa e do Parlamento inglês e criar novos centros de poder. Para essa tarefa de *restabelecer o poder*, os fundadores e os homens da Revolução mobilizaram todo o arsenal do que eles próprios chamavam de "ciência política", pois esta consistia, em sua opinião, em descobrir em que "formas e combinações o poder [aparece] em Repúblicas".[38]

Com isso já está indicado o caminho particular que a Revolução Americana tomou. A partir dela não surgiu um Estado nacional organizado de forma centralista, e sim uma federação republicana de Estados.

Recorrendo ao conceito "americano" de poder político e distanciando-se deliberadamente de teorias continentais sobre a centralização do poder, Arendt defendeu um conceito "positivo" de poder. Ela vinculou o fenômeno do poder à ação comum[39].

38. Ibidem, p. 193s.
39. Ibidem, p. 200 e 201.

A liberdade política surge e consiste, então, na ação conjunta dos muitos que tencionam fundar uma comunidade que se baseia na redistribuição horizontal e ampliação do poder do povo.

Com base na Revolução Francesa e em um de seus importantes pensadores, o abade Sièyes, Arendt explica exemplarmente por que esse caminho não pôde ser trilhado na Europa. Na compreensão de Sièyes, que prevaleceu, a nação deveria ser a autoridade suprema que estaria acima de tudo. A nação deveria ser colocada, "enquanto fonte das leis, acima da lei"[40]. Arendt criticou o fato de Sièyes, ao "afastar o poder constituinte, portanto a nação, da esfera política em geral e o colocar em um 'estado de natureza' perpétuo e inalienável"[41], do qual proviria toda legitimidade, teria aberto as portas para as forças que degradaram a Constituição à condição de meio de seus interesses grupais; pois a vontade da nação, argumentou Arendt, interpretando Sièyes, mudava de modo constante. Em consequência, as Constituições francesas foram repetidamente mudadas. Só durante a Revolução foram promulgadas quatro Constituições. Por outro lado, na história dos Estados Unidos, o "local do poder [...] foi situado no povo"[42], não na nação. O povo teria reivindicado o Estado para si, e não o inverso, a nação reivindicado o povo.

Só a partir dessa perspectiva o princípio da República federativa, formulado depois por James Madison, podia parecer um princípio coerente. Mas a razão dessa particularidade consistia no fato de que "os homens da Revolução Americana [entendiam] sob poder exatamente o oposto de uma força natural política; eles se referiam às instituições e organizações que se baseiam apenas em promessas mútuas, obrigações e convenções recíprocas"[43].

Os revolucionários franceses, por outro lado, ao equiparar a vontade do povo à nação e elevar a nação a uma instância metafísica, teriam jogado a vontade santificada da nação contra a expansão do poder político do próprio povo. Daí a objeção de Arendt à Revolução Francesa: o "direito superior da revolução (nação)", não mais arraigado no espaço real de ação, teria minado a possibilidade de um processo revolucionário de fundação por parte do povo. Portanto, enquanto o caminho francês estava direcionado para a unificação da vontade do povo e pretendia alcançar esta última por meio da deificação da nação, o caminho

40. Ibidem, p. 203.
41. Ibidem, p. 211.
42. Ibidem, p. 204.
43. Ibidem, p. 235.

estadunidense, segundo Arendt, baseava-se no respeito pela multiplicidade dos interesses conflitantes que, estando representados em instituições políticas, podiam se tornar uma pluralidade organizada, que sustentava o conjunto de regras políticas (chamado *body politick* no século XVIII) e seus órgãos.

Arendt inferiu disso que uma das causas do dilema do desenvolvimento europeu era a centralização do poder.

Outra razão do malogro de revoluções como a francesa residia, para Arendt, na subjugação da política pelas necessidades e interesses sociais. Em *A Condição Humana*, ela havia exposto sistematicamente que, na modernidade, o âmbito social empurrou a esfera política para o segundo plano, de modo que, por fim, também o espaço público de ação e a capacidade de agir dos cidadãos desapareceram. Em *Sobre a Revolução*, averiguou como aquela vontade de fundar uma comunidade política estável foi encoberta pela questão de como se deveria resolver a "questão social". Os revolucionários franceses viam a eliminação da pobreza como sua tarefa. Nesse ponto se encontram, segundo Arendt, outras razões para o sucesso dos estadunidenses e o insucesso dos franceses:

> Os Estados Unidos não se encontravam sob a maldição da pobreza. A fundação da liberdade só pôde ser bem-sucedida porque a questão social politicamente insolúvel não constituía um obstáculo para os "pais fundadores"; mas essa fundação não pôde adquirir validade geral para a causa da liberdade porque todo o restante do mundo estava e continuou dominado pela miséria das massas.[44]

Na opinião de Arendt, a compaixão pelos pobres e o ódio aos ricos eram diametralmente opostos ao sucesso da revolução enquanto ato político de fundação. Nesse caso, a constituição da liberdade tinha de fracassar por causa da pretensão de "produzir" a igualdade real de todos – e não apenas a igualdade formal perante a lei – em suas condições de vida. Isso só podia ser obtido por coação e desembocou – olhando retrospectivamente – no terror e domínio total.

O livro de Arendt sobre a fundação da liberdade foi dedicado aos amigos Karl e Gertrud Jaspers. A dedicatória reza:

44. Ibidem, p. 85.

"Para Gertrud e Karl Jaspers, como sinal de admiração, amizade e amor." Jaspers considerava o livro, conforme escreveu a Arendt após uma primeira leitura, "no mesmo nível, talvez até acima, de seu livro sobre o totalitarismo em termos de profundidade, postura política e maestria da escrita"[45].

Levando em conta a recusa da dedicatória a Heidegger, esse reconhecimento claro e abrangente do casal Jaspers deve ter produzido sobre Heidegger o efeito de um puxão de orelha, se é que ele tomou conhecimento do livro.

O CONCEITO DE LIBERDADE: DUAS VISÕES INCOMPATÍVEIS?

Havia, afinal, uma perspectiva da liberdade no pensamento de Heidegger?

No semestre de verão de 1936, enquanto ainda se desligava em pensamentos de seu traumático período na reitoria e começava a mergulhar intensivamente no pensamento de Nietzsche, Heidegger deu uma preleção sobre o tratado *Da Essência da Liberdade*, de Schelling[46].

Um seminário sobre a liberdade em meio à época bem-sucedida do nacional-socialismo! Nele, por um lado, Heidegger registrou, junto com Schelling, o caráter ambivalente da liberdade. Ela é interpretada como liberdade para o bem e para o mal. Nesse caso, o bem e o mal não seriam duas opções que estivessem à disposição dos agentes como alternativas, mas um já estaria sempre contido no outro[47].

Por outro lado, Heidegger vinculou o conceito de liberdade inequivocamente à vontade.

Em uma formulação quase hegeliana, Heidegger eleva, na relação entre liberdade e necessidade, a necessidade à condição de pressuposto determinante da liberdade:

Essa própria necessidade é a liberdade de sua própria ação. Liberdade é necessidade. Necessidade é liberdade. Entendidas corretamente,

---

45. Carta de Jaspers para Arendt, de 16 maio 1963, em H. Arendt; K. Jaspers, op. cit., p. 540.

46. Ele retomou o tema da preleção mais uma vez em 1941 em outra preleção e dois seminários. (Cf. Ingrid Schüssler, Nachwort der Herausgeberin, em M. Heidegger, *Schelling: Vom Wesen der Freiheit* [1809], em M. Heidegger, *Gesamtausgabe*, II. Abteilung, v. 42, p. 288.)

47. "O ser-livre do homem não é a tomada de decisão para o bem ou para o mal, mas a decisividade para o bem e para o mal ou a decisividade para o mal e para o bem. Só esse ser-livre leva, em cada caso, o ser humano ao fundamento de seu ser--aí, e o leva até lá fazendo-o sair para a liberdade da vontade referente à essência e à inessência nele apreendida. Essa vontade apreendida é espírito e, como tal espírito, é história." (M. Heidegger, *Schelling: Vom Wesen der Freiheit* [1809], em M. Heidegger, *Gesamtausgabe*, II. Abteilung, p. 42 e 270; cf. também p. 177s., 192, 263s.)

essas duas proposições não se encontram na relação formal mútua de uma inversão vazia; antes, existe aí uma progressão que retorna para si mesma, mas, ao fazer isso, nunca volta para a mesma coisa, e sim leva junto a partida para uma compreensão mais profunda.[48]

Nessa passagem se pode acompanhar onde Heidegger se detém em seu pensamento. Nesse ponto, ele poderia avançar até a passagem da liberdade para a ação, mas ele não prossegue. Ao que tudo indica, depois de 1934, ele não tencionava mais se aproximar da esfera política. Da perspectiva atual, essa recusa causa perplexidade. Afinal, não teria sido plausível abordar no ano de 1936 ao menos o efeito simbólico que tinha de ser produzido por uma preleção sobre a liberdade? Ele teria podido assinalar sistematicamente o local da passagem sem explicitar suas consequências em termos políticos e práticos. Mas não o fez.

Em seus textos dos anos 1950, Heidegger afastou a liberdade inteiramente do âmbito da vontade:

> A essência da liberdade não está, *originariamente*, associada à vontade ou mesmo apenas à causalidade do querer humano. A liberdade administra o que é livre nos moldes do que é aclarado, isto é, do que é desencoberto. O acontecimento do desencobrimento, isto é, da verdade, é aquele com o qual a liberdade está em uma afinidade mais próxima e mais íntima. [...] A liberdade do livre não consiste nem na desvinculação do arbítrio, nem na vinculação por meras leis. A liberdade é o que encobre aclarando, em cuja clareira flutua aquele véu que oculta o que é essencial em toda a verdade e faz o véu aparecer como o que oculta. A liberdade é o âmbito do destino, que a cada vez leva um desencobrimento para seu caminho.[49]

Ao dissociar a liberdade de conceitos como vontade, causalidade e, por conseguinte, também necessidade, Heidegger se distancia do que havia formulado nos anos 1930 a esse respeito e se aproxima do que Arendt propõe em *Sobre a Revolução*, ainda que tampouco agora estivesse disposto a trazer a liberdade para o contexto da ação.

Porém, é justamente nesse ponto que surge a diferença em relação ao complexo conceito de liberdade de Arendt, que, embora situado ontologicamente, abre-se para o espaço político. Por um lado, apoiando-se na Antiguidade,

48. Ibidem, p. 269s.
49. M. Heidegger, *Die Frage nach der Technik*, *Vorträge und Aufsätze*, p. 28s.

para a qual a liberdade e a política constituíam uma unidade, ela distinguiu a liberdade do ato da vontade, recorrendo, em seu lugar, à espontaneidade kantiana. Por outro, distinguiu-a do recolhimento monástico, do abandono do mundo, introduzido pela tradição cristã, que equiparava a liberdade à "condição de estar liberto da política"[50]. Em *Sobre a Revolução*, nos deparamos com uma definição da liberdade que a identifica com o ato coletivo de *fundação*.

Comparando-se as duas abordagens do conceito de liberdade, fica claro que Arendt livra o pensamento filosófico dos condicionamentos estreitos da ontologia. Ela abre os conceitos para o mundo humano, arrancando-os do mundo do pensamento e os expondo ao mundo da ação e da experiência.

Igualmente ambígua é a compreensão heideggeriana de história. Em *Ser e Tempo*, ele tinha revelado a historicidade do mundo filosófico e do ser-aí. Isso foi, na época, uma virada radical. Entretanto, suas reflexões permaneceram rigorosamente no marco da ontologia. Quando, porém, como no início dos anos 1930, a história dos acontecimentos entrou em jogo, ele a acoplou aos *topoi* "destino" (*Schicksal*), "vontade" (*Wille*), "sina" (*Geschick*). A partir disso, a história passou a ter algo de misterioso. A interpretação de eventos e processos históricos adquiriu algo de sublime e solene, o que, aos olhos de Arendt, não era admissível. E novamente nos deparamos com o problema de uma transição precária. Antes de 1933, Heidegger vinculava a história à expectativa de uma missão histórica a ser cumprida no Ocidente pela Alemanha. Ele projetou essa expectativa no nacional-socialismo, inicialmente ainda disposto a fazer vistas grossas à violência catalisada pelo movimento, na medida em que, a seu ver, algo maior estava em jogo. Nessa época, associava a história a conceitos como "querer" (*Wollen*), "liderar" (*Führen*), "resguardar" (*Hüten*). Ao se separar dos nazistas, passa a enfatizar ainda mais o aspecto obscuro, ominoso, misterioso da história, que ele agora iria definir como sina.

Arendt, por sua vez, confrontada com a experiência do domínio total, formulou uma concepção da história como interação entre evento e intervenção ativa. A história não pode

50. H. Arendt, *Was ist Politik?*, p. 35.

6. AMOR MUNDI

ser "produzida", mas está, ainda assim, inseparavelmente ligada ao agir, sem o qual não pode acontecer[51]. São agentes que engendram a história, mas ela não é "feita" por eles, assim como tampouco é produzida por forças anônimas. Ela acontece em eventos que interrompem o curso do tempo[52]. Os agentes são os "heróis" da história, mas não em sentido heroico. Eles dispõem da coragem de falar e agir[53]. Além disso, a história surge a partir de histórias que as pessoas narram umas às outras. Arendt ficou com a impressão de que no pensamento de Heidegger, porém, o governo da história acabou se tornando um sucedâneo à ação[54].

Quanto mais velho Heidegger ficava, tanto mais peso adquiria para ele o governo da história. A história se transformou em sina governante. Em uma carta de 15 de dezembro de 1952, escreveu a ela o seguinte:

> Entrementes o mundo vem se tornando cada vez mais sombrio. Entre nós, a contenda predomina em toda parte. Levando em conta a situação fatídica, seria de se esperar o contrário. "Europa" tornou-se apenas um nome que quase não se consegue preencher ulteriormente com algum conteúdo. A essência da história vem se tornando cada vez mais enigmática. O abismo entre o empenho essencial do ser humano e a ausência de efeito imediato está cada vez mais sinistro. Tudo isso indica que nossas representações habituais estão claudicando atrás de uma situação que não alcançam mais.[55]

Não obstante, ele divisava um "advento de mistérios novos, ou melhor, dos mais antigos mistérios".

Karl Jaspers considerava o caráter grave e escuro das reflexões de Heidegger sobre a história como pura manobra de distração. Ele achava que Heidegger estava se refugiando em um mundo de sonhos. Heinrich Blücher escreveu comentários mordazes sobre isso. Quando Arendt, durante sua viagem à Europa e à Alemanha em 1952, lhe relatou as últimas novidades sobre Heidegger, as histórias, os rumores que circulavam e seus juízos sobre isso, ele chamou a atenção dela para a crítica fundamental de Karl Löwith a Heidegger[56], concordou com a crítica de Löwith ao conceito heideggeriano de história e a conclamou a

51. Cf. H. Arendt, *Vita activa oder Vom tätigen Leben*, p. 174s.
52. Ibidem p. 43.
53. Ibidem, p. 178s.
54. Idem, *Denktagebuch, 1950 bis 1973*, p. 1, caderno VIII, março de 1952, registro 28, p. 17.
55. Carta de Heidegger para Arendt, de 15 dez. 1952, em H. Arendt; M. Heidegger, op. cit., p. 137s [p. 100].
56. Cf. K. Löwith, Martin Heidegger: Denker in dürftiger Zeit, *Die neue Rundschau*, 1952, p. 1.

"questionar um pouco o conceito de historicidade dele"[57]. Arendt repeliu a sugestão porque achava o comportamento de Löwith frente a seu ex-professor extremamente questionável. Blücher, porém, insistiu:

> Eu só queria dizer que Löwith encontrou aqui o calcanhar de Aquiles de Heidegger e que o mestre faria melhor se esquecesse sua mágoa [a decepção com seu ex-aluno, a vergonha de seu erro em relação ao nacional-socialismo] e prestasse atenção nisso, pois infelizmente seu conceito questionável e purulento de historicidade ainda tem grande importância em seu pensamento. Agora ele está enviando o povo alemão para sua *Geschicklichkeit* [referência a *Geschick* = sina e a *Geschichtlichkeit* = historicidade], e essa única letra trocada arrebenta toda a bolha de pus. Isso é bastante simbólico para um pensador com tanto senso linguístico.[58]

Embora Heidegger sentisse a história de modo sombrio e, por isso, falasse sobre ela quase sussurrando, muitas das conclusões a que chegou sobre a revolução da tecnologia (cibernética, informatização) a partir da década de 1950 parecem, *a posteriori*, clarividentes, confirmando, nesse ponto, o que Arendt havia elaborado em *A Condição Humana*: o enorme impacto da tecnologia sobre a percepção do mundo e as perspectivas de ação[59].

O PROCESSO EICHMANN

Em 4 de outubro de 1960, Arendt comunicou a seu confidente Jaspers que viajaria a Jerusalém para assistir ao processo contra Eichmann[60]. Ela tinha consultado a renomada revista *The New Yorker* se seus redatores tinham interesse em uma cobertura do processo. O periódico lhe deu essa incumbência[61].

Eichmann, organizador do genocídio contra os judeus europeus a partir do segundo escalão da hierarquia, havia sido sequestrado em maio de 1960 pelo serviço secreto israelense na Argentina e conduzido a Israel. A ação causara

---

57. Carta de Blücher para Arendt, de 7 jun. 1952, em H. Arendt; H. Blücher, op. cit., p. 286.

58. Carta de Blücher para Arendt, de 21 jun.1952, ibidem, p. 295.

59. M. Heidegger, Die Frage nach der Technik, *Vorträge und Aufsätze*.

60. Cf. carta de Arendt para Jaspers, de 4 out.1960, em H. Arendt; K. Jaspers, op. cit., p. 438s.

61. Cf. nota 7 da editora, em H. Arendt; M. McCarthy, *Im Vertrauen: Briefwechsel 1949-1975*, p. 150.

um considerável alvoroço em nível mundial, pois violava o direito internacional. Os jornais estavam repletos de comentários sobre os prós e contras dessa ação e suas consequências. Afinal, Eichmann era o primeiro funcionário nazista de alto nível a comparecer a um tribunal depois do fim dos Processos de Nurembergue de 1947, nos quais fora réu *in absentia*. Na Alemanha, nessa época, a persecução dos responsáveis pelo massacre andava a passos de tartaruga. Em retrospecto, fica claro que o processo contra Adolf Eichmann teve uma função-chave para o judiciário alemão ocidental. Após o processo, os tribunais alemães se mostraram mais inclinados a retomar o julgamento dos crimes da época do nazismo.

O processo teve início em abril de 1961, e Arendt viajou várias vezes a Jerusalém para assistir a ele. Leu os milhares de páginas dos autos dos interrogatórios policiais, falou com o primeiro-ministro israelense David ben Gurion, com a ministra de Relações Exteriores Golda Meir e com o ministro da Justiça Rosen, com o juiz-presidente Moshe Landau; conversou com testemunhas e assistentes, auscultou opiniões. Sentou-se na sala do tribunal e formou sua própria opinião. Nas matérias que escreveu, publicadas em 16 e 23 de fevereiro e em 2, 9 e 16 de março de 1963 na *New Yorker* sob o título "A Reporter at Large: Eichmann in Jerusalem" (Uma Repórter Freelancer: Eichmann em Jerusalém), as questões centrais eram o papel que o réu teria desempenhado no contexto dos acontecimentos e como se deveriam avaliar a situação dos judeus e a política de suas organizações (por exemplo, dos Conselhos Judaicos) quando da execução das ações de extermínio.

Como subtexto, se encontrava a pergunta altamente delicada, retirada de *As Origens do Totalitarismo*, se o assassinato dos judeus europeus não teria sido também consequência da circunstância de que eles nunca haviam se organizado politicamente, não conseguiram opor resistência ao antissemitismo assassino e, por conseguinte, acabaram em uma situação em que cooperaram involuntariamente com seus carrascos.

As matérias e o livro publicado no mesmo ano em Nova York tiveram o efeito de uma bomba. De um só golpe, Arendt tinha toda a comunidade judaica contra si. Foram publicadas exposições contrárias altamente emocionais e até repletas de ódio. Lançou-se uma campanha pública contra ela. Em todo o país foram organizados eventos para discutir as matérias de Arendt, e rabinos pregavam contra ela em sinagogas.

O paralelo com 1945 é inevitável. Daquela vez, Arendt escrevera um artigo crítico intitulado "Zionism Reconsidered" (Sionismo Revisto) contra o *establishment* sionista, e seus críticos a haviam atacado pessoalmente. A interrupção abrupta de relações em uma disputa política cuja causa, na opinião dela, não tinha nada a ver com pessoas, e sim com opiniões e posições, fora um choque que a deixara triste e deprimida. Ela tinha lutado para preservar as amizades, em especial, naturalmente, a de Kurt Blumenfeld.

Mas aquela disputa não era nada em comparação com o que se desencadeou dessa vez.

O que acontecera? A prisão de Eichmann era, por muitas razões, um fato político bem especial. Retrospectivamente, tem-se a impressão de que o jovem Estado de Israel, com apenas quatorze anos de existência, queria fazer desse caso um exemplo. Por um lado, Eichmann deveria ser condenado como representante dos organizadores do genocídio. Para esse fim, ele tinha de ser transformado em um monstro, o que, na avaliação de Arendt, não combinava bem com sua pessoa. Em segundo lugar, o processo deveria demonstrar que o Estado de Israel estava em condições de julgar ele mesmo os assassinos do povo judeu, e não precisava esperar que a Alemanha pós-nazista finalmente se decidisse a processar os responsáveis pelos crimes. E deveria, em terceiro lugar, livrar o povo judeu de seu papel de vítima. Deveria, por último, pôr fim à profunda desunião entre os colonos israelenses e as comunidades da diáspora europeia, que se manifestara com virulência desde o fim da guerra. A divisão era entre os sobreviventes do Holocausto e os descendentes das vítimas, que eram explícita e implicitamente acusados pelos sionistas de não terem aprendido nada de sua condição de vítimas. O processo visava reconciliar as correntes conflitantes. Na consciência dos pósteros e com a ajuda de todos os envolvidos, do réu, das testemunhas, dos promotores, juízes e defensores, bem como da imprensa, ele deveria se tornar uma espécie de segunda fundação, dessa vez de caráter simbólico, do Estado de Israel como um Estado forte e capaz de se defender.

6. AMOR MUNDI

Por conseguinte, desde o início se preparava aí uma mistura de política e atividade jurisdicional. Essa posição era representada pelas pessoas do fundador do Estado e então primeiro-ministro David ben Gurion, da ministra de Relações Exteriores Golda Meir e do procurador Gideon Hausner. Diz-se que Ben Gurion teria afirmado o seguinte, antes do início do julgamento: "O que está em questão neste caso não é um indivíduo que, neste processo histórico, está sentado no banco dos réus, e tampouco apenas o regime nazista; no banco dos réus está sentado o antissemitismo ao longo de toda a história."[62]

Acrescentava-se a isso o fato de que o assassinato do funcionário húngaro-judaico Rudolf Kastner, participante das negociações de organizações sionistas com o regime nazista que fora membro do governo nos anos que se seguiram à fundação de Israel, tinha exacerbado as emoções.

Portanto, as circunstâncias não poderiam ter sido mais desfavoráveis para uma avaliação crítica do caso Eichmann. A opinião pública israelense exigia uma tomada de posição positiva em favor do processo, e não uma crítica incisiva do processo direcionada para suas contradições internas e seus efeitos superficiais.

Em Nova York, Arendt havia acompanhado as preliminares do processo e participado das discussões sobre o papel do Estado israelense, os problemas de direito internacional e a questão fundamental da condenação de um assassino que cometera crimes "contra a humanidade". Ela recebera informações gerais de Kurt Blumenfeld e provavelmente também de seus parentes, os Fürst[63].

Com sua acuidade analítica habitual, ela apontou, em seu relato sobre o julgamento, os absurdos que a sobrecarga simbólica do processo acarretava. Descreveu os protagonistas do caso, inicialmente o réu. Que aparência tinha alguém que organizara o genocídio? Como ele apresentava a si mesmo e o crime? Como falava? Como se portava perante os juízes e procuradores? Chamou-lhe a atenção, principalmente, a discrepância entre a monstruosidade dos assassinatos em massa, a perfeição de sua organização

62. Apud Daniel Bell, The Alphabet of Justice: Reflections on "Eichmann in Jerusalem", *Partisan Review*, v. XXX, n. 3, outono de 1963, p. 421.

63. Cf. carta de Blumenfeld para Arendt, de 1º fev. 1957, em H. Arendt; K. Blumenfeld, "... *in keinem Besitz verwurzelt*": *Die Korrespondenz*, p. 178; cf. também p. 257-259, 263, 265.

e a superficialidade do criminoso. Ela descreveu Eichmann como uma pessoa inteligente, e mesmo assim incapaz de pensar e desprovido de imaginação, que não dominava realmente a língua alemã e se refugiava na aparente segurança do jargão burocrático de sua época de oficial. Esse Eichmann não se sentia culpado. Para Arendt, ele representava o tipo mediano de criminoso que, "por destino" e por razões carreiristas, associou a própria vida ao regime, disposto a assassinar sempre que lhe ordenassem fazê-lo.

Ela escreveu o seguinte a Jaspers após as primeiras sessões do julgamento em 13 de abril: "Eichmann. De águia não tem nada, parece mais um fantasma, que ainda por cima está resfriado e, por assim dizer, perde substancialidade a cada minuto em seu boxe de vidro."[64]. E ao marido, dois dias depois: "Eichmann [...] lembra alguém que recebeu um espírito numa sessão kardecista. Ele próprio só se preocupa em não perder a compostura."[65]. Ela percebeu nele "vaidade" e "gabolice". "Na boca de Eichmann o que é horroroso muitas vezes não chega a parecer sequer macabro, e sim francamente cômico."[66]

Mais tarde, ela fez a seguinte observação no epílogo de seu relato sobre o processo Eichmann para a edição em alemão:

> O aspecto inquietante na pessoa de Eichmann era justamente que ele era como muitos e que esses muitos não eram perversos nem sádicos, mas terrível e assustadoramente normais. Do ponto de vista de nossas instituições jurídicas e com base em nossos critérios de juízo moral, essa normalidade era muito mais assustadora do que todas as atrocidades tomadas em conjunto, pois ela implicava – como se sabia suficientemente a partir das afirmações dos réus de Nurembergue e seus defensores – que esse novo tipo de criminoso, que é realmente *hostis humani generis* (inimigo do gênero humano), age sob condições que fazem com que lhe seja praticamente impossível tomar consciência de seus crimes.[67]

Viu no procurador a encarnação de todos os pontos fracos do processo. Escreveu o seguinte a Jaspers:

O procurador [...], muito antipático, cometendo erros o tempo todo [...]. As alegações finais foram artificiais, hiperlegalistas com gafes grosseiras, interrompidas por emoções. Sobretudo, desmedidamente

---

64. Carta de Arendt para Jaspers, de 13 abr. 1961, em H. Arendt; K. Jaspers, op. cit., p. 471.
65. Carta de Arendt para Blücher, de 15 abr. 1961, em H. Arendt; H. Blücher, op. cit., p. 518.
66. H. Arendt, *Eichmann in Jerusalem*, p. 129.
67. Ibidem, p. 425.

6. AMOR MUNDI

tediosas e repletas de precedentes inexistentes, em vez de insistir na ausência de precedentes. Esta, porém, só é mencionada ocasionalmente. Mas as coisas corretas se perdem em meio às irrelevâncias.[68]

Sobre o advogado de defesa alemão: "um senhor untuoso, hábil e, com certeza, inteiramente corrupto, que é consideravelmente mais esperto do que o procurador"[69].

Sobre a banca de juízes: "Imperando acima de tudo erguiam-se os três juízes, todos judeus alemães, e no meio o juiz que presidia o julgamento, Moshe Landau, que é de fato extraordinário – com ironia e sarcasmo, mas também muita paciência e amabilidade."[70]

Retrospectivamente, pode-se perceber com mais nitidez do que naquela época, quando sua avaliação dos Conselhos Judaicos provocou indignação, que Arendt se escandalizava com a mistura dos aspectos jurisdicionais, políticos e históricos. A seus olhos, esse processo, para que tivesse sentido apesar de suas deficiências – a violação do direito internacional e a projeção do genocídio sobre um único criminoso –, teria de ser colocado na tradição dos processos de Nuremberg. Afinal, nesses processos os juízes partiam do dilema de terem de julgar sobre crimes cometidos contra o gênero humano e, portanto, iam além do marco jurídico estabelecido por seres humanos. Daí a "invenção" de uma nova categoria: o "crime contra a humanidade".

Uma expressão usada nas matérias que escreveu causou uma irritação especial: "banalidade do mal". Os críticos de Arendt a acusaram de promover, com essa expressão, a própria banalização dos crimes[71]. Na verdade, Arendt, recorrendo a Kant e Schelling, havia definido o conceito de mal, para a edição em alemão de *Origens do Totalitarismo*, de modo efetivamente essencialista como o mal radical, que surgia da vontade de fazer o mal. O "mal radical", escreveu ela em uma carta a Jaspers de 1951, "tem, de alguma maneira, a ver com os seguintes fenômenos: tornar os seres humanos supérfluos enquanto seres humanos (não usá-los como meios, o que, afinal, deixa sua humanidade

68. Carta de Arendt para Jaspers, de 13 abr. 1961, em H. Arendt; K. Jaspers, op. cit., p. 471.

69. Carta de Arendt para Blücher, de 15 abr. 1961, em H. Arendt; H. Blücher, op. cit., p. 518.

70. Ibidem.

71. De fato, ainda no ano de 2001, por ocasião de uma conferência em Jerusalém, o assistente do então procurador-geral, o então ministro do Supremo Tribunal Israelense, Gavriel Bach, fez, sem que fosse contestado, um discurso veemente contra o conceito de "banalidade do mal" e sua criadora. Nesse caso ficou claro que ele, assim como outros críticos do conceito, identificavam-no com uma banalização do mal e uma minimização dos crimes.

intocada e só viola sua dignidade humana, e sim torná-los supérfluos enquanto seres humanos)"[72].

Essa caracterização definia o mal radical como negação absoluta da condição de ser humano e do mundo compartilhado. No processo contra Eichmann, contudo, devia-se destacar, em relação à definição de Kant, o aspecto pura e simplesmente novo. Ela via o elemento novo não na racionalidade e irracionalidade do extermínio de seres humanos ou na maldade do criminoso, e sim na combinação de absoluta falta de sentido e de cálculo frio. Disso surgiu uma destruição programática da individualidade nunca vista na Era Moderna, e isso tanto entre as vítimas quanto – de outra forma – em seus assassinos. Em Jerusalém, ela se deparou com o fenômeno da banalidade do assassino como pessoa. Com o conceito então cunhado de "banalidade do mal", ela designou uma dimensão à qual pouco se atentara até então: a total ausência de pensamento e, por conseguinte, também de consciência moral e autorreflexão na pessoa do criminoso. Para Arendt, Eichmann não encarnava a "besta humana", como o apresentou o procurador Gideon Hausner. Ele não lhe pareceu movido por ódio pessoal e tampouco tinha legitimado seus atos ideologicamente. Ele era, aos olhos de Arendt, um tipo "normal" de ser humano moderno, de um ser humano desprovido de mundo, que perdera a relação com o mundo habitado por seres humanos do qual passou a fazer parte ao nascer, e para o qual o único sustentáculo era a subordinação obediente às ordens da burocracia nazista.

Ao cunhar esse conceito, Arendt pretendia chamar a atenção para o fenômeno de que o mal podia perfeitamente fazer parte de uma normalidade que não dá na vista. Um genocida podia, sob circunstâncias normais, ser um "bufão". Seus atos não tinham de ser expressão de baixos instintos. Possivelmente, ele era um funcionário competente e um pai amoroso.

Na controvérsia acerca de seu relato do julgamento, ela respondeu à objeção de Gershom Scholem de que esse novo conceito seria um *slogan*: "Minha opinião hoje em dia, de fato, é que o mal sempre é apenas extremo, nunca radical, que ele não possui profundidade e tampouco uma dimensão demoníaca. Ele pode devastar o mundo inteiro justamente

72. Carta de Arendt para Jaspers, de 4 mar. 1951, em H. Arendt; K. Jaspers, op. cit., p. 202.

6. AMOR MUNDI

porque continua vicejando como um fungo sobre a superfície. Mas só o bem é sempre profundo e radical."[73]

Como subtexto de seu relato, Arendt explora um questionamento com o qual já se ocupara antes e ao qual haveria de voltar repetidamente: como se lida com o desaparecimento da responsabilidade sob o domínio total? Como se pode reconstruir a responsabilidade quando seus portadores se transformaram em destinatários de ordens desprovidos de vontade? Qual a diferença entre responsabilidade pessoal e política? Diferentemente de debates jurídicos sobre "obediência a ordens em situação de emergência", responsabilização coletiva e imputabilidade diminuída de culpa sob a ditadura, ela defendia a seguinte posição: uma determinada forma de responsabilidade não pode ser suspensa em tempo algum e sob nenhuma circunstância, que é a responsabilidade de todos pelos crimes cometidos em seu nome. Por trás do problema da responsabilidade ela identificou um outro dilema: as pessoas abrem mão da responsabilidade quando não são capazes ou não estão dispostas a avaliar as situações em que se encontram ou as ações com que se deparam ou que elas próprias realizam. Arendt queria retomar, em seu último trabalho, sob o título *A Vida do Espírito*, a pergunta daí resultante, a saber, como a capacidade de juízo podia ser formada e exercida mesmo sob as condições mais extremas.

Se o juízo de Arendt sobre Eichmann como encarnação da "banalidade do mal" desperta repetidamente indignação, e isso até hoje, a forma como ela lidou com a cooperação (forçada) dos Conselhos Judaicos e de outras organizações judaicas por ocasião do genocídio teve de enfrentar uma crítica ainda mais veemente. O estilo e o tom com os quais ela descreveu as "negociações comerciais" entre as instituições nacional-socialistas e as organizações de assistência judaicas ou sionistas foram percebidos como "escárnio às vítimas". O tom adotado por Arendt e mantido até a última página era distanciado, irônico, sarcástico, sempre beirando o limite em que o horrível se transforma em cômico. Era um tom de extremo distanciamento, que não deveria revelar que sentimentos moviam a autora como pessoa.

73. Carta de Arendt para Scholem, de 20 jul. 1963, em H. Arendt, *Nach Auschwitz*, p. 78; cf. ali também a carta de Scholem para Arendt, p. 63s.

Mas seus críticos, como Gershom Scholem, cobraram essa falta de empatia tanto com os judeus assassinados quanto com "colaboradores" judaicos involuntários dos nazistas.

A reação veemente que seu relato do processo provocou veio de três lados: dos protagonistas da *causa Eichmann* em Jerusalém, de partes da opinião pública estadunidense e, por fim, de personalidades da vida pública na Alemanha Ocidental.

No campo dos críticos, os sionistas deram o tom. Ernst Simon, sionista da segunda geração, que havia emigrado para a Palestina em fins da década de 1920 e lecionava na Universidade Hebraica em Jerusalém, acusou-a de apresentar os Conselhos Judaicos como inimigos dos judeus e, como se não bastasse, de ter difamado postumamente os judeus assassinados[74]. O autor a atacou pessoalmente e sugeriu que o relato dela era uma continuação de seus ataques injustificados contra o sionismo na década de 1940. Simon foi convidado a dar palestras nos Estados Unidos expondo sua crítica a Arendt e seu livro. Ela se queixou disso a Jaspers[75]. Marie Syrkin, também sionista da segunda geração, coeditora do periódico *Jewish Frontier*, militante de esquerda, que Arendt provavelmente conhecia bem dos anos 1940, publicou críticas contundentes nos periódicos *Dissent* e *Partisan Review*[76]. Michael Musmanno, jurista influente[77], apresentou uma crítica sentimental e demagógica contra Arendt, atingindo-a enquanto pessoa[78]. Também sionistas de outros países foram arregimentados[79]. Gershom Scholem, seu amigo de tempos idos, que nunca tinha perdoado a crítica dela ao *establishment* sionista do ano de 1945 e para o qual ela se encontrava sob a suspeita geral de odiar "seu povo", a acusou de usar um "tom insensível e até muitas vezes malicioso" em seu relato. Ele argumentou, representando os críticos israelenses, que ela havia adotado o "estilo da leveza". Faltava-lhe o "tato do coração". Não amava o povo judeu. Em suma: ela não tinha "um juízo ponderado, e sim, antes, um exagero que,

74. Cf. Ernst Simon, Hannah Arendt: Eine Analyse, em F.A. Krumbacher (Hrsg.), *Die Kontroverse*, p. 47.

75. Cf. carta de Arendt para Jaspers, de 20 out. 1963, em H. Arendt; K. Jaspers, op. cit., p. 558.

76. Cf. Mary McCarthy, The Hue and Cry, *Partisan Review*, v. XXX, n. 1, inverno de 1964, p. 82; cf. também Marie Syrkin, carta de leitora na seção "More on Eichmann", *Partisan Review*, v. XXXI, n. 2, primavera de 1964, p. 283s.

77. Musmanno havia presidido o "Processo Contra as Unidades Móveis de Extermínio", de 1947, em Nurembergue e era, por isso, especialista; mais tarde, tornou-se desembargador da Corte Suprema da Pensilvânia.

78. Cf. Michael Musmanno, Der Mann mit dem unbefleckten Gewissen, em F.A. Krumbacher (Hrsg.), op. cit., p. 85s.; e idem, Eine Erwiderung (an Bruno Bettelheim), em F.A. Krumbacher (Hrsg.), op. cit., p. 114s.

79. Por exemplo, Eva Reichmann, *Eine Zionistin aus England*, Antwort an Hannah Arendt, em F.A. Krumbacher (Hrsg.), op. cit., p. 213s.

6. AMOR MUNDI

muitas vezes, descambava para a demagogia"[80]. Durante décadas, Arendt tinha estimado Scholem como amigo e erudito, mesmo após seu juízo ferino de 1945 sobre ela. Agora ele também ingressara na frente das pessoas que a estigmatizavam como traidora do povo judeu. Sua carta acusatória e a resposta dela foram publicadas no jornal *Neue Zürcher Zeitung* e no periódico *Encounter*.

Foi de certo modo trágico que Kurt Blumenfeld tenha morrido de uma doença grave em maio de 1963, em meio à briga deflagrada com veemência. Arendt o havia visitado no hospital e tentado lhe esclarecer seu ponto de vista, pois temia que, assim como ocorrera após seu artigo "Zionism Reconsidered", ele fosse de novo desfazer a amizade. E Blumenfeld de fato se mostrou indignado com o relato dela, mas quando os dois conversaram, ele também se externou com indignação sobre dois artigos contra ela publicados no *Aufbau*[81].

Um ano mais tarde, quando a controvérsia ainda estava em pleno andamento, Arendt ficou sabendo, por meio de uma breve troca de cartas com um parente de Martin Rosenblüth, também falecido há pouco tempo, que, em seu leito de morte, Blumenfeld fora assediado para manifestar sua indignação contra sua amiga. Ele se dispôs a fazer isso, pois os relatos que tinha recebido lhe bastavam.

É, de certo modo, uma característica constitutiva desse escândalo o fato de que os adversários de Arendt não *queriam* distinguir entre conflito objetivo e ataque pessoal. Para eles, as duas coisas andavam juntas. Só havia uma alternativa: ou Arendt era a favor do Estado de Israel, e então seu relato sobre o julgamento estava 100% errado, ou ela era contra, e então era preciso combatê-la com todos os meios e tirar-lhe a credibilidade diante de todo o mundo.

Revistas nas quais ela havia publicado durante anos se colocaram contra ela. O *Aufbau*, jornal teuto-judaico da Costa Leste, do qual ela foi colunista entre os anos de 1941 e 1945, contribuindo, além disso, durante esse período, com vários artigos, publicou cinco matérias contra ela[82]. O periódico *Dissent*, de cujos editores Hannah acreditava

80. Carta de Scholem para Arendt, de 23 jun. 1963, em H. Arendt, *Nach Auschwitz*, p. 65s.

81. Cf. posfácio das editoras, em H. Arendt; K. Blumenfeld, op. cit., p. 373.

82. Trata-se dos artigos de Hugo Hahn, Friedrich S. Brodnitz, Robert M.W. Kempner, Nehemiah Robinson e Adolf Leschnitzer, todos em F.A. Krumbacher (Hrsg.), op. cit.

ser amiga, organizou, em 1964, uma espécie de tribunal em cujo centro se encontrava a refutação de seu relato. O *New York Times Book Review* publicou uma crítica dura de seu livro assinada por Michael Musmanno.

O procurador Hausner, que publicou um livro sobre o caso Eichmann em 1966, atacou o relato de Arendt por ocasião de uma viagem pelos Estados Unidos destinada a promover o livro. Jacob Robinson, um dos assistentes de Hausner, escreveu um livro repleto de acusações contra Arendt[83].

A revista *Partisan Review* encomendou toda uma série de artigos sobre o livro dela e publicou muitas cartas de leitores. A redação inaugurou a série com uma polêmica de Lionel Abel. Abel, crítico de teatro e dramaturgo, ex-marxista que depois se voltou para a extrema direita e, durante certo tempo, fez parte do círculo reunido em torno dos periódicos *Partisan Review* e *Dissent*, simplesmente contestou todas as avaliações e exposições de fatos contidas no livro de Arendt. Sua crítica culminou no juízo, que se pretendia arrasador, de que o livro dela se basearia em juízos estéticos – o que significava juízos de gosto[84]. Isso significava que ela estaria minimizando Eichmann. Em sua crítica, também Abel, assim como Musmanno e Simon, manifestou-se depreciativamente sobre *As Origens do Totalitarismo*. Nesse caso, foram retomadas batalhas antigas.

Norman Podhoretz, outra pessoa que Arendt conhecia bem, aderiu à crítica de Abel. Também ele estendeu seu juízo negativo à pessoa e incluiu toda a atuação dela como ensaísta política na crítica.

Ela ficou muito magoada com o fato de que tantos de seus conhecidos e amigos estadunidenses a atacarem pessoalmente. Tratava-se, em grande parte, de colegas com os quais ela se encontrava em eventos políticos, em reuniões editoriais e em ocasiões sociais, com os quais ela falava e brigava, que estimava em maior ou menor grau e, em todo caso, pressupunha que soubessem distinguir entre crítica objetiva e ataque pessoal. Justamente esse limite, entretanto, era repetidamente ultrapassado. Parecia que os críticos começavam deliberadamente com as questões objetivas para então passar às pessoais.

83. Cf. E. Young-Bruehl, *Hannah Arendt: Leben und Werk*, p. 488.
84. Cf. Lionel Abel, The Aesthetics of Evil, *Partisan Review*, v. XXX, n. 2, verão de 1963, p. 219s.

6. AMOR MUNDI

Meio ano depois do início da campanha, Mary McCarthy tentou atravessar a frente coesa dos adversários de Arendt. Todo o mundo sabia que ela era uma amiga próxima de Arendt. Ela diagnosticou que Arendt estava enfrentando as facas afiadas de um levante judaico e tentou refutar as incorreções mais óbvias dos críticos. Mas não conseguiu cessar essa dinâmica[85]. Seu velho amigo Dwight Macdonald redigiu uma longa carta de leitor à *Partisan Review* e apontou para o fato de que os ataques de ódio contra Arendt eram fruto de um patriotismo judaico a partir do qual seu livro era percebido como traição à pátria[86]. Provavelmente isso era o que mais se aproximava da verdade. Aos críticos judaicos interessava uma interpretação *inequívoca* da experiência horrível como pré-história da fundação do Estado. Com seu tipo de relato, Arendt constituía um obstáculo a esse alvo e foi, por isso, tachada de inimiga do povo judeu e do Estado israelense.

Bruno Bettelheim, Georges Lichtheim e Daniel Bell tentaram fazer justiça ao livro de Arendt, sem grande sucesso[87]. Não se dava ouvidos a vozes moderadas. Mesmo amigos de longa data e realmente próximos foram arrastados pelo vórtice da onda de condenação. Seu amigo próximo Alfred Kazin assumiu, por um lado, a posição de Arendt em um evento da *Dissent* em 1964 contra seu redator Irving Howe e sua política de denúncia[88] [88]. Por outro lado, ele também era da opinião de que a tese dela a respeito da corresponsabilidade dos Conselhos Judaicos pelo genocídio estava errada e, de alguma maneira, toda a sua postura diante de Eichmann e dos judeus tinha algo de tipicamente alemão – o que, nessa situação, era uma observação realmente negativa[89].

Arendt percebeu a interpretação oficiosa do caso Eichmann como manipulação de um contexto de eventos históricos que ela não queria deixar sem contestação. Ela tentou

85. Cf. Mary McCarthy, The Hue and Cry, *Partisan Review*, v. XXX, n. 1, inverno de 1964, p. 82s.

86. Cf. Dwight Macdonald, Arguments: More on Eichmann, *Partisan Review*, v. XXXI, n. 2, primavera de 1964, p. 266.

87. Cf. Daniel Bell, The Alphabet of Justice: Reflections on "Eichmann in Jerusalem", *Partisan Review*, v. XXX, n. 3, outono de 1963, p. 417s.

88. O biógrafo de Kazin, Solotaroff, relata que Kazin, depois de ouvir durante algum tempo a torrente infindável de ataques contra Arendt, levantou-se foi até o pódio e disse: "Isso já chega, Irving. Esse massacre tem que acabar." Então disse algumas palavras sobre as qualidades notáveis de Arendt como pensadora e foi embora. Depois disso, a questão se esvaziou e o grupo dos acusadores logo se desfez. (Cf. Ted Solotaroff, Introduction, em A. Kazin, *Alfred Kazin's America*, p. XXXVII). Elisabeth Young-Bruehl, porém, relata que Kazin só pediu a palavra após o fim da discussão e foi, então, calado aos berros por Lionel Abel (cf. E. Young-Bruehl, op. cit., p. 494s.).

89. Cf. T. Solotaroff, Introduction, em A. Kazin, op. cit., p. XXXVIIIs.

376

várias vezes por meio de suas próprias aparições romper a coesão da crítica, por exemplo em uma reunião na Universidade Columbia em agosto de 1963, para a qual o rabino de lá a convidara; mas isso só surtiu efeito naquele instante[90]. A campanha continuou.

O lado alemão se portou de modo extremamente elucidativo nessa disputa. Afinal, os alemães – nesse caso se trata dos intelectuais dignos de crédito dos anos 1960 – se encontravam em uma situação difícil. Por um lado, ainda estavam muito envolvidos no debate sobre a punição dos crimes em massa e a culpa coletiva, e, por outro, Israel e a República Federal da Alemanha haviam estabelecido relações diplomáticas. Com isso teve início a história da "relação especial" entre os dois países. O advogado de defesa alemão de Adolf Eichmann não tinha feito uma figura particularmente boa durante o processo. Como, pois, deveriam os alemães reagir, quando se sentiam atingidos, na disputa em torno do livro sobre Eichmann da "alemã" Hannah Arendt? O historiador Golo Mann, um dos filhos de Thomas Mann, deu o tom ao acusar Arendt de arrogância e distorção dos fatos em relação ao caso Eichmann e criticou com veemência principalmente a crítica dela à resistência alemã[91]. Ele não pretendia nem começar a refletir sobre a crítica rigorosa de Arendt à falta de atitude democrática e ao antissemitismo latente de muitos protagonistas da resistência alemã. Heinrich Grüber, que estivera na resistência protestante, argumentou contra Arendt nos moldes da reconciliação entre cristãos e judeus. Só o escritor Rolf Schroers não se deixou envolver, ao que tudo indica, pela atmosfera exaltada: ele achou o livro dela estimulante.

90. Cf. carta de Arendt para Jaspers, de 9 ago. 1963, em H. Arendt; K. Jaspers, op. cit., p. 552.
91. Cf. Golo Mann, Der verdrehte Eichmann, em F.A. Krumbacher (Hrsg.), op. cit., p. 190s.
92. Cf. carta de Piper para Arendt, de 11 jan. 1963, em Archiv des HAZ.

Seu editor Klaus Piper lhe escreveu uma longa carta em que solicitou modificações para tornar o livro mais palatável à opinião pública da Alemanha ocidental. Entre outras coisas, pareceu-lhe ir longe demais a crítica dura de Arendt aos simpatizantes do regime nazista que, nas décadas de 1950 e 1960, pertenciam à elite dirigente do Estado alemão ocidental, como, por exemplo, no caso de Theodor Maunz[92].

Aos leitores de hoje se impõe a impressão de que muitos resenhistas julgavam com base em contendas antigas. Ora era o *As Origens do Totalitarismo*, ora as disputas antigas no campo sionista, ora sua alegada germanidade, ora sua arrogância que eram resolvidas na esteira da crítica a seu livro sobre a *causa Eichmann*.

Na correspondência com Karl Jaspers e com sua amiga escritora Mary McCarthy são visíveis as feridas que a controvérsia causou em Arendt. Embora estivesse acostumada a alguma controvérsia, o que ela vivenciou nesse caso superava tudo que lhe havia acontecido até então. Ela se sentia como se tivesse caído em uma cilada, e ficou com a impressão de que a campanha – e isso de modo efetivamente planejado – adquirira vida própria.

Um ano após a publicação de seu livro nos Estados Unidos e no mesmo ano em que foi lançado na Alemanha, ela respondeu da seguinte maneira uma pergunta do jornalista Günter Gaus sobre como ela tinha reagido à crítica do lado israelense, que teria questionado principalmente o tom de sua exposição:

> Veja, existem pessoas que me levam uma coisa a mal, e eu consigo, de certa forma, entender isso: que eu ainda consiga rir nesse contexto. Mas eu era realmente da opinião de que Eichmann era um bufão, e lhe garanto que li, e li com muita atenção, seu interrogatório policial, 3.600 páginas. E não sei quantas vezes ri; mas ri alto! É essa reação que as pessoas me levam a mal. Não posso fazer nada contra isso. Mas de uma coisa eu sei: eu ainda iria rir três minutos antes da morte certa. E esse, dizem elas, é o tom. O tom é em grande parte irônico, naturalmente. E isso é inteiramente verdade. O tom é, nesse caso, realmente o ser humano. Quando me repreendem por ter acusado o povo judeu: isso é propaganda maldosa, nada mais. O tom, porém, isso é uma objeção contra mim como pessoa. Não posso fazer nada contra isso.[93]

93. Arendt, conversa em programa de televisão com Günter Gaus, em H. Arendt, *Ich will verstehen*, p. 62.

HEIDEGGER E ARENDT:
UMA NOVA CONFIANÇA

Para seu trabalho posterior, a controvérsia em torno do livro teve – além das mágoas pessoais e do rompimento de amizades – consequências incisivas: durante toda a sua vida, Arendt se ocupou do significado paradigmático de Eichmann como inimigo da humanidade por excelência. Ainda em seu último livro, que permaneceu um fragmento, *A Vida do Espírito*, ela indicou como motivo para se ocupar das atividades básicas do espírito humano – pensar, querer e julgar – seu encontro com a *banalidade do mal* na figura de Adolf Eichmann.

Em seus escritos políticos, Eichmann se tornou o arquétipo da passagem da normalidade para o terror. Os temas de seus ensaios giravam, em variações sempre novas, em torno do tema fundamental: havia pessoas cuja capacidade de pensamento não estaria formada, que não disporiam da capacidade de juízo e não aceitariam sua responsabilidade pessoal e política, e, ainda assim, ou justamente por isso, seriam seres humanos bem normais, capazes das piores coisas.

Além disso, ela tomou os ataques veementes que visavam à sua integridade pessoal como ensejo para refletir sobre a forma de lidar publicamente com a verdade e a mentira[94].

A figura conceitual da *image making* (criação de uma imagem), que ela entendia como a produção propagandística de uma pseudorrealidade e que classificava como variante da ideologia totalitária, surgiu da controvérsia em torno de seu livro sobre Eichmann. Ela voltou a trabalhar com essa figura conceitual durante a Guerra do Vietnã, quando se ficou sabendo o quão sistematicamente os serviços de segurança dos então presidentes Lyndon B. Johnson e mais tarde Richard Nixon haviam mentido para a opinião pública a fim de produzir um clima positivo para a Guerra do Vietnã. A *image making* em lugar da ação política era, para ela, um dos pontos de ruptura em que democracias modernas produziam, por si mesmas, potenciais totalitários, pois a produção de imagens era, para ela, sinônimo da "mentira pública

94. Cf. também os registros de Arendt em seu "Diário de Pensamentos" (*Denktagebuch*, 1950 bis 1973, p. 2, cad. XIV, 1963-1964, p. 621s.).

organizada", em que se tentava convencer os cidadãos de algo que se subtraía à sua avaliação e que eles deveriam acreditar[95].

Tudo isso tinha muito pouco a ver com Martin Heidegger. Ele e Eichmann eram mundos opostos. E, ainda assim, surgiram perguntas que passaram da reflexão sobre o caso Eichmann para a forma como ela se ocupava do pensamento de Heidegger ou que, partindo do pensamento de Heidegger, transferiram-se para suas ideias sobre o caso Eichmann. A primeira delas era a questão da responsabilidade. Arendt argumentava que a culpa de uma pessoa que tivesse feito algo deveria ser constatada judicialmente e a pessoa deveria ser punida. Quem não tivesse cometido crimes, como Heidegger, precisava assumir a responsabilidade pelo fato de que crimes haviam sido cometidos em nome da comunidade da qual a pessoa em questão fazia parte, pois ninguém podia simplesmente sair dessa comunidade[96]. Ela estava perfeitamente consciente de que Heidegger não ia além de sentimentos de vergonha bem pessoais e que conceitos como responsabilidade política não se encontravam no horizonte de seu pensamento. Isso tinha sido revelado pela interrupção do relacionamento com Jaspers.

Outros conceitos desse discurso, a exemplo de "culpa" e "consciência moral", de modo algum eram estranhos a Heidegger. Ele os tinha interpretado ontologicamente. Arendt não se opunha a ele neste ponto. Para ela, a consciência moral estava oculta na dimensão mais íntima do pensamento, inteiramente nos moldes do diálogo socrático do eu consigo mesmo. Esse eu, porém, não consegue conviver com um assassino. No contexto de Arendt, a consciência moral era uma garantia contra a queda do indivíduo na esfera do *hostis humani generis*. Assim, em todo caso, deveria ser. Mas e quando – e este era o caso de Eichmann – a consciência moral faltava porque faltava o pensamento?

E quando, como no caso de Heidegger, o diálogo socrático do eu consigo mesmo estava, por assim dizer,

95. Dois ensaios sobre o assunto foram publicados em 1964 e 1972. Cf. H. Arendt, Wahrheit und Politik, em J. Schlemmer (Hrsg.), *Die politische Verantwortung der Nichtpolitiker* (a versão em alemão foi publicada antes da estadunidense); idem, Die Lüge in der Politik: Überlegungen zu den Pentagon-Papieren, *Die neue Rundschau 83*, n. 2, 1972; a versão estadunidense foi publicada um ano antes.

96. O tema da responsabilidade foi retomado por Arendt em vários artigos e discursos, inclusive em um comentário sobre a palestra de um colega diante da Sociedade Filosófica Americana em dezembro de 1968 (cf. H. Arendt, Collective Responsibility: Discussion of the Paper of Joel Feinberg, Rockefeller University, American Philosophical Society, December 27, 1968, Washington D.C. Archiv des HAZ, Cont. 62.12).

incrustado desde a mais tenra juventude e, ainda assim, a pessoa, como cidadão, se mostrava vulnerável à tentação do domínio totalitário? Ela não podia lidar com Heidegger a partir de juízos morais. A razão da sua vulnerabilidade residia no próprio pensamento, em sua convergência implacável com a época, que o levara, de igual modo, a uma imoderação (no querer) e a uma autolimitação errônea (na responsabilidade) para com o mundo.

O estudo de Eichmann conduzia quase diretamente à pergunta acerca do que o pensamento realmente significa, como os próprios pensadores pretenderam, em épocas diversas, que ele fosse entendido e como ele se liga ao mundo dos viventes.

Enquanto a polêmica em torno de seu livro sobre Eichmann se atenuava, ela se encontrou de novo com Heidegger. Desde a recusa da dedicatória de *A Condição Humana* no ano de 1960, eles praticamente não haviam trocado cartas, com exceção de cumprimentos formais em aniversários. Dessa vez, Heidegger tomou a iniciativa de um recomeço. Em outubro de 1966, ele lhe escreveu uma "carta outonal" por ocasião do sexagésimo aniversário dela. Heidegger a parabenizou, lembrou sua preleção sobre *O Sofista* em Marburgo a que ela tinha assistido e em que o amor entre eles começara. Comunicou-lhe que entrementes havia estado três vezes na Grécia com Elfride. Ao que tudo indica, ele ficou profundamente impressionado com o fato de, após milênios, ainda sentir tão claramente o espírito dos gregos, "a presença ainda vigente de todas as essências e coisas. E nenhuma armação pode ocultá-la"[97]. Enviou a ela o poema *O Outono*, de Friedrich Hölderlin, e um cartão-postal com a vista do "escritório" da cabana em Todtnauberg, em que se viam a fonte e as ladeiras. Hannah ficou aliviada, muito contente, quase cheia de júbilo: "Sua carta de outubro foi a maior alegria: a maior alegria possível. Ela me acompanha e me acompanhará por muito tempo – juntamente com o poema e com a vista para a bela fonte que se tem do seu escritório na Floresta Negra. (Àqueles que a primavera veio e partiu o coração, a esses o outono restabelece.)"[98]

Ela perguntou a respeito dos planos dele e admitiu que ela também voltava muitas vezes em pensamentos àquela preleção em que os olhares dos dois tinham se encontrado.

97. Carta de Heidegger para Arendt, de 6 out. 1966, em H. Arendt; M. Heidegger, op. cit., p. 153 [p. 111].

98. Carta de Arendt para Heidegger, de 19 out. 1966; ibidem, p. 155 [p. 112-113].

6. AMOR MUNDI

No semestre seguinte, ela o visitou duas vezes em sequência. Fora convidada a fazer uma palestra sobre Walter Benjamin no *auditorium maximum* da Universidade de Friburgo em 26 de julho de 1967. Heidegger estava informado da vinda dela e compareceu à palestra na sala abarrotada de gente. Hannah começou com as palavras: "Caro Martin Heidegger, senhoras e senhores."

A saudação dirigida a ele, escreveu Heidegger a ela mais tarde, teria produzido uma "reação desfavorável" – mas previsível[99]; ela também tinha percebido isso e se preocupava em ter causado constrangimento a ele ao lhe dirigir diretamente a palavra[100].

No segundo encontro, em meados de agosto, eles trabalharam juntos. Ele leu para ela trechos de um texto novo e lhe deu de presente sua contribuição intitulada *A Tese de Kant Sobre o Ser*. Ela retribuiu com uma transcrição das anotações de Kafka ("Ele") do ano de 1920. Trocaram ideias sobre a compreensão de Kafka a respeito do tempo

Nesses dois encontros, eles renovaram sua amizade e reconstruíram a confiança. Nos anos vindouros, aprofundaram seu relacionamento como seres que discutem e pensam. Em sua correspondência se encontram vestígios claros disso. Ao mesmo tempo, ela deu continuidade a seu solilóquio filosófico e político com Heidegger, como mostra seu "Diário de Pensamentos".

A partir de então, ela passou a vir a cada ano, ocasionalmente até duas vezes. Eles participavam da vida um do outro, perguntavam a respeito de seus respectivos trabalhos, trocavam informações pessoais. Hannah, espontânea como era, relatou-lhe suas impressões sobre os Estados Unidos na Guerra do Vietnã e seu desejo de que essa guerra terminasse com uma derrota dos estadunidenses. Ele a parabenizou em 1967 pelo recebimento do prêmio Sigmund Freud. Ele próprio fora convidado, nesse mesmo ano, a fazer uma conferência na Academia Grega de Ciências em Atenas. Ela cuidou da tradução dos textos mais recentes dele. Escreveu-lhe dizendo como ficara impressionada com *Que Significa Pensar*. Ela própria, nessa época, já estava em meio a seu trabalho no livro *A Vida do Espírito*. A troca de ideias com ele estava sendo particularmente valiosa para ela.

99. Cf. carta de Heidegger para Arendt, de 10 ago. 1967, ibidem, p. 156 [p. 113].

100. Cf. carta de Arendt para Heidegger, de 11 ago. 1967, ibidem, p. 157.

Martin Heidegger, foto de
Hannah Arendt, agosto de 1967.

Parecia que, após o trauma da *causa Eichmann*, agora tinha iniciado uma fase de descontração, amizade e trabalho produtivo.

Em setembro de 1968, ela registrou o seguinte em seu "Diário de Pensamentos": "Jaspers quando nos despedimos: 'Agora você está partindo e me deixando aqui em uma grande confusão'[101]". Nesse verão, ela tinha visitado a ele e também a Heidegger. Em outubro, Jaspers ficou doente. Em 26 de fevereiro de 1969, no dia em que completou 90 anos, Gertrud Jaspers lhe enviou um telegrama comunicando sem rodeios que Karl falecera. Karl Jaspers, seu mestre, amigo e companheiro crítico e prudente. Ele fora a ligação constante dela com a Alemanha. Ela havia feito muito por ele nos Estados Unidos; entrementes, muitos dos textos dele tinham sido traduzidos. E agora ele se fora.

Arendt foi à Basileia para assistir ao funeral. Em 4 de março de 1969, uma cerimônia teve lugar na universidade

101. H. Arendt, *Denktagebuch*, 1950 bis 1973, p. 2, cad. XXV, setembro de 1968, registro 87, p. 696.

6. AMOR MUNDI   383

de lá; ela tinha sido solicitada a fazer o discurso principal. De
Basileia, solicitou um encontro com Heidegger. Sua formulação
sóbria – "Gostaria muito de ver você" – indica com que urgência
ela precisava se reassegurar a respeito de si mesma e de Heidegger,
agora que o "terceiro invisível" do grupo os tinha deixado, mesmo
que sua presença continuasse sempre entre eles. No dia seguinte
ela estava em Friburgo. Não há nenhum registro escrito das conversas que tiveram nessa ocasião.

Não tinha chegado a haver uma "reconciliação" entre Jaspers
e Heidegger; nem mesmo ela, o "gênio da amizade", conseguira
isso. Mas entre Jaspers e Heidegger tinha havido, no passado, uma
amizade da qual nenhum dos dois se desprendera, embora ambos
houvessem sido infiéis a ela. A amizade amorosa de sua época de
juventude e seu término banal atormentaram Jaspers e o desafiaram
intelectualmente até o final. Até poucos anos antes de sua morte,
ele fazia repetidamente anotações sobre Heidegger:

> Registro 249
> *Heidegger*
> Não tocar nas grandes questões:
> sexualidade, amizade, casamento – prática de vida –
> profissão – Estado, política – educação etc.
> E então, subitamente, irrupção em 1933
> Obcecado por realidades do poder e ele próprio tomado
> pela histeria de massa –
> Cego e irreal e sem responsabilidade –
> Colocando a linguagem à disposição dos bandoleiros (?) –
> De repente o ansiado conteúdo de uma filosofia de outro modo vazia
> e posta de lado.[102]

> Registro 250
> *Heidegger*
> Sentir nos textos dele em que tormento interior e sua supera-
> ção eles se originaram. Por isso, devem ser levados a sério em uma
> de suas origens.
> O que digo sobre Heidegger está repleto de contra-
> dição [...]. Todos nós estamos repletos de contradição.
> Em minha compreensão, no pensamento de Heidegger

102. K. Jaspers, registro 249, *Notizen zu Martin Heidegger*, p. 261s. (Ponto de interroga-ção pertence ao original.)

as contradições são grotescas e de modo algum têm uma coesão em algo mais abrangente [...]

A fatalidade nos juntou por mais de dez anos. Para mim, eles foram belos em alguns instantes e desconcertantes em outros.

Devo louvar a fatalidade? Não posso quando penso que me separei em silêncio de Heidegger de uma forma diferente do que me ocorreu com qualquer outra pessoa, de uma forma que me pareceu uma traição da parte dele. Tenho de estar de acordo com a fatalidade quando penso nas experiências que, do contrário, me teriam permanecido inacessíveis, e nos limites de minhas possibilidades humanas que, do contrário, me teriam permanecido ocultas.[103]

Os registros terminam com uma narrativa semelhante a um sonho no ano de 1964: Jaspers descreve o encontro de dois pensadores no platô de uma montanha. Eles estão lutando um com o outro pelo que é essencial, manifestando, ao fazer isso, ideias opostas, e, ainda assim, estão inteiramente situados no mundo que está a seus pés. Hoje em dia "não se encontra mais ninguém" no platô.

Pareceu-me, porém, que eu, buscando em vão nas perpétuas especulações pessoas que as considerassem importantes, só encontrasse uma, e ninguém mais. Essa única pessoa, porém, era meu inimigo cortês [...]. Foi isso que me aconteceu com Heidegger. Por isso, acho intoleráveis todas as críticas que ele sofreu, porque não ocorrem naquele nível lá de cima. Por isso, busco a crítica que se torna real na substância do próprio pensamento, a luta que rompa a falta de comunicação dos elementos incompatíveis, a solidariedade que é possível mesmo entre o que há de mais estranho quando o que está em questão é a filosofia. Tal crítica e tal luta talvez sejam impossíveis. Ao menos uma sombra delas eu queria poder apreender.[104]

Pouco sabemos do que Heidegger pensava sobre Jaspers nesses anos. Durante certo tempo, ele depositou sua esperança na ajuda de Arendt. Depois silenciou. Talvez sentisse uma espécie de gratidão, pois justamente por causa da discordância com Jaspers ele fora estimulado a aprofundar sua reflexão.

Em junho do mesmo ano, Hannah Arendt visitou Heidegger mais uma vez. Nesse meio-tempo, os Heidegger haviam resolvido construir um bangalô no terreno de sua casa em Zähringen, para facilitar sua vida e tirar de Elfride o cuidado da

103. Ibidem, p. 262s.
104. Ibidem, p. 264.

casa. Para isso, precisavam de dinheiro. Elfride trocou várias cartas com Hannah sobre que biblioteca ou coleção ofereceria um bom preço pela última versão manuscrita de *Ser e Tempo*, que fora, ao mesmo tempo, a base para a impressão do livro, de modo que pudessem construir a casa. Hannah a auxiliou. A partir de fins de maio de 1969, Hannah passou suas férias com Heinrich na Suíça, em Tegna. Lá, nessa pequena localidade no início do vale Maggia, nas proximidades do lago Maggiore, ela encontrara uma pensão que combinava com ela, com eles. Gostava de ir para lá. Na Suíça, ela estava no coração da Europa, mas podia manter distância. Além disso, de lá se podia viajar com facilidade.

A Casa Barbatè em Tegna era construída em estilo de pavilhão japonês, no nível do solo, clara, simples e mobiliada com bom gosto. Eles tinham um quarto com acesso para o jardim. Arendt sempre se hospedava lá quando estava em Tegna. De sua escrivaninha ela podia olhar para o vale, e fazer caminhadas mais ou menos longas. No início de junho, Mary McCarthy foi para lá visitá-la. De modo geral, ela recebia muitas visitas ali e convidava amigos estadunidenses e europeus para irem a Tegna.

Em fins de junho, viajou para Friburgo, e em 16 de agosto de novo, dessa vez com Heinrich. Este foi acolhido amistosamente. Ele conversou longamente com Heidegger a respeito do livro deste sobre Nietzsche. Heidegger tinha muita consideração por Heinrich: "Continuo lembrando com prazer meu diálogo com Heinrich sobre o *Nietzsche*. Tanta intelecção e amplitude do olhar são raras."[105]

Nesse ano, Heidegger completou oitenta anos. Ela escreveu uma homenagem para o aniversariante no dia 26 de setembro, data do aniversário dele. O texto fora escrito para ser usado em um programa da rádio da Baviera; ela o gravou em Nova York. Seus registros no "Diário de Pensamentos" nos meses de agosto e setembro de 1969 atestam o quanto ela estava trabalhando para homenagear Heidegger de uma forma apropriada para ele e para ela.

Disso faziam parte o reconhecimento das realizações dele e, ao mesmo tempo, a definição de sua própria posição. Concordância e divergência, proximidade e distância permeiam sua argumentação.

105. Carta de Heidegger para Arendt, de 27 nov. 1969, em H. Arendt; M. Heidegger, op. cit., p. 193 [p. 141].

Nesse texto, ela aludiu a todas as questões com as quais estava lidando nessa época, durante o trabalho nas duas primeiras partes de *A Vida do Espírito*: o que significa pensar? Qual a relação do pensamento com o mundo, com a ação? O que acontece quando o pensamento se alia à vontade?

Esse é um texto de reconciliação entre pessoas com direitos iguais que, ainda assim, não visa à harmonização. Ela falou do relacionamento dele com Husserl, de sua amizade com Jaspers, da vontade radical de renovar o pensamento filosófico que movia os jovens filósofos nos anos 1920 e mais tarde os separou. Mencionou o fascínio exercido pelo professor carismático na pequena cidade universitária de Marburgo sobre a jovem geração proveniente de todas as partes da Alemanha. Nas entrelinhas, falou de seu próprio fascínio.

Ela encontrou palavras esclarecedoras para descrever a posição dele na história da filosofia do século XX:

> Não é a filosofia de Heidegger, a respeito da qual se pode perguntar com razão se ela, afinal, existe, mas o *pensamento* heideggeriano que codeterminou tão decisivamente a fisionomia intelectual do século. Esse pensamento tem uma qualidade indagadora que só é própria a ele. Se quiséssemos apreendê-la linguisticamente e demonstrá-la, ela reside na utilização transitiva do verbo "pensar". Heidegger nunca pensa "sobre" algo: ele pensa algo. Nessa atividade absolutamente não contemplativa, ele penetra nas profundezas, mas não para encontrar nessa dimensão – a respeito da qual se poderia dizer que simplesmente não tinha sido descoberta antes dessa maneira e com essa precisão – um fundamento último e assegurador ou para revelar o que estaria oculto, e sim para, permanecendo na profundeza, instaurar caminhos e estabelecer as "marcas do caminho".[106]

Ela mencionou as propensões tirânicas entre a maioria dos grandes filósofos e criticou a "deformação profissional" que enganava os grandes filósofos, inclusive Heidegger, quando achavam que podiam transformar sua filosofia em um programa educacional. Sua menção ao engajamento dele no nacional-socialismo não contou com nenhum adereço, mas lhe deu a devida proporção. Aos olhos dela, a falibilidade estrutural de pensadores como Heidegger estava

106. Arendt, homenagem a Heidegger pela passagem de seu 80º aniversário, em H. Arendt; M. Heidegger, op. cit., p. 182 [p. 133]. (Grifo de Arendt.)

6. AMOR MUNDI

sempre presente. Seu envolvimento com o nacional-socialismo não podia ser negado. Isso não diminuía o que ele tinha realizado e pelo qual fora colocado no nível dos grandes pensadores. "Pois a tempestade que atravessa o pensamento heideggeriano – como a que sopra em nossa direção há milênios ainda a partir da obra de Platão – não é um fruto do século. Ela vem do tempo primevo e o que nos lega é algo consumado, que, como todo consumado, reverte ao âmbito primevo."[107]

O que estava consumado, entretanto, era o caminho aberto, e não uma "doutrina" e muito menos "a obra".

Ela tinha extraído a metáfora da "tempestade" da *República* de Platão. Heidegger havia concluído seu discurso ao assumir o cargo de reitor da Universidade de Friburgo em 1933 com uma frase retirada dela: "Tudo o que é grandioso se encontra na tempestade"[108] Mas os nazistas não precisavam de um Platão.

Nesse texto, Arendt colocou a si mesma e seu mestre, enquanto pessoas em busca do caminho, naquela grande história do pensamento em que os dois seguiram por caminhos diferentes, mas com pontos de entrecruzamento.

Olhando retrospectivamente, é esse texto que esclarece sua proximidade e distância em relação ao pensamento de Heidegger de uma forma que podia ser entendida por seu mestre e ex-amante.

Ela lhe enviou o texto por ocasião de seu aniversário e, um segundo mais tarde, para uma *tabula gratulatoria* (quadro de felicitações)[109].

Heidegger respondeu o seguinte: "Você tocou antes de todos os outros o movimento interno de meu pensamento e de minha atividade docente. Ele permaneceu o mesmo desde a preleção sobre o *Sofista*."[110]

Ela supervisionou o trabalho de tradução para o inglês de *Sobre a Questão do Pensamento*, que achou muito boa. Ficou contente com um elogio que ele tinha espalhado sobre ela. Essas cartas tardias dão a impressão de que uma barreira entre eles havia se rompido e agora eles podiam admitir a familiaridade. Disso resultou um aprofundamento da relação pessoal e profissional. No Natal, ela lhe externou suas condolências pela morte da esposa de seu irmão Fritz. Observou como era estranho que a morte

107. Ibidem, p. 182 [p. 140].
108. Cf. M. Heidegger; H. Heidegger, *Die Selbstbehauptung der Deutschen Universität*, p. 19.
109. Cf. Ursula Ludz, comentário sobre o texto escrito por Hannah Arendt para os oitenta anos de Martin Heidegger, em H. Arendt; M. Heidegger, op. cit., p. 333.
110. Carta de Heidegger para Arendt, de 27 nov. 1969, ibidem, p. 193 [p. 141].

de sua cunhada e as grandes homenagens por ocasião de seu aniversário coincidissem: "a vida tem assim o seu modo próprio de acentuar as coisas"[111].

Em abril de 1970, Martin sofreu um leve derrame cerebral, mas teve uma boa recuperação. Ela o visitou em julho e agosto. Heinrich a acompanhou a Tegna. Em novembro, Heinrich Blücher faleceu subitamente após um ataque do coração. Em um espaço de tempo de dois anos, ela perdera duas pedras angulares do seu mundo.

É tocante como Martin tentou consolá-la. Ele escreveu da mesma maneira como costumava se comunicar sobre as relações privadas: procurou encaminhá-la para o pensamento e conduzir o pensamento até ela. Em relação à experiência de Hannah com a morte, isso significava romper o estreitamento causado pelo choque da perda e criar espaço para o pensamento.

Nos primeiros meses, ela quase não conseguia escrever, estando obcecada com a percepção de que uma parte de seu mundo havia sido arrancada: "Este ínfimo micromundo, no interior do qual sempre é possível se salvar do mundo, desmorona quando um dos dois vai embora. Eu sigo em frente, estou totalmente calma e penso: foi embora."[112]

Em sua resposta, Heidegger reinterpretou a palavra dela: "Ao ler em sua última carta a linha 'estou totalmente calma e penso: foi embora (weg), entendi esta última expressão como 'caminho' (Weg). Isso é mais adequado."[113]

O aparente equívoco muda a perspectiva, e a parada na experiência da perda se transforma na visão de um caminho.

Aquilo que, no caso dele, parecera pomposo e, às vezes, também hipócrita na época da juventude, a saber, a transferência de seu modo de pensar a suas relações vitais, mostrava-se aqui como capacidade para obter tranquilidade pela distância e para passar essa tranquilidade adiante.

Também Elfride, com quem Hannah passou a ter um contato melhor a partir de 1967, ajudou na consolação.

Hannah precisou de longos meses para conseguir se abrir novamente ao mundo. Em 20 de março de 1971, escreveu a Heidegger na expectativa de viajar para a Europa. Ela acrescentou o seguinte, como que

---

111. Carta de Arendt para Heidegger, por ocasião do Natal de 1969, ibidem, p. 195 [p. 142].

112. Carta de Arendt para Heidegger, de 27 nov. 1970, ibidem, p. 206 [p. 150].

113. Carta de Heidegger para Arendt, de 26 nov. 1971, ibidem, p. 208 [p. 151-152].

6. AMOR MUNDI

de passagem, à carta redigida em tom factual, na qual lhe pedira informações filosóficas:

> Tenho uma última pergunta que não me permitiria, porém, colocar oralmente. É possível que ainda chegue a publicar um livro que tenho sob minhas mãos – uma espécie de segundo volume da *Vita Activa*. Sobre as atividades humanas não ativas: pensar, querer, julgar. Não tenho a menor ideia se ele vingará e quando estarei pronta com o trabalho. Talvez nunca. Caso chegue a tanto, posso dedicá-lo a você?[114]

Em 26 desse mesmo mês ele respondeu, fazendo referência a isso: "O segundo volume da *Vita activa* será tão importante quanto difícil. Penso aí no começo da *Carta Sobre o Humanismo* e no diálogo em *Serenidade*. Mas tudo isso ainda é insuficiente. Precisamos nos empenhar em ao menos dar conta do insuficiente. Você sabe que vou me alegrar com sua dedicatória."[115]

Finalmente, uma dedicatória para um livro ainda não escrito. A pergunta dela parece uma forma de se certificar: você ainda está aí? Posso contar com você?

Agora Heidegger era o único que lhe restara.

Durante algum tempo, ela ainda se ocupou de seu amigo Jaspers. No verão de 1975, foi de novo para a Europa. Passou várias semanas no arquivo literário de Marbach para examinar o espólio literário de Jaspers – incluindo suas próprias cartas –, do qual ele a encarregara em seu testamento.

Depois viajou para o Ticino, a fim de trabalhar com calma, na Casa Barbatè, na segunda (o querer) e terceira (o julgar) parte de seu projeto *A Vida do Espírito*. Em meados de agosto, viajou de Tegna para Friburgo e ficou três dias lá. Essa visita deve ter sido traumática para ela.

Um dia depois de voltar de Friburgo, em 16 de agosto de 1975, escreveu de Tegna a Glenn Gray, seu amigo e confidente em assuntos relativos a Heidegger.

> Vi Heidegger sem qualquer incidente desagradável ou acidentes. Ainda assim, foi uma coisa bastante triste [...] Heidegger estava cansado, mas essa não é a palavra certa

114. Ibidem.

115. Carta de Heidegger para Arendt, de 26 mar. 1971, ibidem, p. 209 [p. 152].

para isso; ele estava distante, mais inacessível do que nunca, como que *erloschen* (apagado). É verdade que Elfride, como você já observou, está muito mais gentil com ele do que jamais o foi antes; nós duas, Elfride e eu, trocamos algumas palavras a sós, e ela parecia realmente preocupada e nem um pouco hostil. Ela me deixou sozinha com Martin, sem ficar olhando constantemente para dentro de todos os lados. Acho que ela estava genuinamente preocupada. Ele disse duas coisas de alguma importância: ainda está trabalhando em suas "65 páginas" – acho que falei a você sobre isso. Essas páginas deveriam conter a quintessência de sua filosofia, mas duvido que façam mais do que repetir o que ele disse antes e, provavelmente, bem melhor. A segunda afirmação: em dez anos, disse ele em tom muito apodítico, os russos estarão aqui; o embaixador russo já esteve em Marbach para dar uma olhada no butim (isso se refere a seu espólio literário, que deixara para o arquivo literário). Tentei discutir essa afirmação, mas ele se afundou de novo em sua estranha apatia e simplesmente não reagiu de modo algum. Não o achei muito mudado fisicamente e parece que, segundo o médico, ele está bastante sadio. Ainda assim, a diferença em comparação com o ano passado é enorme em tudo – inclusive nos movimentos. Também está ouvindo muito mal; nunca se tem certeza se ele entendeu ou apenas deixou para lá. Obviamente, ainda estou muito deprimida.[116]

Hannah Arendt faleceu subitamente em 4 de dezembro de 1975, em Nova York.

Martin Heidegger partiu placidamente em 26 de maio de 1976, em Friburgo-Zähringen.

Elfride Heidegger faleceu em 21 de março de 1992.

---

116. Carta de Arendt para Glenn Gray, de 16 ago.1975, Archiv des HAZ, Cont. Nr. 10.5. Poucos dias mais tarde, ela se manifesta de modo bem semelhante em carta à sua amiga Mary McCarthy (cf. H. Arendt; M. McCarthy, op. cit., p. 546).

Cronologia

1883

Karl Theodor Jaspers nasce em Oldemburgo, em 23 de fevereiro, filho do funcionário público e diretor de banco Karl Kaspers e de sua esposa Henriette, nascida Tantzen.

1889

Martin Heidegger nasce em Messkirch (Baden), em 26 de setembro, filho do sacristão e tanoeiro Friedrich Heidegger e de sua esposa Johanna, nascida Kempf.

1901

Jaspers começa o estudo de Direito, mas passa depois para a Medicina.

1906

Johanna Arendt nasce em Hannover, em 14 de outubro, filha única do engenheiro Paul Arendt e de sua esposa Martha, nascida Cohn.

1908-1915

Jaspers trabalha na Clínica Psiquiátrica em Heidelberg.

1909

Jaspers adquire o grau de doutor em Medicina;
A família Arendt se muda para Königsberg.

1909-1911

Heidegger estuda teologia e filosofia em Friburgo.

1910

Jaspers se casa com Gertrud Mayer.

1911

No semestre de inverno de 1911-1912, Heidegger passa para a Faculdade de Ciências Naturais, mas continua estudando filosofia com Heinrich Rickert.

1913

O avô de Arendt, Max Arendt, e seu pai, Paul Arendt, morrem no mesmo ano;

Jaspers obtém a livre-docência em Psicologia em Heidelberg.

1913

Heidegger conclui em julho o doutorado tendo Arthur Schneider como orientador (e Rickert como coorientador) com uma tese sobre o tema *A Teoria do Juízo no Psicologismo*.

Publicação de *Psicopatologia Geral*, de Jaspers.

1914

Em agosto tem início a Primeira Guerra Mundial; Heidegger é recrutado em 10 de setembro.

1915

Preleção de amostra de Heidegger em 27 de julho.

Heidegger obtém a livre-docência com uma tese sobre *A Teoria das Categorias e Significados de Duns Escoto*.

Heidegger leciona como professor assistente na Universidade de Friburgo até o semestre de inverno de 1923, sendo assistente de Husserl a partir de 1919.

1915

Heidegger é transferido em novembro para o órgão de fiscalização do correio de Friburgo.

1916

Heidegger se distancia do catolicismo.

Jaspers se torna professor catedrático de Psicologia.

1917

Heidegger se casa com Elfride Petry em 21 de março.

1918

Em novembro, Heidegger é dispensado do serviço militar.

1919

Nasce Jörg, filho de Heidegger;

Publicação de *Psicologia das Visões de Mundo*, de Jaspers

1920

Nasce Hermann, filho de Heidegger.

1920

Jaspers se encontra com Heidegger por ocasião da celebração do aniversário de 61 anos de Edmund Husserl em Friburgo em 8 de abril.

1922

Jaspers obtém uma cadeira de Filosofia em Heidelberg.

1923

Heidegger é nomeado professor em Marburgo.

1924

No Semestre de Inverno (de outubro a fevereiro), Arendt começa a estudar Filosofia (disciplina principal), Teologia Protestante e Filologia Grega na Universidade de Marburgo;

Em Novembro começa o relacionamento amoroso entre Hannah Arendt e Martin Heidegger.

394   ANEXO

1925
Na primavera Arendt escreve "As Sombras" para Heidegger,
1926
No semestre de verão, Arendt vai estudar em Heidelberg com Jaspers, no semestre de inverno em Friburgo com Husserl, depois volta para Heidelberg; por intermédio de Hans Jonas, conhece Kurt Blumenfeld e se aprofunda no sionismo político.
1927
Publicação de *Ser e Tempo*, de Heidegger.
1928
Em fevereiro, Heidegger sucede Husserl em Friburgo como professor catedrático de Filosofia.
Em novembro: Arendt conclui o doutorado tendo Jaspers como orientador, com uma tese sobre o tema *O Conceito de Amor no Pensamento de Agostinho*.
1929
Heidegger e Ernst Cassirer participam dos Cursos Universitário de Davos.
Publicação de *Kant e o Problema da Metafísica*, de Heidegger.
Em setembro, Hannah Arendt e Günter Stern (Anders) se casam.
1930-1933
Arendt trabalha como jornalista e escritora *freelancer* e inicia pesquisa sobre Rahel Varnhagen.
1931
Em dezembro, Jaspers publica *Filosofia*, em três volumes.
1933
Fevereiro: Stern foge para Paris.
Fins de março: última visita prolongada de Heidegger a Jaspers.
Em abril, Heidegger é eleito reitor da Universidade de Friburgo.
Em maio, Heidegger se filia ao Partido Nacional-Socialista.
Julho: Arendt é presa junto com a mãe em Berlim; após ser liberada, foge passando pelos Montes Metalíferos via Karlsbad, Praga e Genebra para Paris.
1933-1938
Arendt trabalha no departamento francês da *aliá* da juventude.
1934
Arendt se filia à Organização Sionista Mundial.
Em abril, Heidegger renuncia ao cargo de reitor.
1935
Arendt passa três meses na Palestina.
1936
Stern (Anders) emigra para os Estados Unidos.
Primavera: Arendt se encontra com Heinrich Blücher.
1937
Arendt e Stern (Anders) se divorciam.

cronologia

Jaspers é demitido da docência universitária.

Arendt é privada da nacionalidade alemã.

1940

Janeiro, 16: Hannah Arendt e Heinrich Blücher se casam.

Início do verão: Arendt fica cinco semanas internada em Gurs; foge para a casa de amigos em Montauban e de lá, com o marido, para Lisboa.

1941

Em maio, o casal Blücher chega a Nova York.

1941-1942

Arendt atua como colunista no periódico *Aufbau*.

1942

Em fins de novembro, a representação do Congresso Judaico Mundial em Genebra denuncia o extermínio em massa dos judeus.

1945

Jaspers é reinstalado pelos estadunidenses como docente em Heidelberg.

Arendt trabalha como ensaísta para diversas revistas (*Partisan Review*, entre outras).

1945-1950

Heidegger é suspenso de sua cátedra.

1947

Publicação de *Da Verdade*, de Jaspers.

Publicação de *A Doutrina da Verdade de Platão e Carta Sobre o Humanismo*, de Heidegger.

1948

Jaspers aceita convite para lecionar em Basileia.

1949-1950

De novembro de 1949 a março de 1950, Arendt viaja à Europa por incumbência da Jewish Cultural Reconstruction (Reconstrução Cultural Judaica).

1950

Em fevereiro se reencontra com Heidegger.

Publicação de *Caminhos de Floresta*, de Heidegger.

1951

Publicação de *As Origens do Totalitarismo*, de Arendt.

Dezembro: Arendt e Blücher obtêm a cidadania estadunidense.

1958

Jaspers recebe o Prêmio da Paz do Comércio Livreiro Alemão, e Arendt faz a *laudatio* (discurso laudatório).

Publicação de *A Condição Humana*, de Arendt.

Publicação de *Rahel Varnhagen: A Vida de uma Judia Alemã na Época do Romantismo*, de Arendt.

1960

Publicação de *Nietzsche*, de Heidegger.

ANEXO

1961

Entre abril e junho, Arendt acompanha para *The New Yorker* o processo contra Adolf Eichmann em Jerusalém.

1963

Publicação de *Eichmann em Jerusalém: Um Relato Sobre a Banalidade do Mal*, de Arendt.
Publicação de *Sobre a Revolução*, de Arendt.

1963-1970

Arendt atua como professora na Universidade de Chicago.

1967

Arendt é nomeada docente da New School for Social Research, em Nova York.

1969

Em 26 de fevereiro, morre Karl Jaspers.

1970

Em 31 de outubro, morre Heinrich Blücher.

1974

Em 29 de maio, morre Gertrude Jaspers.

1975

Última visita de Arendt a Heidegger.
Em 4 de dezembro, morre Hannah Arendt.

1976

Em 26 de maio, morre Martin Heidegger.

1992

Morte de Elfride Heidegger.

Fontes

Abreviações

GSTAPK   Geheimes Staatsarchiv Preussischer Kulturbesitz Berlin
StA MR   Hessisches Staatsarchiv Marburg
UAF   Universitätsarchiv Freiburg
UAH   Universitätsarchiv Heidelberg
DLA   Marbach Deutsches Literaturarchiv Marbach
Archiv des HAZ   Archiv des Hannah Arendt-Zentrums an der Carl von Ossietzky Universität Oldenburg
Archiv der BBAW   Archiv der Berlin-Brandenburgischen Akademie der Wissenschaften

Archiv des Hannah Arendt-Zentrums an der Carl von Ossietzky Universität Oldenburg

(O arquivo do HAZ contém, entre outras, uma cópia dos *papers* de Hannah Arendt da Library of Congress)

Arendt, Hannah. Collective Responsibility. Discussion of the paper of Joel Feinberg, American Philosophical Society, December 27, 1968, Cont. Nr. 62.12.
Arendt, Hannah. Die Schatten, Cont. Nr. 79.16.
Briewechsel (Correspondência) Hannah Arendt – Dolf Sternberger, Cont. Nr. 14.8.
Briewechsel Hannah Arendt – Calvin Schrag, Cont. Nr. 13.11.
Briewechsel Hannah Arendt – Erich Cohn-Bendit, Cont. Nr. 79.13.
Briewechsel Hannah Arendt – Glenn Gray, Cont. Nr. 10.5.
Briewechsel Hannah Arendt – Hilde Fränkel, Cont. Nr. 9.6.
Briewechsel Hannah Arendt – Judah Magnes, Cont. Nr. 12.8.
Briewechsel Hannah Arendt – Rev. John M. Oesterreicher, Cont. Nr. 59.3.
Briewechsel Hannah Arendt – Waldemar Gurian, Cont. Nr. 10.7.
Briewechsel Hannah Arendt – Anne Weil (Mendelssohn), Cont. Nr. 15.7.
Briewechsel Hannah Arendt – Rudolf Berlinger, Cont. 7.10.
Dokumente zu Heinrich Blücher.

Archiv der Berlin-Brandenburgischen Akademie der Wissenschaften (BBAW)

Personalakte Ernst Grumach.

Geheimes Staatsarchiv Preussischer Kulturbesitz Berlin (GSTAPK)

Akten Königsberg: HA XX Rep 2 II (Nrn. 3595, 2983, 4045, 4047, 4049, 4068, 4075, 4086, 4110, 4160, 4163, 4164).

Universitätsarchiv Freiburg (UAF)

Bestände über die Arbeit des Bereinigungsausschusses, B 24/1277, B 34/31/1-3.
Akten Heidegger B 3, 522, 788.
Quästurakten der Universität Freiburg, B 17/923.

Universitätsarchiv Heidelberg (UAH)

Immatrikulationsakten, Rep 29/603, 599, 633, 666.
Stud. Ak. (Studentische Akten) 1929/30.
Akten der Philosophischen Fakultät H-IV-102/148, 149, 150, 151, 152, 153, 157.
Promotionsakten der Philosophischen Fakultät H-IV-757/24.
Philosophische Fakultät, Personalakten Jaspers, PA 460.
Philosophische Fakultät, Personalakten Jaspers, Karl, PA 4369, 4370 (Bd. 2).
Philosophische Fakultät, Dr. Jaspers Privatdozent, Rep. 27/647.
Philosophische Fakultät, Dekanat Andreas 1927/28.
Quästurakten Jaspers Rep. 27/648.

Deutsches Literaturarchiv Marbach (DLA)

Briefwechsel Hannah Arendt – Dolf Sternberger (6913 und GS 13).

Hessisches Staatsarchiv Marburg (StA MR)

Akten der Universität Marburg, Priv.-Doz. Dr. K. Löwith, Acc. 1966/10.
Akten Universität Marburg betreffend Politisches, 305 a, Acc 1959/9, Nr. 584.
Akten Universität Marburg, Rektor und Senat, Sect. I, Lit. T Nr. 7.

Coleção Pessoal de Lotte Köhler, Nova York

Agenda pessoal.

Bibliografia

As referências bibliográficas indicam as edições das quais foram extraídas citações, e não as primeiras edições.

ABRAHAM A SANTA CLARA. *Merks Wien!* Hrsg. von T. Ebner. Leipzig: P. Reclam, 1895.

ADLER-RUDEL, Salomon. *Jüdische Selbsthilfe unter dem Naziregime 1933-1939.* Tübingen: Mohr, 1974.

_____. *Ostjuden in Deutschland 1880-1940.* Tübingen: Mohr, 1959.

ARENDT, Hannah. *Der Liebesbegriff bei Augustin.* Berlin/Wien: Philo, 2005.

_____. *Denktagebuch, 1950 bis 1973.* Hrsg. von Ursula Ludz und Ingeborg Nordmann. München/Zürich: Piper, 2002. v. 1 e 2.

_____. *Vor Antisemitismus ist man nur auf dem Monde sicher: Beiträge für die deutsch-jüdische Emigrantenzeitung "Aufbau" 1941-1945.* Hrsg. von Marie Luise Knott. München/Zürich: Piper, 2000.

_____. *In der Gegenwart: Übungen im politischen Denken II.* Hrsg. von Ursula Ludz. München/Zürich: Piper, 2000.

_____. *Vom Leben des Geistes.* Hrsg. von Mary McCarthy. München/Zürich: Piper, 1998.

_____. *Ich will verstehen: Selbstauskünfte zu Leben und Werk.* Hrsg. von Ursula Ludz. München/Zürich: Piper, 1996.

_____. *Zwischen Vergangenheit und Zukunft: Übungen im politischen Denken I.* Hrsg. von Ursula Ludz. München/Zürich: Piper, 1994.

_____. *Was ist Politik?* Hrsg. von Ursula Ludz. München/Zürich: Piper, 1993.

_____. *Was ist Existenz Philosophie?* Frankfurt: Hain, 1990.

_____. *Rahel Varnhagen: Lebensgeschichte einer deutschen Jüdin aus der Romantik.* München/Zürich: Piper, 1990. (Ed. bras.: *Rahel Varnhagen: A Vida de uma Judia Alemã na Época do Romantismo.* Trad. Antônio Trânsito e Gernot Kludasch. Rio de Janeiro: Relume Dumará, 1994.)

_____. *Nach Auschwitz: Essays und Kommentare 1.* Hrsg. von Eike Geisel e Klaus Bittermann. Berlin: Tiamat, 1989.

_____. *Menschen in finsteren Zeiten.* München/Zürich: Piper, 1989.

_____. *Vita activa oder Vom tätigen Leben.* München/Zürich: Piper, 1989.

_____. *Zur Zeit: Politische Essays.* Hrsg. von Marie Luise Knott. München: Deutscher Taschenbuch, 1989.

_____. *Eichmann in Jerusalem: Ein Bericht von der Banalität des Bösen*. Leipzig: Reclam, 1986.

_____. *Über die Revolution*. München/Zürich: Piper, 1986.

_____. *Elemente und Ursprünge totaler Herrschaft*. München: Piper, 1986. (Ed. bras.: *Origens do Totalitarismo*. Trad. Roberto Raposo. 3. reimpr. São Paulo: Companhia das Letras, 1998.)

_____. *Der Liebesbegriff bei Augustin*. Berlin: Springer, 1929. (Philosophische Forschungen, 9, coleção coordenada por Karl Jaspers.)

ARENDT, Hannah; BLÜCHER, Heinrich. *Briefe 1936-1968*. Hrsg. von Lotte Köhler. München/ Zürich: Piper, 1996.

ARENDT, Hannah; BLUMENFELD, Kurt. *"... in keinem Besitz verwurzelt": Die Korrespondenz*. Hrsg. von Ingeborg Nordmann und Iris Pilling. Hamburg: Rotbuch, 1995.

ARENDT, Hannah; BROCH, Hermann. *Briefwechsel 1946 bis 1951*. Hrsg. von Paul Michael Lützeler. Frankfurt: Jüdischer, 1996.

ARENDT, Hannah; HEIDEGGER, Martin. *Briefe 1925-1975 und andere Zeugnisse*. Hrsg. von Ursula Ludz. Frankfurt: Klostermann, 1998. (Ed. bras.: *Correspondência 1925/1975*. Trad. Marco Antonio Casa Nova. Rio de Janeiro: Relume Dumará, 2001.)

ARENDT, Hannah; JASPERS, Karl. *Briefwechsel 1926-1969*. Hrsg. von Lotte Köhler e Hans Saner. München/Zürich: Piper, 1993.

ARENDT, Hannah; MCCARTHY, Mary. *Im Vertrauen: Briefwechsel 1949-1975*. Hrsg. von Carol Brightman. München/Zürich: Piper, 1996.

BARRETT, William. *The Truants: Adventures Among the Intellectuals*. Garden City/New York: Anchor Press/Doubleday, 1982.

BERNSTEIN, Richard. *Hannah Arendt and the Jewish Question*. Cambridge: Polity Press, 1996.

BIEMEL, Walter. *Martin Heidegger in Selbstzeugnissen und Bilddokumenten*. Reinbek: Rowohlt, 1973.

BLUMENFELD, Kurt. *Erlebte Judenfrage: Ein Vierteljahrhundert deutscher Zionismus*. Stuttgart: Deutsche Verlags-Anstalt, 1962.

_____. *Im Kampf um den Zionismus, Briefe*. Hrsg. von Miriam Sambursky und Jochanan Ginat. Stuttgart: Deutsche Verlags-Anstalt, 1976.

BÖCKENFÖRDE, Ernst-Wolfgang. *Geschichte der Rechts- und Staatsphilosophie*. Tübingen: Mohr Siebeck, 2002.

BRAUN, Hans-Jürg; HOLZHEY, Holzhey; ORTH, Ernst Wolfgang (Hrsg.). *Über Ernst Cassirers Philosophie der symbolischen Formen*. Frankfurt: Suhrkamp, 1988.

BROCH, Hermann. *Kommentierte Werkausgabe*. Hrsg. von Paul Michael Lützeler. Frankfurt: Suhrkamp, 1974-1981. 13 v.

BÜCHIN, Elsbeth; DENKER, Alfred. *Martin Heidegger und seine Heimat*. Stuttgart: Klett-Cotta, 2005.

BUGGENHAGEN, Ernst Arnold von. *Philosophische Autobiographie*. Meisenheim am Glan: A. Hain, 1975.

CLÉMENT, Catherine. *Martin und Hannah*. Berlin: Rowohlt, 2000.

COSER, Lewis A. *Refugee Scholars in America: Their Impact and Their Experiences*. New Haven/London: Yale University Press, 1984.

CRAWFORD, W. Rex (ed.). *The Cultural Migration: The European Scholar in America*. Philadelphia: University of Pennsylvania, 1953.

EGGEBRECHT, Axel. *Der halbe Weg: Zwischenbilanz einer Epoche*. Reinbek: Rowohlt, 1981.

_____. *Volk ans Gewehr: Chronik eines Berliner Hauses 1930-1934*. Bonn/Berlin: Dietz, 1980.

ETTINGER, Elzbieta. *Hannah Arendt – Martin Heidegger*. München: Piper, 1995.

FARÍAS, Victor. *Heidegger und der Nationalsozialismus*. Frankfurt: Fischer, 1989.

FITTKO, Lisa. *Mein Weg über die Pyrenäen: Erinnerungen 1940-1941*. München/Wien: Hanser, 1985.

bibliografia 401

FREUD, Sigmund. *Gesammelte Werke: Bd. 1, Werke aus den Jahren 1892-1899*. Frankfurt: Fischer, 1972.

FRIEDMAN, Michael. *Carnap Cassirer Heidegger: Geteilte Wege*. Frankfurt: Fischer, 2004.

FURET, François. *Das Ende der Illusion: Der Kommunismus im 20. Jahrhundert*. München/Zürich: Piper, 1996.

FÜRST, Max. *Gefilte Fisch: Eine Jugend in Königsberg*. München: Deutscher Taschenbuch, 1993.

GADAMER, Hans-Georg. *Gesammelte Werke*. Tübingen: J.C.B. Mohr, 1986. V. 2.

_____. *Philosophische Lehrjahre*. Frankfurt: Klostermann, 1977.

GELDERMAN, Carol (ed.). *Conversations With Mary McCarthy*. Jackson/London: University Press of Mississippi, 1991.

GESTALT und Gedanke: Ein Jahrbuch. Hrsg. von Bayerische Akademie der Schönen Künste. München: Oldenbourg, 1951.

GORDON, Peter Eli. *Rosenzweig and Heidegger: Between Judaism and German Philosophy*. Berkeley/Los Angeles/London: University of California Press, 2003.

GRUNENBERG, Antonia (Hrsg.). *Totalitäre Herrschaft und republikanische Demokratie: Fünfzig Jahre "The Origins of Totalitarianism" von Hannah Arendt*. Frankfurt: P. Lang, 2003.

GRUNENBERG, Antonia. *Arendt*. Freiburg: Herder, 2003.

_____. *Die Lust an der Schuld: Von der Macht der Vergangenheit über die Gegenwart*. Berlin: Rowohlt, 2001.

_____. *Bürger und Revolutionär: Georg Lukács 1918-1928*. Köln: Europäische Verlagsanstalt, 1976.

HABERMAS, Jürgen. *Philosophisch-politische Profile*. Frankfurt: Suhrkamp, 1987. (Edição ampliada.)

HEIDEGGER, Herrmann. Der Wirtschaftshistoriker und die Wahrheit: Notwendige Bemerkungen zu den Veröffentlichungen Hugo Otts über Martin Heidegger. *Heidegger Studies*, v. 13, 1997.

HEIDEGGER, Martin. *"Mein liebes Seelchen!": Briefe Martin Heideggers an seine Frau Elfride*. Hrsg. von Gertrud Heidegger. München: Deutsche Verlags-Anstalt, 2005.

_____. *Briefe an Max Müller und andere Dokumente*. Hrsg. von Holger Zaborski e Anton Bösl. Freiburg/München: Alber, 2003.

_____. *Gesamtausgabe, I. Abteilung: Veröffentlichte Schriften 1910-1976, v. 16*. Frankfurt: Klostermann, 2000.

_____. *Gesamtausgabe, I. Abteilung: Veröffentlichte Schriften 1910-1976, v. 3, Kant und das Problem der Metaphysik*. Frankfurt: Klostermann, 1991.

_____. *Vorträge und Aufsätze*. Pfullingen: G. Neske, 1990.

_____. *Gesamtausgabe, II. Abteilung: Vorlesungen 1919-1944, v. 42*. Frankfurt: Klostermann, 1988.

_____. *Gesamtausgabe, I. Abteilung: Veröffentlichte Schriften 1910-1976, v. 12*. Frankfurt: Klostermann, 1985.

_____. *Gesamtausgabe, II. Abteilung: Vorlesungen 1923-1976, v. 43, Nietzsche: der Wille zur Macht als Kunst*. Frankfurt: Klostermann, 1985.

_____. *Sein und Zeit*. Tübingen: Niemeyer, 1986. (Ed. brasileira, *Ser e Tempo*. Trad. Márcia Sá Cavalcante Schuback. 15. ed. Petrópolis: Vozes, 2005. V. 1)

_____. *Holzwege*. Frankfurt: Klostermann, 1980.

_____. *Platons Lehre von der Wahrheit: Mit einem Brief über den Humanismus*. Bern/München: Francke, 1947.

HEIDEGGER, Martin; BLOCHMANN, Elisabeth. *Briefwechsel 1918-1969*. Hrsg. von Joachim W. Storck. Marbach: Deutsche Schillergesellschaft, 1990.

HEIDEGGER, Martin; HEIDEGGER, Hermann. *Die Selbstbehauptung der Deutschen Universität: Das Rektorat 1933/34*. Frankfurt: Klostermann, 1983.

402   ANEXO

HEIDEGGER, Martin; JASPERS, Karl. *Briefwechsel 1920 bis 1963*. Hrsg. von Walter Biemel und Hans Saner. München/Frankfurt: Klostermann, 1992.

HEIDEGGER, Martin; RICKERT, Heinrich. *Briefe 1912 bis 1933*. Hrsg. von Alfred Denker. Frankfurt: Klostermann, 2002.

HEYM, Georg. *Dichtungen und Schriften*. Hrsg. von Karl Ludwig Schneider. München: Ellermann, 1979. 3 v.

HÜHNERFELD, Paul. *In Sachen Heidegger: Versuch über ein deutsches Genie*. Hamburg: Hoffmann und Campe, 1959.

HUMBOLDT, Wilhelm. *Wilhelm und Caroline von Humboldt in ihren Briefen*. Osnabrück: Zeller, 1968. 7 v.

HUSSERL, Edmund. *Briefwechsel, v. IV: Die Freiburger Schüler*. In: SCHUHMANN, Karl; SCHUHMANN, Elisabeth (eds.). *Husserliana Dokumente*. Dordrecht/Boston/London: Kluwer, 1994.

_____. *Briefwechsel, v. V: Die Neukantianer*. In: SCHUHMANN, Karl; SCHUHMANN, Elisabeth (eds.). *Husserliana Dokumente*. Dordrecht/Boston/London: Kluwer, 1994.

_____. *Briefwechsel, v. VI: Philosophenbriefe*. In: SCHUHMANN, Karl; SCHUHMANN, Elisabeth (eds.). *Husserliana Dokumente*. Dordrecht/Boston/London: Kluwer, 1994.

JACOBY, Yoram K. *Jüdisches Leben in Königsberg/Pr. im 20. Jahrhundert*. Würzburg: Holzner, 1983.

JASPERS, Karl. *Die Schuldfrage: Von der politischen Haftung Deutschlands*. München/Zürich: Piper, 1987.

_____. *Erneuerung der Universität: Reden und Schriften 1945/46*. Heidelberg: L. Schneider, 1986.

_____. *Notizen zu Martin Heidegger*. Hrsg. von Hans Saner. München/Zürich: Piper, 1978.

_____. (1958) *Philosophische Autobiographie*. München: Piper, 1977.

_____. *Schicksal und Wille: Autobiographische Schriften*. Hrsg. von Hans Saner. München: R. Piper, 1967.

_____. *Psychologie der Weltanschauungen*. Berlin/Göttingen/Heidelberg: Springer, 1960.

_____. *Rechenschaft und Ausblick: Reden und Aufsätze*. München: Piper, 1958.

_____. *Philosophie und Welt: Reden und Aufsätze*. München: Piper, 1958.

_____. *Philosophie*. 3 v. Berlin: Springer, 1956.

_____. *Nietzsche: Einführung in das Verständnis seines Philosophierens*. Berlin: De Gruyter, 1936.

JONAS, Hans. *Erkenntnis und Verantwortung: Gespräch mit Ingo Hermann in der Reihe "Zeugen des Jahrhunderts"*. Göttingen: Lamuv, 1991.

_____. *Wissenschaft als persönliches Erlebnis*. Göttingen: Vandenhoeck & Ruprecht, 1987.

_____. *Das Prinzip Verantwortung*. Frankfurt: Suhrkamp, 1984.

KAEGI, Dominic; RUDOLPH, Enno (Hrsg.). *Cassirer — Heidegger: 70 Jahre Davoser Disputation*. Hamburg: Meiner, 2002.

KAZIN, Alfred. *Alfred Kazin's America: Critical and Personal Writings*. Ed. and Introduction by Ted Solotaroff. New York: HarperCollins, 2003.

_____. *A New York Jew*. New York: Knopf, 1978.

KLEIST, Heinrich von. *Sämtliche Briefe*. Hrsg. von Dieter Heimböckel. Stuttgart: P. Reclam, 1999.

KRUMBACHER, Friedrich Arnold (Hrsg.). *Die Kontroverse: Hannah Arendt, Eichmann und die Juden*. München: Nymphenburge, 1964.

LAZARE, Bernard. *Job's Dungheap*. New York: Schocken Books, 1948.

LÖWITH, Karl. *Mein Leben in Deutschland vor und nach 1933: Ein Bericht*. Prefácio de Reinhart Koselleck e posfácio de Ada Löwith. Stuttgart: J.B. Metzler, 1986.

_____. *Sämtliche Schriften*. v. 8. Stuttgart: J.B. Metzler, 1984.

_____. *Heidegger: Denker in dürftiger Zeit*. Göttingen: Vandenhoeck und Ruprecht, 1960.

LUKÁCS, Georg. *Die Theorie des Romans*. Darmstadt: Luchterhand, 1971. (Ed. bras.: *A Teoria do Romance: Um Ensaio Histórico-Filosófico Sobre as Formas da Grande Épica*. Tradução, posfácio e notas de José Marcos Mariani de Macedo. São Paulo: Livraria Duas Cidades/Editora 34, 2000).

_____. *Geschichte und Klassenbewusstsein*. Frühschriften II. Neuwied/Berlin: Luchterhand, 1968. v. 2.

_____. *Werke, 9 – Die Zerstörung der Vernunft* Darmstadt/Neuwied: Luchterhand, 1962. 16 v.

MAAS, Hermann; RADBRUCH, Gustav; SCHNEIDER, Lambert. (Hrsg.). *Den Unvergessenen: Opfer des Wahns 1933 bis 1945*. Heidelberg: Schneider, 1952.

MANTHEY, Jürgen. *Königsberg: Geschichte einer Weltbürgerrepublik*. München: C. Hanser, 2005.

MARCUSE, Herbert; HABERMAS, Jürgen. *Gespräche mit Herbert Marcuse*. Frankfurt: Suhrkamp, 1978.

MENAND, Louis. *The Metaphysical Club: A Story of Ideas in America*. New York: Farrar/Straus/Giroux, 2001.

MOMMSEN, Wolfgang J.; SCHWENTKER, Wolfgang (Hrsg.). *Max Weber und seine Zeitgenossen*. Göttingen/Zürich: Vandenhoeck und Ruprecht, 1988.

NESKE, Günther (Hrsg.). *Erinnerung an Martin Heidegger*. Pfullingen: Neske, 1977.

NEUMANN, Franz. *Behemoth: The Structure and Practice of National Socialism*. Oxford: Oxford University Press, 1942.

OTT, Hugo. *Martin Heidegger: Unterwegs zu einer Biographie*. Frankfurt/New York: Campus, 1988.

PAETZOLD, Heinz. *Ernst Cassirer – Von Marburg nach New York: Eine philosophische Biographie*. Darmstadt: Wissenschaftliche Buschgesellschaft, 1995.

PAPENFUSS, Dietrich; PÖGGELER, Otto (Hrsg.). *Zur philosophischen Aktualität Heideggers*. 3 v. Frankfurt: Klostermann, 1990/1991. (Symposium der Alexander von Humboldt-Stiftung vom 24-28. April in Bonn-Bad Godesberg.)

PINTHUS, Kurt. *Menschheitsdämmerung: Ein Dokument des Expressionismus*. Hamburg: Rowohlt, 1959.

RABINBACH, Anson. *In the Shadow of Catastrophe: German Intellectuals Between Apocalypse and Enlightenment*. Berkeley/London: University of California Press, 1997.

RICKERT, Heinrich. *Die Heidelberger Tradition in der deutschen Philosophie*. Tübingen: Mohr, 1931.

_____. *Die Philosophie des Lebens: Darstellung und Kritik der pilosophischen Modeströmungen unserer Zeit*. Tübingen: Mohr, 1922.

SAFRANSKI, Rüdiger. *Ein Meister aus Deutschland: Heidegger und seine Zeit*. Frankfurt: Fischer-Taschenbuch, 1998.

SANER, Hans. *Karl Jaspers in Selbstzeugnissen und Bilddokumenten*. Reinbek: Rowohlt, 1970.

SCHILLER, Friedrich. *Sämmtliche Werke in zwölf Bänden*. Hrsg. von Gustav Karpeles. Stuttgart: Cotta, 1875. V. 1.

SCHLEMMER, Johann (Hrsg.). *Die politische Verantwortung der Nichtpolitiker*. München: Piper, 1964.

SCHNEEBERGER, Guido. *Nachlese zu Heidegger: Dokumente zu seinem Leben und Denken*. Bern: Selbstverl, 1962.

SCHOLEM, Gershom. *Briefe*. Hrsg. von Itta Schedletzky. München: C.H. Beck, 1994.

SCHÜLER-SPRINGORUM, Stefanie. *Die jüdische Minderheit in Königsberg/Preussen, 1871-1945*. Göttingen: Vandenhoeck & Ruprecht, 1996.

SCHÜTZ, Alfred; VOEGELIN, Eric. *Eine Freundschaft, die ein Leben ausgehalten hat: Briefwechsel 1938-1959*. Konstanz: UVK, 2004.

SCHWARZ, Egon; WEGNER, Matthias (Hrsg.). *Verbannung: Aufzeichnungen deutscher Schriftsteller im Exil*. Hamburg: Christian Wegner, 1964.

SONTHEIMER, Kurt. *Hannah Arendt: Der Weg einer grossen Denkerin*. München/Zürich: Piper, 2005.

404 ANEXO

SPALEK, John M.; FEILCHENFELDT, Konrad et al. (Hrsg.). *Deutschsprachige Exilliteratur seit 1933*. V. 3. USA, parte 3. Bern/München: Saur, 2002.

STEINER, George. *Martin Heidegger: Eine Einführung*. München: Hanser, 1989.

TAMINIAUX, Jacques. *Le Théatre des philosophes*. Grenoble: Millon, 1995.

_____. *La Fille de Thrace et le penseur professionnel: Arendt et Heidegger*. Paris: Payot, 1992.

THOMÄ, Dieter (Hrsg.). *Heidegger Handbuch: Leben – Werk – Wirkung*. Stuttgart/Weimar: Metzler, 2005.

VIETTA, Silvio. *Heideggers Kritik am Nationalsozialismus und an der Technik*. Tübingen: Max Niemeyer, 1989.

VILLA, Dana R. *Arendt and Heidegger: The Fate of the Political*. Princeton: Princeton University Press, 1996.

WEBER, Marianne. *Max Weber: Ein Lebensbild, mit einer Einleitung von Günther Roth*. München: Piper, 1989.

WEISS, Johannes (Hrsg.). *Die Jemeinigkeit des Mitseins: Die Daseinsanalytik Martin Heideggers und die Kritik der soziologischen Vernunft*. Konstanz: UVK Universitätverlag Konstanz, 2001.

WINKLER, Heinrich August. *Von der Revolution zur Stabilisierung: Arbeiter und Arbeiterbewegung in der Weimarer Republik 1918-1924*. Berlin/Bonn: Dietz, 1984.

WRESZIN, Michael (ed.). *Interviews with Dwight Macdonald*. Jackson: Jackson University Press of Mississippi, 2003.

YOUNG-BRUEHL, Elisabeth. *Hannah Arendt: Leben und Werk*. Frankfurt: S. Fischer, 1986.

ZIEGLER, Theobald. *Die geistigen und sozialen Strömungen im XIX. und XX. Jahrhundert*. Berlin: G. Bondi, 1916.

ZIMMERMANN, Hans Dieter. *Martin und Fritz Heidegger: Philosophie und Fastnacht*. München: Beck, 2005.

Índice Onomástico
e de Títulos Citados

Abel, Lionel 374, 375
Abraham a Santa Clara 29
Abrams, Jacob 348
Adler, Alfred 56
Adler-Rüdel, Salomon 204, 207, 208, 229
Adler-Rüdel, Salomon (Adler-Rüdel) 204
Adorno, Theodor W. 133, 198, 314, 324, 341
   Dialética do Esclarecimento 341
Agostinho 102, 119, 120, 121, 319, 341, 349, 354, 394
Allgeier, Arthur 278
Aly, Wolfgang 275
Anders, Günter (Stern) 12, 89, 116, 117, 131, 132, 133, 166, 203, 206, 209, 211, 327, 394
Arendt, Hannah (obras)
   Compreensão e Política 320
   Conceito de Amor em Sto. Agostinho, O 119
   Condição Humana, A 329, 340, 341, 344, 352, 353, 354, 355, 359, 364, 380, 395
   Culpa Organizada 252, 253, 268
   Eichmann em Jerusalém 365, 396
   Elementos Totalitários no Marxismo 322
   Herzl e Lazare 242
   Homens em Tempos Sombrios 206
   Ideologia e Terror 319
   Imperialismo, Nacionalismo, Chauvinismo 248
   Nós Refugiados 242
   Origens do Totalitarismo, As 9, 81, 193, 205, 208, 216, 242, 247, 251, 265, 268, 296, 306, 308, 314, 322, 328, 334, 335, 340, 341, 351, 355, 365, 369, 374, 377, 395
   Pensamento Racial Antes do Racismo, O 242, 248
   Pessoas Sem Pátria 242
   Ralé e Elite 306
   Respeito das Minorias 242
   Sobre a Revolução 331, 355, 359, 361, 362, 396
   Sobre o Imperialismo 247, 251
   Sombras, AS 99, 101, 102, 115, 116, 119, 394
   Terror e Ideologia 308

   Tradição e a Era Moderna, A 342
   Vida do Espírito 371, 378, 381, 386, 389
Arendt, Martha 71, 75, 80, 98, 207, 212, 392
Arendt, Max 71, 74, 77, 147, 392
Arendt, Paul 71, 392
Aristóteles 34, 90, 92, 107, 354
Aron, Raymond 308

Baeck, Leo 147, 148, 155
Baeumler, Alfred 177
Baron, Jeanette 234
Baron, Salo 214, 234, 235
Barrett, William 116, 219, 249, 260
Bäumer, Gertrud 49, 68, 298
Baumgarten, Eduard 179, 180, 181, 281, 283, 289
Beaufret, Jean 286, 334
Becker, Oskar 65
Beerwald, Clara 98, 104
Beerwald, Eva 98, 214
Beerwald, Martin 98
Bell, Daniel 375
Ben Gurion, David 240, 243, 365, 367
Benjamin, Walter 116, 146, 159, 206, 264, 339, 381
Benn, Gottfried 143, 197
Beradt, Charlotte 234
Bergson, Henri 68
Bernfeld, Siegfried 146
Bettelheim, Bruno 375
Biemel, Walter 187
Bloch, Ernst 23, 159, 194, 197, 211
Bloch, Josef 148
Blochmann, Elisabeth 12, 97, 128, 178
Blücher, Heinrich 12, 160, 203, 205, 206, 207, 208, 209, 212, 213, 214, 215, 216, 222, 230, 234, 254, 271, 289, 292, 301, 304, 305, 307, 308, 309, 320, 322, 324, 330, 335, 339, 347, 363, 364, 388, 394, 395, 396

Blumenfeld, Kurt 147, 155, 156, 157, 166, 217, 231, 234, 239, 240, 243, 244, 245, 246, 264, 305, 311, 339, 366, 367, 373, 394
Blum, Léon 201
Böhm, Franz 274, 276, 278, 281
Bollnow, Otto Friedrich 114, 126, 127, 129, 131
Boss, Medard 334
Braig, Carl 34, 36, 38
Brandhuber, Camillo 32, 33
Braun-Vogelstein, Julie 254
Brecht, Bertolt 133, 162, 206
Breitscheid, Rudolf 208
Brentano, Margaritha von 187
Broch, Hermann 12, 230, 231, 232, 233, 234, 250, 255, 289
    A Morte de Virgílio 230, 231, 233
Bröcker, Walter 58, 89, 187
Brock, Werner 178, 281
Bronnen, Arnolt 143
Bröse 284
Brunschvicg, Léon 126
Buber, Martin 147, 148, 155
Buggenhagen, Arnold von 62, 63
Bultmann, Rudolf 93, 103, 104, 129, 149, 152, 189, 250, 326, 327
Burnham, James 343

Camus, Albert 248, 249, 286, 308
Cassirer, Ernst 107, 122, 123, 124, 125, 126, 127, 128, 129, 130, 131, 161, 394
    Espírito e Vida na Filosofia de Scheler 126
    Filosofia das Formas Simbólicas 124, 127
Cavaillès, Jean 126
Celan, Paul 327
Char, René 334
Chiaromonte, Nicola 222, 261
Cohen, Elliot 240
Cohen, Hermann 131, 132
    Religião da Razão a Partir das Fontes do Judaísmo 131
Cohn-Bendit, Erich 237
Conrad, Joseph 247, 317
    O Coração das Trevas 247, 248, 317
Copley, Alfred L. (Alcopley) 234
Cornelius, Carl 19, 20
Curtius, Ludwig 151

Descartes, René 107, 111, 175, 190, 206, 313, 343
Dewey, John 348, 349
Dibelius, Martin 119
Dietze, Constantin von 181, 183, 274, 280
Dilthey, Wilhelm 68, 124
Dirks, Walter 306
Disraeli, Benjamin 315
Dreyfus, Alfred 201, 208, 242, 315
Duns Escoto, João 44
Dupee, Fred 219

Eichmann, Adolf 234, 243, 245, 317, 364, 365, 366, 367, 368, 370, 371, 374, 375, 376, 377, 378, 379, 380, 382, 396
Einstein, Albert 156
Eisner, Kurt 145
Engels, Friedrich 148
Eucken, Walter 274, 278, 281, 282

Feitelson, Rose 234
Fiedler, Leslie A. 343
Filbinger, Hans 187
Finke, Heinrich 38, 42
Fink, Eugen 126
Fittko, Lisa 207
Fraenkel, Eduard 178
Fraenkel, Ernst 319
Franco, Francisco 201
Frankel, Albert 18
Fränkel, Hilde 179, 267, 268
Frankfurter, David 139, 140, 170, 205
Freier, Recha 204
Freud, Sigmund 20, 56, 111, 262, 381
Friedländer, Rebecca 160
Friedländer, Walter 161
Friedrich, Carl J. 319
Friedrich, Hugo 272, 300, 338
Furet, François 144
Fürst, Ernst 72, 204, 367
Fürst, Max 72, 146, 367

Gadamer, Hans-Georg 47, 58, 86, 87, 89, 91, 93, 125, 324, 334
Gaus, Günter 73, 157, 164, 165, 166, 168, 377
Gebsattel, Viktor Freiherr von 285
Geiger, Moritz 23, 54
George, Manfred 235
George, Stefan 59, 87, 102
Geyser, Josef 38, 43, 50
Gide, André 224
Gierke, Otto von 87
Gilbert, Robert 206
Glazer, Nathan 264
Goethe, Johann Wolfgang von 59, 68, 129, 269, 312, 327
Goldstein, Max 147
Gothein, Eberhard 151
Graetz, Heinrich 148
Grajev, Victor 72
Gray, Glenn 332, 389
Greenberg, Martin 264
Gröber, Conrad 33, 38, 283
Grüber, Heinrich 376
Grumach, Ernst 72, 85, 89, 146, 269, 270, 271, 327
Guardini, Romano 36, 73, 284
Gumbel, Emil Julius 149, 150
Gundolf, Friedrich 119

índice onomástico e de títulos citados

Gurian, Waldemar 12, 224, 225, 226, 227, 228, 229, 235, 236, 245, 247, 248, 264, 265, 309, 314, 322, 334
Gurwitsch, Aron 226, 321

Haase, Hugo 77, 145
Häberlin, Paul 178
Hartmann, Nicolai 54, 55, 106
Hausner, Gideon 367, 370, 374
Hegel, Georg Wilhelm Friedrich 23, 36, 64, 186, 206, 215
Heidegger, Elfride 12, 33, 49, 50, 51, 56, 60, 97, 188, 272, 273, 277, 285, 296, 297, 298, 299, 300, 301, 302, 303, 308, 332, 333, 380, 384, 385, 388, 390, 393, 396
Heidegger, Friedrich 392
Heidegger, Fritz 31, 37, 193, 194, 333, 387
Heidegger, Hermann 66, 169, 172, 178, 187, 189, 274, 393
Heidegger, Martin (obras)
    A Caminho da Linguagem 332
    A Crítica da Razão Pura de Kant 126
    A Doutrina de Platão Sobre a Verdade 233
    A Teoria do Juízo no Psicologismo 35, 39, 393
    Caminhos de Floresta 271, 305, 395
    Carta Sobre o Humanismo 196, 233, 288, 389, 395
    História do Conceito de Tempo 102
    Introdução à Metafísica 307
    Kant e o Problema da Metafísica 107, 129, 131, 137, 233, 394
    Manuscrito Sobre Aristóteles 55
    O Conceito de Tempo na Historiografia 39
    Que É uma Coisa? 345
    Que Significa Pensar 308, 381
    Ser e Tempo 9, 57, 67, 105, 106, 107, 108, 109, 111, 113, 114, 115, 116, 122, 123, 124, 127, 136, 137, 142, 175, 179, 192, 196, 233, 257, 287, 288, 297, 307, 362, 385, 394
    Sobre a Questão do Pensamento 387
    Sobre a Teoria das Categorias e dos Significados de Duns Escoto 43
Heidenreich, Carl 234
Heimpel, Hermann 114
Heisenberg, Werner 284
Hersch, Jeanne 187
Herzl, Theodor 147, 155, 236, 237, 242
Hevesy, Georg von 178
Hexter, Maurice 240
Hilferding, Rudolf 208
Hitler, Adolf 31, 47, 137, 157, 164, 165, 166, 167, 173, 174, 176, 183, 191, 196, 224, 225, 263, 275, 276, 279, 282, 295
    Mein Kampf 31, 275
Hölderlin, Friedrich 103, 186, 187, 192, 327, 380
    Hyperion 103
Holmes, Oliver Wendell 348, 349
Horkheimer, Max 89, 198, 314, 324, 341
Howe, Irving 264, 375
Huber, Minka 234
Huber, Peter 234
Hühnerfeld, Paul 59, 84, 292
Humboldt, Wilhelm von 315
Husserl, Edmund 34, 35, 36, 50, 53, 54, 55, 68, 69, 87, 89, 90, 97, 104, 107, 113, 114, 115, 116, 118, 119, 123,

124, 129, 138, 161, 175, 179, 206, 255, 256, 257, 274, 297, 323, 386, 393, 394
    Ideias Sobre uma Fenomenologia e Filosofia Fenomenológica Pura 35

Ihering, Herbert 133

Jacobsthal, Paul 161
Jacoby, Johann 72, 76
Jacoby, Paul 99
James, Henry 348, 349
James, William 68
Janssen, Sigurd 278
Jarrell, Randall 214, 264
Jaspers, Gertrud 12, 60, 61, 63, 359, 360, 382, 392
Jaspers, Karl 11, 17, 18, 19, 20, 21, 22, 23, 24, 25, 26, 27, 28, 35, 48, 49, 53, 55, 56, 57, 58, 59, 60, 61, 62, 63, 64, 67, 68, 69, 70, 76, 95, 97, 99, 102, 104, 106, 111, 119, 120, 121, 122, 124, 133, 134, 135, 136, 138, 139, 140, 141, 144, 149, 150, 153, 158, 160, 161, 162, 163, 164, 168, 169, 172, 173, 174, 175, 176, 178, 181, 182, 190, 191, 195, 206, 215, 233, 249, 250, 251, 252, 254, 256, 257, 258, 259, 260, 270, 271, 281, 283, 284, 288, 289, 290, 291, 292, 293, 295, 296, 297, 304, 305, 306, 307, 308, 311, 320, 326, 327, 332, 338, 339, 340, 350, 354, 360, 363, 364, 368, 369, 372, 376, 377, 379, 382, 383, 384, 386, 389, 392, 393, 394, 395, 396
    A Questão da Culpa 251, 293
    Filosofia 135, 138, 394
    Filosofia e Ciência 306
    Origem e Meta da História 292
    Psicologia das Visões de Mundo 24, 25, 27, 35, 56, 68, 69, 393
    Saudade e Crime 20
Johnson, Lyndon B. 378
Jonas, Eleonore 234
Jonas, Hans 12, 88, 89, 91, 93, 94, 106, 118, 120, 149, 153, 157, 204, 216, 234, 250, 323, 326, 327, 328, 394
Jung, Carl Gustav 56
Jünger, Ernst 312

Kafka, Franz 215, 264, 338, 381
    A Armadilha 337
    Ele 381
Kahler, Erich von 233
Kaiser, Joseph H. 340
Kant, Immanuel 64, 72, 107, 126, 127, 128, 129, 131, 137, 146, 175, 186, 215, 233, 257, 339, 369, 370, 381, 394
Kapp, Wolfgang 81
Kastner, Rudolf 367
Kaufmann, Fritz 89
Kazin, Alfred 12, 214, 215, 234, 375
Kempski, Jürgen von 306
Kern, Eduard 294
Kierkegaard, Soren 23, 65, 72, 249, 257
Klenbort 201, 207, 234
Klenbort, Charlotte 234

Klopstock, Friedrich Gottlieb 119
Knab, Otto Michael 225
Köhler, Lotte 205, 234
Kohn, Hans 226, 240
Kojève, Alexandre 206
Kolping, Adolf 187
Koyré, Alexandre 206, 308
Kracauer, Siegfried 139
Krauss, Werner 251
Krebs, Engelbert 38, 42, 50, 52
Kreutzer, Conradin 32
Krieck, Ernst 172, 177, 191, 192
Kristeller, Else 234
Kristeller, Paul Oskar 178, 234
Krüger, Gerhard 311
Külpe, Oswald 24

Lampe, Adolf 183, 274, 275, 276, 278, 281
Landau, Moshe 365, 369
Lask, Emil 34
  A Lógica da Filosofia e a Teoria das Categorias 34
  A Teoria do Juízo 34, 35, 39, 393
Laski, Harold 289
Lasky, Melvin 250
Laslowski, Ernst 37, 38, 272
Lazare, Bernard 242, 264
Lederer, Emil 139
Lessing, Gotthold Ephraim 339
Lévinas, Emmanuel 126, 129, 130, 131
Leviné, Eugen 76
Lichtenstein, Heinz 72
Lichtheim, Georges 375
Litten, Jens 72
Lowell, Robert 214, 216, 222
Löwenthal, Leo 324
Löwith, Karl 12, 58, 65, 84, 89, 90, 92, 94, 109, 125, 131,
  132, 161, 178, 184, 185, 188, 189, 309, 311, 312, 323,
  324, 328, 363, 364
  Heidegger, Pensador de um Tempo Indigente 324
  Minha Vida na Alemanha Antes e Depois de 1933 92, 189
Lucrécio 23
Lueger, Karl 30, 31
Lukács, Georg (György) 23, 79, 158, 159, 193, 197, 314
Lützeler, Paul Michael 230
Luxemburgo, Rosa 98, 149

Macdonald, Dwight 12, 218, 219, 221, 222, 224, 234,
  253, 254, 260, 261, 262, 263, 375
Macdonald, Gloria 222
Madison, James 358
Magnes, Judah 240, 241
Maier, Josef (Joseph) 234, 238
Mailer, Norman 343
Mangold, Otto 277
Manheim, Ralph 307
Mann, Golo 376

Mannheim, Karl 119
Mann, Thomas 86, 92, 122, 164, 376
  A Montanha Mágica 122
  Considerações de um Apolítico 92
Marcuse, Herbert 12, 89, 113, 126, 314, 323, 324, 325,
  326, 328
Maritain, Jacques 226
Marseille, Walther 58, 89
Marshall, James 240
Marx, Karl 147, 215, 218, 315, 325, 342, 352
Marx, Werner 187
Maunz, Theodor 376
Mayer, Ernst 60
McCarthy, Mary 12, 214, 221, 222, 223, 234, 260, 261,
  262, 263, 264, 375, 377, 385, 390
  Diz-me Com Quem Andas 262
  O Grupo 262
Meier-Gräfe, Annemarie 230
Meir, Golda 240, 243, 365, 367
Merleau-Ponty, Maurice 286
Metz, Friedrich 277
Misch, Georg 161
Mitzka, Walter 188
Möllendorf, Wilhelm von 169, 170, 186
Montesquieu 215, 354
Morgenthau, Hans 157, 234
Morris, George 219
Mühsam, Erich 159
Müller, Adam 257, 258
Müller, Max 283
Musmanno, Michael 372, 374

Natorp, Paul 35, 36, 44, 53, 54, 55
  Psicologia Geral 35
Nell-Breuning, Oswald von 36
Neumann, Franz 210, 319, 324
Neumann, Friedrich 177, 228
Neumann, Sigmund 319
Niebuhr, Reinhold 343
Nietzsche, Friedrich 23, 65, 68, 126, 175, 177, 186, 192,
  193, 198, 215, 249, 275, 280, 286, 306, 307, 310, 360,
  385, 395
Nissel, Franz 24
Nixon, Richard M. 378
Nolte, Ernst 187
Nordau, Max 147

Oehlkers, Friedrich 274, 278, 281
Oesterreicher, monsenhor John Marie 259
Ossietzky, Carl von 162

Parmênides 302
Patoc̆ka, Jan 187
Paulo 103
Peirce, Charles 348, 349
Petzet, Heinrich Wiegand 334

índice onomástico e de títulos citados

Phillips, William 219, 262
Picht, Georg 187
Pick, Robert 234
Pinder, Wilhelm 126
Pinthus, Kurt 16, 17
Piper, Klaus 154, 355, 376
Platão 58, 93, 99, 107, 146, 215, 233, 342, 347, 354, 387, 395
    Filebo 93, 99
    Sofista 93, 99, 380, 387
Podewils, conde Clemens 332
Podewils, Sophie-Dorothee 332
Podhoretz, Norman 374
Pollock, Friedrich 324
Pos, H.J. 127
Proust, Marcel 315
Przywara, Erich 126, 139

Rahner, Karl 187
Rahv, Philip 219, 221, 248, 249, 262, 263, 343
Ranke, Leopold von 87
Rathenau, Walter 145
Regenbogen, Otto 119
Reinhardt, Karl 128
Remmele, Adam 150, 151
Rickert, Heinrich 23, 25, 26, 27, 34, 39, 42, 43, 44, 45, 50, 53, 57, 67, 68, 69, 70, 123, 124, 175, 194, 392, 393
    A Filosofia da Vida 67
    Objeto do Conhecimento: Introdução à Filosofia Transcendental 34
    Os Limites da Formação de Conceitos das Ciências Naturais 43
Riesman, David 240, 343
Riezler, Kurt 126, 128
Ritter, Gerhard 181, 187, 273, 278
Ritter, Joachim 126, 127
Robinson, Edward Schouten 307
Robinson, Jacob 374
Rosenberg, Alfred 177
Rosenblüth, Martin 234, 244, 245, 246, 373
Rosen, Pinhas 365
Rosenzweig, Franz 131, 132
    Estrela da Redenção 131
Ruge, Arnold 150, 151
Rüstow, Alexander 309, 310

Sachsen-Meiningen, Margot von 285
Sahl, Hans 209
Salomon, Gottfried 123
Saner, Hans 22, 61, 181
Sartre, Jean-Paul 206, 248, 249, 256, 274, 284, 286, 288, 308, 335
    O Ser e o Nada 274
Sauerbruch, Ferdinand 126
Sauer, Josef 38
Scheler, Max 23, 44, 65, 68, 126, 175
    O Gênio da Guerra e a Guerra Alemã 44
Schelling, Friedrich Wilhelm von 36, 68, 186, 360, 369
Schiller, Friedrich 33, 96, 186, 303

A Moça do Estrangeiro 96, 303
Schlageter, Albert Leo 172
Schlegel, Friedrich 257, 258
Schlier, Heinrich 88, 189
Schmitt, Carl 143, 197, 225, 289, 294
Schneider, Arthur 38, 39, 393
Schneider, Lambert 251, 268
Schocken, Salman 217, 234, 235, 264, 339
Scholem, Gershom 204, 234, 244, 245, 246, 370, 371, 372, 373
Schopenhauer, Arthur 23
Schrag, Calvin 259
Schroers, Rolf 376
Schütte, Ernst 187
Schütz, Alfred 321, 322
Schwartz, Delmore 260
Sièyes, Abbé 358
Simmel, Georg 23, 68
Simon, Ernst 372, 374
Simon, Yves 226
Simson, Eduard von 76
Sohn-Rethel, Alfred 126
Spengler, Oswald 56, 68
Spinoza, Baruch 23
Spranger, Eduard 139
Stálin, Josef 218, 224, 255, 296, 335
Steiner, George 110, 111
Sternberger, Dolf 251, 309, 310, 311, 338
Strauss, Leo 89, 126, 339
Süss 277
Syrkin, Marie 372

Tagore, Rabindranath 87
Tellenbach, Gerd 278
Tenbruck, Friedrich 187
Thoma, Ludwig 187
Tillich, Paul 133, 139, 140, 234, 259, 267
Toller, Ernst 159
Tolstói, Lev N. 32
Trilling, Lionel 343
Trótski, Lev 218, 219
Tucholsky, Kurt 162

Ubbelohde, Otto 84
Ulmer, Karl 187

Vansittard, Lorde 253
Varnhagen, Rahel 122, 133, 153, 154, 155, 159, 160, 161, 199, 205, 394, 395
Vietta, Silvio 198, 233
Voegelin, Eric 226, 289, 319, 322
Vogelstein, Hermann 147, 254

Wagner, Robert 151
Wahl, Jean 206, 308, 321
Weber, Alfred 251

Weber, Marianne 24, 181
Weber, Max 23, 24, 25, 48, 87, 162, 163, 164, 179, 180, 194
Weil, Anne (n. Mendelssohn) 72, 160, 162, 206, 253, 257, 258, 308
Weizmann, Chaim 204, 243
Weltsch, Robert 204
Wieruszowski, Lenchen 234
Wiese, Benno von 89, 106, 153, 338
Wiese, Leopold von 106
Wilson, Edmund 262

Winnig, August 82
Wolff, Kurt 234, 307
Wolf, Lothar 170, 177
Wyneken, Gustav 79, 146

Young-Bruehl, Elisabeth 265, 375

Ziegler, Theobald 16
    As Correntes Intelectuais e Sociais no Século XIX e XX 16
Zweig, Arnold 206

Agradecimentos

Este livro surgiu a partir de um mundo de conversas, leituras e jantares. Agradeço a todas as pessoas com as quais me encontrei no transcurso do meu trabalho neste livro por me ouvirem e estimularem de todas as maneiras.

Jerome Kohn e Lotte Köhler me deram força à distância ao longo dos anos. Lotte Köhler colocou à minha disposição documentos originais, leu o texto, fez observações críticas e me incentivou muito. Com suas maravilhosas cartas e comentários eletrônicos, Jerome Kohn provou que a era da cultura da correspondência não terminou. Edith Kurzweil me deu a oportunidade de conversar durante uma tarde inteira sobre a atmosfera intelectual em torno da publicação *Partisan Review*.

Hermann Heidegger me recebeu de modo amistoso e com curiosidade; agradeço a Elisabeth Büchin por sua disposição em mostrar a mim a terra natal de Heidegger.

Ingrid Karsunke, minha leitora dramatúrgica, disse palavras claras e animadoras durante caminhadas. Monika Maron, que descobriu a inimitável formulação de Kleist "segundo a medida de sua capacidade de apreensão" em uma carta a Wilhelmine von Zange, a repassou para mim. Claudia Schmölders me deixou usar sua biblioteca e me abasteceu generosamente com informações e dicas. Silvia Bovenschen ouviu com atenção e me deixou seu lema "A memória é uma máquina de mentiras." Karin Reschke ouviu repetidamente minhas "histórias" por ocasião dos excelentes jantares preparados por ela. Agradeço a Claus Koch por sua disposição de ler meu texto e a Peter Merseburger por uma conversa estimulante.

Agradeço especialmente a Zoltan Szankay e Gustav von Campe, que questionaram repetidas vezes, direta e indiretamente, minha compreensão do relacionamento entre Heidegger e Arendt.

Agradeço a Erika Stegmann por nossa colaboração amistosa e bem-sucedida; ela "vendeu" este livro à editora. Seu marido Erhard Klöss nos apoiou várias vezes com boas refeições e a esperança de um dia poder ler um livro interessante.

Sem a ajuda ativa e assistência amistosa de funcionários dos diversos arquivos este livro não teria sido possível. A New York Public Library e seus simpáticos funcionários desde a recepção até o balcão de informações me acolheram com hospitalidade; em suas dependências, imaginei quão gratos devem ter ficado, na época, os pesquisadores alemães exilados por um local de estudo tão agradável. O mesmo agradecimento cabe aos arquivos das universidades em Marburgo, Heidelberg e Friburgo, ao Geheimes Staatsarchiv Preussischer Kulturbesitz in Berlin, além do Literaturarchiv Marbach, ao Archiv der Berlin-Brandenburgischen Akademie der Wissenschaften e a todos os seus amistosos funcionários e funcionárias.

As funcionárias e funcionários do Archiv des Hannah Arendt--Zentrums an der Carl von Ossietzky Universität Oldenburg, Waltraud Meints-Stender, Sarah Hemmen, Oliver Bruns, Daniel Schubbe, Melanie Rücker, Heiko Reinwald atenderam amistosamente até meus mais complexos pedidos, além de ajudar na elaboração do índice e das referências bibliográficas. Christine Harckensee-Roth fez uma releitura crítica de todo o trabalho e ajudou-me a não ser enganada pela memória da "máquina de mentiras"; ele colocou em uma ordem razoável a grande quantidade de fontes e referências.

Gostaria de agradecer principalmente a dois autores cujas pesquisas sobre Heidegger ou sobre Heidegger e Arendt me confirmaram no caminho que trilhei. Trata-se de Jacques Taminiaux com *La Fille de Thrace et le penseur professionnel: Arendt et Heidegger* e *Le Théatre des philosophes*, bem como Dana R. Villa com *Arendt and Heidegger: The Fate of the Political.*

Como boa assistente editorial, Katrin Pollems-Braunfels trabalhou no texto junto comigo como quem prepara uma massa. Agradeço a ela especialmente pelos incômodos sempre suportados com bom humor e por sua força e imaginação, que colocou à disposição de meu empreendimento.

Agradeço a Markus Dockhorn e Klaus Stadler da Editora Piper pela paciência, incentivo e realismo.

Sobre a Autora

Antonia Grunenberg, nascida em 1944, em Dresden, estudou Filosofia, Sociologia e Germanística em Tübingen, Frankfurt/M. e Berlim. Em 1975, doutorou-se na Universidade Livre de Berlim e, em 1986, obteve a livre-docência em Ciência Política na Universidade Técnica da Renânia do Norte-Vestfália.

Entre 1994 e 1996, atuou como professora de German Studies na Universidade da Pensilvânia em Filadélfia. Foi hóspede do reitor no Wissenschaftskolleg de Berlim no ano de 1997. Desde 1998, é – inicialmente, até 2000, como titular da Cátedra Hannah Arendt – professora de Ciência Política na Carl von Ossietzky Universität Oldenburg.

Em 1994, foi uma das cofundadoras do "Prêmio Hannah Arendt de Pensamento Político". Em 1999, fundou o Centro Hannah Arendt na Universidade de Oldenburg, que dirige desde então.

É membro do Conselho Consultivo da Casa da História (Bonn), da Fundação Theodor Heuss e da Fundação de Reavaliação da Ditadura da RDA.

Antonia Grunenberg publicou, entre outros, os seguintes livros: *Bürger und Revolutionär: Georg Lukács 1918 bis 1928* (1976); *Aufbruch der inneren Mauer: Politik und Kultur in der DDR* (1990); *Antifaschismus: ein deutscher Mythos* (1993); *Der Schlaf der Freiheit* (1997); *Die Lust an der Schuld* (2001); *Arendt* (2003).

Este livro foi impresso em São Bernardo do Campo,
nas oficinas da Paym Gráfica e Editora, em outubro de 2019,
para a Editora Perspectica